中国科学院规划教材

技术经济学

秦德智　雷　森　编著

科学出版社

北　京

内 容 简 介

本书是在借鉴参考大量国内外同类教材和书籍的基础上，结合编者多年技术经济及技术创新领域的教学经验与科研成果编写而成的。全书共有十三章，包括绪论、技术经济研究中的基础资料及估算方法、资金的时间价值、确定性评价方法、不确定性评价方法、项目可行性研究、投资项目评价、技术改造与设备更新的技术经济分析、价值工程、技术创新、企业技术创新能力评价与审计、知识管理与技术创新能力、可持续发展等。本书结合我国经济社会的发展，在基础理论上，注重追踪介绍学科最新前沿，在每一章都附有相关最权威及最新参考文献。

本书适合相关院校技术经济专业及相关专业的硕士研究生、相关研究人员以及实际工作者参考借鉴。

图书在版编目（CIP）数据

技术经济学 / 秦德智，雷森编著. —北京：科学出版社，2019.1
中国科学院规划教材
ISBN 978-7-03-059189-0

Ⅰ. ①技… Ⅱ. ①秦… ②雷… Ⅲ. ①技术经济学–高等学校–教材
Ⅳ. ①F062.4

中国版本图书馆 CIP 数据核字（2018）第 245280 号

责任编辑：方小丽 / 责任校对：彭　涛
责任印制：徐晓晨 / 封面设计：蓝正设计

科学出版社 出版
北京东黄城根北街 16 号
邮政编码：100717
http://www.sciencep.com

北京中科印刷有限公司 印刷
科学出版社发行　各地新华书店经销

*

2019 年 1 月第　一　版　开本：787×1092　1/16
2019 年 11 月第二次印刷　印张：19 1/2
字数：468 000

定价：68.00 元
（如有印装质量问题，我社负责调换）

目　　录

第一章

绪　论

■ 第一节　技术经济学的基本内涵

一、技术与经济的关系

技术和经济是技术经济学的两个基本概念，深入理解其基本含义和相互关系是学习和掌握技术经济学的重要前提。

（一）技术的含义

技术最早被用来讨论艺术应用问题，随着科技革命和社会生产的不断发展，技术已被广泛应用于自然和社会的各个领域当中，它和宇宙、自然、社会一起，构成人类生活的四个基本的环境因素。

人们对技术含义的理解随着时间的推移而不断发展变化。在古代，技术和科学是分开的。科学知识专属于贵族哲学家，技术则由工匠掌握。欧洲中世纪后，商业快速发展，社会的经济交换活跃，促使科学和技术互相接近。到 19 世纪，技术逐渐以科学作为基础，进入新的发展时期。科学的任务是认识世界，科学回答的是"是什么"和"为什么"；技术的任务是改造世界，技术回答的是"做什么"和"怎么做"。技术是从科学到生产的中间环节，是把科学理论转化为生产力的桥梁，技术来源于实验经验的总结和科学原理的指导。

18 世纪末，法国启蒙思想家狄德罗最早给技术下了定义："技术是为某一目的共同协作组成的各种工具和规制体系。"在现代社会中，技术的内涵和概念不断被拓宽和加深，这使得对技术的单因素理解已经无法涵盖其全部内容。因此有人认为，技术是物质手段（硬件）和有效使用这些物质手段的方法和工艺（软件）以及专供决策者利用的特殊机构（有机体）所组成的系统。也有人认为，技术应包括物质形态的技术、社会形态的技术和组织形态的技术。

一般而言，技术是人类在认识自然、改造自然和解决社会问题过程中所运用的劳动手段与知识的总和，它包括狭义和广义两种定义。狭义的技术是指用于改造自然的各种生产工具、装备、工艺等物质手段的总和，即物化形态的"硬技术"。广义的技术是指把科学知识、技术能力和物质手段等相关要素结合起来所形成的一个能够改造自然的运动系统，包括"硬技术"和"软技术"。其中，"软技术"主要包括技能、作业程序和方法，它也是人们的智力以及在劳动过程中积累起来的经验和知识在人力（包括体力和脑力）作用于对象物的过程中表现出来的诀窍和技巧，各种"软技术"的特点在于都表现为精神形态，也就是劳动者的经验、知识和智力的直接反映。而表现为物质形态的"硬技术"通常是软技术的物化形态。"软技术"和"硬技术"相辅相成，融为一体，共同推进了技术进步和经济发展。

综上所述，从广义上说，技术是劳动工具、非自然状态的劳动对象和劳动者的技能、作业程序和方法的总称。技术经济学中所指的技术是广义的技术。

技术经济学研究的"技术"范围比较广泛，包括各种类型的"技术"问题。例如，微观技术通常是指一个企业范围内的产品、工艺、设备和管理的技术，是影响企业市场竞争能力和经济效益的关键性问题。而宏观技术是指涉及面广的一般性、战略性的技术，其目的在于揭示技术对经济和社会发展全局的影响，其影响面也超过一个特定企业的范围。从国家的层面看，又有所谓的中间技术、累进技术和适用技术。其中，中间技术是指既有别于古老的、简单的传统技术，又不同于现代化的最新技术，既能提高生产效率，又可以节约资金，是发展中国家易于消化、吸收和扩散的技术。累进技术，是指发展中国家在技术引进时，选择的与本国技术水平、生产发展水平和社会成员的文化教育水平相适应的技术，具有累进性和继承性。而适用技术，是指适合于本国资源情况和应用条件，能够对经济、社会和环境目标做出最大贡献的技术，不片面追求技术的先进性，只关注技术的采用能否为本国经济的增长做出较大的贡献。

（二）经济的含义

经济一词来源于希腊语，其意思为"管理一个家庭的人"。日本将其译为"经济"，后由孙中山先生将这一说法引入中国。在我国古代，经济通常是指"经世济民"的意思。经济是人类社会的物质基础，是构建人类社会并维系人类社会运行的必要条件。其具体含义随情景的不同而不同，大到一国的国民经济，小到一家的收入支出，有时候用来表示财政状态，有时候又用来表示生产状态。经济的基本含义有以下几种。

（1）经济是"经济基础"，即生产关系的总和，这与"上层建筑"相对应。这种理解认为，经济指的是与一定社会生产力相适应的生产关系，或适应于一定社会生产力发展的社会经济制度，如经济制度、经济基础中的"经济"。

（2）经济是"国民经济"，是指社会生产和再生产的整个过程，包括物质资料的生产以及与之相适应的交换、分配和消费等活动。另外，也指国民经济的组成部分，如农业经济、工业经济等。

（3）经济就是节约或节省，强调生产或生活上的效率与效益。在生产上，指节约资金、物质资料和劳动等，即用尽可能少的资源投入生产出尽可能多的社会所需要的成果。在生活上，指个人或家庭在生活消费上精打细算，用消耗较少的消费品来满足最大的需要。总之，经济就是用较少的人力、物力、财力、时间、空间等资源的投入获取较大的成果或收益。

（4）"大经济"观，即把经济视为一个动态的、开放的系统，将人流、物流、信息流、资金流各要素协调组合，使其有序运行，形成经济、社会、环境协调发展的运行机制。

在技术经济学中的"经济"，主要是指"节省"或"节约"的意思。当然，技术经济学属于经济学的范畴，也有经济组织与分类等方面的经济含义。

（三）技术与经济的关系

随着科学技术的进步和社会经济的发展，技术和经济的关系越来越密切。在当今时代，任何一项社会经济活动或经济问题都与技术特别是现代科学技术密切联系。同时，任何一项技术也都与经济相联系或受其制约。技术与经济之间的密切关系，可以概括为以下几个方面。

1. 技术与经济是手段和目的的关系

一方面，技术进步是经济发展的重要手段。由于资源的有限性与人类需要的无限性这一矛盾的存在，人类要尽可能满足自己的需要，推动社会经济的发展，就要合理地分配、使用资源，杜绝浪费，实现经济增长方式从粗放向集约转变，这需要依赖于技术进步。另一方面，当人们感到生产过程中的经济性不好时，提高经济效益的愿望就会成为研究和采用新技术的强大动力。因此，技术只是手段，经济才是最终目的。

任何技术经济问题都既是技术问题，也是经济问题，必须把技术和经济结合起来，进行技术经济分析。在技术经济分析和评价过程中，评价手段的优劣，不是在手段本身的比较中得出结论的，而是在手段实施的整个过程中根据其目的实现程度来评价的。这就需要进行技术的经济效果分析，也就是研究各种技术在使用过程中，如何以最小的投入取得最大的产出。

2. 技术与经济是相互促进的关系

这种促进关系表现在以下两个方面。

一方面是技术进步对经济发展的促进作用。科学技术是推动社会经济发展的强大动力，是第一生产力。科学技术的迅猛发展使生产力诸要素发生了根本性的变化，从而极大地提高了劳动生产率，有力地推动了社会经济的发展和进步。例如，20世纪初，工业劳动生产率的提高只有5%~30%是依靠运用新技术达到的，而现在有60%~70%属于科学技术成果投入应用做出的贡献。这些统计数据表明，技术在推动经济增长的过程中发挥了重要的作用。

另一方面是经济发展对技术进步的促进作用。首先，经济发展是技术发展的动力和诱因，任何一项新技术的产生，总是由经济上的需要所引起的，经济上的需要是技术发展的前提和动力。没有经济发展的需要，技术就会失去方向而无法发展。其次，经济又是技术进步的基础和保障条件，没有经济条件，如人力、物力、财力的支持，即使最好的技术也无法实现。最后，经济发展是技术进步的目的和检验标准。对任何技术发明的评价，往往都是通过其对经济发展的贡献来衡量的，而且只有通过生产的检验、通过生产实践，才能证明其可行性和价值。

3. 技术与经济是相互制约的关系

这种制约关系同样表现在以下两个方面。

一方面是经济发展水平对技术进步的制约作用。技术的进步并不是无条件的，技术的发展往往会受经济发展水平的制约。因为任何一项新技术的产生和应用，都伴随着人力、物力、财力资源的投入，并取决于是否具备相应的和必要的经济条件、是否具备广泛使用的可能性，也就是存在着适合实际条件的合理的技术选择问题。所谓技术选择，就是在一定时期内，在特定的社会经济条件下，选择实现既定目标的适宜的技术手段。不同国家的经济、文化和科学技术的发展水平不同，自然条件和资源条件也有所不同，因此各国的技术选择原则和模式也有所不同。一般来讲，技术选择既要注意技术的先进性与适用性，又要注意经济的合理性与经济效益；既不能不顾国情、盲目追求先进技术，也不能因循守旧、排斥先进技术。我国是发展中国家，技术选择必须考虑我国国情和世界科学技术发展的总趋势和水平，既要有国际先进水平的高新技术，也要有与我国现阶段国情相吻合的适用性技术。

另一方面是技术状况和水平对经济发展的制约作用。技术进步既受到经济条件的制约，同时也对一国的经济发展起到制约作用。技术进步是促进经济发展的根本途径。要实现高质量的经济增长，必然需要各种技术进步的驱动。为了推动本国的经济发展，必须引进和本国国情相适应的技术，如果盲目引进，片面追求技术先进性，就达不到预期的经济目标。因此，选择的技术只有适合当时当地的具体情况，才能在经济上收到良好的效果。

二、技术经济学的概念与特点

技术经济学是研究技术和经济矛盾关系的科学，具体来说，它是专门研究技术方案经济效益和经济效率问题的科学。技术经济学有以下特点。

1. 系统性

任何一个技术经济问题，都是由若干个相互联系、相互影响的单元组成的系统，都要受到社会、政治和经济等客观环境的限制。因此，必须运用系统理论和方法进行全面、系统的分析，不仅要分析项目本身的直接效果，还要分析与其相关的间接效果。

2. 综合性

技术经济学往往是研究多目标、多因素的问题，它分析的问题既包括技术因素的指标、经济因素的指标、社会因素的指标，甚至还包括其他因素的描述；既要分析近期的技术、经济因素，又要考虑远期的技术、经济因素。为此，在进行技术经济学研究时，要综合运用经济学、管理学、政治学、社会学等各种学科知识进行系统分析。

3. 预测性

由于技术经济学主要是为决策服务的，它所进行的分析都是在决策之前，这就决定了技术经济分析的预测性。任何技术经济问题都面临着诸多不确定性，这就要求综合运用定性、定量的技术经济分析方法尽可能准确地分析、预测，并对其投入、产出进行评估。它的预测性也就决定了它的分析结果带有一定的风险性。

4. 实践性

技术经济学研究的是各行业生产、建设中实际的技术经济问题，以及跨行业共同需要解决的技术经济问题，因此它是一门实践性的科学。技术经济学研究的成果又直接用于生产、建设的实践，并通过实践检验分析和研究成果的正确性。随着科学技术的迅速发展，新的科技成果在各行业生产建设中的推广、应用，技术创新、转移、扩散的深入发展，实践中提出的技术经济问题越来越多，为技术经济学科的发展开辟了广阔的前景。

■ 第二节　技术经济学的产生与发展

一、国外相关学科的情况

技术经济学是一门技术科学与经济科学相互交叉渗透而发展形成的新兴边缘学科，是一门研究技术和经济相互关系及其发展变化规律的学科，是当代技术发展和社会经济发展相结合的必然产物。技术经济学是中国独创的学科，在国外没有与之完全对应的学科。我国的技术经济学与西方国家的技术经济分析、工程经济学以及苏联的技术经济论证有着借鉴、传承和创新的关系。

中国技术经济学科最初的创立在很大程度上受苏联的影响。苏联在所有工科院校的专业都设立了与该专业相关的经济学课程，目的是研究与专业技术相关的经济问题。例如，在工业生产中，通常以花费的钱的多少来比较不同的技术方案，这种用经济比较技术的优劣的方式，被称为技术的经济。又如，在同一个技术问题中，选择不同的技术参数，建立起一个建设费用和某一因素的二次方程，采用数学方法计算出费用的极值，这也是一种技术的经济问题。

技术经济分析也来自于欧美工业发达国家。与苏联相比，西方的技术经济分析在概念上有些不同，西方人认为技术经济分析是经济学的一个分支，一方面研究技术与科学的变化，另一方面研究经济的变化，并研究技术和经济两者的相互关系。技术经济分析既对技术的变化进行经济分析，又从技术的角度分析经济变化。1911 年，美国学者泰勒（F. W. Taylor）出版了《科学管理原理》一书，提出要用科学的方法来解决企业生产中的技术经济和管理问题。1930 年，工程经济学的创始人格莱梯教授（E. L. Grant）出版了《工程经济原理》一书，首次系统地把技术问题和经济问题结合起来研究，初步奠定了工程经济学科的理论体系。该学科以复利计算为基础，对固定资产投资经济评价的原理做了阐述，成为帮助决策者在分配稀缺资源、稀缺资金中，寻求获取最大利润途径的一种定量工具。此后，日本的"经济性分析"、英国的"业绩分析"和法国的"经济计算"等都相似于美国的工程经济学，主要研究工程项目的经济效果评价、投资分析、敏感性分析、新设备选择以及企业现有设备利用的经济性等问题，包括盈亏分析和敏感性分析等内容。

西方经济学者关于技术经济的研究阶段通常以熊彼特时代为基准，分为前熊彼特时代、熊彼特时代和后熊彼特时代。首先，前熊彼特时代，学者们从理论上高度重视技术在经济中的作用，认为发明和机器的改进可以大幅度提高生产效率，科学技术在国民经济发展中能起到重要的推动作用。其次，熊彼特时代，其代表人物就是著名的经济学家熊彼特，他认为技术创新的主体是企业家，企业家的创新活动是经济兴起和发展的主要原因，技术创新引起了经济增长并对经济的周期性波动产生影响。最后，后熊彼特时代以及第二次世界大战后，出现了一大批研究技术经济问题的学者，许多学者认为资本和劳动的增加不能完全解释总产出的增加，将产出增加的"余值"归结为技术变化带来产出变化的结果，使其能容纳技术进步对经济增长的作用。

近年来，西方经济学者关于技术经济研究的主要方向包括：技术创新动力学；技术关系经济学；生产率分析；技术创新能力；技术创新系统；公司成长理论；技术与经济动力学；研究与开发管理；知识管理科学、技术和经济相互作用；国际竞争力、贸易与技术政策；等等。

二、我国技术经济学的情况

技术经济学诞生于 20 世纪 50 年代，是具有中国特色的应用经济学的一个分支。它是在我国经济建设和社会经济发展的实践之中，经不断总结和吸收国外相关学科的理论与方法，逐步发展成的跨技术学科和经济学科的新兴综合性交叉学科。我国技术经济学科自设立以来，经历了起步、停滞、恢复、发展、成熟、繁荣等多个阶段，具体如表 1-1 所示。

表 1-1　我国技术经济学科的发展历程

阶段	时间	背景	研究热点
起步阶段	从创立至 20 世纪 60 年代中期	20 世纪 50 年代，从苏联引进 156 个大型建设项目，应用技术经济分析论证方法，在实践中积累了大量资料和经验	项目和技术活动中的经济分析
停滞阶段	20 世纪 60 年代后期至 70 年代后期		
恢复阶段	改革开放至 20 世纪 80 年代中期	党的工作重点转移到以经济建设为中心，迎来了"科学的春天"，有研究经济和技术中政策问题的需求	项目和技术活动中的经济分析；科技发展中的经济及政策问题；经济发展中的科技及政策问题
发展阶段	20 世纪 80 年代末至 90 年代初	我国大规模工业技术改造展开	项目的财务和国民经济评价；价值工程、技术创新
成熟阶段	20 世纪 90 年代初至 90 年代末	技术发展特征的要求；西方发达国家相关理论的引入；我国经济体制改革的深入和市场化程度的加深，技术管理问题日益突出；大学学科提高对管理学科的重视	技术管理
繁荣阶段	2000 年至今	高技术产业快速发展，成果转化问题；政府对创业问题的重视；国家创新政策的影响	高技术企业创业管理；创新管理

资料来源：中国技术经济学会. 2011—2012 技术经济学学科发展报告[M]. 北京：中国科学技术出版社，2012

20 世纪 50 年代，我国从苏联引进了 156 个大型项目，同时也引进了苏联对工程项目的技术经济分析方法。技术经济学就是在此背景下，以苏联的工程项目的技术经济分析方法为基础建立起来的应用经济学科。自 20 世纪 80 年代以来，大量现代经济理论、经济分析和项目评价方法引入我国的技术经济学，形成了技术经济学科发展的新高潮。在 20 世纪八九十年代，技术经济学主要关注项目评价、项目后评估、项目投融资、技术选择、技术市场、技术进步与经济增长、技术创新理论和经济增长质量。21 世纪至今，技术经济学主要关注项目技术管理、企业技术创新管理、创新与创业管理、技术过程管理、创新产权的有效配置、技术预测与选择、技术标准战略、技术升级的路径与战略、国家技术创新体系。

根据《2011—2012 技术经济学学科发展报告》，近年来，我国技术经济学科在理论突破、应用效果、教育发展、方法优化等方面取得了新的进展。在技术经济理论方面，我国已形成初步的现代投资项目评价体系和较为完整的创新管理体系，创业研究也方兴未艾；在技术经济方法的研究与拓展方面，学科已经具备了较为成熟和完善的研究方法，摆脱了单纯使用定性或定量方法的不足，吸收和引进其他学科中成熟的研究方法，逐渐形成了技术经济学科的方法体系；在技术经济的应用效果方面，技术经济的实践和理论工作者，积极参加了三峡大型水电工程项目、南水北调工程项目等一大批关系国计民生的建设项目的研究工作；在学科教育发展方面，已经逐步形成了从学士、硕士到博士的全过程的完整学科教育培养体系，为国家培养了一大批"懂技术、懂经济、懂管理"的复合型人才。

第三节 技术经济学的研究对象与内容

一、技术经济学的研究对象

技术经济学是技术发展与经济发展密切结合的产物，它不是研究单纯的技术问题，也不是研究单纯的经济问题，而是研究"技术经济问题"，即技术领域的经济问题、经济领域的技术问题、技术与经济的相互关系问题以及技术规律自身发展所面临的新问题。具体而言，它的研究对象主要有以下方面。

（一）技术领域的经济问题

任何技术问题本质上都是经济问题，即任何技术活动都是为了推动经济发展。因此，从这个意义上说，技术经济学研究的就是技术实践的经济效果，就是研究技术的可行性与经济的合理性，即研究技术方案、技术措施、技术政策的经济效果，寻求提高经济效果的途径和方法的科学。所谓技术的经济效果分析，就是研究各种技术在使用过程中，如何以最小的投入取得最大的产出的学问。任何技术的使用都会直接和间接地涉及生产活动中的投入和产出。所谓投入，是指生产过程中各种资源（包括劳动力、资金、技术等）的消耗或占用；所谓产出，是指用货币表示的各种形式的产品或服务的价值。技术经济学研究的经济效果范围比较广泛，既有直接经济效果也有间接经济效果，既有微观经济效果也有宏观经济效果，既有有形经济效果也有无形经济效果。

我国历来重视研究技术的经济效果。1949 年以后，我国就曾引进苏联的技术经济分析方法，要求项目既有技术上的先进性，又有经济上的合理性，给国民经济的发展带来了巨大的经济效益和社会效益。随后，又引进了西方的项目可行性研究理论和方法，即在项目建设之前估算出各种方案的经济效果，选出最合理的技术方案，为投资决策提供依据。这些均已成为技术经济学核心的研究问题。

（二）经济领域的技术问题

技术创新是技术进步中最活跃的因素，是经济增长的根本动力，是高质量经济增长的源泉。经济增长是指在一国范围内，年生产的商品和劳务总量的增长，通常用 GDP（国内生产总值）或 GNP（国民生产总值）的增长来表示。经济增长可以通过多种途径来取得，既可以通过生产要素投入的增加，如经济规模"量"的增长来促进，也可以通过劳动生产率的提高，即单位投入资源的产出量的提高来实现经济"质"的增长。而劳动生产率的提高，往往依赖于技术的发展。各国的经济发展历史也表明，经济增长与技术发展有着密切的相关关系。例如，18 世纪的工业革命出现了蒸汽机、纺织机等新技术、新工具，使英国一跃成为当时世界上经济增长最快的国家。而 19 世纪末 20 世纪初开始的电气革命，又促使德国、美国的经济蓬勃发展，尤其是美国后来发展成为世界头号发达国家。我国改革开放以来经济发展取得了巨大的成就，一个重要原因就是技术创新的活跃。

技术创新是企业科技进步的源泉，是现代企业发展的动力，是促进经济增长的根本途径。技术创新是生产要素一种新的组合，是创新者将科学知识与技术发明用于工业化生产，并在市场上实现其价值的一系列活动，是科学技术转化为生产力的实际过程。技术创新不断促进新产业的诞生和传统产业的改造，不断为经济注入新的活力。要促进我国经济结构的优化升级，推动我国经济的持续快速健康发展，只能持续不断地推进技术创新，从根本上解决技术落后、效率低下的问题。由于技术创新对于促进国家和企业经济的增长具有非常重要的意义，故技术创新一直以来就是技术经济学研究的对象，其主要内容包括技术创新的动力机制、技术创新战略的选择、企业技术创新的组织形式、企业技术创新的管理、技术创新的服务体系及技术创新的产权配置问题等。

（三）技术与经济的相互关系问题

研究技术与经济的相互关系，寻求技术与经济相互促进、协调发展，也是技术经济学研究的重要问题。任何一个技术经济问题，都不是单纯的技术问题，也不是单纯的经济问题，其中技术是手段，经济才是目的。技术与经济是人类社会生产发展中不可缺少的两个紧密联系的重要方面。一方面，技术进步永远是推动经济增长的根本途径，经济的发展必须依靠技术创新；另一方面，技术发展总是在一定的经济条件下进行的，经济上的需求是技术发展的直接动力，同时，技术的进步又必然会受到经济条件的制约。技术与经济之间存在着相互渗透、相互促进，又互相制约的联系，任何技术的发展与应用都不仅是一个技术问题，同时又是一个经济问题。技术与经济之间的关系及其协调发展的途径，也是技术经济学固有的研究对象。

（四）技术规律自身发展所面临的新问题

从世界范围来看，对技术发展规律的研究可以说是从 20 世纪 60 年代才开始的。中国对技术发展规律的研究晚于国外，从 20 世纪 80 年代初才开始起步。综观过去对技术发展规律的研究，可以发现技术自身发展过程中主要存在以下问题。

1. 技术与外部环境的问题

技术作为一种社会现象，有其相对独立的自我增长特点，但又与社会有着不解之缘，可以说影响技术发展的因素实在太多了。在这种情况下该如何研究技术的问题呢？是一个一个因素进行分析，还是把技术孤立起来进行分析，或是把众多的相关因素整合为一种"环境"，然后再研究"环境"对技术发展的作用？答案只能是最后一种方法，即从总体上分析技术的发展。关于这一点，技术哲学的奠基人 F. 拉普已有明确的说法。他认为，"为了从总体上分析技术的发展，我们可以这样来说明技术变化的过程：由特殊的文化制度、法律制度、社会结构和政治力量构成的社会，根据给定的技术知识和技能，考虑特殊的价值和目标观念，运用物质资源，在经济过程的框架内生产和应用技术系统。然后，这个过程又反作用于以前的技术系统，从而促进技术进一步发展。具有决定意义的不是描述所讨论的元素、因素、条件或原因的特殊方法，而是所有这些不可忽略的因素所构成的环境，它们总是在整体中起着各自的作用"。由此可见，要抓的主要矛盾就是技术的内在逻辑和技术与外部世界的关系，只有这样研究技术的发展规律才有其本质意义。因此，技术问题不仅仅只是技术本身的问题，还是技术与外部环境的问题。

2. 技术选择的判断标准问题

技术体系作为技术在社会中现实存在的方式，它是社会的一个有机组成部分。如果把影响技术体系的众多社会因素整合为一种"环境"，可称其为技术体系的"外部环境"。相对于"外部环境"来说，技术体系还有一种促使其自我增长的"内部环境"。技术体系的发展既在于接收"内部环境"之中的信息，也在于接收"外部环境"的信息。同时，技术体系的发展还在于自身发展信息不断向"外部环境"的反馈。因此，技术体系的发展并不是一个简单的、静态的过程，而是一个不断进行信息交流的、不断变化的动态过程。因此，在技术选择的判断标准上，不仅仅要遵循技术自身的标准，还要遵循社会的标准，如可持续发展问题、外部社会效应问题、生态环境问题等。

3. 技术变革过程中"技术轨道"问题

1982 年，著名创新学者多西在研究技术变革的过程中提出了"技术轨道"的概念，明晰了技术在变迁过程中的发展方向和主要动力，阐述了进化机制下技术创新所遵循的规则与过程。近年来，经过众多国内外学者的研究，"技术轨道"理论逐渐成为技术创新理论的一个重要组成部分，其指导下的后发国家创新与追赶问题也受到了普遍的关注。

多西指出"技术轨道"即由技术范式中所隐含的对技术变化方向做出明确取舍所决定的技术演进路径，或一组可能的技术方向；"技术轨道"的外部边界由技术范式本身的性质所决定。

"技术轨道"理论研究的一个核心问题是总结技术轨道的性质。综合相关理论文献，"技术轨道"具有连续性（即积累性）、有限性（但无限逼近）、系统性、排他性与多样性等基本特性。

高速发展中的中国经济如何把握选定的战略性新兴技术演化的基本规律、选择正确的技术发展路径（无论是路径追随还是路径创造），以实现自主创新能力的提升等问题已经至关重要，"技术轨道"理论多年来的研究对此有着较大的实践指导意义。

二、技术经济学的研究内容

技术经济学是应用经济学的一个分支，它是技术发展与经济发展密切结合的产物，是研究技术要素的形成和发展的学科。从生产要素的视角看，技术经济学与劳动经济学、资源经济学等都属于要素经济学，它的研究对象包括技术创新、技术扩散、技术选择、技术的经济效果评价、技术与经济的协调发展、技术进步对产业结构优化升级的影响等。

根据技术经济学的研究对象，技术经济学研究的内容归纳起来包括两大方面。一方面是技术经济学的基本理论与方法，包括：技术进步与经济增长的相互关系、相互作用、相互推动的原理与方法；技术创新的原理与方法；技术先进性与经济发展条件的最佳结合、协调发展的原理与方法；各种技术方案选择、比较、评价的原理与方法。另一方面是如何将技术经济的理论与方法在实践中进行应用，即对应用原理与方法解决大量实际问题的研究。例如，投资项目、技改项目的技术经济评价分析；各种新产品、新工艺开发的技术经济分析；各种引进资金、技术项目的技术经济分析；各种投资项目的可行性研究；技术政策制定的技术经济分析；等等。

技术经济学所涉及的范围非常广泛，涉及技术与经济领域的各个方面和层次。从横向看，涉及生产领域的各个部门，无论工业、农业还是服务业等都有自身的各种技术工作或应用各种有关技术政策、技术规划、技术措施的经济效果问题。从纵向看，技术经济学所涉及的范围包括宏观、中观和微观各个领域的科学发展中的经济问题，具体包括以下四个层次的技术经济问题。

1. 项目层面的技术经济问题

项目层面的技术经济问题主要是指项目可行性研究、项目评估、项目管理等一切与投资项目相关的技术经济问题。投资项目有多种类型，包括工程建设项目、科技开发项目、公共投资项目等。项目层面的技术经济问题包括技术方案选择、项目选址、设备选型、筹资方案制定等。

2. 企业层面的技术经济问题

一般来说，企业层面的技术经济问题包括企业发展战略、新产品开发、技术战略、技术开发、技术选择、技术创新、技术改造、技术整合、组织创新、知识管理、商业模式创新等。

3. 产业层面的技术经济问题

产业层面的技术经济问题主要包括产业发展、产业结构优化升级、产业技术创新、产业技术扩散、产业规模经济、产业集聚、产业技术轨道、产业技术政策等。

4. 国家层面的技术经济问题

国家层面的技术经济问题涉及国民经济全局问题，主要包括国家技术政策、创新驱动发展、技术进步与经济增长、国家的科技战略、科技发展规划及科技政策、知识产权制度、国家创新系统等。

上述四个层面的技术经济问题划分不是绝对的，而是相互渗透、相互影响的。通常，较高层面的技术经济问题往往包含了较低层面的技术经济问题，对较低层面技术经济问题的解决起着决定性的影响，而较低层面的技术经济问题的解决又是搞好较高层面技术经济问题研究的基础。例如，科技战略、科技政策、科技规划、技术措施、技术方案等宏观与微观的经济决策问题，都必须从理论与实际的结合上，从经济、技术、社会协调发展的角度，探讨国内外环境和条件的相互适应性、技术可行性和经济合理性，以求其互相促进，并取得最大的经济效益。

第四节　技术经济学的研究方法与程序

一、技术经济学的研究方法

技术经济学是一门以技术经济分析方法为主体的应用学科，其方法体系主要为三个层次：第一层次是哲学意义上的方法论；第二层次分为解决技术经济问题的基本方法和解决某个特定问题的专门方法；第三层次则是一些具体的分析方法。一般来说，根据研究对象的不同，技术经济学的基本方法可以分为如下几种。

（1）系统分析法。由于技术经济问题的系统性特征，技术经济学应当采用系统分析的理论和方法对其进行研究。在技术经济研究中，要用系统的观点去研究问题，把研究对象作为由若干作用于一个共同目标、互相联系又互相影响的单元组成的有机整体，把各种要素及多方面的效果结合在一起，进行系统性的综合分析论证。常用的综合分析法有综合评分法、模糊评价法、层次分析法、多目标规划法、运筹学方法等。

（2）方案比较法。方案比较法是通过若干从不同方面说明方案技术经济效果的指标，对完成同一任务的几个技术方案进行计算、分析和比较，从中选出最优的方案或者进行方案优劣排序。这是技术经济学最常用的传统方法，比较简单，易于掌握，而且已有一套较为完整、成熟的程序。常用的方案比较法有净现值法、内部收益率法、现值费用法、差额投资回收期法、决策树法、数学规划法、目标排序法、逐步淘汰法、两两比较法等。

（3）效益评价法。在技术经济分析中，需要对有关方案的经济效益、社会效益、环境效益等特性进行对比分析，并按一定的标准进行评价。常用的效益评价法有投资回收期法、净现值法、投资收益率法、费用效益分析法、功能评价系数法等。

（4）推断预测法。技术经济学的研究多以事前研究为主，具有推断性、预见性特点，需要对将来可能出现的结果进行推断和预测，这些预测既有定性的也有定量的，主要包括技术预测和经济预测两个方面。常用的推断预测法有德尔菲法、回归分析法、指数平滑法、时间序列分析法、投入产出法、专家预测法、系统动力学法、目标预测法、包络曲线法、相关产品法、估算法、概算法等。

20世纪80年代之前，技术经济的研究方法主要以逻辑推理、案例研究和数据分析为主，分析的指标也多以静态分析指标为主。20世纪80年代以来，随着西方经济学思想的引进，西方的经济分析方法也逐渐被技术经济研究者所接纳，项目评价指标已采用市场价格、净现值和动态投资回收期等作为评价指标。技术经济学更多采用了许多定量分析的方法，把定量分析与定性分析相结合。在定量分析时，以动态分析为主，静态分析为辅，把分析的因素量化，通过数学计算进行分析比较。因此，在技术经济理论研究方面更多合理地采用模型化的数学方法，在实证研究方面也更多采用计量经济的分析方法。

二、技术经济学的研究程序

技术经济学的研究程序如下。

1. 确定目标

确定目标是开展技术经济研究的首要问题，是方案最终要实现的效果，主要包括经济目标、社会目标、环境目标、政治目标等。所有的技术方案都不是孤立存在的，而是整个社会的技术经济系统中的一个有机组成部分。因此，在确定目标时，不能只考虑子系统的目标，更应考虑整个大系统的目标。另外，一个项目或一个技术方案的目标，可以是单目标，也可以是多目标。当备选方案有多个目标时，应该明确各目标之间的主次、隶属关系。此外，还应该确定实现目标的具体指标和具体内容。

2. 收集资料，调查研究

目标确定之后，就需要围绕方案的目标进行调查研究，搜集相关资料、数据，并在此基础上根据资料进行预测。资料是分析和预测的基础，资料是否准确、完整将直接影响技术经济分析的结果，从而影响决策的正确性、合理性。常用的资料收集方法有询问法、观察法、抽样调查法、专家座谈法、德尔菲法、指标体系法等。

3. 提出各种可行的备选方案

为了实现同一目标，一般可以提出多种不同的方案。为了选择最优的技术方案，首先要列出各种可行的技术方案。在提出备选方案的过程中，要尽可能多地列出所有可能的方案，以便进行比选。

4. 拟定技术经济评价指标

技术经济评价指标是对各备选方案进行比较、选择的依据，需要根据评价目标来进行拟定。由于各种备选方案的评价指标和参数不同，还必须将各种备选方案的评价指标统一起来，即将不能直接比较的数量指标、质量指标等尽可能转化为统一的可比指标，使各方案具有可比性。

5. 分析各备选方案的优缺点

综合运用定性分析和定量分析的方法，对各备选方案的优缺点进行分析，从国民经济整体利益出发，客观地分析不同技术方案所引起的内外部自然、技术、经济、社会等方面所产生的影响，从而准确地找到最优的技术方案，或者对各备选方案进行优劣排序。通常，需要建立各技术方案评价指标与各项技术经济参数间的数量关系的数学模型，通过计算与求解数学模型，求得各个备选技术方案的经济指标的具体数值，利用方案比较方法，进行经济上最优方案的选择。对于不能用定量指标计算的各技术方案的效果，应采用定性描述，说明各方案在达到预定目标方面的贡献或付出的代价。

6. 方案综合评价

由于技术方案的许多优缺点往往不能用数学指标来描述，而且一个方案不可能兼备各种优点，这就要求从各个侧面对某技术方案进行综合分析和论证，在技术、经济、社会、政治等方面对各方案的优劣进行排序。

7. 选择最优方案

通过方案综合评价，从成本、收益和风险等因素进行分析，选出符合项目目标、技术上先进、经济上合理的最优方案。由于方案只是在对将来未知情况的假设前提下设计的，故最后的方案应该有一定的可变动性，以应变将来市场或其他方面的变化。

8. 完善方案

当各技术方案都不能达到预期目的时，应进一步对确定的最优方案进行完善，使方案更利于实现，并具有更好的经济效果。若确实无法进一步完善时，可做否定的决策。

上述分析步骤可用基本程序图表示（图 1-1）。这些分析步骤只是技术经济分析的主要程序，但不是唯一程序，根据问题性质的不同，还可以采用其他研究方法和程序。

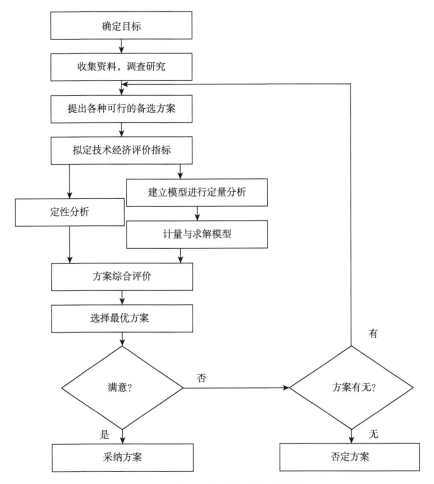

图 1-1　技术经济研究基本程序图

资料来源：陶树人. 技术经济学[M]. 北京：石油工业出版社，2003

参 考 文 献

傅家骥，全允桓. 1996. 工业技术经济学[M]. 第三版. 北京：清华大学出版社.

傅家骥，雷家骕，程源. 2003. 技术经济学前沿问题[M]. 北京：经济科学出版社.

蒋太才. 2006. 技术经济学基础[M]. 北京：清华大学出版社.

雷家骕，程源，杨湘玉. 2005. 技术经济学的基础理论与方法[M]. 北京：高等教育出版社.

刘家顺，史宝娟. 2010. 技术经济学[M]. 北京：中国铁道出版社.

刘秋华. 2010. 技术经济学[M]. 第 2 版. 北京：机械工业出版社.

邱惠丽，宋子良. 2004. 对"技术发展规律"研究的回顾及再认识[J]. 自然辩证法研究，20（1）：
　　60-64.

陶树人. 2003. 技术经济学[M]. 北京：石油工业出版社.

王柏轩. 2007. 技术经济学[M]. 上海：复旦大学出版社.

徐向阳. 2006. 实用技术经济学教程[M]. 南京：东南大学出版社.

张铁山，吴永林，李纯波，等. 2009. 技术经济学——原理·方法·应用[M]. 北京：清华大学出版
　　社，北京交通大学出版社.

中国技术经济学会. 2012. 2011—2012 技术经济学学科发展报告[M]. 北京：中国科学技术出版社.

第二章

技术经济研究中的基础资料及估算方法

要对投资项目或建设方案进行技术经济分析和论证，必须要有一些基础资料和数据，如产品或服务的价格，市场需求数量、结构，建设项目总投资、成本、税金等。在对项目或方案进行技术经济分析之前，必须对这些基础资料进行估算和整理。

■ 第一节　财务基础资料估算

一、财务基础资料估算的内涵

财务基础资料估算是指在项目市场、资源、技术条件分析评价的基础上，从建设项目的角度出发，依据现行的法律法规、价格政策、税收政策和其他有关规定，对一系列有关的财务基础资料进行调查、收集、整理和测算，并编制有关的财务基础资料估算表格的工作。财务基础资料估算是一项非常重要的工作，它是项目财务评价、国民经济评价和风险分析的重要基础与依据。

财务基础资料估算的内容包括对项目计算期内各年的经济活动情况及全部财务收支结果的估算。具体内容包括以下几个方面：市场分析与预测、项目总投资及其筹措的估算、项目生产期的确定、总成本费用的估算、营业收入与税金的估算、利润总额及其分配的估算、贷款还本付息的估算等。

二、财务基础资料估算的原则与程序

（一）财务基础资料估算的原则

1. 真实性原则

财务基础资料估算，必须真实地反映建设项目客观情况。对于比较重要的数据资料和评价参数，研究人员应从不同方面进行调查核实和测算。

2. 准确性原则

财务基础资料的准确程度直接关系到建设项目技术经济分析结论的正确与否。因此，研究人员必须把握准确性原则，不仅要在数据选择、记录的过程中注意准确性和客观性，还要在计算、预测和分析时保持分析的准确性，以保证财务基础资料预测和经济分析结果的准确性。

3. 合法性原则

在进行财务基础资料收集和估算时，研究人员必须严格执行国家法律、法规和相关规定，不得以任何虚假的资料作为测算和估算的依据。

4. 对比性原则

"有无对比法"是财务基础资料估算的基本原则，是指将实施该建设项目后的将来状况与不实施该建设项目时的将来状况进行比较，以识别那些真正应该算作项目效益的部分，即增量效益，排除那些由其他原因产生的效益。在财务基础资料估算时，必须注意只有"有无对比法"的差额部分才是由于项目的建设而增加的效益和费用。

（二）财务基础资料估算的程序

财务基础资料估算工作一般可按下列程序进行。

1. 制订估算工作计划

由于各个项目的建设背景、建设内容各不相同，研究人员必须对拟建项目的基本概况做一个全面的了解，制订出财务基础资料估算的工作计划，明确估算工作的时间和人员安排，以及具体的工作步骤。

2. 调查研究，收集资料

财务基础资料估算工作涉及的范围十分广泛，需要收集大量的资料，其中不仅包括与拟建项目有关的资料，还包括国家有关部门制定的法律法规、政策、规章制度及其同类项目的有关基础数据。

3. 进行财务基础资料估算

在收集、整理和分析有关资料的基础上，测算各项财务基础资料，并按有关规定编制相应的财务基础资料估算表格。

三、项目计算期的估算

项目计算期，即技术经济分析所设定的期限，是指从资金正式投入开始到项目报废为止的时间，包括建设期和生产期。建设期是指项目从资金正式投入开始到项目建成投产为止所需要的时间，可按合理工期或建设的进度确定；生产期是指项目投入生产到生产达到设计生产能力后的时间。项目计算期通常以年为计量单位，对于计算期较短的行业项目，在较短的时间间隔内（如季、月、周等）现金流水平有较大变化，可根据项目的具体情况选择合适的时间单位。

项目计算期没有统一的规定，受多种因素的影响，主要包括项目本身的特性、行业特点、主要设备的经济寿命等。计算期不宜太长，因为时间越长，估算的数据就越不准确，同时，按照现金流量折现的方法，其净现值很难对财务分析结论产生有决定性的影响。项目计算期的估算，一般应以项目主要设备的经济寿命期来确定，对需要比较的项目或方案，应取相同的计算期。

第二节　市场分析与预测

一、市场分析预测的重要性及主要内容

（一）市场分析预测的重要性

市场是产品或服务消费者的总和，任何投资项目或建设方案都要通过满足市场需求来获得生存和发展。所以，市场是检验项目成败的唯一标准，它既是投资项目的起点，又是其最终的归宿。任何项目都要以市场需求为前提，并且项目的最终目的是满足市场需求，从而获得经济利益。市场分析就是通过了解市场商品供求变化的历史和现状，找出其发展变化的规律，对产品的产需情况进行分析，运用科学的预测方法，对市场未来不确定的因素和条件做出定性或定量的估计和评价。对市场情况的分析与预测，既是编制计划的起点，又是在计划实施过程中根据变化的情况修改和调整计划的主要依据。

市场分析预测包括市场调查与市场预测。市场调查，就是运用科学的方法对产品的需求、竞争状况等基本情况进行调查和分析。市场预测是在市场调查取得一定资料的基础上，运用已有的知识、经验和科学方法，对市场未来的发展状态、行为、趋势进行分析并做出判断与推测，其中最为关键的是产品需求预测。可行性分析是使用现实的数据预测未来的情况，市场预测的作用是在现实的市场与未来的市场之间架起一座桥梁。市场调查是市场预测的基础与前提，市场预测要依据市场调查提供的资料进行。因此不能将市场调查与市场预测割裂开来。

市场分析与预测既包括对拟建项目建成后产品的销售收入的预测，也包括对拟建项目建设期的成本支出的预测，进而确定投资项目的现金流量，为项目可行性分析奠定基础。市场供需状况、竞争状况及需求结构等与项目建设的必要性、项目投资风险的大小都有密切的关系，是可行性研究中需要考虑的第一步，也是最为重要的研究内容。具体来说，市场分析预测解决了"生产什么和生产多少，如何生产，为谁生产"这几个基本问题。通过市场分析，了解投资项目的产品是否符合社会需求，生产什么产品有利，产品的目标市场在哪儿，销路如何。明确投资项目的生产规模，应通过市场分析确定市场需求量，了解竞争对手的情况，最终确定项目建成时的最佳生产规模，使企业在未来能够保持合理的盈利水平和持续发展能力。

（二）市场分析预测的主要内容

1. 市场竞争状况

市场竞争状况调查就是要分析企业的主要竞争者的竞争状况。根据哈佛大学迈克尔·波特教授的分析，与企业存在竞争关系的力量主要有现有的竞争者、潜在的加入者、供应商、销售商、替代品五种类型。其中，最直接的竞争者就是现有的竞争者，这

些同类生产企业生产技术水平的高低、生产规模的大小、市场占有率的多少将直接影响到本投资项目的生存能力。如果拟建项目产品的目标市场上存在一个或数个强有力的竞争对手，那么当企业进入市场时，可能会遭到该市场内几家大企业的联合遏制，使企业很难在市场上立足。另外，如果原有企业已经掌握了市场上最稀缺或优质的资源，那么新企业即使可以进入该市场，也无法长期在市场上生存和发展。

2. **市场容量分析**

市场容量现状调查主要是调查项目产品在近期内和预测时点的市场供需总量及其地区分布情况，为项目产品供需预测提供条件。调查内容包括：国际和国内市场的供应现状，国际和国内市场的需求现状，项目产品国际国内市场的消费总量、地区分布，不同消费群体对产品品种性能和服务质量的要求，消费用途结构状况，等等。

3. **产品或服务的价格预测**

价格现状调查则需要调查项目产品国内市场价格的历史演变过程及变化规律、最高价格和最低价格出现的时间和原因。调查项目产品国际市场价格（进口到岸价格和出口离岸价格）的历史演变过程及其变化规律，分析价格合理性、有无垄断或倾销等情况，调查不同类型项目产品价格的形成机制，如产品价格是国家宏观调控价格还是市场形成价格。

4. **市场风险分析**

市场风险分析是在产品供需、价格走势和竞争能力常规分析已达到一定深度要求的情况下，对未来国内外市场某些重大不确定因素发生的可能性，及其对项目造成的损失程度和对项目的影响程度进行分析。市场风险分析包括关于新技术、新材料、新工艺的发展趋势的调查和分析。这些风险的出现，均影响项目的预期收益。在可行性研究中，应根据项目的具体情况，找出项目存在的主要风险因素并分析风险程度。

二、市场分析预测的基本方法

（一）市场调查的方法

市场调查的目的是获得市场预测所需的第一手资料。市场调查的方法可以分为普遍调查和抽样调查两类。由于普遍调查在实际中很难操作，故大部分调查采用了抽样调查的方式。抽样调查时抽取样本数量的多少应依据调查的要求和母体的特点来确定。一般而言，抽取样本的数量越多，调查结果准确性越高，但调查的成本也比较昂贵，因此，调查者在确定样本数量时要权衡考虑准确性、成本和时间之间的关系。根据抽样方法的不同，抽样调查一般分为随机抽样调查和主观抽样调查两种基本的类型。

常用的市场调查方法有访问调查法、通信调查法、会议调查法、问卷调查法、电话调查法、观察法、实验法和资料法等，进行市场调查应根据项目具体情况选用适当方法。

（二）市场预测方法

在进行市场预测时，应根据项目产品特点以及项目不同决策阶段对市场预测的不同深度要求，选用相应的预测方法。预测方法按其类型，分为定性预测方法和定量预测方法。定性预测方法是建立在经验判断基础上，并对判断结果进行有效处理的预测方法，如德尔菲法、专家会议法、头脑风暴法。定量预测方法是建立在数学模型基础上的预测方法，如时间序列法、回归分析法、投入产出法、弹性系数法、消费系数法和产品终端消费法等。

预测方法按预测的时间跨度，分为中、长期预测方法和短期预测方法。适合于中、长期预测的方法有德尔菲法、回归分析法、趋势类推法、投入产出法、弹性系数法和产品终端消费法等。适合于短期预测的方法有简单移动平均法、简单指数平滑法、霍特双参数线性指数平滑法、时间序列分解法等。其中回归分析法、趋势类推法和弹性系数法也可用于短期预测。

三、产品或服务的供需预测

市场分析预测，最主要的就是对产品或服务的供需、价格进行预测。对产品或服务供给情况进行预测，则需要对行业现有的竞争者、潜在的加入者及其替代品进行分析。首先，要对行业现有主要的竞争对手的市场占有率、发展战略进行分析和预测。其中，竞争对手也可以进一步划分为多种类型，既有直接的竞争对手，也有间接的竞争对手。其次，要对行业潜在的加入者进行分析，这主要取决于现有行业的吸引力和进入壁垒，而行业的吸引力又与行业的平均利润率、行业的成长阶段等相关，行业的进入壁垒有技术壁垒、规模壁垒等。一般而言，潜在加入者的进入意愿与该行业的吸引力呈正相关的关系，而与该行业的进入壁垒呈负相关的关系。最后，还应分析替代品的竞争状况。投资项目存在一定的建设周期和进入退出壁垒，所以产品或服务的供给在短期内具有一定的刚性，不会出现大幅波动。但是从长期看，需要应用一定的预测方法对产品的供给情况进行预测，以规避一定的市场风险。

产品或服务的需求状况是决定投资项目可行性的关键要素，这是因为任何产品或服务只有成功地转移到消费者手中，才能实现其价值。对产品的需求状况进行调查和分析，主要包括以下几个方面的内容。

（1）市场环境分析，包括宏观环境分析和微观环境分析两个方面。在宏观环境方面，主要调查宏观的政治、经济、技术、社会、文化、自然、人口等因素的现状及其变化趋势对产品或服务市场的影响。在微观环境方面，主要是对消费者和消费行为进行调查，具体包括消费者的家庭状况、收入水平、消费习惯、消费动机、消费偏好等相关因素。

（2）市场细分及目标市场选择。市场细分就是按一定标志把整个市场划分为若干个子市场。市场的划分有多种标准和维度，如可以按照消费者的年龄、性别、职业、收入水平等特征划分。一般情况下，细分的市场应该满足的基本条件：该部分必须有足够的规模和需求，能够保证对不同企业给予不同的市场待遇；该部分市场内的顾客行为相类似，具有一定的购买力；竞争者并不完全控制，企业有能力经营。项目投资方，首先应该明确其项目产品所属的具体细分市场，从而针对具体的市场情况进行市场调查和分析。

（3）产品市场容量的调查。产品的市场容量及项目建成后可能达到的市场占有率决定了项目建成之后产品产量和销售的大小，而这种可能实现的销售量是拟建项目生产规模的基本依据。市场需求容量的调查包括三个方面：有效需求状况、潜在需求状况、需求的增长速度。市场容量在某种程度上是有限的，如果项目产品所属产业内企业的生产能力非常强，可以满足市场的全部需求，并且使市场基本上接近饱和状态，那么项目企业如果无法在产品方面进行创新，或者在价格方面没有绝对优势，则很难在竞争中立足。

四、产品或服务的价格预测

产品或服务价格预测是测算项目投产后的销售收入、生产成本和经济效益的基础，也是评价项目产品是否有竞争力的重要内容。在对价格进行预测时，应对影响价格形成的各种因素进行分析，其主要影响因素有：企业的定价目标、产品的生产成本、产品的市场供需情况、竞争者的产品与价格、价格水平和变化趋势。企业的定价目标通常有利润导向的定价目标、市场占有率导向的定价目标、竞争导向的定价目标。而产品的成本构成可以从不同的角度进行分析，通常分析固定成本、变动成本、边际成本。一般来说，产品或服务的生产成本是定价的下限，消费者的需求则是产品定价的上限，而供求关系及市场竞争的情况则直接影响价格的波动情况。

产品价格不是固定不变的，产品价格的波动受多种因素的影响。产品价格的确定要综合考虑生产成本、市场需求、产品特性、竞争状况、市场结构等因素。在产品刚刚投入市场的时候，如果将这些成本全部纳入产品定价中，可能严重影响产品的市场竞争力。在一段时间内，只能包括可变成本加部分不变成本，这样才能保证产品的市场竞争力，进而确保投资项目设备最大的利用效率。另外，产品定价与市场结构有着密切联系。在垄断或半垄断的情况下，如果产品的定价过高，致使利润过高，可能吸引竞争者纷纷进入，从而使超额利润消失。随着竞争的加剧，以低价格抢占市场就成了企业必然的选择。此外，产品价格与产品特性也密切相关，如果产品的需求弹性较大，那么低价格就会带来销售量的迅速提高；反之，如果产品的需求弹性较低，那么较高的价格不会影响产品的销售量。最后，项目产品价格的确定还要考虑产品所处的生命周期和消费者对价格的接受程度。

根据不同的定价目标，产品定价方法主要有三种基本类型：成本导向定价法、需求导向定价法、竞争导向定价法。

1. 成本导向定价法

这是国内外普遍采用的一种定价方法，即以成本为基础，加上一定的利润，构成产品价格。这种定价方法，首先考虑收回企业的投入成本，其次考虑获取一定的商业利润。具体而言，又有以下几种具体的定价方法。

（1）成本加成定价法，就是在产品的单位成本的基础上加上一定比例的利润，其计算方法为

$$单位产品价格=\frac{单位成本\times\left(1+成本利润率\right)}{1-销售税率} \tag{2-1}$$

（2）边际成本定价法，是指在进行定价时考虑用预期的边际收益适当补偿固定成本。预期的边际收益是指预计的销售收入减去变动成本后的收益，因为在项目建成投产后，无论产量的高低，其固定成本都是不变的。

（3）盈亏平衡定价法，又称目标利润定价法，即以企业所追求的目标利润加上成本来确定价格。其计算公式为

$$单位产品价格=\frac{目标销售利润+总成本}{销售量\times\left(1-销售税率\right)} \tag{2-2}$$

若以税后利润为目标利润，则：

$$单位产品价格=\frac{\left(目标纯利润/1-所得税率\right)+总成本}{销售量\times\left(1-销售税率\right)} \tag{2-3}$$

（4）目标投资报酬率定价法，该方法使用目标投资报酬率乘以投资来确定目标利润，然后用目标利润定价法来确定产品价格。

$$单位产品价格=\frac{项目投资\times目标投资报酬率/\left(1-所得税率\right)+总成本}{销售量\times\left(1-销售税率\right)} \tag{2-4}$$

式中，目标投资报酬率至少要大于银行存款利率。

2. 需求导向定价法

这是以市场需求为基础来确定产品价格的定价方法，又称市场导向定价法。定价时主要考虑顾客对产品价值的理解或对产品价值的需求程度，而不是产品的实际价值。

（1）认知价值定价，是指按照消费者对产品价值的认识来确定产品价格。这种定价方法与现代市场定位思想相适应，它强调产品价格的高低不取决于卖方的成本，而取决于买方对产品价值水平的理解程度。为了建立起市场的认知价值，必须进行市场调研，以获取同行、顾客、中间商等方面对产品价值的评判意见，以此作为企业定价的依据。

（2）需求差异定价，需求差异定价是对同一产品制定两种或两种以上不反映成本费用的不同价格，一般有以下几种具体形式：顾客差异价格、空间差异价格、时间差异价格。需求差异定价实质上是基于市场细分的定价方法，可为企业增加销售，获得更高的利润。这种方法的成功必须具备以下条件：市场可以细分，并且各细分市场表现出不同的需求；以较低价格买进产品的顾客没有以较高价格把产品倒卖给别人的可能性；竞争者没有可能在企业以较高价格销售产品的市场上以低价竞销；细分和控制市场的成本费用不超过因差别价格所得的额外收入；价格歧视不会引起顾客反感，不会违法。

（3）反向定价法，是指企业依据消费者能够接受的最终销售价格，测算自己产品生产经营的成本和利润后，逆向推算出产品的批发价和零售价。这种定价方法不以实际成本为主要依据，而是以市场需求为定价出发点，力求价格为消费者所接受。市场分销渠道中的批发商和零售商多采取这种定价方法。其计算公式为

$$批发价=零售价\times\left(1-零售商加成率\right) \tag{2-5}$$

$$出厂价 = 批发商价 \times \left(1 - 批发商加成率\right) \tag{2-6}$$

3. 竞争导向定价法

这是以竞争对手的价格为导向来确定产品价格的定价方法。定价时，不管产品成本或市场需求是否发生变化，只要竞争对手的价格没有变化，企业就保持原来的价格水平；如果竞争对手的价格发生变化，企业就迅速做出价格调整反应。这种定价方法主要包括随行就市定价、主动竞争定价、密封投标定价、拍卖品定价等类型。

■ 第三节 项目的投资构成及估算方法

投资估算是制订项目融资方案、进行经济评价的依据，是在对项目的建设规模、技术方案、设备方案、工程方案及项目实施进度等进行研究的基础上，估算项目投入总资金，并估算建设期内分年资金需要量。

一、项目总投资及其构成

项目总投资，是指建设项目从筹建开始到项目全部建成投产为止所发生的全部投资费用。一般情况下，项目的资金来源包括外部借款，按照我国现行的资金管理体制，应将建设期借款利息计入总投资中，此时，建设投资中包括建设期借款利息。

按照我国现行的资金管理办法以及《投资项目可行性研究指南》的划分，建设项目投入的总资金一般包括建设投资（含建设期利息）和流动资金两部分，而项目的总投资则由建设投资（含建设期利息）和铺底流动资金两部分构成。其中，建设投资（含建设期利息）包括工程费用（包括建筑工程费、设备及工器具购置费、安装工程费）、工程建设其他费用（包括土地使用费、建设单位管理费、联合试运转费等）、预备费（包括基本预备费和涨价预备费）。建设期间投资贷款利息，亦称资本化利息，企业长期负债的应计利息支出，在筹建期间的计入开办费，生产期间的计入财务费用，清算期间的计入清算损益。流动资金是指企业生产经营周转过程中供企业周转使用的资金，等于流动资产减流动负债。流动资产是指可以在一年内或者超过一年的一个营业周期内变现或者运用的资产，包括货币资金、应收账款、存货等。流动负债是指将在一年或超过一年的一个营业周期内偿还的债务，包括短期借款、应付票据、应付账款、预收货款、应付工资、应缴税金、应付利润、其他应付款、预提费用等。建设投资（含建设期利息）又可以划分为静态投资和动态投资两部分，前者由建筑工程费、设备及工器具购置费、安装工程费、工程建设其他费用、基本预备费构成；而后者由涨价预备费和建设期利息构成。

根据资本保全原则和企业资产划分的有关规定，工程项目在建成交付使用时，项目投入的全部资金包括固定资产、无形资产、其他资产和流动资产。其中，固定资产，是指使用期限超过一年的房屋、建筑物、机器、机械、运输工具以及其他与生产经营有关的设备、器具、工具等。无形资产，是指那些为法律所承认、许可并给予保护的，能为企业带来营业利益，并具有独占性或优越性的无形的属于权利性质的特种资产，包括专利权、商标权、著作权、土地使用权、非专利技术、商誉等。其他资产，是指除流动资产、长期投资、固定资产、无形资产以外的资产，主要包括长期待摊费用和其他长期资产。流动资产，是指企业可以在一年或者超过一年的一个营业周期内变现或运用的资产。

对于建筑安装工程项目，其费用由直接工程费、间接费、利润、地区差价、劳动保险费和税金组成。其中，直接工程费由直接费、井巷工程辅助费、其他直接费、现场经费组成。井巷工程辅助费是指为井巷工程施工服务的提升、排水、通风、运输、照明、机电等辅助系统施工设备、设施所发生的费用；其他直接费是指直接费以外施工过程中发生的费用；现场经费是指为施工准备、组织施工生产和管理所需费用，包括临时设施费和现场管理费。间接费是指施工企业在施工组织管理中，不直接发生在工程本身，而是间接为工程服务发生的费用，由企业管理费、财务费用及其他费用组成。利润是指按规定应计入建筑安装工程造价的利润。建筑安装工程概预算的地区差价是指项目所在地估算投资时的材料、人工及机械台班单价与使用估算指标所用的单价价差造成的建筑安装工程造价之差。劳动保险费（包括交纳社保机构的统筹基金），是指企业按劳保条例支付离退休职工的退休金、价格补贴、医药费、异地安家补助费、职工退职金、六个月以上的病假人员工资、职工死亡丧葬补助费、抚恤金以及按规定支付给离休干部的各项经费。税金是指国家规定的应计入建筑安装工程造价内的城乡建设维护税及教育费附加。

二、项目投资估算的基本方法

1. 生产能力指数法

生产能力指数法又称生产规模指数法，是一种粗略的投资估算方法。该方法是指根据已建成的、性质类似的工程项目或生产装置的投资额和生产能力，估算拟建项目或生产装置的投资额。其计算公式为

$$Y_2 = Y_1 \left(\frac{X_2}{X_1} \right)^n \times \text{CF} \qquad (2\text{-}7)$$

式中，Y_2 表示拟建项目估算投资额；Y_1 表示类似规模已建项目的投资；X_2 表示拟建项目的规模；X_1 表示类似项目的规模；n 表示指数，通常 n 的取值范围为 0~1；CF 表示老项目建设间隔期内定额、单价、费用变更等的综合调整系数。

运用这种方法估算项目投资的重要条件是要有合理的生产能力指数。采用生产能力指数法，计算简单、速度快；但要求类似工程的资料可靠，条件基本相同，否则误差就会很大。

2. 设备投资率法

设备投资率法，实际上是根据设备总投资来推算工程项目总投资的方法。

$$Z = K \Sigma Y_i \qquad (2\text{-}8)$$

式中，Z 表示工程项目总投资；K 表示工程项目总投资为设备总投资的倍数；ΣY_i 表示各种主要设备价值之和。

这种方法对设备占投资中比例较大的项目有一定的参考价值，但对于其他投资中设备投资不占决定性地位的项目，用这类方法估算投资的误差较大。

3. 以主要环节投资推算总投资额法

这种方法实际上是按占投资比重很大的主要环节的投资来估算整个工程的投资，如一个大型露天矿设备投资一般占总投资的 35%~55%（国内设备）或 65%~75%（引进设备）。其中穿孔、挖掘、运输（机车与自翻车等）、排土设备占设备费的 85%~90%。因此，用这些主要设备投资和基本建设剥离投资来推算全矿总投资不会导致很大的差错，且比较简单。

$$Z = K(1+k_1)(1+k_0) \tag{2-9}$$

式中，Z 表示工程项目总投资；K 表示各主要环节投资；k_1 表示其他基本建设费用占工程费的百分率；k_0 表示未能预见的工程与费用。

4. 投资估算指标法

投资估算指标法是在工业项目可行性研究中进行投资估算时常用的方法，这类工程造价指标包括直接工程费、间接费、计划利润、地区差价、劳动保险费和税金等综合工程造价指标。由于编制估算指标的条件与估算时计算造价的条件不同，需要按照指标的规定进行调整。各类单位工程投资估算是单项工程投资估算的基础，单项工程投资估算又是建设项目投资估算的基础。

5. 单位产品投资估算法

单位产品投资估算法根据建设项目的生产能力、地质条件、技术条件、交通条件等，采用类似的已建项目的单位产品投资，另外加上外部协作工程和其他特殊要求所需的费用来估算拟建项目的投资。单位产品投资工程综合造价指标受厂址条件（交通运输、供水、供电、地质、地形、原材料供应等）、设备、材料价格及其他费用等影响，是在一定范围内变化的。因此，要根据拟建项目的具体条件对所选的综合造价指标进行校正，如铁路专用线投资校正、设备价格校正等。这种方法只适用于长远规划阶段的投资估算，是一种粗略的估算方法。

6. 讨论方法

讨论方法是请公司或设计单位有经验的人员，根据建设项目的地质特点、交通位置、生产规模等条件，通过充分讨论，估计设计项目的各项指标。这种方法主要用于毛估。

7. 概算编制法

用概算编制法进行投资估算适用于可行性研究深度较细、投资估算精度较高的项目。一般只在决定工程投资规模的主体工程项目中使用。

三、项目投资分类估算法

（一）项目投资估算的精度

从主观上看，我们总是希望投资估算越准确、越详细越好。因为只有准确地估算投资，才能使以后的分析和计算结果建立在可靠的基础上。但是，由于建设程序中不同阶段的设计深度不同，不同阶段投资估算的准确程度也显然不同。美国成本工程师协会为了区别各种类型的估算，曾规定了几种基本估算类型的定义，并规定了"可能的误差"数值。其主要包括以下几点。

（1）毛估，精确程度主要取决于过去是否有类似的资料，可能的误差大于30%。

（2）研究性估算，精度优于毛估，主要用于指导进一步的研究，但不能作为投资计划的依据，其可能误差在30%以内。

（3）初步估算，是根据足够的资料进行的估算，可以作为列入投资计划的依据，其可能误差在20%以内。

（4）确定性估算，是根据较多的资料进行的估算，但图纸和技术说明不全，其可能误差在10%以内。

（5）详细估算，是根据全套技术说明和图纸及现场勘测资料编制的估算，其可能误差在5%以内。

以上各种类型的估算具有不同的作用：毛估一般可以据以否定一个项目，但不能据以肯定一个项目。初步估算一般可以决定项目是否可行，管理部门可以据此把项目列入投资计划。确定性估算一般适用于项目拨款，根据这类估算可以做出进行设计和施工的决定。虽然详细估算可以进一步减少变动，但是除非经过前几个阶段的工作充分证明了该项目的可行性，否则一般是不进行这类估算的。随着估算精度的提高，所需的资料及相应的设计深度亦要加大。当资料的数量和质量不断改善时，未能预见的工程和费用也逐渐减少。工程越接近完成，这种波动越小。由于估算中的因素很复杂，这种波动的范围较难估计。

（二）分类估算

建设投资分类估算法包括了对建设投资（不含建设期利息）和建设期利息的估算，具体估算内容可分为建筑工程费、设备及工器具购置费、安装工程费、工程建设其他费用、基本预备费、涨价预备费及建设期利息七个部分。估算时应先分别估算各单项工程所需的建筑工程费、设备及工器具购置费、安装工程费；然后在汇总各单项工程费用的基础上，估算工程建设其他费用和基本预备费；最后估算涨价预备费和建设期利息。具体估算如下。

1. 建筑工程费估算法

建筑工程费估算的内容是建造永久性建筑物和构筑物所需的费用，包括场地平整、厂房、仓库、电站、设备基础等项目工程的费用。建筑工程投资估算一般采用以下方法。

1）单位建筑工程投资估算法

$$建筑工程费 = 单位建筑工程量投资 \times 建筑工程总量\qquad(2\text{-}10)$$

式中，建筑工程总量包括工业与民用建筑/平方米、工业窑炉/立方米、水库水坝/米、铁路路基/千米、矿山掘进/米等。

2）单位实物工程量投资估算法

$$建筑工程费 = 单位实物工程量投资 \times 实物工程总量\qquad(2\text{-}11)$$

式中，实物工程总量包括土石方/立方米、路面铺设/平方米、矿井巷道衬砌/延米等。

如果没有上述估算指标，或者建筑工程费占建设投资比例较大时，可以采用概算指标投资估算法。采用该法时，应有较为详细的工程资料、建筑材料价格和工程费用率，需要投入的时间和工作量较大。具体方法可以参见专门机构发布的概算编制办法，查阅相关的手册。

2. 设备及工器具购置费估算

设备及工器具购置费包括设备的购置费、工器具购置费、现场自制非标准设备费、生产用家具购置费和相应的运杂费。对于价值较高的设备应按单台（套）估算购置费，对于价值较小的设备可按分类估算。设备购置费应按国内设备和进口设备分别估算，工器具购置费一般按占设备费的比例计取。

1）国内设备购置费

（1）国产设备原价。国产设备原价一般指出厂价或订货合同价，分为标准设备和非标准设备两种。标准设备的原价一般应按带有备件的出厂价计算，可通过查询相关价格目录或向设备生产厂家询价得到。非标准设备的原价有多种计价方法，如成本计算估价法、系列设备插入估价法、分部组合估价法、定额估价法等。例如，按成本计算估价法，非标准设备的原价由材料费、加工费、辅助材料费、专用工具费、废品损失费、外购配套件费、包装费、利润、税金（主要指增值税）以及非标准设备设计费构成。无论采用何种方法，都应使非标准设备计价接近实际出厂价，并且计算方法要简便。

（2）国内设备运杂费。运杂费指运输、装卸、途中包装、供销手续费、采购及仓库保管费等，一般按设备出厂价的百分比计取。

国内设备购置费估算表如表 2-1 所示。

表 2-1 国内设备购置费估算表

序号	设备名称	型号规格	单位	数量	设备购置费		
					出厂价/元	运杂费/元	总价/万元
1	A						
2	B						
……	……						
	合计						

2）进口设备购置费

进口设备购置费由进口设备货价、进口从属费及国内运杂费组成。

（1）进口设备货价。可以通过有关生产厂商的询价、报价、订货合同价来计算。按交货地点和方式，分为离岸价和到岸价两种。

（2）进口从属费。进口从属费包括国际运费、运输保险费、进口关税、进口环节增值税、外贸手续费、银行财务费和海关监管手续费等。

（3）国内运杂费。国内运杂费通常包含运费和装卸费、包装费、设备供销部门的手续费以及采购与仓库保管费等。

进口设备购置费估算表如表 2-2 所示。

表 2-2 进口设备购置费估算表（单位：万元）

序号	设备名称	台套数	离岸价	国际运费	运输保险费	到岸价	进口关税	消费税	增值税	外贸手续费	银行财务费	海关监管手续费	国内运杂费	设备购置费总价
1	A													
2	B													
......	......													
	合计													

3）工具、器具及生产家具购置费

工具、器具及生产家具购置费是指新建或扩建项目初步设计规定的，保证初期正常生产必须购置的没有达到固定资产标准的设备、仪器、工卡模具、器具、生产家具和备品备件等的购置费用。一般以设备购置费为计算基数，按照部门或行业规定的工具、器具及生产家具费率计算。现场自制非标准设备，由材料费、人工费和管理费组成，按其占设备总费用的一定比例估算。

3. 安装工程费

安装工程费是指主要生产、辅助生产、公用工程等单项工程中需要安装的工艺、电气、自动控制、运输、供热、制冷等设备和装置的安装工程费；各种工艺、管道安装及衬里、防腐、保温等工程费；供电、通信、自控等管线的安装工程费；与设备相连的工作台、梯子及其装设工程费用；安装设备的绝缘、保温、防腐等工程费用；单体试运转和联动无负荷试运转费用；等等。

安装工程费通常按行业或专门机构发布的安装工程定额、取费标准和指标来估算。具体计算可按安装费率、每吨设备安装费或者每单位安装实物工程量的费用估算。

4. 工程建设其他费用

工程建设其他费用是指在从工程筹集到工程竣工验收交付使用为止的整个建设期间内，除建筑安装工程费用和设备及工器具购置费以外的，为保证工程建设顺利完成和交付使用后能够正常发挥效用而发生的各项费用。按其内容大体可分为三类：第一类是指与土地使用有关的费用；第二类是指与工程建设有关的其他费用；第三类是指与未来企业生产经营有关的其他费用。

5. 基本预备费

基本预备费是指在可行性研究阶段难以预料的费用，又称工程建设不可预见费。它主要是指设计变更及施工过程中可能增加工程量的费用。基本预备费以建筑工程费、设备及工器具购置费、安装工程费以及工程建设其他费用之和为基数，按行业主管部门规定的基本预备费率计算。实际操作中，一般按照工程费用与工程建设其他费用之和的5%~10%提取基本预备费。

6. 涨价预备费

涨价预备费是对建设工期较长的项目在建设期内价格上涨可能引起投资增加而预留的费用，也称为价格变动不可预见费。涨价预备费以建筑工程费、设备及工器具购置费、安装工程费之和为计算基数。

7. 建设期利息

建设期利息是指项目借款在建设期内发生并计入固定资产的利息，包括借款利息和其他融资费用。估算建设期利息，应注意名义年利率和有效年利率的换算。

（三）流动资金估算

项目运营需要流动资产投资，但项目评价中需要估算并预先筹措的是从流动资产中扣除流动负债，即企业短期信用融资（应付账款）后的流动资金。

1. 流动资金构成

流动资金是指项目建成后企业在生产经营过程中供周转使用的资金，它是流动资产与流动负债的差额。在周转过程中，流动资金不断地改变其自身的实物形态，其价值也随着实物形态的变化而转移到新产品中，并随着产品销售的实现而回收。在项目经济分析和评价中所考虑的流动资金，是伴随固定资产投资而发生的永久性流动资产投资，它等于项目投产后所需全部流动资产扣除流动负债后的余额。

在进行投资估算时，一般只估算以上主要科目，其他科目可忽略不计，其不影响估算的准确性。

2. 流动资金估算方法

流动资金估算可以采用两种方法：一种是扩大指标估算法，适用于项目建议书的编制；另一种是分项详细估算法，适用于项目可行性研究报告的编制。

1）扩大指标估算法

扩大指标估算法是一种简化的流动资金估算方法，一般可参照同类企业流动资金占营业收入或经营成本的比例，或者单位产量占营运资金的数额进行估算。必要时还可以进一步参照类似企业各种流动资金所占的比重，分别估算出流动资金各构成部分的资金需用额。

扩大指标估算法简便易行，但准确度不高，一般适用于项目建议书阶段的流动资金估算，某些行业在可行性研究阶段也可采用此方法。

2）分项详细估算法

分项详细估算法是按流动资金的构成分项估算，然后加总获得企业总流动资金需要量。它是国际上通行的流动资金估算方法。运用此法计算的流动资金数额的大小，主要取决于企业每日平均生产消耗量和定额最低周转天数或周转次数。为此，必须事先计算出产品的生产成本和各项成本年费用消耗量，然后分别估算出流动资产和流动负债的各项费用构成，据此求得项目所需年流动资金额。一般地，在技术经济评价中，对流动资金的估算涉及以下公式。

$$流动资金=流动资产-流动负债 \tag{2-12}$$

$$流动资产=应收账款+存货+货币资金 \tag{2-13}$$

$$流动负债=应付账款$$

$$流动资金本年增加额=本年流动资金-上年流动资金 \tag{2-14}$$

在分项详细估算时，需要预先测算出各项的周转次数：

$$周转次数=360 \div 最低需要天数 \tag{2-15}$$

最低需要天数视投资项目的条件和企业的具体情况确定。一般情况下，有如表 2-3 所示的参考数据；特殊情况下，最低需要天数可有所变动。

表 2-3 最低需要天数参考数据（单位：天）

项目	应收账款	原材料、燃料	在产品	产成品	现金	应付账款
天数	40~60	15~90	1~7	15~60	20~30	30~50

按投资估算内容和方法估算各项投资并进行汇总（表 2-4~表 2-7），估算项目投入总资金后，应根据项目实施进度的安排，编制项目总投资使用计划与资金筹措表（表 2-8），并对项目投入总资金构成和资金来源进行分析。

表 2-4 建设投资估算表（概算法）（人民币单位：万元；外币单位：万美元）

序号	工程或费用名称	建筑工程费	设备及工器具购置费	安装工程费	其他费用	合计	其中：外汇	比例
1	工程费用							
1.1	主体工程							
1.1.1	×××							
……	……							
1.2	辅助生产							
1.2.1	×××							
……	……							
1.3	公用工程							
1.3.1	×××							
……	……							
1.4	服务性工程							
1.4.1	×××							
……	……							
1.5	厂外工程							
1.5.1	×××							
……	……							
1.6	×××							
2	工程建设其他费用							
2.1	×××							
……	……							
3	预备费							
3.1	基本预备费							
3.2	涨价预备费							
4	建设投资合计							
	比例							

注：（1）"比例"指各主要科目的费用（包括横向和纵向）占建设投资的比例
（2）本表适用于新设法人项目与既有法人项目的新增建设投资的估算
（3）"工程或费用名称"可依不同行业的要求进行调整

表 2-5 建设投资估算表（形成资产法）（人民币单位：万元；外币单位：万美元）

序号	工程或费用名称	建筑工程费	设备及工器具购置费	安装工程费	其他费用	合计	其中：外汇	比例
1	固定资产费用							
1.1	工程费用							
1.1.1	×××							
1.1.2	×××							
……	……							
1.2	固定资产其他费用							
1.3	×××							
	……							
2	无形资产费用							
2.1	×××							
……	……							
3	其他资产费用							
3.1	×××							
3.2	×××							
……	……							
4	预备费							
4.1	基本预备费							
4.2	涨价预备费							
5	建设投资合计							
	比例							

注：（1）"比例"指各主用科目的费用（包括横向和纵向）占建设投资的比例

（2）本表适用于新设法人项目与既有法人项目的新增建设投资的估算

（3）"工程或费用名称"可依不同行业的要求进行调整

表 2-6 建设期利息估算表（人民币单位：万元）

序号	项目	合计	建设期				
			1	2	3	……	n
1	借款						
1.1	建设期利息						
1.1.1	期初借款余额						
1.1.2	当期借款						
1.1.3	当期应计利息						
1.1.4	期末借款余额						
1.2	其他融资费用合计						
1.3	小计（1.1+1.2）						
2	债券						
2.1	建设期利息						
2.1.1	期初债务余额						
2.1.2	当期债务金额						

续表

序号	项目	合计	建设期				
			1	2	3	……	n
2.1.3	当期应计利息						
2.1.4	期末债务余额						
2.2	其他融资费用						
2.3	小计（2.1+2.2）						
3	合计（1.3+2.3）						
3.1	建设期利息合计（1.1+2.1）						
3.2	其他融资费用合计（1.2+2.2）						

注：（1）本表适用于新设法人项目与既有法人项目的新增建设期利息的估算

（2）原则上应分别估算外汇和人民币债务

（3）如有多种借款或债券，必要时应分别列出

（4）本表与财务分析表"借款还本付息计划表"可二表合一

表 2-7　流动资金估算表（人民币单位：万元）

序号	项目	最低周转天数	周转次数	计算期				
				1	2	3	……	n
1	流动资产							
1.1	应收账款							
1.2	存货							
1.2.1	原材料							
1.2.2	×××							
……	……							
1.2.3	燃料							
……	×××							
……	……							
1.2.4	在产品							
1.2.5	产成品							
1.3	现金							
1.4	预付账款							
2	流动负债							
2.1	应付账款							
2.2	预收账款							
3	流动资金（1-2）							
4	流动资金当期增加额							

注：（1）本表适用于新设项目与既有项目的"有项目"、"无项目"和增量流动资金的估算

（2）表中科目可视行业不同而变动

（3）如发生外币流动资金，应另行估算后予以说明，其数额应包含在本表格内

（4）不发生预付账款和预收账款的项目可不列此项

表 2-8　项目总投资使用计划与资金筹措表（人民币单位：万元；外币单位：万美元）

序号	项目	合计			1			……		
		人民币	外币	合计	人民币	外币	合计	人民币	外币	合计
1	总投资									
1.1	建设投资									
1.2	建设期利息									
1.3	流动资金									
2	资金筹措									
2.1	项目资本金									
2.1.1	用于建设投资									
……	×××									
……	……									
2.1.2	用于流动资金									
……	××方									
……	……									
2.1.3	用于建设期利息									
……	××方									
……	……									
2.2	债务资金									
2.2.1	用于建设投资									
……	××借款									
……	××债券									
……	……									
2.2.2	用于建设期利息									
……	××借款									
……	××债券									
……	……									
2.2.3	用于流动资金									
……	××借款									
……	××债券									
……	……									
2.3	其他资金									
……	×××									
……	……									

注：（1）本表按新增投资范畴编制

（2）本表建设期利息一般可包括其他融资费用

（3）对既有法人项目，项目资本金中可新增资金、既有法人货币资金、资产变现或资产经营权变现的资金，可分别列出或加以文字说明

第四节 项目的成本构成及估算方法

一、项目总成本费用的构成

成本和费用是以货币形式表现的生产经营过程中所消耗的物化劳动和活劳动，是反映生产经营所需物质资料和劳动力消耗的主要指标，是形成产品或劳务价格的主要组成部分。按照《企业会计制度》对成本和费用的定义，费用是指企业为销售商品、提供劳务等日常活动所发生的经济利益的流出；成本是指企业为生产产品、提供劳务而发生的各种耗费。按成本计算范围分为单位产品成本和总成本费用；按成本与产量的关系分为固定成本和可变成本；按财务评价的特定要求分为总成本费用和经营成本。

成本费用估算在财务评价中的作用：计算利润；计算流动资金需要量；用于财务分析及评价；经过价格调整后（用影子价格代替现行价格）用于国民经济评价；用于不确定性分析。成本估算应与销售收入的计算口径对应一致，各项费用划分清楚，防止重复计算或低估费用支出。

总成本费用是指在一定时期（如1年）内为生产和销售产品或提供服务而发生的全部费用，由生产成本和期间费用两大部分组成。生产成本包括直接材料费、直接燃料和动力费、直接人工费、其他直接费用和制造费用；期间费用包括管理费用、财务费用和营业费用。将总成本按不同消耗水平分摊就得到单位产品成本。

1. 生产成本

（1）直接材料费。直接材料费是指企业在生产产品和提供劳务过程中所消耗的直接用于产品生产并构成产品实体的原料、主要材料、外购半成品以及有助于产品形成的辅助材料所产生的费用。

（2）直接燃料和动力费。直接燃料和动力费是指企业在生产和提供劳务的过程中直接用于产品生产的外购和自制的燃料和动力。

（3）直接人工费。直接人工费是指企业在生产和提供劳务过程中，直接参加产品生产的工人工资、奖金、津贴和补贴以及按生产工人工资总额和规定的比例计提的职工福利费。

（4）其他直接费用。其他直接费用是指企业发生的除直接材料和直接人工费用以外的，与生产产品或提供劳务有直接关系的费用。

（5）制造费用。制造费用是指企业各生产单位（如生产车间）为组织和管理生产而发生的各项费用，包括生产单位（分厂、车间）管理人员工资和福利费，生产和管理用房屋、建筑物、机器设备等折旧费、修理费、办公费、水电费、机物料消耗、劳动保护费以及其他制造费用。

2. 期间费用

期间费用是指企业在生产经营中发生的直接计入当期损益的费用，包括管理费用、财务费用和营业费用。

（1）管理费用。管理费用是指企业为组织和管理企业生产经营所发生的各种费用，包括公司经费、工会经费、职工教育经费、劳动保险费、待业保险费、董事会费、咨询费、审计费、诉讼费、排污费、绿化费、房产税、车船使用税、土地使用税、印花税、土地使用费（海域使用费）、土地损失补偿费、技术转让费、技术开发费、无形资产摊销、其他资产摊销、业务招待费以及其他管理费用。

（2）财务费用。财务费用是指企业为筹集生产经营所需资金等而发生的费用，包括利息支出（减利息收入）、汇兑损失（减汇兑收益）以及相关的银行手续费等。

（3）营业费用。营业费用是指企业销售过程中发生的费用，包括由企业负担的运输费、装卸费、包装费、保险费、委托代销手续费、广告费、展览费、租赁费和销售服务费用、销售部门人员工资和福利费、差旅费、办公费、折旧费、修理费、物料消耗和低值易耗品摊销以及其他经费。

按经济内容分类，总成本费用可分为以下八大费用要素：外购原材料费、外购燃料和动力费、工资和福利、修理费、折旧费、摊销费、利息支出、其他费用。按内容划分与按用途划分的要素之间的关系如表 2-9 所示。

表 2-9　按内容划分与按用途划分的要素之间的关系

序号	费用要素	生产成本				期间费用			
		直接材料费	直接人工费	其他直接费用	制造费用	管理费用	财务费用	营业费用	总成本费用
1	外购原材料费	⊗			⊗	⊗		⊗	⊗
2	外购燃料和动力费	⊗			⊗	⊗		⊗	⊗
3	工资和福利费		⊗	⊗	⊗	⊗		⊗	⊗
4	修理费				⊗	⊗		⊗	⊗
5	折旧费				⊗	⊗		⊗	⊗
6	摊销费					⊗			⊗
7	利息支出						⊗		⊗
8	其他费用				⊗	⊗		⊗	⊗
9	总成本费用	⊗	⊗	⊗	⊗	⊗	⊗	⊗	⊗

注：⊗ 表示该种费用要素所计入的费用类型，表归属关系
资料来源：陶树人. 技术经济学[M]. 北京：石油工业出版社，2003

二、项目总成本费用的估算

总成本费用的估算通常有以下两种方法：生产成本加期间费用估算法、生产要素估算法。

（一）生产成本加期间费用估算法

计算公式为

$$总成本费用 = 生产成本 + 管理费用 + 财务费用 + 营业费用 \qquad (2\text{-}16)$$

式中，生产成本=直接材料费+直接燃料和动力费+直接人工费+其他直接费用+制造费用

按照生产成本加期间费用估算法编制"总成本费用估算表"，如表 2-10 所示。

表 2-10　总成本费用估算表（生产成本加期间费用估算法）（单位：万元）

序号	项目	合计	建设期				
			1	2	3	……	n
1	生产成本						
1.1	直接材料费						
1.2	直接燃料和动力费						
1.3	工资和福利费						
1.4	制造费用						
1.4.1	折旧费						
1.4.2	修理费						
1.4.3	其他制造费						
2	管理费用						
2.1	无形资产摊销						
2.2	其他资产摊销						
2.3	其他管理费用						
3	财务费用						
3.1	利息支出						
3.1.1	长期借款利息						
3.1.2	流动资金借款利息						
3.1.3	短期借款利息						
4	营业费用						
5	总成本费用合计（1+2+3+4）						
5.1	其中：可变成本						
5.2	固定成本						
6	经营成本［（5-1.4）+（1-2.1）+（2.2-3.1）］						

注：（1）本表适用于新设法人项目与既有法人项目的"有项目"、"无项目"和增量总成本费用的估算

（2）生产成本中的折旧费、修理费是指生产型设施的固定资产折旧费和修理费

（3）生产成本中的工资和福利费是指生产性人员工资和福利费，工资属于直接人工费，职工福利费属于其他直接费用。车间或分厂管理人员工资和福利费可在制造费用中单独列项或含在其他制造费中

（4）其他管理费用中含管理设施的折旧费、修理费以及管理人员的工资和福利费

（二）生产要素估算法

从估算各种生产要素的费用入手，汇总得到项目总成本费用，即生产和销售过程中消耗的外购原材料、辅助材料、燃料、动力、人员工资福利以及外部提供的劳务或服务等费用要素，加上当期应计提的折旧和摊销及应付的财务费用，构成项目的总成本费用。采用这种估算方法，不必计算项目内部各生产环节成本的转移，这样也较容易计算项目的可变成本和固定成本，计算公式为

$$总成本费用=外购原材料费+外购燃料和动力费+工资和福利费$$
$$+折旧费+摊销费+修理费+利息支出+其他费用 \qquad (2-17)$$

按照生产要素估算法编制"总成本费用估算表"，如表 2-11 所示。

表 2-11 总成本费用估算表（生产要素估算法）（单位：万元）

序号	项目	合计	建设期				
			1	2	3	……	n
1	外购原材料费						
2	外购燃料和动力费						
3	工资和福利费						
4	折旧费						
5	摊销费						
6	修理费						
7	利息支出						
8	其他费用						
9	经营费用（1+2+3+6+8）						
10	总成本费用（6+7+8+9）						

注：本表适用于新设法人项目与既有法人项目的"有项目"、"无项目"和增量成本费用的估算

各生产要素分项估算方法如下。

1. 外购原材料费的估算

按生产要素法估算总成本费用时，原材料系指外购的部分。外购原材料费估算表见表 2-12。

表 2-12 外购原材料费估算表（单位：万元）

序号	项目	合计	计算期					
			1	2	3	4	……	n
1	外购原材料费							
1.1	原材料 A 购置费							
1.1.1	单价（含税）							
1.1.2	数量							
1.1.3	进项税额							
1.2	原材料 B 购置费							
1.2.1	单价（含税）							
1.2.2	数量							
1.2.3	进项税额							
……	……							
2	辅助材料费用							
2.1	进项税额							
3	其他材料费用							
3.1	进项税额							
4	外购原材料费合计							
5	外购原材料进项税额合计							

注：本表适用于新设项目法人项目外购原材料费用估算，以及既有项目法人项目的"有项目"、"无项目"和增量外购原材料费用的估算

2. 外购燃料和动力费的估算

外购燃料和动力费估算表如表 2-13 所示。

表 2-13　外购燃料和动力费估算表（单位：万元）

序号	项目	合计	计算期					
			1	2	3	4	……	n
1	燃料费							
1.1	燃料 A 费用							
1.1.1	单价（含税）							
1.1.2	数量							
1.1.3	进项税额							
……	……							
2	动力费							
2.1	动力 A							
2.1.1	单价（含税）							
2.1.2	数量							
2.1.3	进项税额							
……	……							
3	外购燃料及动力费用合计							
4	外购燃料及动力进项税额合计							

注：本表适用于新设项目法人项目外购燃料和动力费的估算，以及既有项目法人项目的"有项目"、"无项目"及增量外购燃料和动力费的估算

3. 工资和福利费的估算

工资和福利费（又称职工薪酬）是指企业为获得职工提供的服务而给予各种形式的报酬以及其他相关支出，通常包括职工工资、奖金、津贴和补贴，职工福利费，以及医疗保险费、养老保险费、失业保险费、工伤保险费、生育保险费等社会保险费和住房公积金中由职工个人缴付的部分。编制的"工资和福利费估算表"如表 2-14 所示。

表 2-14　工资和福利费估算表（单位：万元）

序号	项目	合计	计算期					
			1	2	3	4	……	n
1	工人							
1.1	人数							
1.2	人均年工资							
1.3	工资额							
2	技术人员							
2.1	人数							
2.2	人均年工资							
2.3	工资额							
3	管理人员							

序号	项目	合计	计算期					
			1	2	3	4	……	n
3.1	人数							
3.2	人均年工资							
3.3	工资额							
4	工资总额（1+2+3）							
5	福利费							
	合计（4+5）							

注：本表适用于新设项目法人项目工资和福利费的估算，以及既有项目法人项目的"有项目"、"无项目"及增量工资和福利费的估算

4. 固定资产折旧费的估算

固定资产在使用过程中会受到磨损，其价值损失通常通过提取折旧的方式得以补偿。编制的"固定资产折旧费估算表"如表 2-15 所示。

表 2-15　固定资产折旧费估算表（单位：万元）

序号	项目	合计	计算期					
			1	2	3	4	……	n
1	房屋、建筑物							
1.1	原值							
1.2	本年折旧费							
1.3	净值							
2	机器设备							
2.1	原值							
2.2	本年折旧费							
2.3	净值							
……	……							
3	合计							
3.1	原值							
3.2	本年折旧费							
3.3	净值							

注：本表适用于新设项目法人固定资产折旧费的估算，以及既有项目法人项目的"有项目"、"无项目"和增量固定资产折旧费的估算

5. 无形资产及其他资产摊销费的估算

按照规定，无形资产从开始使用之日起，在一定的年限内摊销，其摊销金额计入管理费用。无形资产的摊销一般采用平均年限法。其他资产的摊销可以采用平均年限法，不计残值，摊销年限应注意符合税法的要求。编制的"无形资产及其他资产摊销费估算表"如表 2-16 所示。

表 2-16　无形资产及其他资产摊销费估算表（单位：万元）

序号	项目	合计	计算期					
			1	2	3	4	……	n
1	无形资产							
1.1	原值							
1.2	本年摊销费							
1.3	净值							
2	递延资产							
2.1	原值							
2.2	本年摊销费							
2.3	净值							
……	……							
3	合计							
3.1	原值							
3.2	本年摊销费							
3.3	净值							

6. 固定资产修理费的估算

固定资产修理费是指为保障固定资产的正常运转和使用，充分发挥使用效能，对其进行必要修理所发生的费用。固定资产修理费允许直接在成本中列支，如果当期发生的修理费用数额较大，可实行预提或摊销的办法。

7. 财务费用的估算

按照会计法规，企业为筹集所需资金而发生的费用称为借款费用，又称财务费用，包括利息支出（减利息收入）、汇兑损失（减汇兑收益）以及相关的手续费等。在大多数项目的财务分析中，通常只考虑利息支出。

8. 其他费用的估算

其他费用包括其他制造费用、其他管理费用和其他营业费用，是指从制造费用、管理费用和营业费用中分别扣除工资和福利费、折旧费、摊销费、修理费以后的剩余部分。

第五节　项目税金及估算方法

税收是国家凭借政治权力，用法律强制手段，对一部分社会产品或服务进行分配，无偿地取得财政收入的一种形式。财务估算涉及的税费主要包括增值税、消费税、所得税、资源税、城市维护建设税和教育费附加等，有些行业还包括土地增值税。各种税金及附加按现行税法规定的税目、税率、计税依据进行计算。

一、增值税

增值税是对在我国境内销售货物或者提供加工、修理、修配劳务以及进口货物的单位和个人，就其取得的货物或应税劳务的销售额，以及进口货物的金额计算税款，并实行税款抵扣制的一种流转税。不同类型的产品可能有不同的税率。

一般纳税人应缴纳增值税的计算公式为

$$应纳税额=销项税额-进项税额 \tag{2-18}$$

$$销项税额=销售额×销项税率 \tag{2-19}$$

$$进项税额=\frac{含税购入费}{1+进项税率}×进项税率 \tag{2-20}$$

小规模纳税人是指年销售额在规定标准以下，并且会计核算不健全的增值税纳税人。其包括：①从事货物生产或提供应税劳务且年销售额在 100 万元以下的纳税人；②从事货物批发或零售，年销售额在 180 万元以下的纳税人。小规模纳税人销售货物或者提供应税劳务，按照销售额和《中华人民共和国增值税暂行条例》规定的 4%或 6%的征收率计算应纳税额，不得抵扣进项税额。应纳税额计算公式为

$$应纳税额=销售额×征收率 \tag{2-21}$$

二、税金及附加

1. 消费税

消费税是指对在中国境内生产、委托加工和进口特定消费品的单位和个人征收的一种税。消费税应纳税额的计算分为从价定率和从量定额两种计算方法。

1）从价定率计算方法

$$应纳消费税=销售额×税率 \tag{2-22}$$

2）从量定额计算方法

$$应纳消费税=计税数量×单位税额 \tag{2-23}$$

3）从价定率和从量定额混合计算方法

只有卷烟、粮食白酒、薯类、白酒类产品用这种方法。

$$应纳税额=销售数量×单位税额+销售额×比例税率 \tag{2-24}$$

2. 城市维护建设税

城市维护建设税是一种地方税，是国家对缴纳增值税和消费税的单位和个人就其缴纳的"两税"税额为计税依据而征收的一种税。城市维护建设税税率根据纳税义务人所在地分市区，县、镇和县、镇以外三个不同等级，其税率：在市区的为 7%，在县镇的为 5%，不在市区、县镇的为 1%。应纳城市维护建设税的计算公式为

$$应纳税额=纳税人实际缴纳的增值税及消费税之和×税率 \tag{2-25}$$

3. 教育费附加

根据国家规定，教育费附加以纳税人实际缴纳的增值税和消费税为计征依据，税率为 3%。计算公式为

应纳教育费附加=纳税人实际缴纳的增值税和消费税之和×税率　　　（2-26）

三、所得税

企业所得税是指中华人民共和国境内的企业，除外商投资企业和外国企业外，就其来源于中国境内、境外的生产经营所得和其他所得，依法计征的一种收益税。国有企业、集体企业、私营企业、联营企业、股份制企业以及有生产、经营所得和其他所得的其他组织，为企业所得税的纳税义务人。应纳税额按每年收入总额减去准予扣除项目后的余额乘以税率计算，税率为25%。准予扣除项目是指与纳税人取得收入有关的成本、费用和损失，在建设项目经济评价中，为总成本费用、税金和营业外净支出。根据国家现行的关于所得税若干优惠政策的规定，国家确定的"老、少、边、穷"地区的新办企业，可在三年内减征或免征所得税。

对项目税金进行估算，应编制"营业收入、税金及附加和增值税估算表"（表2-17）。

表 2-17　营业收入、税金及附加和增值税估算表（单位：万元）

序号	项目	合计	计算期					
			1	2	3	4	……	n
1	营业收入							
1.1	产品 A 销售收入							
1.1.1	单价							
1.1.2	数量							
1.1.3	销项税额							
1.2	产品 B 销售收入							
1.2.1	单价							
1.2.2	数量							
1.2.3	销项税额							
……	……							
2	税金及附加							
2.1	消费税							
2.2	城市维护建设费							
2.3	教育费附加							
……	……							
3	增值税							
3.1	销项税额							
3.2	进项税额							

注：（1）本表适用于新设法人项目与既有法人项目的"有项目"、"无项目"和增量的营业收入、税金及附加和增值税估算

（2）根据行业或产品的不同可增减相应税收科目

参 考 文 献

陈启杰. 2008. 市场调研与预测[M]. 第三版. 上海：上海财经大学出版社.

池仁勇. 2009. 项目管理[M]. 第 2 版. 北京：清华大学出版社.

党耀国，米传民，王育红. 2010. 投资项目评价[M]. 北京：科学出版社.

国家发展和改革委员会，住房和城乡建设部. 2006. 建设项目经济评价方法与参数[M]. 第三版. 北京：
中国计划出版社.

技术经济学编写组. 2007. 技术经济学原理与实务[M]. 北京：机械工业出版社.

雷仲敏. 2003. 技术经济分析评价[M]. 北京：中国标准出版社.

陶树人. 2003. 技术经济学[M]. 北京：石油工业出版社.

《投资项目可行性研究指南》编写组. 2002. 投资项目可行性研究指南[M]. 北京：中国电力出版社.

万威武，刘新梅，孙卫. 2008. 可行性研究与项目评价[M]. 第 2 版. 西安：西安交通大学出版社.

徐向阳. 2006. 实用技术经济学教程[M]. 南京：东南大学出版社.

张青. 2012. 项目投资与融资分析[M]. 北京：清华大学出版社.

第三章

资金的时间价值

资金的价值不仅表现在数量上，还表现在时间上。一定数额的资金，在不同的时间点上会体现出不同的价值。在进行投资经济评价分析时，为了保证各投资方案在不同的时间上所产生的费用及收益具有可比性，应对方案的费用和收益进行时间换算，将其转化成为同一时间点上的价值，使之具有可比性。由此可见，资金的时间价值是对投资项目和技术方案等进行科学分析与评价的基础。在我国的经济建设中，应充分理解资金时间价值的意义，保证投资资金的合理利用，使有限的投资获取最大的收益。

■ 第一节 相关概念的界定

一、资金的时间价值

资金的时间价值是指资金在用于生产、流通过程中，随着时间的推移不断增值。用于投资的资金在经过一定时间后产生净效益，使原始资金得到增值，获得比原始投资额更多的资金。如果数年一直保有一定数额的资金，在经过一定时间后，虽然资金的数额不变，但其实际价值却发生了变化，这就是资金时间价值的实质表现。

在市场经济的条件下，在资本所有者看来，资本具有净生产率，即一定量的资本用于投资项目（或存入银行）会带来收益，这种收益（ΔCap）与投入资本量（Cap）的比率，被称为资本或投资项目的净生产率 $p = \Delta Cap/Cap$，每年积累的收益，又可充当下年度的资本而再度带来收益，随着时间的推移，一定量的资本净生产率又是一种按几何级数增长的复利率。而资本或资金的初始表现为货币，所以，资本的净生产率又可看作投资于社会生产的货币的净生产率，由此可见，货币的时间价值也是资本或资金时间价值的同义词。

资金或货币的时间价值，实质上是投资者对以货币表现的资本或资金与其带来的价值增值（利息或利润）之间一种量的关系的认识，即这种增值与资金占用的时间呈几何级数关系。

另外，资金用于投资的同时也就要放弃将它用于消费，显然，牺牲现时的消费是为了将来得到更多的消费，因此，从消费者的角度看，推迟现时的消费，应获得补偿，推迟消费的时间越长，这种补偿也就越多，并与时间呈几何级数关系。

资金时间价值表明一定数额的资金，在不同的时间点上具有不同的价值，这提示我们不仅要注重资金的有效利用，同时在进行资金价值比较时应考虑时间因素，资金价值的比较要在同一时间点才有意义，才更具科学性。在对投资项目进行经济评价时，应注意将时间序列上的资金折算到同一时间点上，才具有可比性。可见，资金时间价值的概念在技术经济分析中是一个重要概念。

影响资金时间价值的因素有多种，从投资角度来看，主要有：①投资盈利率或收益率，即在不考虑通货膨胀和风险的情况下，单位投资所能取得的收益；②通货膨胀因素，即因货币贬值造成的损失所应作的补偿；③风险因素，即对因风险存在可能带来的损失所应作的补偿。如果同时考虑以上所有因素，则构成了广义上的资金时间价值，如果只考虑扣除通货膨胀和风险因素后资金价值的真实变化量，则构成了狭义的资金时间价值。技术经济分析中通常用狭义上的资金时间价值。

在技术经济分析中，资金时间价值的计算方法与银行利息的计算方法相同。实际上，银行利息也是资金时间价值的表现形式之一。

二、利息与利率

利息是指占用资金所付的代价，也可认为是放弃使用资金所得到的补偿，体现了资金时间价值的绝对量的多少。如果将一笔资金存入银行，这笔资金就是本金，经过若干时间后，资金所有者可从银行获得本金之外的一笔利息，此时，资金所有者所有的资金除了本金外，又增加了利息，资金绝对量增加。

利息通常以利率来计算。利率是在一个计息周期内所得到的利息与本金之比（记作 i ），它是使用资金的报酬率，反映了资金时间价值的相对量。i 越大，表明资金增值越快。计息周期是计算利息的时间单位，计息周期通常有年、半年、季、月、周和日等，相应的利率有年利率、半年利率、季利率、月利率、周利率和日利率等。在技术经济分析中，常以年为计息周期。

利息通常由本金和利率计算得出，计算方法可分为单利法和复利法两种。

（一）单利法

单利计息是指仅本金生息，利息不再生息。其计算公式为

$$I = P \times n \times i \qquad (3\text{-}1)$$

n 个计息周期后的本利和为

$$F_n = P(1 + i \times n) \qquad (3\text{-}2)$$

式中，I 为总利息；P 为本金额；i 为每个计息周期的单利率；n 为计息周期数；F_n 为 n 年末本利和。

【例 3-1】一笔 10 000 元的存款，存期 3 年，若单利年利率为 5%，求存款到期后可获得的本利和。

解：根据单利计算公式可得 3 年后的本利和为

$$F_3 = P(1 + i \times n) = 10\ 000 \times (1 + 5\% \times 3) = 11\ 500\ (\text{元})$$

推导过程见表 3-1。

表 3-1 单利法本利和推导过程

计息期次	期初本金/元	本期利息/元	期末累计本利和/元
1	10 000	500	10 500
2	10 000	500	11 000
3	10 000	500	11 500

其中，利息共为

$$I = P \times n \times i = 10\,000 \times 3 \times 5\% = 1\,500 \text{（元）}$$

我国储蓄和大部分国库券的利息都是以单利法进行计算的，计息周期为"年"。

（二）复利法

复利法是用本金和前期累计利息总额之和计算利息，即除最初的本金要计算利息外，每一计息周期的利息都要并入本金，再生利息，亦所谓的"利滚利"。复利法中资金随时间的推移呈指数曲线变化趋势。

复利计算公式为

$$F_n = P(1+i)^n \tag{3-3}$$

式（3-3）可由表 3-2 推导得出。

表 3-2 复利法本利和推导

计息期次	期初本金	本期利息	期末累计本利和
1	P	P_i	$P(1+i)$
2	$P(1+i)$	$P(1+i)i$	$P(1+i)^2$
3	$P(1+i)^2$	$P(1+i)^2 i$	$P(1+i)^3$
……	……	……	……
n	$P(1+i)^{n-1}$	$P(1+i)^{n-1} i$	$P(1+i)^n$

【例 3-2】一笔 10 000 元的存款，存期 3 年，复利年利率为 5%，求存款到期后可获得的本利和。

解：根据复利计算公式［式（3-3）］可得 3 年后的本利和为

$$F_3 = P(1+i)^n = 10\,000 \times (1+5\%)^3 = 11\,576.25 \text{（元）}$$

推导过程见表 3-3。

表 3-3 复利法本利和推导过程

计息期次	期初本金/元	本期利息/元	期末累计本利和/元
1	10 000	500	10 500
2	10 500	525	11 025
3	11 025	551.25	11 576.25

由表 3-3 可知，3 年利息共 500+525+551.25=1 576.25（元）

结合【例 3-1】，可见复利计息比单利计息多出 1 576.25−1 500=76.25（元）。

对于相同数额的存款，在利率和计息周期相同的情况下，采用复利法计算的利息和本利和要大于用单利法计算者，当本金越大、利率越高、周期越长时，两种计息方法计算的结果差距就越大，如图 3-1 所示。

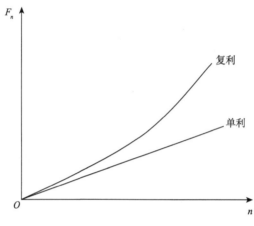

图 3-1 资金随时间变化的规律曲线

我国商业银行的贷款一般按复利计息。复利计息较符合资金在社会生产中运行的实际状况，能体现资金的时间价值。因此，在技术经济分析中，一般都采用复利计息。

复利计息有间断复利和连续复利之分。如果计息周期为一定的时间区间（如年、季、月），并按复利计息，称为间断复利；如果计息周期无限缩短，则称为连续复利。在实际的商业活动中，计息周期不可能无限缩短，因而都采用较为简单的间断复利计息。

（三）名义利率和实际利率

在技术经济分析中，复利的计算多采用年利率，以年为计息单位。但在实际的经济活动中，利率的时间单位可能与计息周期不一致，如计息周期为半年、一个季度或一个月等，一年内的计息次数就相应为 2 次、4 次或 12 次等。由于一年内的计息次数不止一次，在复利计算的条件下，每计息一次，就会产生新的利息滚入下一个计息周期的本金部分，由此实际产生的本利和、利率与以年计息的本利和、利率出现差值，这就产生了名义利率和实际利率的问题。

假设按月计算利息，且月利率为 1%，通常称为"年利率 12%，每月计息一次"；或按季度计算利息，且季度利率为 3%，则可称为"年利率 12%，每季度计息一次"。这个年利率 12% 就称为"名义利率"。"名义利率"是每一计息周期的利率与每年的计息周期的乘积。若按单利计算，名义利率与实际利率是一致的；若按复利计算，实际利率则不等于名义利率。

假设现有本金 1 000 元，年利率 12%，若每年计息一次，一年后的本利和为

$$F_1 = 1\ 000 \times （1+0.12）= 1\ 120（元）$$

若按年利率 12%，每月单利计息一次，一年后的本利和为

$$F_2 = 1\,000 \times (1 + 1\% \times 12) = 1\,120（元）$$

若按年利率 12%，每月复利计息一次，一年后的本利和为

$$F_3 = 1\,000 \times (1 + 1\%)^{12} = 1\,126.8（元）$$

可见，在单利计息条件下，名义利率与实际利率是一致的，但在复利计息条件下，实际年利率 i 为

$$i = \frac{1126.8 - 1\,000}{1\,000} \times 100\% = 12.68\%$$

则名义利率 12% 与实际利率 12.68% 不一致，实际利率要高于名义利率。计息次数越多，则实际利率与名义利率的差值越大。

设年名义利率为 r，一年内的计息次数为 m 次，则每个计息周期的利率 r^* 为

$$r^* = \frac{r}{m}$$

一年后的本利和为

$$F = P(1 + r^*)^m = P\left(1 + \frac{r}{m}\right)^m \tag{3-4}$$

利息 I 则为

$$I = F - P = P\left(1 + \frac{r}{m}\right)^m - P$$

则年实际利率 i 为

$$i = \frac{I}{P} = \frac{P(1 + r/m)^m - P}{P} = \left(1 + \frac{r}{m}\right)^m - 1 \tag{3-5}$$

所以，式（3-5）是名义利率与实际利率的换算公式。

当 $m=1$ 时，实际利率等于名义利率；当 $m>1$ 时，实际利率大于名义利率；当 $m \to \infty$ 时，即按连续复利计算时，i 与 r 的关系为

$$i = \lim_{m \to \infty}\left[(1 + r/m)^m - 1\right] = e^r - 1 \tag{3-6}$$

式中，e 为自然对数的底，其值为 2.718 281 8……

表 3-4 以年名义利率 12% 为例，给出了对应于不同计息周期的年实际利率计算结果。

表 3-4　不同计息周期时的年实际利率

计息周期	一年内计息次数（m）	年名义利率（r）	计息周期利率（r^*）	年实际利率（i）
年	1		12%	12.000%
半年	2		6%	12.360%
季	4		3%	12.551%
月	12	12%	1%	12.683%
周	52		0.230 8%	12.736%
日	365		0.032 88%	12.748%
连续	∞			12.750%

由表 3-4 可见，连续利率与按日进行复利计算的实际利率是非常接近的。实际上，当名义利率不是很大时，计息次数从 365 增加到无限大，其实际利率增加的幅度是很小的。

【例 3-3】若一个季度计算一次利息，利率为 4%，则一年计息 4 次，年名义利率为 16%。通常称为"年利率为 16%，按季度计息"。这里的年利率指的就是名义利率。若存款 1 000 元，则存款在第一年末的本利和是多少？实际年利率为多少？

解：根据式（3-4），可得第一年末本利和为

$$F = P\left(1+r^*\right)^m = 1\,000 \times \left(1+4\%\right)^4 = 1169.858\,6 \text{（元）}$$

根据式（3-5），可计算得实际年利率为

$$i = \left(1+\frac{r}{m}\right)^m - 1 = \left(1+4\%\right)^4 - 1 = 16.99\%$$

所以，实际年利率高于名义利率。

三、资金等值

在资金时间价值的计算中，等值是一个很重要的概念。资金等值是指在考虑时间因素的情况下，不同时点上数额不等的资金可能具有相等的价值。例如，现在的 1 000 元与一年后的 1 120 元，数额上并不相等，但如果按本金 1 000 元，年利率 12%存入银行，一年后取出本利和 1 120 元，则两者的价值是等值的。不同时点上数额不等的资金如果等值，则它们在任何相同时点上的数额必然相等。如在年利率为 12%的情况下，今天的 1 000 元与一年后的 1 120 元，和第二年后的 1 254.4 元价值相等。

影响资金等值的因素主要有三个：资金额的大小、利率的大小和资金发生的时间。其中利率是决定资金等值的主要因素。在技术经济分析中，为使项目或方案具有可比性，在等值变换中一般均采用统一的利率。

利用等值的概念，可以把在某个时间点上的资金金额按一定的利率换算成任意另一个时间点上的等值金额，这一过程称作资金等值计算。例如，将现在的 1 000 元以年利率 10%转换为一年后的 1 100 元，或将一年后的 1 100 元转换为现在的 1 000 元。

应注意，在技术经济学中进行资金等值计算一般采用间断复利法。

第二节　项目现金流量

一、项目现金流量的类别

在资金等值计算时，主要有以下几种最基本和最典型的现金流量：现值、终值、年值、等差递增（减）年值及等比递增（减）率。

1. 现值

发生在时间序列起点处的资金值，通常用符号 P 表示。时间序列的起点通常是经济评价时刻的起点，即现金流量图的零点处。现值具有相对性，一笔资金相对于未来某个

时刻而言是现值，但对过去某个时刻就不再是现值了。

2. 终值

表示某一特定的时间序列的终点值，通常用符号 F 表示。终值也称为未来值、将来值。

3. 年值

表示某一特定的时间序列的第 1~n 期每期末都有相等的现金流入或流出，若是现金流入可称为年金，若是现金流出则可称为年费用，通常用符号 A 表示。由于在技术经济评价中，资金发生的时间间隔通常为一年，因而习惯称之为年值。即使资金发生的时间间隔不是一年，每期发生的资金额也仍可称为年值。

4. 等差递增（减）年值

表示某一特定的时间序列上现金流量逐期等差递增（减）时，每一期比前一期等额增加或减少的资金额，亦可称为等差值，用符号 G 表示。如在一个现金流量序列 80、90、100 中，等差额 G 就等于 10。

5. 等比递增（减）率

表示某一特定的时间序列上，现金流量呈现等比递增（减）趋势，其中现金流量逐期递增（减）的百分比称为等比递增（减）率，用符号 q 表示。

另外，在进行资金等值计算时，还会涉及贴现和贴现率的概念。将终值换算为现值的过程称为贴现或折现。而贴现率亦称折现率，是指将未来某一时点的资金折算为现值所使用的期利率，在技术经济分析中常以年为计息周期，因而通常使用年利率。

二、项目现金流量的图示

现金流量通常针对一个特定的经济系统，这个经济系统可以是一个项目、一个企业、一个地区或一个国家，把各个时间点上实际发生的流入、流出该经济系统的资金统称为现金流量。对于具体的投资项目或技术方案来说，所谓现金流量，是指项目（方案）在寿命期内各期（年）实际发生的现金流入或流出（不包括逐年摊入产品成本的折旧费及摊销费，以及所评价投资借款的利息）序列，以及它们的差（净现金流）。我们通常使用现金流量图（图 3-2）来反映一个经济系统所有的现金流信息，因现金流量图直观、简单又形象，同时利于对不同时刻各种现金流量进行折算转换，因而其在投资项目分析、技术方案选择中得到了广泛应用。

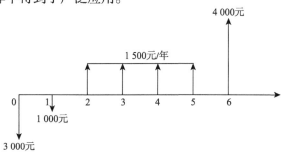

图 3-2 现金流量图举例

现金流量图中横轴表示时间轴，向右延伸表示一系列连续的时间序列。轴线分隔为若干间隔，每个间隔表示一个时间单位，根据项目具体情况可以为年、半年或季度等。时间轴上的点称为时点，时点通常表示该时间单位的末点，同时也是下一个时间单位的初点。零时点即第一个时间单位的初始起点。整个横轴可看成我们要考察的经济系统。

与横轴相连的垂直线，代表了进出这个经济系统的现金流量。箭头向下表示现金流出系统，亦可称为负现金流量；箭头向上表示现金流入系统，亦可称为正现金流量。箭头线段的长短表示现金流量的大小。现金流量图上还需注明每一笔现金流量的金额。一般约定，投资发生在期初，经营成本、销售收入等现金流量均发生在各时间单位的期末，回收固定资产余值和回收流动资金则一般在项目寿命期结束时。

需要注意的是，现金流量图的画法与分析计算的立足点有关。对于同一方案的同一笔资金，若对项目而言是现金流入，则对相关的另一方来说则可能就是现金流出，因而在进行分析计算时应注意确定立足点。

■ 第三节　资金等值计算与应用

在技术经济分析中，为了考察投资项目或技术方案的经济效果，需要对项目寿命期内不同时点发生的全部现金流量进行计算和分析对比。如果考虑资金的时间价值，则不同时点上发生的现金流入或流出，其数值不能直接相加或相减，而需要通过资金等值计算方法将其折算到同一时点上再进行分析对比。资金等值计算通常采用间断复利计息方法。

一、一次支付类型

一次支付又称整收、整付，是指所分析的经济系统的现金流量，无论是流入还是流出，均在一个时点上一次发生。一次支付典型现金流量图如图 3-3 所示。一次支付类型涉及一次发生的两笔现金流量，即现值（P）和终值（F），对应的等值计算公式有一次支付终值公式和一次支付现值公式。

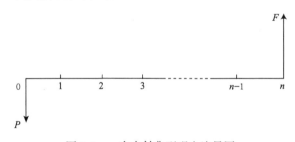

图 3-3　一次支付典型现金流量图

（一）一次支付终值公式

一次支付终值公式与复利计算的本利和公式一样，它是等值计算的基本公式，即已知现值 P 求终值 F。

一次支付终值公式为

$$F = P(1+i)^{n} = P(F/P,i,n) \qquad (3\text{-}7)$$

式中，P 为现值（本金）；F 为终值（本利和）；i 为折现率；n 为时间周期数。式中的 $(1+i)^{n}$ 称为一次支付终值系数，可表示为符号（$F/P,i,n$），如图 3-4 所示，其中，斜线右边字母表示已知的参数，左边表示欲求的等值现金值。一次支付终值系数的经济含义为 1 元本金在 n 年后的本利和。其值可在复利系数表（书后附录）中直接查得。

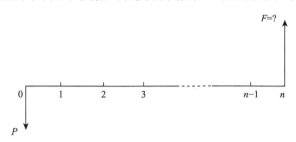

图 3-4　一次支付终值现金流量图

【例 3-4】某大学生毕业后计划自主创业，向银行借款 10 万元，年利率为 10%，借期 5 年，5 年后应一次性归还银行的本利和共计多少？

解：（现金流量图略）

5 年后应归还银行的本利和应与现在的借款金额等值，折现率即为银行利率。根据一次支付终值公式：

$$F = P(1+i)^{n} = 10 \times (1+10\%)^{5} = 16.11 (万元)$$

也可查复利系数表，当折现率为 10%，$n=5$ 时的一次支付终值系数（$F/P,i,n$）为 1.611。故

$$F = P(F/P,i,n) = 10 \times 1.611 = 16.11 (万元)$$

（二）一次支付现值公式

一次支付现值问题是指为了在 n 年后有终值 F 的资金，计算现在需要一次性存入现值 P 多少，如图 3-5 所示。

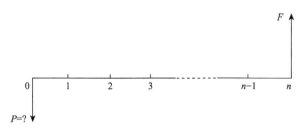

图 3-5　一次支付现值现金流量图

一次支付现值公式是一次支付终值公式的逆运算，是已知终值 F 求现值 P 的等值公式，可由式（3-7）直接导出：

$$P = F\left[\frac{1}{(1+i)^{n}}\right] \qquad (3\text{-}8)$$

式中，$\left[\dfrac{1}{(1+i)^{n}}\right]$ 为一次支付现值系数，亦可记为（$P/F,i,n$），其经济含义是 n 期后 1 元资金的现值。它和一次支付终值系数互为倒数。

【例 3-5】某人计划在 3 年后修读工商管理硕士学位，需支付学费 5 万元，如果银行利率为 10%，现在应存入银行多少钱？

解：（现金流量图略）

根据一次支付现值公式，可得

$$P = F\left[\frac{1}{(1+i)^{n}}\right] = 5 \times \left[1/(1+10\%)^{3}\right] = 3.757（万元）$$

或查复利系数表，当折现率为 10%，$n=3$ 时的一次支付现值系数（$P/F,i,n$）为 0.751 3。故

$$P = F(P/F,i,n) = 5 \times 0.7513 = 3.757（万元）$$

二、等额分付类型

等额分付是多次支付形式中的一种。多次支付是指现金流入和流出在多个时点上发生，而不是集中在某个时点上。现金流数额的大小可以是不等的，也可以是相等的。当现金流序列是连续的，且数额相等时，则称之为等额系列现金流。等额系列现金流主要有四个等值计算公式：等额分付终值公式、等额分付偿债基金公式、等额分付现值公式和等额分付资本回收公式。

（一）等额分付终值公式

等额分付终值公式也称为年金终值公式。等额分付现金流量图如图 3-6 所示，图中从第 1 年末至第 n 年末有一等额的现金流序列，每年的金额均为 A，称为等额年值。根据资金时间价值的条件，n 年内系统的总现金流出应等于总现金流入，则第 n 年末的现金流入 F 应与等额现金流出的序列等值。F 相当于等额年值序列的终值。等额分付现金流量图中应注意两点：第一个年金 A 发生在第一年末；最后一个年金 A 与终值 F 同时发生。

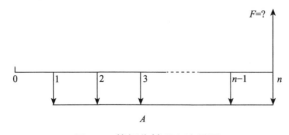

图 3-6 等额分付现金流量图

若已知每年的等额年值 A，欲求终值 F，则可由一次支付系列公式推导出等额分付终值公式：

$$F = A(1+i)^{n-1} + A(1+i)^{n-2} + \cdots + A(1+i) + A$$

$$= A\left[\frac{(1+i)^n - 1}{i}\right] = A(F/A,i,n) \qquad (3\text{-}9)$$

式中，系数 $\left[\dfrac{(1+i)^n - 1}{i}\right]$ 称为等额分付终值系数或年金终值系数，亦可记为 $(F/A,i,n)$，其经济含义是 1 元资金在连续 n 年末支付后的本利和。其值可从复利系数表中查得。

【例 3-6】某企业计划连续 5 年向银行存入企业储备金，每年末存入 10 万元，若银行存款利率为 8%，按复利计息，则到第 5 年末基金总额为多少？

解：由式（2-9）可得

$$F = A\left[\frac{(1+i)^n - 1}{i}\right] = 10 \times \left[\frac{(1+8\%)^5 - 1}{8\%}\right] = 58.666(万元)$$

或可查复利系数表计算得

$$F = A(F/A,i,n) = 10 \times (F/A,8\%,5) = 10 \times 5.866\,6 = 58.666(万元)$$

（二）等额分付偿债基金公式

等额分付偿债基金是在为了偿还一笔债务或为未来积累某笔资金，在利率为 i 的情况下，预先每年应存储多少资金，即已知终值 F，求与之等价的等额年值 A。等额分付偿债基金现金流量图如图 3-7 所示。

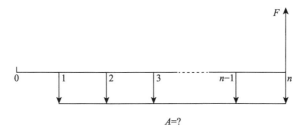

图 3-7　等额分付偿债基金现金流量图

等额分付偿债基金公式是等额分付终值公式的逆运算，由式（3-9）可直接导出。

$$A = F\left[\frac{i}{(1+i)^n - 1}\right] = F(A/F,i,n) \qquad (3\text{-}10)$$

式中，系数 $\left[\dfrac{i}{(1+i)^n - 1}\right]$ 称为等额分付偿债基金系数，亦可记为 $(A/F,i,n)$，其经济含义是若希望在 n 年后需要 1 元资金用于偿债，则从现在起每年末应存储的偿债资金。其值可从复利系数表中查得。

【例 3-7】某人计划在 3 年后修读工商管理硕士学位，需支付学费 5 万元，如果银行利率为 10%，则每年末应存入银行多少钱？

解：由式（3-10）可得

$$A = F\left[\frac{i}{(1+i)^n - 1}\right] = 5 \times \left[\frac{10\%}{(1+10\%)^3 - 1}\right] = 1.510\,5\,(万元)$$

或可查复利系数表计算得

$$A = F(A/F, i, n) = 5 \times (A/F, 10\%, 3) = 5 \times 0.302\,1 = 1.510\,5\,(万元)$$

在使用式（3-9）和式（3-10）进行计算时应注意使用的条件，等额的现金流序列是从第一年末开始至第 n 年末结束（图 3-7）。如果等额的现金流序列是从第一年初开始的（图 3-8），则不可直接套用式（3-9）和式（3-10），必须进行相应的变换。

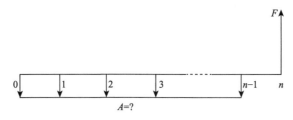

图 3-8　等额序列现金流量图

【例 3-8】某学生在大学四年学习期间，每年初从银行借款 5 000 元用以支付学费，若按年复利率 5% 计息，则第四年末一次应归还银行本利和共多少钱？

解：本题的现金流量图如图 3-9 所示。

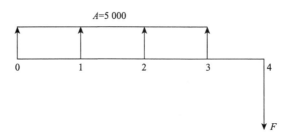

图 3-9　例 3-8 现金流量图

由于每年的借款发生在年初，需要先将其折算成年末的等值金额，再套用等额分付终值公式。

$$F = A(F/A, i, n) = A(1+i)(F/A, i, n)$$
$$= 5\,000 \times (1+5\%) \times 4.31$$
$$= 22\,627.5\,(元)$$

（三）等额分付现值公式

等额分付现值公式为已知 A 求 P，即若在收益率为 i 的前提下，希望在未来 n 年内，每年末能获得等额的收益 A，则现在需要投入多少本金（P），其现金流量图如图 3-10 所示。

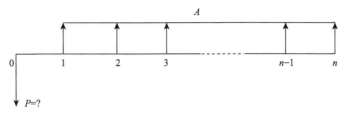

图 3-10　等额分付现值现金流量图

由等额分付终值公式 $F = A\left[\dfrac{(1+i)^n - 1}{i}\right]$ 和一次支付终值公式 $F = P(1+i)^n$ 可得

$$P(1+i)^n = A\left[\frac{(1+i)^n - 1}{i}\right]$$

整理得

$$P = A\left[\frac{(1+i)^n - 1}{i(1+i)^n}\right] = A(P/A, i, n)$$　　　　（3-11）

式中，$\left[\dfrac{(1+i)^n - 1}{i(1+i)^n}\right]$ 称为等额分付现值系数，亦可记为（$P/A, i, n$），其值可从复利系数表中查得。

【例 3-9】某企业计划从当年开始连续 5 年于每年末提出 50 万元用于员工的培训，若银行年利率为 6%，则该企业现在应向银行存入多少钱？

解：由式（3-11）可得

$$P = A\left[\frac{(1+i)^n - 1}{i(1+i)^n}\right] = 50 \times \left[\frac{(1+6\%)^5 - 1}{6\% \times (1+6\%)^5}\right] = 210.59（万元）$$

或可查复利系数表计算得

$$P = A(P/A, i, n) = 50 \times (P/A, 6\%, 5) = 210.59（万元）$$

由于

$$\lim_{n \to \infty} \frac{(1+i)^n - 1}{i(1+i)^n} = \frac{1}{i}$$

当周期数 n 足够大时，可近似认为：

$$P = \frac{A}{i}$$

（四）等额分付资本回收公式

等额分付资本回收公式为已知 P 求 A，即若现投资本金 P 元，按收益率 i 复利计息，希望分 n 期，在每期末等额回收，那么每次应回收多少（A）才能连本带利全部收回。等额分付资本回收现金流量图如图 3-11 所示。

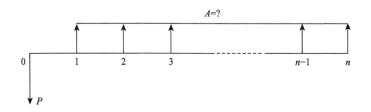

图 3-11　等额分付资本回收现金流量图

等额分付资本回收公式是等额分付现值公式的逆运算，可由式（3-11）直接导出

$$A = P\left[\frac{i(1+i)^n}{(1+i)^n - 1}\right] = P(A/P, i, n) \tag{3-12}$$

式中，$\left[\dfrac{i(1+i)^n}{(1+i)^n - 1}\right]$ 称为等额分付资本回收系数，亦可记为 $(A/P, i, n)$，其值可从复利系数表中查得。这是一个重要的系数，对工业项目进行技术经济分析时，它表示在考虑资金时间价值的条件下，对应到工业项目的单位投资，在项目寿命期内每年至少应该回收的金额。如果对应的单位投资的实际回收金额小于这个值，在项目的寿命期内就不可能将全部投资收回。

资本回收系数与偿债基金系数之间存在如下关系：

$$(A/P, i, n) = (A/F, i, n) + i$$

【例 3-10】企业从国外引进一条新的生产线，项目初始投资 5 000 万元，如果项目顺利投产，投资方希望在 10 年内等额收回全部投资，若折现率为 6%，则每年至少应回收多少钱？

解：由式（3-12）可得

$$A = P\left[\frac{i(1+i)^n}{(1+i)^n - 1}\right] = 5\,000 \times \left[\frac{6\% \times (1+6\%)^{10}}{(1+6\%)^{10} - 1}\right] = 679.35\,(万元)$$

或可查复利系数表计算得

$$A = P(A/P, i, n) = 5\,000 \times (A/P, 60\%, 10) = 679.35\,(万元)$$

三、等差序列现金流的等值计算

等差序列现金流是一种等额增加或减少的现金流量序列，即这种现金流量序列的现金流入和流出在每个时间周期以相同的数量发生变化。例如，物业的维修费用往往按照房屋的陈旧程度而逐年增加，而物业的租金收入则通常随房地产市场的发展逐年增加等。等差序列现金流量图如图 3-12 所示。等差支付序列公式常用的有等差序列终值公式、等差序列现值公式、等差序列年值公式。

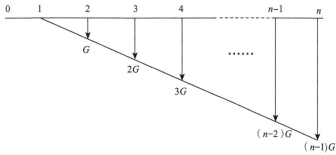

图 3-12　等差序列现金流量图

（一）等差序列终值公式

等差序列终值公式即已知 G 求 F。用一次支付终值公式将每期的现金流量 G、$2G$、$3G$……折算到终值时点，然后相加，可求得终值 F。

$$F = G(1+i)^{n-2} + 2G(1+i)^{n-3} + 3G(1+i)^{n-4} + \cdots + (n-2)G(1+i)^{n-(n-1)} + (1+i)G$$

上式两边乘以（$1+i$）得

$$F(1+i) = G(1+i)^{n-1} + 2G(1+i)^{n-2} + 3G(1+i)^{n-3} + \cdots + (n-2)G(1+i)^2 + (n-1)G(1+i)$$

将上面两式相减得

$$Fi = G\left[(1+i)^{n-1} + (1+i)^{n-2} + (1+i)^{n-3} + \cdots + (1+i)^2 + (1+i) + 1 - n \right]$$

$$= G\left[\frac{1-(1+i)^n}{1-(1+i)} \right] - nG$$

$$= G\left[\frac{(1+i)^n - 1}{i} - n \right]$$

所以

$$F = \frac{G}{i}\left[\frac{(1+i)^n}{i} - n \right] = G(F/G, i, n) \tag{3-13}$$

式中，$\dfrac{1}{i}\left[\dfrac{(1+i)^n - 1}{i} - n \right]$ 称为等差支付序列终值系数，亦可记为 $(F/G, i, n)$。

（二）等差序列现值公式

等差序列现值公式即已知 G 求 P。由式（3-13）可计算出终值 F，将终值 F 贴现至初始时点，即可得到现值 P。

$$P = F\left[\frac{1}{(1+i)^n} \right] = \frac{G}{i}\left[\frac{(1+i)^n - 1}{i} - n \right] \times \left[\frac{1}{(1+i)^n} \right]$$

$$= G\left[\frac{(1+i)^n - in - 1}{i^2(1+i)^n} \right] = G\frac{1}{i^2}\left[1 - \frac{1+in}{(1+i)^n} \right] = G(P/G, i, n) \tag{3-14}$$

式中，$\left[\dfrac{(1+i)^n-in-1}{i^2(1+i)^n}\right]$ 或 $\dfrac{1}{i^2}\left[1-\dfrac{1+in}{(1+i)^n}\right]$ 称为等差序列现值系数，亦可记为 $(P/G,i,n)$。

（三）等差序列年值公式

若将等差序列折算成等额序列，可得等差序列年值公式，即已知 G 求 A。由等差序列终值公式和等额分付偿债基金公式，可得等差序列年值公式：

$$
\begin{aligned}
A &= G(F/G,i,n)\,(A/F,i,n)\\
&= \frac{G}{i}\left[\frac{(1+i)^n-1}{i}-n\right]\frac{1}{(1+i)^n-1}\\
&= \frac{G}{i}\left[1-\frac{in}{(1+i)^n-1}\right]\\
&= G(A/G,i,n)
\end{aligned}
\tag{3-15}
$$

式中，$\dfrac{1}{i}\left[1-\dfrac{in}{(1+i)^n-1}\right]$ 称为等差序列年值系数，亦可记为 $(A/G,i,n)$。

【例 3-11】某物业公司计划从第 1 年末起，连续 5 年，每年预留一部分资金作为小区公共设施维护费用，现金流量图如图 3-13 所示（单位：万元）。若按利率 6%计算，则最终的总预留款数额为多少？与这些预留款等值的等额年金是多少？总现值为多少？

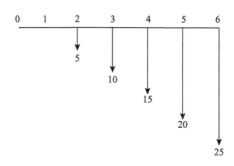

图 3-13　现金流量图

解：据题意，这是一个标准的等差序列现金流量图。

（1）求 F。

$$
F = G\times(F/G,6\%,6)=G\times\frac{1}{i}\left[\frac{(1+i)^n-1}{i}-n\right]=5\times\frac{1}{6\%}\times\left[\frac{(1+6\%)^6-1}{6\%}-6\right]=81.28(万元)
$$

（2）求 A。

$$
A = G\times(A/G,6\%,6)=G\times\frac{1}{i}\left[1-\frac{in}{(1+i)^n-1}\right]=5\times\frac{1}{6\%}\times\left[1-\frac{6\%\times6}{(1+6\%)^6-1}\right]=11.65(万元)
$$

（3）求 P。

$$P = G \times \left(P/G, 6\%, 6\right) = G \times \frac{1}{i^2}\left[1 - \frac{1+in}{(1+i)^n}\right] = 5 \times \frac{1}{(6\%)^2} \times \left[1 - \frac{1+6\% \times 6}{(1+6\%)^6}\right] = 57.3\left(万元\right)$$

四、等比序列现金流的等值计算

等比序列是一种等比例增加或减少的现金流量序列，即这种现金流量序列的流入和流出在每个时间周期都以一个固定的比例发生变化。例如，建筑物的建造成本以10%的比例逐年增加、房屋租金水平每年以 5%的速度逐年增加等。等比序列现金流量图如图 3-14 所示。等比支付序列公式常用的有等比序列现值公式、等比序列终值公式、等比序列年值公式。

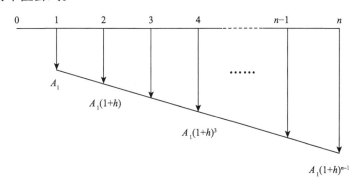

图 3-14 等比序列现金流量图

（一）等比序列现值公式

设等比现金流量的第一年末的现金流量为 A_1，h 为等比系数，当序列为等比递增序列时，$h>0$；当序列为等比递减序列时，$h<0$。

等比序列现金流的现值公式为

$$P = \sum_{t=1}^{n} A_1\left(1+h\right)^{t-1}\left(1+i\right)^{-t} \tag{3-16}$$

式（3-16）右边是公比为 $\frac{1+h}{1+i}$ 的等比数列之和，由等比数列求和公式可得

$$P = A_1\left[\frac{1-\left(1+h\right)^n\left(1+i\right)^{-n}}{i-h}\right] \tag{3-17}$$

式中，$\left[\frac{1-\left(1+h\right)^n\left(1+i\right)^{-n}}{i-h}\right]$ 称为等比数列现值系数，亦可记为 $\left(P/A_1, q, i, n\right)$。

（二）等比序列终值公式

$$F = P\left(1+i\right)^n = A_1\left[\frac{1-\left(1+h\right)^n\left(1+i\right)^{-n}}{i-h}\right]\left(1+i\right)^n$$

整理可得

$$F = A_1 \left[\frac{(1+i)^{-n} - (1+h)^n}{i-h} \right] \qquad (3\text{-}18)$$

式（3-17）即等比序列终值公式。式中，$\left[\dfrac{(1+i)^{-n} - (1+h)^n}{i-h} \right]$ 称为等比序列终值系数，亦可记为 $(F/A_1,q,i,n)$。

（三）等比序列年值公式

等比序列现金流量的等额年值 A 为

$$A = A_1 \left\{ \frac{i(1+i)^{-n} - i(1+h)^n}{(i-h)\left[(1+i)^n - 1\right]} \right\} \qquad (3\text{-}19)$$

式中，$\left\{ \dfrac{i(1+i)^{-n} - i(1+h)^n}{(i-h)\left[(1+i)^n - 1\right]} \right\}$ 称为等比序列年值系数，亦可记为 $(A/A_1,q,i,n)$。

【例 3-12】某公司租用工业园区的厂房，当前年租金为 5 万元，每年上涨 5%，若连续租用 10 年，按折现率 12% 计算，则所付租金的现值共计多少？

解：根据题意，$n=10$，$A_1=5$，$h=5\%$，$i=12\%$，则

$$P = A_1 \left[\frac{1 - (1+h)^n (1+i)^{-n}}{i-h} \right]$$

$$= 5 \times \left[\frac{1 - (1+5\%)^{10}(1+12\%)^{-10}}{12\% - 5\%} \right]$$

$$= 33.96 (万元)$$

参 考 文 献

傅家骥，仝允桓. 1996. 工业技术经济学[M]. 第三版. 北京：清华大学出版社.

傅家骥，雷家骕，程源. 2003. 技术经济学前沿问题[M]. 北京：经济科学出版社.

刘家顺，史宝娟. 2010. 技术经济学[M]. 北京：中国铁道出版社.

陶树人. 1999. 技术经济学[M]. 北京：经济管理出版社.

王柏轩. 2011. 技术经济学[M]. 上海：复旦大学出版社.

第四章

确定性评价方法

在对项目进行技术经济分析时，经济效果评价是项目评价的核心内容，为了确保投资决策的科学性和正确性，研究经济效果评价方法是十分必要的。为分析问题方便起见，本章假定项目的风险为零，即不存在不确定因素，方案评价时能得到完全信息。

■ 第一节 投资回收期法

投资回收期（payback period，P_t），即投资回收的期限，是指从项目投建之日起，用投资项目所产生的净收益抵偿全部投资所需的时间。投资回收期从工程项目开始投入之日算起，包括建设期，通常用"年"来计算。

其基本公式为

$$\sum_{t=1}^{P_t} C_t - C_0 = 0 \qquad (4-1)$$

式中，t 为投资回收期；C_t 为 t 时期的现金流入量；C_0 为初始投资额。

对于投资者来讲，投资回收期越短越好。将计算出的投资回收期与行业基准投资回收期比较，若投资回收期小于基准投资回收期，表明项目可行，应当接受该方案；反之，应拒绝方案。

投资回收期反映了投资项目的财务资金回收能力，根据其是否考虑资金的时间价值，可以分为静态投资回收期（conventional-payback period，P_t）和动态投资回收期（discount-payback period，P_t'）。

一、静态投资回收期

静态投资回收期是指不考虑资金时间价值的条件下，以项目净收益抵偿项目全部投资所需要的时间，即静态投资回收期是指累计净现金流量（cumulative net cash flows）等于零的年份。其计算公式为

$$\sum_{t=1}^{P_t} (CI - CO)_t = 0 \qquad (4-2)$$

如果已知项目的现金流量表或者现金流量图，也可以通过计算其累计净现金流量的方法，求得 P_c 值，P_t 亦可从现金流量表中求得。

$$P_t = m - 1 + \frac{\left| \sum_{t=1}^{m-1} (CI - CO)_t \right|}{(CI - CO)_m} \tag{4-3}$$

即

$$P_t = m - 1 + \frac{\text{上年累计净现值的绝对值}}{\text{当年净现金流量}}$$

或

$$P_t = m - \frac{\sum_{t=1}^{m} (CI - CO)_t}{(CI - CO)_m} \tag{4-4}$$

式中，m 表示累计净现金流量开始出现正值的年份数；$(CI - CO)_m$ 表示第 m 年的净现金流量；$\left| \sum_{t=1}^{m-1} (CI - CO)_t \right|$ 为 1 到第 $m-1$ 年的累计净现金流量的绝对值。

判别准则：

用投资回收期评价投资项目时，要将计算所得的投资回收期与同类项目的历史数据和投资者意愿确定的基准投资回收期相比较。当 $P_t \leqslant P_c$（行业规定的基准投资回收期）时，说明项目能在要求的时间内收回投资，项目经济上可行，可以考虑接受。对于多个方案的比选，以 P_t 最小者为优。需要注意，无论是静态投资回收期 P_t，还是动态投资回收期 P_t'，考察的是投资回收期前项目的营利能力，投资回收后（即 P_t 或 P_t' 以后）至寿命期的项目盈利情况都不能考核。

【例 4-1】某项目的投资和年净收益如表 4-1 所示，计算该项目的静态投资回收期 P_t，假定行业规定的基准投资回收期为 6 年，判断该项目是否可行。

表 4-1 投资和年净收益（单位：万元）

回收期	0 年	1 年	2 年	3 年	4 年	5 年	6~10 年
投资	50	50					
年净收益		10	20	20	30	30	30×5
累计年净收益		10	30	50	80	110	
年净现金流量	−50	−40	20	20	30	30	30×5
累计年净现金流量	−50	−90	−70	−50	−20	10	

解：由式（4-3）计算得

$$P_t = 5 - 1 + \frac{|-20|}{30} = 4.67 (\text{年})$$

由于 P_t=4.67，小于行业规定的基准投资回收期 6 年，因此，该项目从静态投资回收期的方面来看是可行的。

二、动态投资回收期

动态投资回收期是指在考虑资金时间价值的条件下，以项目净收益抵偿项目全部投资所需要的时间，即动态投资回收期是指累计折现值等于零时的年份。其计算公式为

$$\sum_{t=1}^{P_t'} (CI-CO)_t (1+i)^{-t} = 0 \tag{4-5}$$

式中，P_t' 为动态投资回收期，P_t' 亦可以从现金流量表（表 4-1）求得

$$P_t' = m'-1 + \frac{\left|\sum_{t=0}^{m'} NPV_t\right|}{NPV_m} \tag{4-6}$$

式中，m' 为累计净现值开始出现正值的年份数；$\left|\sum_{t=0}^{m'} NPV_t\right|$ 为从 0 至 $m'-1$ 年的累计净现值的绝对值（这里 0 系指计算期的第 1 年初，不作为 1 年）；NPV_m 为第 m 年的净现金流量折现值。

当现金流量分布投资都集中在第 1 年初（即零年末）时，每年等额回收资金 A，动态投资回收期可按式（4-7）计算。

$$n = \frac{-\lg \frac{(A-Pi)}{A}}{\lg(1+i)} \tag{4-7}$$

【例 4-2】某公司从银行借得一笔借款 200 万元，年利率 7.5%，每年获得收益 17.5 万元，动态投资回收期为

$$n = \frac{-\lg \frac{17.5-200\times0.075}{17.5}}{\lg(1+0.075)} = \frac{0.845\,1}{0.031\,4} = 26.91(年)$$

动态投资回收期的计算也常用财务现金流量表上累计净现金流量计算求得。其计算公式为

$$P_t' = m-1 + \frac{上年累计净现值的绝对值}{当年净现金流量} \tag{4-8}$$

判别准则：

用动态投资回收期评价投资方案或项目时，其准则同静态投资回收期一样。对于单一方案，若 $P_t' \leqslant P_c$，项目经济上可行，可以考虑接受；否则，项目经济上不可行，应予以拒绝。对于多个方案，则以 P_t' 最小者为优。动态投资回收期由于与其他营利性分析动态指标相近，因此在《建设项目经济评价方法与参数》中未作为评价指标。但在粗略分析时，其也可作为一个指标进行经济分析。

三、差额投资回收期

差额投资回收期（incremental payback period，ΔP_t）又称追加投资回收期，是指

用年成本的节约额，逐年回收因投资增加所需要的年限。在对两个方案进行比较时，用投资较大的方案所节约的年经营成本来偿还其多花的追加投资（或差额投资）所需要的年限。

设两个对比方案的投资分别为 K_A 与 K_B，年经营成本为 C_A 与 C_B，年净收益相同，并设 $K_A \geq K_B$，$C_A \leq C_B$。在不考虑资金时间价值的条件下，则差额投资回收期的计算公式为

$$\Delta P_t = \frac{K_A - K_B}{C_A - C_B} = \frac{\Delta K}{\Delta C} \tag{4-9}$$

判别准则：

差额投资法用于几个方案都能满足相同需要，但要求在这些方案中选优时进行比较。当 $\Delta P_t \leq T_b$ 时（T_b：基准投资回收期），则投资大、成本低方案的追加投资回收时间较短，投资大的方案较优；当 $\Delta P_t > T_b$ 时，则投资大、成本低方案的追加投资回收时间较长，投资小的方案较优。当两个比较方案年产量不同时，以单位产品的投资费用和经营费用来计算差额投资回收期，也就是每个费用均除以相关的产量，再进行计算。

差额投资回收期不仅适用于对两个互斥方案的比较，还适用于对多个互斥方案的比较。比较的方法是进行环比筛选，即先将所有方案按投资额从小到大进行排列，然后，从投资额小的方案开始成对比较，每次选出较好的一个方案依次与后面的方案进行比较，最终选出一个最优方案。

■ 第二节 现值法

现值法是把方案经济寿命期内的一切收益、费用或者净现金流量，按照资金等值的原理及要求，以行业基准收益率或社会折现率为标准折算为期初的现值来比较方案优劣的方法。现值法是动态评价方法，按现值法使用的条件可分为净现值法、费用现值法、净现值率法等。

一、净现值

净现值（net present value，NPV）是指技术方案在寿命期内各年的净现金流量，按照基准折现率或社会折现率折算到方案寿命期初的现值之和。也就是说，净现值就是方案寿命期内总收益现值和总费用现值之差。所谓净现值法就是用净现值作为技术方案经济效果评价指标的方法。

其计算公式为

$$\text{NPV} = \sum_{t=0}^{n}(\text{CI}-\text{CO})_t(1+i_c)^{-t} = \sum_{t=0}^{n}(\text{CI}-\text{CO})_t(P/F,i_c,t) \tag{4-10}$$

式中，NPV 为净现值；$(\text{CI}-\text{CO})_t$ 为第 t 年的净现金流量，其中 CI 为现金流入量，CO 为现金流出量；i_c 为基准收益率或基准折现率；n 为投资项目的寿命期。

　　净现值的经济含义可以这样理解：净现值表示在保证基准收益率水平的基础上，方案或者项目在整个寿命期内所能得到的超额收益。若方案的净现值等于 0，表明该方案的投资收益率等于基准收益率，即方案正好达到该行业或部门规定的基准水平，没有超额收益；若方案的净现值大于 0，表明方案的投资收益高于该行业或部门规定的基准水平，除了达到基准收益率水平外，还有超额的收益；若净现值小于 0，则表明方案的投资收益不能达到行业或部门规定的基准水平。

　　判别准则：

　　对于单方案，若净现值大于等于 0，则方案可行。多方案比选时，若各个方案的寿命期相同，在不考虑非经济因素的情况下，决策目标简化为同等风险水平下盈利最大化，则净现值越大的方案相对越优。即分别计算各方案的净现值并进行比较，净现值大的方案为最优方案（或计算两方案的差额净现值 ΔNPV，当 $\Delta NPV \geqslant 0$ 时，投资大的方案较优，反之，投资小的方案较优）。若各个方案的寿命期不相同，为了满足时间上的可比性，则必须采用一些假设将各方案确定在同一研究周期内计算并比较方案的经济效果。

　　研究周期的确定方法主要有两种：一是最小公倍数法（又称方案重复法）。最小公倍数法是以不同方案使用寿命的最小公倍数作为共同的计算期，并假设每一方案在这一期间内重复投资，以满足不变的需求，据此计算出各方案的净现值，然后进行各方案的比选。利用最小公倍数法来确定研究周期，其实质是以延长项目投资寿命期来达到时间可比性的要求，一般被认为是合理可行的。二是研究期法。在实际投资中，一个完全相同的方案在一个较长的时期内反复重复的可能性不大，对于这些寿命期不同或者其最小公倍数较大的多方案比选，可以按照实际需要来确定一个适宜的研究周期。利用"研究期法"来确定研究周期，主要有三种基本方法：①取最大寿命期作为共同的分析计算期；②取最小寿命期作为共同的分析计算期；③取计划规定年限作为共同的分析计算期。

　　【例 4-3】某项目的有关数据如表 4-2 所示，试用净现值法判断项目的经济性 $i_c = 10\%$。

表 4-2　某项目的有关数据（单位：万元）

回收期	0 年	1 年	2 年	3 年	4~10 年
1. 投资支出	20	500	100		
2. 投资以外支出				300	450
3. 收入				450	700
4. 净现金流量	−20	−500	−100	150	250

　　解：画出现金流量图（图 4-1）。

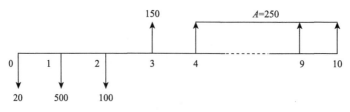

图 4-1　某项目现金流量图

$$\text{NPV}(10\%) = -20 + (-500)(P/F,10\%,1) - 100(P/F,10\%,2) + 150(P/F,10\%,3)$$
$$+ 250(P/A,10\%,7)(P/F,10\%,3) = 469.94(\text{万元})$$

由于 $\text{NPV}(10\%) > 0$ ，所以项目在经济上可行。

通过净现值的计算亦可看出项目的绝对经济效果。当项目的净现值大于0时，说明该项目除了能达到基准收益率外，尚能多得到一些附加收益。例如，在此例题中，项目不仅能得到10%的报酬率，还能得到469.94万元的附加收益，因此，其绝对效果是好的。

【例 4-4】某投资项目有 A、B 两个方案，有关数据如表 4-3 所示，基准折现率为 10%，则哪个方案较优？

表 4-3　某项目现金流量表

项目	A 方案	B 方案
1.投资/万元	15	3
2.年净收益/万元	3.1	1.1
3.寿命期/年	10	10
4.残值/万元	1.5	0.3

解：画出现金流量图（图 4-2）。

A方案

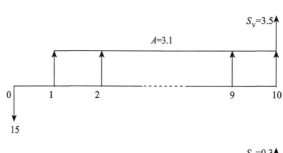

B方案

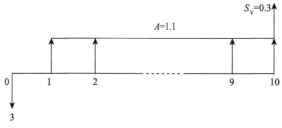

图 4-2　A、B 方案现金流量图

A、B 两方案的净现值分别为

$$NPV_B = -15 + 3.1(P/A,10\%,10) + 1.5(P/F,10\%,10)$$
$$= -15 + 3.1 \times 6.144 + 1.5 \times 0.385\,5$$
$$= 4.62(万元)$$
$$NPV_B = -3 + 1.1(P/A,10\%,10) + 0.3(P/F,10\%,10)$$
$$= -3 + 1.1 \times 6.144 + 0.3 \times 0.385\,5$$
$$= 3.87(万元)$$

因为 $NPV_A > NPV_B$，所以 A 方案优于 B 方案。

净现值是反映方案或项目的投资营利能力的一个重要动态评价指标，被广泛应用于技术方案或投资项目的经济评价中。在运用净现值法或净现值指标时，要注意以下问题。

1. 净现值与折现率 i 的函数关系

所谓净现值函数，是指净现值与折现率 i 之间的函数关系（图4-3）。对于某一特定的方案而言，其净现金流量和寿命期 n 是确定的，此时净现值仅是折现率 i 的函数。一般情况下，同一净现金流量的净现值随着折现率 i 的增大而减少，故基准折现率标准定得越高，能被接受的方案越少。

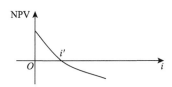

图 4-3　净现值与折现率关系图

2. 基准折现率 i_c 的选择与确定

基准折现率 i_c，又称为目标收益率或最低期望收益率（minimum attractive rate of return，MARR），它是投资者进行投资时可以接受的一个最低界限标准，直接关系到投资方案或项目的取舍。

常用的基准收益率主要有行业财务基准收益率和社会折现率。行业财务基准收益率是各行业计算财务净现值的折现率，代表行业内投资资金应当获得的最低盈利水平。社会折现率是项目国民经济评价的重要通用参数，它表示从国家的角度对资金机会成本和资金时间价值的估量。以社会折现率作为基准折现率计算的净现值称为经济净现值。

二、费用现值

净现值的计算需考虑现金流入、流出，即采用净现金流量进行计算。实际工作中，在进行多方案比较时，往往会遇到各方案的收入相同或收入难以用货币计量的情况。在此情况下，为简便起见，可省略收入，只计算支出。当多个技术方案的产出都能满足同样的需要，即效益相同或效益基本相同，或者对难以估算效益的方案进行比较时，只需要比较技术方案的投资和费用，这时可采用费用现值（present cost，PC）比较法。

费用现值是指将方案寿命期内的投资和各成本费用折现后的代数和。利用费用现值来对备选方案的优劣进行比选的方法称为费用现值法。

其表达式为

$$PC = \sum_{t=0}^{n} CO_t \left(P/F, i_c, t\right) = \sum_{t=0}^{n} \left(K + C - S - W\right)_t \left(P/F, i_c, t\right) \qquad (4\text{-}11)$$

式中，PC 为费用现值；CO_t 为第 t 年的现金流出；C 为经营成本；S 为计算期末回收的残值；W 为计算期末回收的流动资金；K 为投资额；（P/F，i_c，t）为整付现值系数。

在用费用现值进行方案比较时，可采用相同部分（费用及其发生的时间均相同）不参于比较的原则，只计算各方案相对效果，不反映某方案的绝对经济效果；必须在相同的比较时间内对各方案进行比较，否则，将会得出错误的结论。

下面举例说明服务年限相同与不同的费用现值比较法。

1. 服务年限相同的投资方案的费用现值比较法

【例 4-5】以图 4-4 所示的 A、B 两方案进行比较。

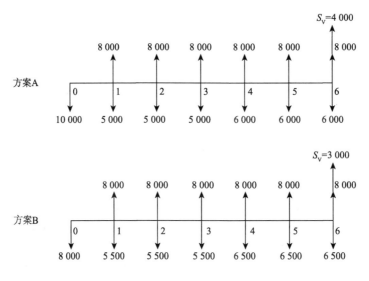

图 4-4　服务年限相同的投资方案

$$PC_A = 10\,000 + 5\,000(P/A,15\%,3) + 6\,000(P/A,15\%,3)(P/F,15\%,3)$$
$$- 4\,000(P/F,15\%,6) = 28\,679(元)$$
$$PC_B = 8\,000 + 5\,500(P/A,15\%,3) + 6\,500(P/A,15\%,3)(P/F,15\%,3)$$
$$- 3\,000(P/F,15\%,6) = 29\,019(元)$$

$PC_A < PC_B$，方案 A 优于方案 B。

2. 服务年限不同的投资方案的费用现值比较法

在两方案服务年限不同时，可采用研究期法进行比较。确定研究期有两种方法。

（1）不考虑服务年限较短的方案在寿命终了后的未来事件及其经济效果，研究期间即寿命较短方案的服务年限。

（2）需考虑服务年限较短的方案在寿命终了后可以预见到的接替工程项目，以弥补市场对产品的需要。对那些接替工程的投资、成本等均应与方案一并考虑。研究期为两方案寿命的最小公倍数。

三、净现值率

净现值率（net present value rate，NPVR）是指按一定的折现率求得的方案计算期内的净现值与其全部投资现值的比率。净现值率意味着投资方案单位投资所获得的超额净效益大小，反映了投资资金的利用效率。

净现值率的计算公式为

$$\text{NPVR} = \frac{\text{NPV}}{K_P} = \frac{\text{NPV}}{\sum_{t=0}^{n} K_t (1+i_c)^{-t}} \tag{4-12}$$

式中，NPVR 为净现值率；K_P 为项目总投资现值。

利用净现值率进行方案比选时，当净现值率大于等于 0 时，方案经济可行。当净现值率小于 0 时，方案经济不可行。多方案比较时，以净现值率最大的方案为优，净现值率是为了考察资金的利用效率，主要适用于多个独立方案的优劣排序，人们通常用净现值率作为净现值的辅助分析指标。

【例 4-6】某项目初始投资 2 500 元，在第 3 年末投资 1 000 元。第 1 年投产，每年收入 1 500 元，每年经营成本 500 元，其余现金流量为 0，经营期 5 年。若基准收益率为 10%，用净现值率法评价该项目的可行性。

解： $\text{NPV} = -2\,500 - 1\,000(P/F,10\%,3) + (1\,500 - 500)(P/A,10\%,5) = 539.47(元)$

$$K_P = 2\,500 + 1\,000(P/F,10\%,3) = 3\,251.32(元)$$

$$\text{NPVR} = \frac{\text{NPV}}{K_P} = \frac{539.47}{3\,251.32} = 0.17$$

由于 NPVR>0，故该项目可行。

第三节 投资收益率法

投资收益率（return on investment，ROI）又称投资效果系数，是指投资项目在正常生产年份的净收益与总投资的比率。其一般的计算公式为

$$\text{ROI} = \frac{R}{K} \times 100\% \tag{4-13}$$

式中，ROI 为投资收益率；R 为正常生产年份收益或者年平均净收益；K 为总投资。

将计算出来的投资收益率与行业基准投资收益率进行比较，若该方案的投资收益率大于基准投资收益率，说明该方案经济上可行，应接受此方案；反之，说明该方案经济上不可行，应拒绝此方案。

按照国内目前的评价指标体系，常见的投资收益率指标有三种：投资利润率、投资利税率和资本金利润率。这三种投资收益率指标均属于静态营利能力指标。

一、投资利润率

投资利润率是指项目达到生产能力后的一个正常生产年份的年利润总额或年平均利润总额与项目总投资的比率。

其计算公式为

$$投资利润率 = \frac{年利润总额或年平均利润总额}{总投资} \times 100\% \qquad (4\text{-}14)$$

式中，年利润总额=年产品销售收入−年总成本费用−年销售税金及附加+其他业务利润，年利润总额通常为项目达到正常生产能力的年利润总额，也可以是生产期年平均利润总额；总投资=固定资产投资+无形资产投资+递延资产+建设期利息+流动资金。

在进行评估时，年利润总额一般可以从损益表中取得，总投资可以从投资估算表中取得。

判别准则：

投资利润率指标反映项目收益与投入的比例关系。计算出的投资利润率应与行业的基准投资利润率或社会平均投资利润率进行比较，若大于（或等于）基准投资利润率或社会平均投资利润率，则认为项目是可以考虑接受的，否则不可行。在将投资利润与基准经济效益指标进行比较时，应注意口径的一致。基准经济效益指标可从《建设项目经济评价方法与参数》（第三版）中查得。

二、投资利税率

投资利税率是指项目达到设计生产能力后的一个正常生产年份的年利税总额或项目生产经营期内的年平均利税总额与项目总投资的比率。

其计算公式为

$$投资利税率 = \frac{年利税总额或年平均利税总额}{总投资} \times 100\% \qquad (4\text{-}15)$$

式中，年利税总额=年利润总额+年销售税金及附加；总投资=固定资产投资+无形资产投资+递延资产+建设期利息+流动资金。

在进行评估时，年利润总额一般可以从损益表中取得，总投资可以从投资估算表中取得。

判别准则：

投资利税率高于或等于行业基准投资利税率时，说明项目可以接受，否则不可行。投资利税率和投资利润率的主要不同之处在于，它在效益中多考虑了税金。这是因为在财务效益分析中，为了从国家财政收入的角度衡量项目为整个国家所创造的效益，特别是一些税大利小的项目，用投资利润率衡量往往不够准确，用投资利税率则能较合理地反映项目的财务效益。在这种情况下，使用投资利税率指标，更具有现实意义。

三、资本金利润率

资本金利润率是指项目达到设计生产能力后的一个正常生产年份的年利润总额或年平均利润总额与资本金的比率，它反映投资项目的资本金营利能力。

其计算公式为

$$资本金利润率 = \frac{年利润总额或年平均利润总额}{资本金} \times 100\% \qquad (4\text{-}16)$$

式中，年利润总额=年产品销售收入-年总成本费用-年销售税金及附加+其他业务利润。

资本金是指资产负债表中的实收资本，如果会计期间内资本金发生变动，资本金要用平均数，其计算公式为

$$资本金 = （期初资本金余额+期末资本金余额）\div 2$$

判别准则：

资本金利润率，是反映投资者投入企业资本金的获利能力的指标，资本金利润率的高低直接关系到投资者的权益，是投资者最关心的问题。这一比率越高，说明企业资本金的利用效果越好，企业资本金营利能力越强；反之，则说明资本金的利用效果不佳，企业资本金营利能力越弱。计算出的资本金利润率应与行业基准资本金利润率比较，若资本金利润率低于基准资本金利润率，就是危险的信号，表明企业的获利能力严重不足，投资者将会转移投资。

■ 第四节　年值法

年值法是将技术方案各年的收益、费用或净现金流量，按照资金等值的原理及要求，以基准收益率或社会折现率为标准，等额分摊到计算期内各年，并根据年值情况来进行方案的技术经济评价的方法。年值法主要有净年值法、费用年值法。

一、净年值法

净年值（net annual value，NAV）是指项目或方案在其寿命期内各年的净现金流量，按照给定的基准折现率或社会折现率，通过资金等值换算计算，分摊到方案寿命期内各年的等额年值，或者是方案在寿命期内收入的等额年值（AR）与支出的等额年值（AC）之差。

净年值的表达式为

$$\text{NAV} = \left[\sum_{t=0}^{n}(\text{CI}-\text{CO})_t\left(P/F,i_c,t\right)\right]\left(A/P,i_c,n\right) \qquad (4\text{-}17)$$

或

$$\text{NAV} = \text{NPV}\left(A/P,i_c,n\right) \qquad (4\text{-}18)$$

或

$$\text{NAV=AR-AC} \qquad (4\text{-}19)$$

式中，$(A/P, i_c, n)$ 表示资金回收系数。

判别准则：

净年值法用于对单一方案评价时，$\mathrm{NAV} \geqslant 0$，则该方案在经济上合理可行，可以接受；若 $\mathrm{NAV} < 0$，则该方案在经济上不可行，应予以拒绝；用于多方案比选时，NAV 最大者为优（NAV 最大准则）。

【例 4-7】以图 4-4 的两方案进行年值比较。

$$\begin{aligned}
\mathrm{NAV_A} &= (8\,000 - 5\,000) \times (P/A, 15\%, 3) \times (P/A, 15\%, 6) \\
&\quad + (8\,000 - 6\,000) \times (P/A, 15\%, 3) \times (P/A, 15\%, 6) \\
&\quad - (10\,000 - 4\,000) \times (P/A, 15\%, 6) - 4\,000 \times 15\% \\
&= 3\,000 \times 2.283\,2 \times 0.264\,24 + 2\,000 \times 3.472\,4 \times 0.114\,24 \\
&\quad - 6\,000 \times 0.264\,26 - 4\,000 \times 15\% \\
&= 1\,810 + 793 - 1\,586 - 600 \\
&= 417 (\text{元}) \\
\mathrm{NAV_B} &= (8\,000 - 5\,500) \times (P/A, 15\%, 3) \times (A/P, 15\%, 6) \\
&\quad + (8\,000 - 6\,500) \times (F/A, 15\%, 3) \times (A/F, 15\%, 6) \\
&\quad - (8\,000 - 3\,000)(A/P, 15\%, 6) - 3\,000 \times 15\% \\
&= 1\,508 + 595 - 1\,321 - 450 \\
&= 332 (\text{元})
\end{aligned}$$

$\mathrm{NAV_A} > \mathrm{NAV_B}$，故方案 A 优于方案 B。

这个比较结果与净现值比较的结论是相同的。净年值与净现值的评价是等效的，但在处理某些问题（如寿命期不同的多方案比选）时，用净年值就简便得多。

二、费用年值法

若两方案效益相同或基本相同，但又难以估算时，如生产过程中某一环节采用两种以上的不同设备都可满足生产的需要时，对这几种设备进行选优就属于这种情况，这时可采用费用年值比较法进行方案比较，费用年值较低的方案为较优方案。费用年值（annual cost，AC）是将方案计算期内不同时点发生的所有费用支出，按一定折现率折算成与其等值的等额支付序列年费用。

其计算公式为

$$\mathrm{AC} = \left[\sum_{t=0}^{n} \mathrm{CO}_t \left(P/F, i_c, t \right) \right] \left(A/P, i_c, n \right) \tag{4-20}$$

或

$$\mathrm{AC} = \left[\sum_{t=0}^{n} \left(K + C - S - W \right)_t \left(P/F, i_c, t \right) \right] \left(A/P, i_c, n \right) \tag{4-21}$$

或

$$\mathrm{AC} = \mathrm{PC} \left(A/P, i_c, n \right) \tag{4-22}$$

【例4-8】以图4-4中两方案为例，作费用年值比较。

$$AC_A = (10\,000 - 4\,000)(A/P,15\%,6) + 4\,000 \times 0.15 + 5\,000(P/A,15\%,3)(A/P,15\%,6)$$
$$+ 6\,000(F/A,15\%,3)(A/F,15\%,6) = 7\,578(元)$$

$$AC_B = (8\,000 - 3\,000)(A/P,15\%,6) + 3\,000 \times 0.15 + 5\,500(P/A,15\%,3)(A/P,15\%,6)$$
$$+ 6\,500(F/A,15\%,3)(A/F,15\%,6) = 7\,668(元)$$

$AC_A < AC_B$，故方案 A 优于方案 B。

或

$$AC(15\%)_A = PC(15\%)_A (A/P,15\%,6) = 28\,679 \times 0.264\,24 = 7\,578$$
$$AC(15\%)_B = PC(15\%)_B (A/P,15\%,6) = 29\,019 \times 0.264\,24 = 7\,668$$

若两方案服务年限不同，仍可用年值法或费用年值法进行方案比较。

【例4-9】某车间可用两种新设备来更换现有旧设备，设备 A 的耐用年限为 5 年，设备 B 的耐用年限为 8 年，两方案的投资及年经营费用如图4-5所示，基准收益率为12%。

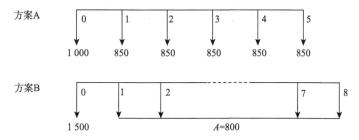

图 4-5　A、B 两方案的投资及年经营费用图

以图 4-5 中的两方案为例作年值比较，就 A 方案而言，若以 5 年为期，因投资及经营费用均发生在 5 年内，其为

$$AC_A = 1\,000(A/P,12\%,5) + 850 = 1127(元)$$

就 B 方案而言，投资 1 500 元，将在整个服务年限内发挥作用，故应摊入 8 年内。

$$AC_B = 1\,500(A/P,12\%,8) + 800 = 1102(元)$$

或

$$AC(12\%)_A = PC(12\%)_A (A/P,12\%,5) = 4\,064 \times 0.277\,41 = 1127(元)$$
$$AC(12\%)_B = PC(12\%)_B (A/P,12\%,5) = 3\,972 \times 0.277\,41 = 1102(元)$$

$AC_A > AC_B$，故 B 方案优于 A 方案。

费用年值法比较结论与费用现值法比较结论是一致的。

第五节　内部收益率法

现值法和年值法虽然考虑了资金时间价值且简单易行，但必须事先给定一个基准收益率，而且该类方法仅能说明分析方案是否达到或超过基准收益，并不能反映该方案或项目的实际投资效率。内部收益率法可以反映投资项目或方案的真实收益，它是一种被广泛使用的动态评价指标。

一、内部收益率

（一）内部收益率的含义

内部收益率（internal rate of return，IRR）又称为内部报酬率，是指项目从开始建设到寿命期末各年净现金流量现值之和等于零的折现率。它反映项目为其所占有资金（不含逐年已回收可作他用的资金）所能提供的盈利率。

其计算公式为

$$NPV(IRR) = \sum_{t=0}^{n}(CI - CO)_t (1 + IRR)^{-t} = 0 \tag{4-23}$$

式中，IRR 表示项目的内部收益率。

由于 IRR 值可达到项目净现值等于零，故项目的净终值、年度等值也必为零。

判别准则：

对于独立方案而言，若方案的 IRR $\geq i_c$（基准收益率），则方案或项目在经济上可以被接受；反之，若 IRR $< i_c$，则方案在经济上不可行。在多方案比选时，应选择 IRR 最大者，这样才能得到最大的收益率。

净现值与内部收益率关系如图 4-6 所示。

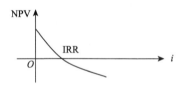

图 4-6　净现值与内部收益率关系

（二）内部收益率的计算方法

因为式（4-23）是一个高次方程，直接用代数方法求解往往相当困难，不容易求解，通常采用试算法或插值法求出。其基本原理如图 4-7 所示。

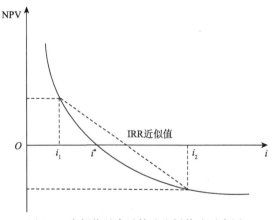

图 4-7　内部收益率试算法和插值法示意图

1. 试算法

在一般情况下，先预估一个折现率 i，按此折现率计算净现值，并在此基础上通过查表，试算方案的 NPV 值，找出两个折现率 i_1 和 i_2，并使得

$$\text{NPV}_1 = \sum_{t=0}^{n}(\text{CI}-\text{CO})_t\left(P/F, i_1, t\right) > 0 \qquad (4\text{-}24)$$

$$\text{NPV}_2 = \sum_{t=0}^{n}(\text{CI}-\text{CO})_t\left(P/F, i_2, t\right) < 0 \qquad (4\text{-}25)$$

$$i^* \approx \text{IRR} = \frac{i_1 + i_2}{2}$$

在式（4-24）和式（4-25）中，必存在 i^* 介于 i_1 和 i_2 之间，即 $i_1 < i^* < i_2$。为了保证计算的精确度，经过反复测算，找到 NPV 由正到负并且比较接近于零的两个折现率 i_1 和 i_2，满足 $i_1 - i_2 \leqslant 1\%$，在这种情况下，可用近似解 IRR 代替真实解 i^*，其误差很小。

2. 插值法

第一步：在试算法的基础上，找出 i_1 和 i_2 及其相对应的 NPV$_1$ 和 NPV$_2$。为保证 IRR 的精度，i_2 与 i_1 之间的差距一般以不超过 2% 为宜，最大不宜超过 5%。

第二步：用线性插值法计算 IRR 的近似值，公式如下：

$$\text{IRR} = i_1 + \left(\frac{\text{NPV}_1}{\text{NPV}_1 + |\text{NPV}_2|}\right)(i_2 - i_1) \qquad (4\text{-}26)$$

式中，i_1 表示净现值大于零，且接近于零时的试算的折现率；i_2 表示净现值小于零，且接近于零时的试算的折现率；NPV$_1$、NPV$_2$ 分别表示折现率等于 i_1、i_2 时的净现值。

【例4-10】某工厂用 10 000 元购入机器 1 台，寿命期为 5 年，设备的残值为 0，每年的净现金流量图如图 4-8 所示。

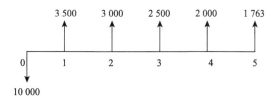

图 4-8 某设备现金流量图

解：根据式（4-23）得

$$-10\,000 + 3\,500(1+\text{IRR})^{-1} + 3\,000(1+\text{IRR})^{-2} + 2\,500(1+\text{IRR})^{-3}$$
$$+ 2\,000(1+\text{IRR})^{-4} + 1\,763(1+\text{IRR})^{-5} = 0$$

要解此式先设 i 等于不同值，计算 NPV$_i$，然后求 NPV$_i = 0$ 时的 i，此 i 即 IRR，令 i 等于 0，1%，3%，5%，7%，9%，11% 时，计算 NPV$_i$ 值，如表 4-4 所示。

表 4-4 IRR 计算表

i	0	1%	3%	5%	7%	9%	11%
NPV$_i$	2 763	2 432	1 811	1 240	714.87	229.2	−220

从表 4-4 可知内部收益率必在 9% 与 11% 之间，用线性插值计算（图 4-7）内部收益率的表达式为式（4-26）。

$$IRR = i_1 + \left(\frac{NPV_1}{NPV_1 + |NPV_2|}\right)(i_2 - i_1)$$

例中，$i_1 = 9\%$，$i_2 = 11\%$，$NPV_1 = 229.20$，$NPV_2 = -220$，代入上式得

$$IRR = 9\% + \left[229.20/(229.20 + 220)\right] \times (11 - 9)\% = 10.20\%$$

事实上，由于 NPV_i 是 i 的非线性曲线，如计算 IRR 时，内插值的跨距缩小，进行更为精确的逼近，可解得 $i=10\%$。因此，为了计算精确的 IRR 值，应缩小内插的区间。

（三）内部收益率的经济含义

内部收益率是项目投资的收益率，反映的是项目在寿命期内没有回收的投资盈利率，而不是初始投资在整个寿命期内的盈利率。也就是说，项目每年产生的收益（或净现金流量）进行再投资所获得的收益率高低不是内部收益率，所以，其实质是项目对占用资金的一种偿还（或）恢复能力，也可看作项目所能承受的借入资金的最高利率。这种偿还（或恢复）过程只与项目的借入资金、各年的净现金流量有关，反映的是各年的项目内部的资金的盈利情况，而与项目之外的外界因素无关。内部收益率的值越高，其项目的经济性就越好。

【例 4-11】某工厂用 10 万元购入机器一台，寿命期为 4 年，每年净现金流量图如图 4-9 所示，已计算得 IRR=10%，请说明其经济含义。

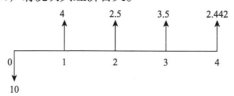

图 4-9   该方案的现金流量图

如图 4-10 所示，若 IRR=10%，初始投资为 10 万元，则第一年净收入为 4 万元，第二年净收入为 2.5 万元。由于初期投资在第一年末的等值为 11.00 万元（即 10×1.1），所以第一年末收回的资金为 7 万元（即 11-4）。根据 IRR 的经济含义，10% 是未回收的资金的收益率，那么第一年末收回的 7 万元到第二年末的等值为 7.7 万元（即 7×1.1），减去第二年的净收入 2.5 万元，到第二年末未回收的资金为 5.2 万元（7.7-2.5）。以此类推，到寿命期结束，使得未回收的资金正好等于 0，也就是说，收益的现值刚好等于投资的现值。

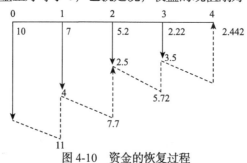

图 4-10   资金的恢复过程

如果第四年末的现金流入不是 2.442 万元，而是 3 万元，那么按 10%的利率，到期末除全部恢复占用资金外，还有 0.558 万元的富余，即收益的现金值大于投资的现金现值。为使期末刚好使资金全部恢复，利率还可高于 10%。因此，内部收益率可以理解为投资项目对占用资金的一种恢复能力，其数值越高，一般来说方案的经济性越好。

（四）内部收益率的相关问题

在内部收益率的计算中，通常用式（4-23）是可求出的。但是，有时却不能求得正确的解。

1. 内部收益率与现金流的关系

内部收益率方程是一个一元 n 次方程，有 n 个复数根（包括重根），故其正数根的个数可能不止一个。借助笛卡儿的符号规则，内部收益率的正实数根的个数不会超过净现金流量序列正负号变化的次数。

2. 投资形态对内部收益率的影响

1）常规投资与非常规投资

常规项目：净现金流量序列符号只变化一次的项目。就一般情况而言，方案在投资建设期和投产期，即寿命期初时，其净现金流量一般为负值，当项目进入正常生产期后，净现金流量就会变成正值。因此，绝大多数的投资都属于常规投资。该类项目，只要累计净现金流量大于 0，就有唯一解，该解就是项目的内部收益率。

非常规项目：净现金流量序列符号变化多次的项目。该类项目的方程的解可能不止一个，需根据内部收益率的经济含义检验这些解是否是项目的内部收益率，即以这些解作为盈利率，看在项目寿命期内是否始终存在未被收回的投资。若在非常规投资项目中，其内部收益率只有一个正值解，则这个解就是该项目的内部收益率。

2）纯投资与混合投资

根据未回收投资的余额来分，可将项目划分为纯投资项目和混合投资项目。所谓未回收余额是指在项目寿命期内某年，当内部收益率为零时的占用资金余额。如果在整个方案寿命期内其投资余额为零，或者是负数，则称该类投资为纯投资；否则，称为混合投资。混合投资即在项目寿命期内，有可能某一年或某几年出现 $F_t(\text{IRR}) > 0$，这表明这时项目不仅已没有尚未回收的资金，还有余额用于其他投资机会。

因此，可以将各种项目投资分为四大类型，即常规纯投资、常规混合投资、非常规纯投资、非常规混合投资。在一般情况下，常规投资一定是纯投资。在纯投资情况下，方案具有唯一的内部收益率。投资项目分类如图 4-11 所示。

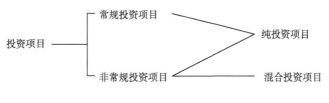

图 4-11　投资项目分类

3. 内部收益率与净现值现金流的关系

利用内部收益率与净现值分别对备选方案进行比选评价时,可能会得出相反的结论。其原因是运用内部收益率与净现值计算评价时,各自所隐含的再投资收益率标准不同,这时需要利用差额内部收益率进行进一步评价。

二、差额内部收益率

净现值法和内部收益率法是技术经济分析中两个重要的评价指标,但在多方案(一般是互斥方案)技术经济评价中有时会出现这种情形:项目的净现值大者,其内部收益率小;而净现值小者,其内部收益率大。对于这样的情况,该如何解决呢?这就是方案比较中差额内部收益率法所要解决的问题。

所谓差额内部收益率(incremental internal rate of return, ΔIRR),是指两方案各年净现金流量的差额的现值之和等于 0 的折现率,其表达式为

$$NPV = NPV_2 - NPV_1 = 0 \tag{4-27}$$

或

$$NPV = \sum_{t=0}^{n} \left[(CI-CO)_2 - (CI-CO)_1 \right]_t (1+\Delta IRR)^{-t} = 0 \tag{4-28}$$

或

$$NPV = \sum_{t=0}^{n} (NCF_{2t} - NCF_{1t})(1+\Delta IRR)^{-t} = 0 \tag{4-29}$$

式中, ΔIRR 表示差额内部收益率; $(CI-CO)_2$ 表示投资大的方案年净现金流量; $(CI-CO)_1$ 表示投资小的方案年净现金流量; $(NCF_{2t} - NCF_{1t})$ 表示方案 2 较方案 1 在第 t 年的增量净现金流量。

式(4-28)也可改写为

$$\sum_{t=0}^{n} (CI-CO)_{2t} (1+\Delta IRR)^{-t} = \sum_{t=0}^{n} (CI-CO)_{1t} (1+\Delta IRR)^{-t} \tag{4-30}$$

即差额内部收益率是两方案净现值相等时的折现率,或进一步可以认为两方案等额年金(或等额年成本)相等的折现率,见式(4-31)。

$$\begin{aligned}
&\left[\sum_{t=0}^{n} (CI-CO)_{2t} (1+\Delta IRR)^{-t} \right] (A/P, \Delta IRR, n) \\
&= \left[\sum_{t=0}^{n} (CI-CO)_{1t} (1+\Delta IRR)^{-t} \right] (A/P, \Delta IRR, n)
\end{aligned} \tag{4-31}$$

判别准则:

进行方案比较时,当 $\Delta IRR > i_c$ (基准收益率或要求达到的收益率)时,投资大的方案所花的增量投资的内部收益率大于要求的最低值,以投资大的方案为优;反之,则以投资小的方案为优。

【例 4-12】某台设备更新方案有两个,它们的现金流量表如表 4-5 所示。

表 4-5　某台设备更新方案的现金流量表

方案	项目	0 年	1 年	2 年	3 年	4 年	5 年
I 方案	现金流出	10 000					
	现金流入		2 843	2 843	2 843	2 843	2 843
II 方案	现金流出	7 000					
	现金流入		2 088	2 088	2 088	2 088	2 088
I－II	差额现金流量	−3 000	755	755	755	755	755

根据式（4-28）得

$$\Delta IRR = 8.19 < i_c = 15\%$$

因此，投资小的 II 方案较优。

寿命期不同的方案采用差额内部收益率法进行方案比较，采用两方案年值相等时的折现率计算差额投资内部收益率更为方便。

【例 4-13】某车间可用两种新设备来更换现有旧设备，设备 A 的耐用年限为 5 年，设备 B 的耐用年限为 8 年，两方案的投资及年经营费用如图 4-12 所示，基准收益率为 12%。

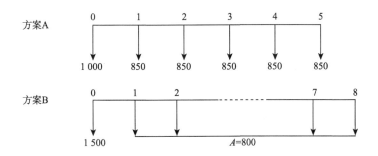

图 4-12　例 4-13 现金流量图

因为例 4-13 中 A、B 两方案为局部方案，效益是相同的，年值可用年费用 AC 来代替，两方案的年费用分别为

$$AC_A = 1\,000(A/P, \Delta IRR, 5) + 850$$
$$AC_B = 1\,500(A/P, \Delta IRR, 8) + 800$$

求两方案年值相等的折现率，可得

$$1\,000(A/P, \Delta IRR, 5) + 850 = 1\,500(A/P, \Delta IRR, 8) + 800$$

通过试算法，得

$$\Delta IRR = 18.36\% > i_c = 12\%$$

故投资大的 B 方案较优。

三、外部收益率

所谓外部收益率（external rate of return，ERR）是指方案投资的终值与再投资的净收益终值累计值相等时的收益率，它假设所回收的资金可以用于能够获得基准收益率的

重复投资。外部收益率是对非常规项目进行动态经济评价的主要指标，同时也是对内部收益率的一种修正和完善。

其计算公式为

$$\sum_{t=0}^{n} K_t (1+\mathrm{ERR})^{n-t} = \sum_{t=0}^{n} R_t (1+i_c)^{n-t} \tag{4-32}$$

式中，ERR 为外部收益率；K_t 为建设项目第 t 年的投资；R_t 为建设项目第 t 年的净收益率（$R_t = \mathrm{CI}_t - \mathrm{CO}_t$）；$i_c$ 为基准收益率；n 为建设项目的计算期。

外部收益率 ERR 的判别准则：若 $\mathrm{ERR} \geqslant i_c$，说明该投资方案或项目经济上可行，应被接受；若 $\mathrm{ERR} < i_c$，说明该投资方案或项目经济上不可行，应予以拒绝。

【例 4-14】已知某投资方案的净现金流量图如图 4-13 所示，若基准收益率 $i_c = 10\%$，试用外部收益率法分析项目的可行性。

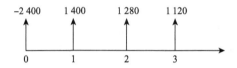

图 4-13　某投资方案的净现金流量图

解：根据式（4-32），有

$$2\,400(1+\mathrm{ERR})^3 = 1\,120 + 1\,280(1+10\%) + 1\,400(1+10\%)^2 (1+\mathrm{ERR})^3$$
$$= 1.759\,2$$

经计算可得

$$\mathrm{ERR} = 20.7\%$$

方案评价：

$$\mathrm{ERR} = 20.7\% > i_c = 10\%$$

故该投资方案经济上可行。

■ 第六节　投资方案的比较与选择

对技术方案进行经济评价和选择，通常会遇到两种情况：一种是单方案比较选择，即投资项目只有一种技术方案或独立的项目方案可供评选；另一种是多方案比较选择，即投资项目有几种可供选择的技术方案。对于前者，可运用前述的各种方法和评价指标进行选择；对于后者，由于投资主体所面临的项目选择是一个方案群，故在进行方案选择与决策时，除了考虑每个方案的经济性外，还必须分析各方案之间的相互关系，以使投资效果的整体达到最优。

一、投资方案的分类

投资决策时，往往有多个方案可供选择。依据这些投资方案之间的关系，可将它们分为不相关方案、相关方案和混合方案三大类。

1. 不相关方案

不相关方案是指若其中任一方案的采纳并不影响其他方案的采纳，则这些方案互称为不相关方案，又称为独立方案。例如，企业投资生产电脑、电视及手机等，就是独立方案。独立方案的特点：①各方案之间的现金流量是相互独立的，不具有相关性，采纳或放弃任一方案并不改变或显著改变其他方案的现金流量。②方案的现金流量具有可加性，如 A 方案的投资为 80 万元，年收入为 30 万元；B 方案的投资为 60 万元，年收入为 20 万元。当选择这两个方案时，总投资为 80+60=140 万元，年收入为 30+20=50 万元。

2. 相关方案

相关方案是指若其中某一方案被采纳，则会影响其他方案的采纳，或会影响其他方案的现金流量，则它们互为相关方案。相关方案按其相关关系的不同，又可以分为以下几种。

1）互斥方案

在多个方案中，方案之间具有相互排斥性，若采纳了其中一个方案，就必须放弃其他所有方案，这样的方案称为互斥方案。例如，某新建企业选址时有 3 个不同方案 A、B、C，决策时只能从中选择其一，其他两个方案则要放弃。

2）互补方案

在一组方案中，有时一个或一些方案的采纳以另一个或一些方案的采纳为前提，这样的方案称为互补方案。前者称为辅助方案，后者称为前提方案。例如，购买住房和房屋装修两个方案，两者为互补方案，其中前者为前提方案，后者为辅助方案。

3）收入相关方案

有些方案之间既不完全互斥，也不完全互补，但方案间的收入之间具有相关性，即采纳某一方案会影响另一方案的收入，则它们称为收入相关方案。例如，在两个城市之间修建高速公路和修建高铁两个方案，两个方案并不完全互斥，但采纳任一方案，都会影响另一方案的收益。

4）资金相关方案

在资金总额有限的条件下，前述的所有方案都会具有相关性，即其中一个或多个方案的采纳会影响其他方案的采纳，则它们互为资金相关方案。例如，某企业有三个独立方案，分别需要投资 20 万元、30 万元和 50 万元，但企业只有资金 60 万元，若采纳其中一个方案，则会影响其他一个或两个方案的选择。

3. 混合方案

由独立方案和相关方案组合成的方案集，或由几种类型的相关方案组合成的方案集称为混合方案。

二、独立方案的选择

独立方案是指作为评价对象的各个方案的现金流是独立的，不具有相关性，任一方案的采用与否都不影响其他方案是否被采用。独立方案的采用与否，只取决于方案自身的经济性，即只需检验它们是否能够通过净现值、净年值或内部收益率指标的评价标准。

（一）完全不相关的独立方案

独立方案的比选与经济决策在不考虑总投资额的限制时，仅取决于方案本身的经济性。因此，对完全不相关的独立方案进行比选时，多方案与单一方案的评价方法是相同的，可采用前述所介绍的所有分析方法。

【例 4-15】两个独立方案 A 和 B，其净现金流量如表 4-6 所示，$i_c = 15\%$。试判断其经济可行性。

表 4-6　独立方案 A、B 的净现金流量

方案	初始投资额/万元	年现金流入/万元	寿命期/年
A	−200	45	10
B	−200	30	10

解：本例为独立方案，可先计算方案自身的绝对效果指标——净现值，或净年值，或内部收益率，然后根据各指标的判别准则进行绝对效果检验并进行比选。

（1）净现值法。

$$NPV_A = -200 + 45(P/A,15\%,10) = 25.8(万元)$$

$$NPV_B = -200 + 30(P/A,15\%,10) = -49.4(万元)$$

由于 $NPV_A > 0$，$NPV_B < 0$，根据净现值判别准则，故应接受 A 方案，拒绝 B 方案。

（2）净年值法。

$$NAV_A = NPV_A(A/P,15\%,10) = 25.8 \times (A/P,15\%,10) = 5.14(万元)$$

$$NAV_B = NPV_B(A/P,15\%,10) = -49.4 \times (A/P,15\%,10) = -9.85(万元)$$

由于 $NAV_A > 0$，$NAV_B < 0$，根据净年值判别准则，故应接受 A 方案，拒绝 B 方案。

（3）设 A 方案内部收益率为 IRR_A，B 方案的内部收益率为 IRR_B，由方程

$$-200 + 45(P/A,IRR_A,10) = 0$$

$$-200 + 30(P/A,IRR_B,10) = 0$$

计算得到：$IRR_A = 18.3\%$，$IRR_B = 8.1\%$，由于 $i_c = 15\%$，$IRR_A > i_c$，$IRR_B < i_c$，故应接受 A 方案，拒绝 B 方案。

对于独立方案而言，经济上是否可行的判断依据是其绝对经济效果指标是否优于一定的检验标准。不论采用净现值、净年值和内部收益率当中哪种评价指标，评价结论都是一样的。

（二）有资源约束的独立方案

尽管独立方案之间互不相关，但在资源约束的条件下，独立方案会成为相关方案，即由于资源的限制（如资金额大小），所有方案不能全部实施，或者由于投资项目的不可分性，这些约束条件意味着接受几个方案必须要放弃另一些方案，使之成为相关的排斥性方案。

有资源约束的独立方案通常采用独立方案互斥化法。独立方案互斥化就是在投资总额约束条件下，将各个独立方案进行组合，其中每一个组合方案，代表着一个相互排斥

的方案，这样就可以利用互斥方案的评选方法，选择最佳的方案组合。

独立方案互斥化法的基本步骤如下。

（1）列出全部相互排斥的组合方案。若有 m 个独立方案，则组合方案数 $N=2^m-1$（不投资除外），即 N 个组合方案相互排斥。

（2）在所有组合方案中，除去不满足约束条件的方案组合，并按投资额大小顺序排列。

（3）采用 NPV、IRR、ΔIRR 等方法选择最佳方案组合。

【例 4-16】有 3 个方案 A、B、C（不相关方案），各方案的现金流量如表 4-7 所示，基准折现率为 12%。总投资限额为 900 万元，因此这三个方案不能同时都选上（这样总投资需 960 万元，超过了限额）。试选择最佳投资方案组合。

表 4-7　A、B、C 三个独立方案的现金流量

方案	初始投资/万元	年净收益/万元	寿命期/年
A	300	70	8
B	260	104	8
C	400	92	8

解：（1）列出 A、B、C 的所有可能组合，共 7 个（$2^3-1=7$），得出表 4-8（按投资额大小顺序排列），并计算出各方案的净现值。

表 4-8　A、B、C 的互斥方案组合

组号	方案组合	投资/万元	年净收益/万元	净现值/万元
1	B	260	104	256.67
2	A	300	70	47.76
3	C	400	92	57.06
4	AB	560	174	304.43
5	BC	660	196	313.73
6	AC	700	162	104.82
7	ABC	960	266	361.49

（2）根据表 4-8 进行方案比较。方案 7 的资金总额为 960 万元，超过了资金的约束条件 900 万元，所以放弃该方案。因此在满足约束条件的前 6 个方案中选择，其中第 5 个方案组合 BC 的净现值最大，为 313.73 万元，故最佳投资为方案 B 和 C 组合。

三、互斥方案的选择

互斥方案的比选可分为两大步骤：首先考察各个方案自身的经济性，即进行绝对经济效果的检验，考察备选方案中各方案自身的经济效果是否满足评价准则的要求；其次对备选方案进行优劣排序，即相对经济效果检验，用净现值、内部收益率等动态指标判断方案是否可行，进而在各可行方案之间进行相对经济效果的检验，以确定最优选择。

两种检验的作用和目的不同，通常缺一不可。

该类型方案经济效果评价的特点是要进行多方案比选，故应遵循方案间的可比性，主要包括计算的时间具有可比性，计算的收益与费用的范围、口径一致，计算的价格可比。在对各现金流量进行经济性的判断比较时，可采用指标法或增量法。所谓指标法是指用各种动态评价方法分别对各方案的现金流量进行评价，在评价基础上择优；增量法即研究两方案的差额现金流量的经济效益，即研究增量投资的经济效益。在现实生活中，当对两个规模不同的互斥方案进行择优时，常用增量法进行决策。

（一）绝对经济效果分析方法

利用绝对经济效果分析指标，评选互斥型方案，可采用前述介绍的净现值、净年值、费用现值、费用年值等经济评价指标来比选。

1. 净现值法与净年值法

净现值和净年值都是反映方案或项目的投资营利能力的重要动态评价指标，被广泛应用于多个技术方案的比选中。净现值给出的是方案或项目在整个寿命期内获取的超出最低期望盈利的超额收益现值，净年值是将投资过程发生的资金在寿命期内进行"平均"，给出的是在寿命期内每年的等额超额收益。实质上，净现值法与净年值法是等效的评价方法。

使用净现值法与净年值法进行寿命相等的互斥方案的比选时，首先应考察各方案的绝对经济效果，然后再对各方案的相对经济效果进行比较。具体说来，可用下面的判别准则进行方案选优。

（1）净现值法，$\text{NPV}_i \geq 0$ 且 $\max(\text{NPV}_i)$ 所对应的方案为最优方案。

（2）净年值法，$\text{NAV}_i \geq 0$ 且 $\max(\text{NAV}_i)$ 所对应的方案为最优方案。

2. 费用现值法与费用年值法

使用费用现值法与费用年值法进行寿命相等的互斥方案的比选，可用下面的判别准则进行方案选优。

（1）费用现值法，$\min(\text{PC}_i)$ 所对应的方案为最优方案。

（2）费用年值法，$\min(\text{AC}_i)$ 所对应的方案为最优方案。

【例 4-17】假设有 A、B 两种设备，相关数据如表 4-9 所示，设折现率为 10%，应选哪种设备？

表 4-9 A、B 两种设备的现金流量表

设备型号	初始投资/万元	年运营费/万元	残值/万元	寿命期/年
A	20	2	3	5
B	30	1	5	5

解：$\text{PC}_A = 20 + 2(P/A,10\%,5) - 3(P/F,10\%,5) = 25.72(万元)$

$\text{PC}_B = 30 + 1(P/A,10\%,5) - 5(P/F,10\%,5) = 30.69(万元)$

因为 $\text{PC}_A < \text{PC}_B$，所以应选 A 设备。

（二）相对经济效果分析方法

互斥方案的相对经济效果分析，主要体现在其增量投资的经济合理性方面，即增量投资带来的增量经济效果如何。显然，若增量投资能够带来满意的增量收益，则投资额大的方案要优于投资额小者；反之，则以投资额小的方案为最优方案。因此，相对经济效果的分析方法都可以采用增量效果分析方法，如增量净现值、追加内部收益率、追加投资回收期等方法与指标。

如以内部收益率法为例，其具体操作步骤如下。

（1）将方案按投资额由小到大排序。

（2）进行绝对效果评价：计算各方案的 IRR 值，淘汰 $IRR < i_c$ 的方案，保留通过绝对效果检验的方案。

（3）进行相对效果评价：依次计算第二步保留方案间的 ΔIRR 。若 $\Delta IRR > i_c$ （财务基准收益率或要求达到的收益率）或 $\Delta IRR > i_s$ （社会折现率），则保留投资额大的方案；反之，则保留投资额小的方案。最后一个被保留的方案即最优方案。

对于仅有费用现金流量的互斥方案比选也可用差额内部收益率法，这时无非是把增额投资所导致的对其他费用的节约看成是增额收益。

【例 4-18】某台设备更新方案有两个，它们的现金流量表如表 4-10 所示。

表 4-10　更新方案的现金流量表

方案	项目	0 年	1 年	2 年	3 年	4 年	5 年
A 方案	现金流出/万元	10 000					
	现金流入/万元		2 843	2 843	2 843	2 843	2 843
B 方案	现金流出/万元	7 000					
	现金流入/万元		2 088	2 088	2 088	2 088	2 088
A–B	差额现金流量/万元	3000	755	755	755	755	755

根据式（4-28）有

$$\Delta IRR = 8.19 < i_c = 15\%$$

投资小的 B 方案为优方案。

因此，利用差额内部收益率法，对多个互斥方案进行评价和比选时，其前提是每个方案经评价后都是可行的，或者至少排在前面的投资最少的方案是可行的，比较到最后，所保留的方案则是最优的、可行的方案。

四、混合方案的选择

当方案组合中既包含互斥方案，又包含独立方案时，就构成了混合方案。独立方案或互斥方案的选择，属于单项决策问题。混合方案的比选，应在分别决策的基础上，研究系统内各方案之间的相互关系，从中选择最优的方案组合。

混合方案的评选步骤如下。

（1）按组际方案互相独立、组内方案互相排斥的原则，形成所有可能的方案组合。

（2）以互斥型方案比选的原则筛选组内方案。

（3）在总投资限额下，以独立方案比选原则，选择最佳方案组合。

【例 4-19】某企业有三个下属单位 A、B、C，各单位提出了若干投资方案，见表 4-11。三个单位之间都是独立的，但每个单位内的投资方案之间又是互斥的，投资的周期均为 10 年，基准收益率 $i_c=10\%$。

表 4-11　某企业下属单位的投资方案

单位	方案	初始投资/万元	年净收益/万元
A	A_1	500	136.0
	A_2	1 000	257.5
B	B_1	500	60.0
	B_2	1 000	150.5
	B_3	1 500	228.0
C	C_1	500	254.5
	C_2	1 000	319.5
	C_3	1 500	439.0

问：

（1）若该企业资金供应无限制，该如何选择方案？

（2）该企业资金限制在 2 500 万元之内，该如何选择方案？

解：

（1）若资金供应无限制，A、B、C 三个单位之间独立，即该问题决策实际上是各单位内部互斥方案的选优，可以通过插值法计算各单位的各个投资方案的内部收益率，然后通过分别计算其 ΔIRR 来比选。

对于单位 A：

$$-500+136\times\left(P/A,\text{IRR}_{A_1},10\%\right)=0$$

$$-500+(257.5-136)\times\left(P/A,\Delta\text{IRR}_{A_2-A_1},10\%\right)=0$$

求得

$$\text{IRR}_{A_1}=24\%>10\%,\quad \Delta\text{IRR}_{A_2-A_1}=20\%>10\%$$

因此，A_2 方案优于 A_1 方案，应该选择 A_2 方案。

对于单位 B：

同理可求得

$$\text{IRR}_{B_1}=3.5\%<10\%，则方案 B_1 应该被淘汰；$$

$$\text{IRR}_{B_2}=12\%>10\%$$

$$\Delta\text{IRR}_{B_3-B_2}=9.1\%<10\%$$

因此，B_2 方案优于 B_3 方案，应该选择 B_2 方案。

对于单位 C：

同理可求得

$$\text{IRR}_{C_1} = 50\% > 10\%$$

$$\Delta\text{IRR}_{C_2-C_1} = 5\% < 10\%$$

$$\Delta\text{IRR}_{C_3-C_1} = 13.1\% > 10\%$$

因此，方案 C_1 优于 C_2，方案 C_3 优于 C_1，同比应该选择方案 C_3。

因此，在资金没有限制时，三个单位应该分别选择方案 A_2、B_2、C_3，即单位 A 与单位 B 分别投资 1 000 万元，单位 C 则投资 1 500 万元。

（2）若资金限制在 2 500 万元之内，该方案的分析步骤如下。

首先，在（1）分析计算的基础上，按照 ΔIRR 的大小，列出混合方案群内各方案排序，其排序结果如图 4-14 所示。

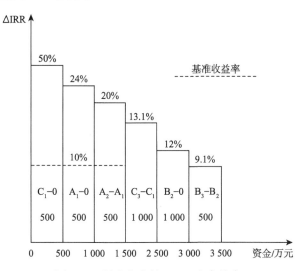

图 4-14　混合方案的 ΔIRR 方案排序

从图 4-14 中可看出，当资金限制在 2 500 万元以内时，可接受的方案包括 C_1 - 0，A_1 - 0，A_2 - A_1，C_3 - C_1。由于这四个增量投资方案的 ΔIRR 均大于 10%，且投资额总和为 2 500 万元。因此，该企业的最佳选择应该为方案组合 $A_2 + C_3$，即单位 A 投资 1 000 万元，单位 C 投资 1 500 万元，单位 B 不投资。

参 考 文 献

傅家骥，仝允桓. 1996. 工业技术经济学[M]. 第三版. 北京：清华大学出版社.

技术经济学编写组. 2007. 技术经济学原理与实务[M]. 北京：机械工业出版社.

蒋太才. 2006. 技术经济学基础[M]. 北京：清华大学出版社.

雷仲敏. 2003. 技术经济分析评价[M]. 北京：中国标准出版社.

刘家顺，史宝娟. 2010. 技术经济学[M]. 北京：中国铁道出版社.

刘秋华. 2010. 技术经济学[M]. 第 2 版. 北京：机械工业出版社.

陶树人. 2003. 技术经济学[M]. 北京：石油工业出版社.

王柏轩. 2007. 技术经济学[M]. 上海：复旦大学出版社.

徐向阳. 2006. 实用技术经济学教程[M]. 南京：东南大学出版社.

袁明鹏，胡艳，庄越. 2007. 新编技术经济学[M]. 北京：清华大学出版社.

张青. 2012. 项目投资与融资分析[M]. 北京：清华大学出版社.

张铁山，吴永林，李纯波，等. 2009. 技术经济学——原理·方法·应用[M]. 北京：清华大学出版社，北京交通大学出版社.

第五章

不确定性评价方法

技术经济分析用于投资决策时，往往是基于现有的数据和情况对未来事件做出预测与判断。但实际上影响项目投资方案的经济效果的因素很复杂，涉及当前及未来的政治与经济形势、生产条件、技术发展水平等，因此投资项目的未来发展和可能取得的经济效益面临不确定性。投资项目的不确定性产生的原因是方案评估中所采用的各种数据与实际值出现偏差。项目经济分析中所采用的参数如产品（服务）的销售量、销售价格、产品（服务）的成本、投资、建设工期等都是根据可行性研究中的市场分析、各项技术决策、资金筹措方案、资源条件评估等的结果确定的数值。在项目实施和投产后的经营中，由于主观和客观的原因，实际实施情况与原先做的各项技术决策、市场分析、资金筹措、建设条件、资源条件的评估都可能发生偏差，这就使项目原先所做的效益与费用的预测结果带有不确定性。从本质上讲，不确定性是投资项目产生风险的根本原因，或者说投资项目的风险是所有影响项目预定目标实现的不确定因素的集合。从理论上来说，风险是指随机原因所引起的项目总体的实际价值和预期价值之间的差异，其中的"随机原因"也表明了风险和不确定性是紧密相连的。在投资决策的定量分析中，通常将不能事先知道某个不确定因素可能出现的各种状况的发生概率（可能性）的分析称为不确定性分析，把能事先知道某个不确定因素可能出现的各种状况的发生概率（可能性）的分析称为风险分析或概率分析。在这种严格意义上的项目风险是指项目实施和运行结果偏离预期结果而产生的，出现不利事件而引起损失的可能性。风险大小既与不利事件出现的可能性（概率）成正比，也与不利事件造成损失的严重性成正比。

事实上，人们对投资项目的分析和预测是不可能完全符合未来的情况，达到预期效果的，投资项目的风险与不确定性是客观存在的。为了减少决策失误，提高投资决策的可靠性，我们需要充分了解投资项目的外部条件，及外部条件变化对项目的影响，需要了解投资方案对各种外部条件变化的承受能力，需要分析投资项目的潜在风险，识别引起项目损失的风险因素，在估计各因素出现的可能性以及各因素对项目造成损失的严重程度的基础上，揭示对项目成败有决定性的关键因素，估计其风险大小（或等级），提出降低、防范、规避风险的对策，为投资决策服务。为了评价不确定因素对投资项目的经济效果的影响，常用的分析方法有盈亏平衡分析法、敏感性分析法和概率分析法等。

第一节 盈亏平衡分析法

盈亏平衡分析（break-even analysis）是指在一定的市场环境、生产能力和经营条件下，依据投资项目的成本与收益平衡的原则，分析产品产销量、成本与方案营利能力之间的关系，以此找到投资方案盈利与亏损在产销量、产品价格、单位产品成本等方面的临界点，以判断在各种不确定因素作用下方案的风险情况。当项目的收益与成本相等时，为盈利与亏损的转折点，即盈亏平衡点（break-even point，BEP）。盈亏平衡分析的关键就是要找出项目的盈亏平衡点。因为盈亏平衡分析是分析产量（销量）、成本和利润的关系，所以亦称量本利分析。盈亏平衡分析实际上是一种确定性分析，但是，因为盈亏平衡点越低，说明项目盈利的能力可能性越大，亏损的可能性越小，因而项目有较大的抗经营风险能力，所以盈亏平衡分析可以作为项目风险分析的方法。

盈亏平衡点的表达形式有多种，其中产量与生产能力利用率是在投资项目不确定性分析中应用较广的。根据生产成本、销售收入与产量（销量）之间是否呈线性关系，盈亏平衡分析可分为线性盈亏平衡分析和非线性盈亏平衡分析。

一、线性盈亏平衡分析

（一）销售收入、成本费用与产品产量的关系

盈亏平衡分析中有两个重要的关系，即销售收入与产品产量之间的关系、成本费用与产品产量之间的关系。

1. 销售收入与产品产量的关系

线性盈亏平衡分析的前提是按销售组织生产，产品销量等于产品产量，产品价格不会随项目的销售量变化而变化，可以将产品价格看作一个常数。因此，销售收入与产量之间呈线性关系，即

$$B=PQ \tag{5-1}$$

式中，B 为销售收入；P 为单位产品价格；Q 为产品销售量。

2. 成本费用与产品产量的关系

一般而言，项目投产后，其总成本费用 C 可以分为固定成本 C_f 和单位产品变动成本 C_v 两部分。固定成本 C_f 指的是在一定的生产规模限度内不随产量的变动而变动的费用，单位产品变动成本 C_v 是指随产品产量的变动而变动的费用。变动成本总额中的大部分与产品产量成正比。总成本费用 C 是固定成本与变动成本之和，它与产品产量的关系可以近似认为是线性关系，即有

$$C = C_f + C_v Q \tag{5-2}$$

式中，C 为总成本费用；C_f 为固定成本；C_v 为单位产品变动成本。

实际中，还有一类半变动成本，该部分成本与产品产量不呈严格的正比例关系，而可能呈现阶梯形曲线，如运输费、加班工人酬劳、维修费用等。由于半变动成本通常在总成本费用中所占比例较小，在经济分析中一般可以近似认为它也随产量正比例

变化。

在进行盈亏平衡分析时，首先应将全部成本费用按其与产量变化的关系划分为固定成本与变动成本两部分。将总成本费用划分为固定成本和变动成本的原则如下。

（1）凡与产量增减成正比的费用，如原材料消耗、直接生产用辅助材料、燃料、动力等应划分为变动成本。

（2）凡与产量增减无关的费用，如辅助人员工资、职工福利费、折旧及摊销费、修理费等应划分为固定成本。

（3）对于某些非直接动力消耗的辅助材料，如直接生产人员工资等，虽与产量增减有关，但又非呈比例变化的半变动成本，如在总成本费用中所占比例较大，可用适当方法，近似地将其划为固定成本或变动成本，如半变动成本在总成本费用中所占比例较小，也可近似认为它也与产量成正比，划分为变动成本。

（二）盈亏平衡点及其确定

将式（5-1）与式（5-2）表示在同一坐标图上，就可以得到线性盈亏平衡分析图（图5-1），也称为线性量-本-利分析图。

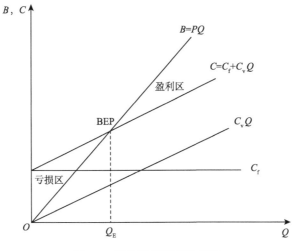

图 5-1　线性盈亏平衡分析图

在线性盈亏平衡分析图中，销售收入线 B 和产品成本线 C 的交叉点就称为盈亏平衡点（BEP），该点对应的横坐标 Q_E 为盈亏平衡产量，即保本产量，盈亏平衡点是项目盈利与亏损的临界点。平衡点以下的销售收入线与总成本线夹角区域为亏损区，平衡点以上的两线夹角区为盈利区。当实际销售量 Q 低于盈亏平衡点产量 Q_E 时，项目总成本大于销售收入，项目亏损（亏损区）；当实际销售量 Q 高于盈亏平衡点产量 Q_E 时，项目总成本低于销售收入，项目盈利（盈利区）。盈亏平衡点越低越好，表明项目在同等的销售量下能获取更多的利润，项目的抗风险能力越强。

由盈亏平衡点的定义可知，在盈亏平衡点上，项目达到盈亏平衡，此时，总成本费用等于总销售收入，即

$$B=C$$

$$PQ_E = C_f + C_v Q_E$$

可计算出

$$Q_E = \frac{C_f}{P - C_v} \qquad (5\text{-}3)$$

式中，Q_E 为盈亏平衡产量（保本销售量）。

如果产品为含税的，r 为产品的销售税率，p 为产品含税价格，有 $P = (1-r) \times p$，则式（5-3）修改为

$$Q_E = \frac{C_f}{(1-r)p - C_v} \qquad (5\text{-}4)$$

若项目设计能力为 Q_c，则盈亏平衡生产能力利用率为

$$E^* = \frac{Q_E}{Q_c} \times 100\% = \frac{C_f}{(P - C_v) Q_c} \times 100\% \qquad (5\text{-}5)$$

盈亏平衡生产能力利用率的经济含义为：保证项目盈利而不亏损的最低生产利用率。E^* 越小，说明只需利用较少的项目生产能力即可达到平衡点产量，意味着项目抗风险能力越强。

若按设计能力 Q_c 进行生产和销售，且产品变动成本、固定成本不变，根据盈亏平衡条件 $B=C$，则有

$$PQ_c = C_f + C_v Q_c \qquad (5\text{-}6)$$

整理等式，可得

$$P^* = \frac{C_f}{Q_c} + C_v \qquad (5\text{-}7)$$

式中，P^* 为盈亏平衡销售价格。

若按设计能力 Q_c 进行生产和销售，且产品销售价格已定，固定成本不变，根据盈亏平衡条件 $B=C$，可得

$$C_v^* = P - \frac{C_f}{Q_c} \qquad (5\text{-}8)$$

式中，C_v^* 为盈亏平衡单位产品变动成本。

若按设计能力 Q_c 进行生产和销售，且产品销售价格已定，单位产品变动成本不变，根据盈亏平衡条件 $B=C$，可得

$$C_f^* = (P - C_v) Q_c \qquad (5\text{-}9)$$

式中，C_f^* 为盈亏平衡固定成本。

【例 5-1】某公司准备投产一条新的生产线，该生产线预计生产能力为 50 万吨，每吨售价为 400 元，年固定成本为 3 000 万元，单位变动成本为 250 元，试进行盈亏平衡分析。

解：

（1）求盈亏平衡产量。

$$Q_E = \frac{C_f}{P - C_v} = \frac{3\,000}{400 - 250} = 20\,(万吨)$$

（2）求盈亏平衡生产能力利用率。

$$E^* = \frac{Q_E}{Q_c} \times 100\% = \frac{20}{50} \times 100\% = 40\%$$

$1 - E^* = 60\%$，表明项目减产幅度不大于 60%，该项目就不会亏损。

（3）求盈亏平衡销售价格。

若按设计能力 50 万吨进行生产和销售，盈亏平衡销售价格为

$$P^* = \frac{C_f}{Q_c} + C_v = \frac{3\,000}{50} + 250 = 310\,(\text{元}/\text{吨})$$

该价格表明只要价格下降幅度在 $\dfrac{400-310}{400} \times 100\% = 22.5\%$ 以内，项目就不会亏损。

（4）求盈亏平衡单位产品变动成本。

若按设计能力 50 万吨进行生产和销售，盈亏平衡单位产品变动成本为

$$C_v^* = P - \frac{C_f}{Q_c} = 400 - \frac{3\,000}{50} = 340\,(\text{元}/\text{吨})$$

结果表明即使单位产品变动成本上升 $\dfrac{340}{250} = 1.36$ 倍，项目仍可以保持不亏损。

（5）求盈亏平衡固定成本。

若按设计能力 50 万吨进行生产和销售，盈亏平衡固定成本为

$$C_f^* = (P - C_v)Q_c = (400 - 250) \times 50 = 7\,500\,(\text{万元})$$

结果表明即使固定成本上升 $\dfrac{7\,500}{3\,000} = 2.5$ 倍，项目仍可以保持不亏损。

二、非线性盈亏平衡分析

线性盈亏平衡分析的前提是按销售组织生产，产品销量等于产品产量，产品价格不会随项目的销售量变化而变化，可以看作一个常数。因此，销售收入与产量之间呈线性关系。但实际中，项目的生产销售活动会明显受到市场供求关系的影响，随着产品销售量的增加或竞争对手的竞争，产品价格会有所降低，此时销售收入随产量增大而变小。另外，成本与产量之间的关系也并非是稳定不变的，高技术水平带来高产量，但同时也可能会增加（或降低）单位变动成本；当产量超过一定产能时，可能就需要大幅增加生产设备和生产人员，以满足需要，这样固定成本也会相应增加。因此，在实际生产活动中，销售收入与产品产量之间、成本费用与产品产量之间都不再呈现简单的线性关系，而是非线性关系，此时的盈亏平衡分析称为非线性盈亏平衡分析。

如图 5-2 所示，在非线性盈亏平衡分析中，项目盈亏平衡点具有两个点 Q_1 和 Q_2，在这两个平衡点之间，才是项目的盈利区间。

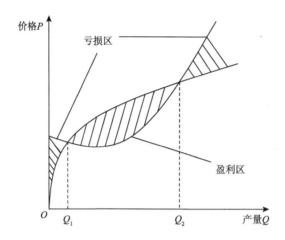

图 5-2 非线性盈亏平衡分析图

在非线性盈亏平衡分析中，销售收入与产品产量、成本费用与产品产量之间的关系可以用以下函数表示：

$$B = f_1(Q) \qquad (5\text{-}10)$$
$$C = f_2(Q) \qquad (5\text{-}11)$$

在式（5-10）和式（5-11）中，销售收入 B 和成本费用 C 均为产量 Q 的二次非线性函数。在项目的盈亏平衡点，$B=C$，即

$$f_1(Q_E) = f_2(Q_E) \qquad (5\text{-}12)$$

式中，Q_E 为盈亏平衡时的产品产量。

根据式（5-12），可求出项目盈亏平衡点产量 Q_{E1} 和 Q_{E1}。

对式（5-12）求导，可计算出项目的最大盈利点产量 $Q_{E\max}$。

【例 5-2】某企业投资生产某型号的产品，年固定成本为 20 万元，单位变动成本为 100 元，预计投产后产品售价为 400 元/件，考虑随产量增加、生产能力提升、采购费用节约、管理效率提高等因素，其单位产品变动成本会随产量增加而降低 0.01 元/件，单位产品价格也会随销量增加而降低 0.04 元/件，试求：

（1）非线性盈亏平衡点。

（2）最大利润的产销量和利润额。

解：

（1）求解盈亏平衡点。

在非线性盈亏平衡点，有 $B=C$，即 $PQ = C_f + C_v Q$。

由已知条件可知：

单位产品售价 $P=400-0.04Q$

年固定成本 $C_f = 200\,000$

单位产品变动成本 $C_v = 100-0.01Q$

将以上条件代入得 $400Q - 0.04Q^2 = 200\,000 + 100Q - 0.01Q^2$

即 $0.03Q^2 - 300Q + 200\,000 = 0$

解二次方程得 $Q_1^* = 718$（件／年），$Q_2^* = 9\,282$（件／年）

（2）求解利润。

盈利为 $R(Q) = B(Q) - C(Q)$

$$= (400Q - 0.04Q^2) - (200\,000 + 100Q - 0.01Q^2)$$

$$= -0.03Q^2 + 300Q - 200\,000$$

对盈利函数 $R(Q)$ 求导数并令其等于 0，$\dfrac{\mathrm{d}R}{\mathrm{d}Q} = 300 - 0.06Q = 0$

$$\dfrac{\mathrm{d}^2R}{\mathrm{d}Q^2} = -0.06 < 0$$

故 $R(Q)$ 存在极大值：$300 - 0.06Q = 0$

最大利润产量 $Q_R^* = 5\,000$（台）

最大利润 $R_{\max} = 0.03Q^2 + 300Q - 200\,000$

$$= -0.03 \times 5\,000^2 + 300 \times 5\,000 - 200\,000$$

$$= 550\,000（元）$$

三、互斥方案盈亏平衡分析

以上是对单个方案所做的盈亏平衡分析，当需要对若干个互斥方案进行对比筛选时，如果是某一个共有的不确定因素同时对两个以上互斥方案的经济效果产生不同的影响，可以采用互斥方案盈亏平衡分析来进行比选以帮助决策。这种方法有时也称为优劣平衡分析。

设两个互斥方案的经济效果都受某个不确定因素 x 的影响，我们可以把 x 看作一个变量，把两个方案的经济效果指标都表示为 x 的函数，即

$$E_1 = f_1(x)$$
$$E_2 = f_2(x)$$

式中，E_1 和 E_2 分别为方案 1 与方案 2 的经济效果指标。当两个方案的经济效果相同时，有

$$f_1(x) = f_2(x)$$

解出使这个方程成立的 x 值，即方案 1 与方案 2 的盈亏平衡点，也就是决定这两个方案孰优孰劣的临界点。结合对不确定因素 x 未来取值范围的预测，就可以做出相应的决策。

【例 5-3】某生物公司计划生产某种新药，目前有三种工艺方案备选。方案 1：年固定成本 1\,000 万元，单位产品可变动成本 100 元。方案 2：年固定成本 650 万元，单位产品可变动成本 200 元。方案 3：年固定成本 300 万元，单位产品可变动成本 400 元。试分析三种方案适用的生产规模。

解：

各方案年总成本均可表示为产量 Q 的函数，即

$$C_1 = C_f + C_{v1}Q = 1\,000 + 100Q$$

$$C_2 = C_f + C_{v2}Q = 650 + 200Q$$
$$C_3 = C_f + C_{v3}Q = 300 + 400Q$$

做出各方案年总成本函数曲线图,如图5-3所示。

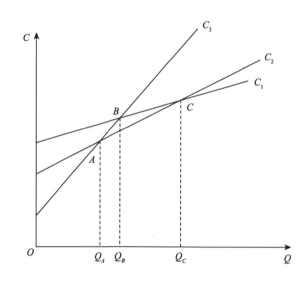

图 5-3　各方案年总成本函数曲线图

由图 5-3 可见,三个方案的总成本函数曲线两两相交于 A、B、C 三点,各个交点所对应的产量就是相应的两个方案的盈亏平衡点,如 A 是方案 2 和方案 3 的盈亏平衡点; B 是方案 1 和方案 3 的盈亏平衡点; C 是方案 1 和方案 2 的盈亏平衡点。在区间 $[0,Q_A]$ 中,方案 3 的总成本最低;在 $[Q_A,Q_C]$ 中,方案 2 的总成本最低;在 $[Q_C,+\infty]$ 中,方案 1 的总成本最低。

当 $Q = Q_A$ 时, $C_2 = C_3$,即 $650 + 200Q_A = 300 + 400Q_A$

解得 $Q_A = 1.75$(万件)

当 $Q = Q_C$ 时, $C_1 = C_2$,即 $1\,000 + 100Q_C = 650 + 200Q_C$

解得 $Q_C = 3.5$(万件)

由此可知,若市场预测该新药的销售量小于 1.75 万件,选方案 3;若销售量大于 1.75 万件而小于 3.5 万件,选方案 2;若销售量大于 3.5 万件,则选方案 1。

【例5-4】某企业生产两种产品分别为 X、Y,可以采用三种设备 A、B、C 进行生产,三种设备可视为三个互斥方案,其每月生产的费用见表 5-1,产品 X 的单价为 12 元, Y 的单价为 16 元,假如产品 X 和 Y 的月销售量是个不确定因素,如何选择生产设备?

表 5-1　互斥方案的生产费用

设备	固定费用/元	单位变动费用/元	
		X	Y
A	20 000	7	11
B	30 000	3	11
C	70 000	3	5

解：设产品 X、Y 的月产量分别为 x、y，各设备生产的平均每月盈利分别为 G_A、G_B、G_C，则

$$\begin{cases} G_A = (12-7)x + (16-11)y - 20\,000 \\ G_B = (12-3)x + (16-11)y - 30\,000 \\ G_C = (12-3)x + (16-5)y - 70\,000 \end{cases}$$

将三个方案分别进行两两比较，当方案优劣平衡时，可以求出两方案的优劣平衡方程：

$$G_A = G_B \quad G_B = G_C \quad G_A = G_C$$

将 G_A、G_B、G_C 代入并简化，得

$$\begin{cases} x = 2\,500 \\ y = 6\,667 \\ 4x + 6y = 50\,000 \end{cases}$$

对上述方程作图，得到图 5-4 所示的优劣平衡线。

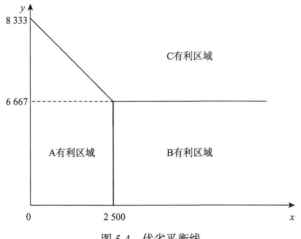

图 5-4　优劣平衡线

图 5-4 分为三个区域，B 有利区域指的是当不确定因素 x 与 y 落在该区域时，由于此时 $G_B > G_A$、$G_B > G_C$，采用 B 设备最优；同理，A 有利区域是采用 A 设备最优；C 有利区域是采用 C 设备最优。因此，有了优劣平衡图，当产品 X 与 Y 的销售互相独立时，对于不同的销量 x 与 y，采用何种设备就很清楚了。

■ 第二节　敏感性分析法

敏感性分析是从多个不确定因素中逐一找出对投资项目经济效益指标有重要影响的敏感性因素，并分析、测算其对项目经济效益指标的影响程度和敏感程度，进而判断项目承受风险的能力。

一般来说，敏感性分析是在确定性分析的基础上，进一步分析不确定因素变化对项目经济效果的影响程度。敏感性分析研究的主要不确定因素有产品售价、产量、经营成本、投资、建设期、汇率、物价上涨指数等，当以上因素发生变化时，敏感性分析评价项目经济效益指标，如内部收益率、净现值等的变化程度，从而找出项目的敏感因素。若因素小幅度的变动带来项目经济效果较大幅度的变化，则称该因素为敏感性因素；反之，则为非敏感性因素。

进行敏感性分析，可以通过研究影响因素在一定范围内变动时引起项目经济效益指标的变动范围，来找出影响项目经济效益指标的最敏感因素，通过多方案敏感性对比，选出经济效益指标好且敏感性小的最佳方案。

一、敏感性分析的作用

敏感性分析的作用是提高对投资项目经济效益评价的准确性与可靠性。其作用主要体现在以下几个方面。

（1）通过敏感性分析来研究相关因素的变动对投资项目经济效果评价指标的影响程度，即引起经济效果评价指标的变动幅度。

（2）通过敏感性分析，找出影响投资项目经济效果的敏感因素，并进一步分析与之有关的预测或估算数据可能产生的不确定性。

（3）通过敏感性分析和对项目不同方案中某关键因素敏感程度的对比，可区别不同方案对某关键因素的敏感性大小，以便选取对关键因素敏感程度小的方案，减小投资项目的风险。

（4）通过敏感性分析，可找出投资项目各方案的最好与最坏的经济效果和变化范围，这能使决策者全面了解投资项目各方案可能出现的经济效益变动情况，以便通过深入分析可能采取的某些有效控制措施，来选取最现实的方案或寻找替代方案，减少或避免不利因素的影响，改善和提高项目的投资效果，为最后确定有效可行的投资方案提供可靠的决策依据。

一般来说，相关因素的不确定性是投资项目具有风险性的根源。但是，各种相关因素的不确定性给投资项目带来的风险程度都是不一样的，敏感性大的因素的不确定性给投资项目带来的风险更大。因此，敏感性分析的核心是从诸多的影响因素中找出敏感因素，并设法采取相应的对策和措施对之进行控制，以减小项目风险。

二、敏感性分析的步骤

1. 确定分析指标

分析指标，就是指敏感性分析的具体对象，即方案的经济效果指标，如净现值、净年值、内部收益率及投资回收期等。各种经济效果指标都有其各自特定的含义，分析、评价所反映的问题也有所不同。对于某个特定方案的经济分析而言，不可能也不需要选用所有的经济效果指标作为敏感性分析的分析指标，而应该根据方案资金来源等特点，选择一种或两种指标作为分析指标。

确定分析指标应该遵循以下两个原则。

（1）敏感性分析指标应与确定性分析指标相一致，不应超出确定性评价所用指标的范围。

（2）确定性经济评价中所用指标比较多时，应该选择最能够反映该项目经济效益，以及最能够反映该项目经济合理与否的一个或几个最重要的指标作为敏感性分析的对象。一般来说，如果在方案机会研究阶段，深度要求不高，可选用静态的评价指标；如果在详细可行性研究阶段，则应该选用动态的评价指标。

2. 确定选择不确定因素及其变化范围

理论上讲，影响投资项目的不确定因素众多，如产品价格、投资额、经营成本、产销量、项目寿命期等，但是在进行敏感性分析时，不可能也没有必要对全部不确定性因素逐个进行分析。在选择需要分析的不确定因素时，有两个原则：第一，预计在可能的变动范围内，该因素的变动将会较大地影响方案的经济效果指标；第二，因素发生变化的可能性比较大，或因素的数据在预测和估算时误差比较大。

在选定了需要分析的不确定因素后，结合实际情况，根据各不确定因素可能波动的范围，设定不确定因素的变动范围。

3. 计算不确定因素对指标的影响程度

假定一次变动一个或多个不确定因素，其他因素不变，重复计算各种可能的不确定因素的变化对经济指标影响的具体数值。然后，采用敏感性分析计算表或分析图的形式，把不确定因素的变动与经济指标的对应数量关系反映出来。

4. 确定敏感因素

能使经济指标相对变化最大的因素或使分析图中曲线斜率最大的因素，即敏感因素。

敏感因素就是其数值变动能显著影响方案经济效果的因素。判别敏感因素的方法有以下三种。

（1）相对测定法，即设定要分析的因素均从确定性经济分析中所采用的数值开始变动，且各因素每次变动的幅度（增或减的百分数）相同，比较在同一变动幅度下各因素的变动对经济效果指标的影响，据此判断方案经济效果对各因素变动的敏感程度。相对测定法多在不确定因素变动率与经济评价指标呈线性关系时使用。

（2）绝对测定法，即假设各因素均取其对方案最不利的数值，计算方案的经济效果指标，看其是否达到使方案无法被接受的程度。如果某因素的最不利数值使方案的经济效果指标低于临界值，则其为敏感因素。

（3）临界值测定法，先设有关敏感性分析指标为临界值，如令净现值为零或令内部收益率等于基准收益率等，然后求出待分析的不确定因素的最大允许变动幅度，并将其与可能出现的最大变动幅度进行对比，若某因素可能的变动幅度超过最大允许变动幅度，则说明该不确定性因素是敏感因素。

5. 综合评价优选方案

根据敏感因素对方案评价指标的影响程度及敏感因素的多少，判断项目风险的大小，结合确定性分析的结果做进一步的综合判断，寻求对主要不确定因素变化不敏感的项目，为项目决策提供可靠的依据。

三、单因素敏感性分析

根据每次变动因素的数目不同，敏感性分析又可分为单因素敏感性分析和多因素敏感性分析，以下分别进行介绍。

单因素敏感性分析就是每次只考虑一个不确定因素变动对投资方案的经济效果评价指标影响程度的分析方法。进行单因素敏感性分析有两个前提假设：一是当分析某个不确定因素变化对评价指标的影响时，假定其他因素不变；二是假定每个不确定因素变动的概率是相等的。

【例 5-5】某投资项目用于确定性经济分析的现金流量表见表 5-2，表内数据是根据对未来的预测所进行的估算。设基准折现率为 12%，不考虑所得税，请分别就年收入、年支出、项目寿命和残值等四个因素进行敏感性分析。

表 5-2　项目现金流量表（单位：元）

项目寿命期	0 年	1~9 年	10 年
投资	170 000		
年收入		35 000	35 000
年支出		3 000	3 000
残值			20 000
净现金流量	−170 000	32 000	32 000+20 000

解：设投资额为 K，年收入为 B，年支出为 C，期末残值为 L。用净现值指标评价本方案的经济效果，则

$$NPV = -K + (B-C)(P/A,12\%,10) + L(P/F,12\%,10)$$

代入表 5-2 中数据，得

$$NPV = -170\,000 + (35\,000 - 3\,000) \times 5.65 + 20\,000 \times 0.322 = 17\,240(元)$$

以下用净现值指标分别就年收入、年支出、项目寿命和残值四个不确定因素作敏感性分析。

设年收入变动的百分比为 x，分析投资额变动对方案净现值影响的计算公式为

$$NPV = -K + \left[B(1+x) - C \right](P/A,12\%,10) + L(P/F,12\%,10)$$

设年支出变动的百分比为 y，分析投资额变动对方案净现值影响的计算公式为

$$NPV = -K + \left[B - C(1+y) \right](P/A,12\%,10) + L(P/F,12\%,10)$$

设项目寿命变动的百分比为 z，分析投资额变动对方案净现值影响的计算公式为

$$NPV = -K + (B-C)\left[P/A,12\%,10(1+z) \right] + L\left[P/F,12\%,10(1+z) \right]$$

设残值变动的百分比为 h，分析投资额变动对方案净现值影响的计算公式为

$$NPV = -K + (B-C)\left[P/A,12\%,10 \right] + L(1+h)(P/F,12\%,10)$$

令四个因素的变动范围（x、y、z、h）分别取原估计值的 $\pm10\%$、$\pm20\%$、$\pm30\%$，结合题表数据，分别代入上述四个公式进行计算。计算结果见表 5-3。

表 5-3　敏感性分析计算表（单位：10^3 元）

因素	−30%	−20%	−10%	0	+10%	+20%	+30%
年收入	−42.80	−22.30	−2.53	17.24	37.02	56.79	76.57
年支出	22.33	20.63	18.94	17.24	15.55	18.58	12.16
项目寿命	−17.52	−4.60	6.94	17.24	26.44	34.66	42.00
残值	15.37	15.96	16.60	17.24	17.89	18.55	19.16

根据表 5-3 中数据可以画出敏感曲线图，如图 5-5 所示。

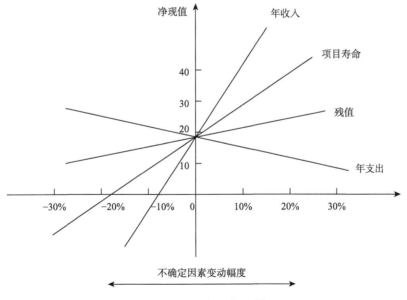

图 5-5　单因素敏感性分析

由表 5-3 和图 5-5 可以看出，此项目的净现值对年收入和项目寿命两个参数最为敏感，对年支出次之，相对来说，对残值的影响不太敏感。在其他因素不变的情况下，若年收入大于估计值的 10% 或寿命大于估计值的 20%，项目净现值比原估计值增加一倍左右；反之，若收入减少 10% 左右，则项目净现值小于 0，项目将出现亏损。

四、多因素敏感性分析

进行单因素敏感性分析的前提是假定其他因素不变，只考虑一个因素变动对经济评价指标的影响。然而上述假设只是为了方便我们的分析和计算，现实中，经济评价指标的变化通常是由两个及两个以上的因素共同变动引起的，多个因素共同作用对投资项目的评价指标产生影响。这时就要进行多因素敏感性分析，考察多个因素同时变动对投资项目经济评价指标的影响，以评估投资项目的实施风险。

多因素敏感性分析需要同时考察多个影响因素的变动情况，因此它比单因素敏感性分析要复杂得多。当同时变动的因素不超过三个时，可采用解析法与图示法相结合的方法进行分析。

【例 5-6】某项目净现金流量表见表 5-4，若基准贴现率为 12%，试就初始投资、年销售收入两个因素同时变动对净现值进行双因素敏感性分析。

表 5-4　某项目净现金流量表（单位：万元）

项目寿命期	0 年	1~9 年	10 年
初始投资	320		
年销售收入		88	88
年经营成本		26	26
期末资产残值			25
净现金流量	−320		62+25

解：设初始投资额的变动率为 x，年销售收入变动率为 z，则净现值表达式为

$$NPV = -320(1+x) + 88(1+z)(P/A,12\%,10) - 26(P/A,12\%,10) + 25(P/F,12\%,10)$$
$$= 38.35 - 320x + 497.2x$$

当 NPV=0 时，有

$$38.35 - 320x + 497.2z = 0$$

求出净现值指标可行的临界线线性方程为

$$z = 0.644x - 0.077$$

将该方程作图，如图 5-6 所示。

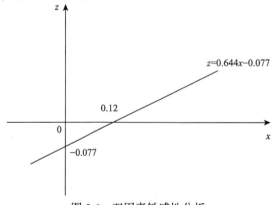

图 5-6　双因素敏感性分析

在临界线上，NPV=0，该临界线将整个平面划分为两个区域。临界线的左上方区域 NPV>0，为方案的可行区域；临界线的右下方区域，NPV<0，为方案的不可行区域，即如果初始投资额、年销售收入同时变动，只要变动范围不超过该可行区域，方案都是可接受的。

【例5-7】在【例5-6】中，若初始投资、年销售收入、年经营成本三个因素同时变动，试对净现值进行三因素敏感性分析。

解：设初始投资额的变动率为 x，年经营成本变动率为 y，年销售收入变动率为 z，则净现值表达式为

$$NPV = -320(1+x) + 88(1+z)(P/A, 12\%, 10) - 26(1+y)(P/A, 12\%, 10) + 25(P/F, 12\%, 10)$$
$$= 38.35 - 320x - 146.9y + 497.2x$$

取不同的年经营成本变动幅度代入上式，可以求出一组 NPV=0 的临界线方程。

$$当 y = 20\% 时，\quad z = -0.018 + 0.644x$$
$$当 y = 10\% 时，\quad z = -0.048 + 0.644x$$
$$当 y = -10\% 时，\quad z = -0.107 + 0.644x$$
$$当 y = -20\% 时，\quad z = -0.137 + 0.644x$$

在坐标图上，这是一组平行线，如图 5-7 所示。

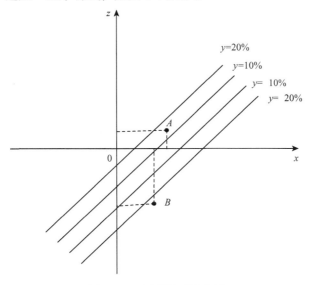

图 5-7　三因素敏感性分析

图 5-7 中 A 点位于 y=10%临界线的左上方，三因素同时变动，即投资增加 15%，年经营成本增加 10%，年销售收入增加 5%，则

$$NPV = 38.35 - 320x - 146.9y + 497.2z$$
$$= 38.35 - 320 \times 0.15 - 146.9 \times 0.1 + 497.2 \times 0.05$$
$$= 0.52 > 0$$

故方案可行。

图 5-7 中的 B 点位于 y=−20%临界线的右下方，三因素同时变动，即投资增加10%，

年经营成本减少 20%，年销售收入减少 10%，则

$$NPV = 38.35 - 320x - 146.9y + 497.2z$$
$$= 38.35 - 320 \times 0.10 - 146.9 \times (-0.20) + 497.20 \times (-0.10)$$
$$= -13.99 < 0$$

故方案不可行。

敏感性分析在一定程度上就各种不确定因素的变动对方案经济效果的影响做了定量描述。这有助于决策者了解方案的风险情况，有助于确定在决策过程中及方案实施过程中需要重点研究与控制的因素。但是，敏感性分析没有考虑各种不确定因素在未来发生变动的概率，这可能会影响分析结论的准确性。实际上，各种不确定因素在未来发生某一幅度变动的概率一般是有所不同的。可能有这样的情况，通过敏感性分析找出的某一敏感因素在未来发生不利变动的概率很小，因而其实际上所带来的风险并不大，以至于可以忽略不计，而另一个不太敏感因素在未来发生不利变化的概率却很大，实际上所带来的风险比那个敏感因素更大。这种问题是敏感性分析所无法解决的，必须借助于概率分析法。

■ 第三节　概率分析法

一、经济效益的概率分析

概率分析又称风险分析，是通过研究各种不确定性因素发生不同变动幅度的概率分布及其对项目经济效益指标的影响，对项目可行性和风险性以及方案优劣做出判断的一种不确定性分析法。概率分析常用于对大中型重要若干项目的评估和决策。

概率分析的关键是确定各种不确定因素变动的概率。确定事件概率的方法有客观概率和主观概率两类方法。客观概率是指以客观统计数据为基础确定的概率；主观概率是指以人为预测为基础确定的概率。由于投资项目的一次性和独特性，故对于大多数投资项目来说，单纯运用客观概率不可能完成风险分析，通常要结合主观概率进行研究。在分析及确定主观概率时应慎重，否则会对分析结果产生不良影响。无论采用何种方法确定不确定因素的变动概率，都需要做大量的调查研究和数据处理工作。只有掌握的信息量足够时，概率分析的结论才科学可靠。因此，信息、情报的收集和整理工作是概率分析的基础工作。

（一）随机现金流的概率描述

严格来说，影响方案经济效果的大多数因素（如投资额、成本、销售量、产品价格及项目寿命期）都是随机变量。对于这些因素，我们可以预测其未来可能的取值范围，估计各种取值或值域发生变化的概率，但不可能肯定地预知它们取什么值。因此，由这些因素取值所构成的项目方案的现金流序列也随之成为随机变量。为了与确定性分析中使用的现金流量概念有所区别，我们称概率分析中的现金流量为随机现金流。

要完整地描述一个随机变量，须确定其概率分布的类型和参数。常见的概率分布类型有均匀分布、二项分布、泊松分布、指数分布和正态分布等。在经济分析与决策中使

用最普遍的是均匀分布与正态分布。

一般来说，投资项目的随机现金流要受很多种已知或未知的不确定性因素的影响，其可以看成是多个独立的随机变量之和，在许多情况下，近似服从正态分布。

描述随机变量的主要参数是期望值和标准差。期望值是在大量的重复事件中随机变量取值的平均值，换句话说，是随机变量所有可能取值的加权平均值，权重为各种可能取值出现的频率。标准差是反映随机变量取值的离散程度的参数。

假定某方案的寿命期为 n 个周期（通常取 1 年为一个周期），净现金流序列为 y_0，y_1，$\cdots$，y_n，周期数 n 和各周期的净现金流 $y_t (t = 0,1,2,\cdots,n)$ 都是随机变量。为便于分析，我们设 n 为常数。从理论上讲，某一特定周期的净现金流 y_t 可能出现的数值有无限多个，我们将其简化为若干个离散数值 $y_t^{(1)}, y_t^{(2)}, \cdots, y_t^{(m)}$，这些离散数值有的出现的概率要大一些，有的出现的概率要小一些，设与各离散数值对应的发生概率为 P_1，P_2，$\cdots, P_n \left(\sum P_j = 1 \right)$，则

第 t 周期净现金流 y_t 的期望值为

$$E(y_t) = \sum y_t^{(j)} P_j$$

第 t 周期净现金流 y_t 的方差为

$$D(y_t) = \sum_{t=0}^{n} \left[y_t^{(j)} - E(y_t) \right]^2 P_j$$

第 t 周期净现金流 y_t 的标准差为

$$\sigma(y_t) = \sqrt{D(y_t)} = \sqrt{\sum_{j=1}^{m} \left[y_t^{(j)} - E(y_t) \right]^2 P_j}$$

（二）方案净现值的期望值与方差

我们以净现值为例讨论方案经济效果指标的概率描述。我们把各个周期的净现金流量折现后相加可得方案的净现值，由于各个周期的净现金流量都是随机变量，故得到方案的净现值也必是一个随机变量，我们称之为随机净现值。多数情况下，可以认为随机净现值近似地服从正态分布。

设各周期的随机现金流为 $y_t (t = 0,1,2,\cdots,n)$，随机净现值的计算公式为

$$\mathrm{NPV} = \sum_{t=0}^{n} y (1 + i_0)^{-t}$$

设方案寿命期的周期数 n 为一个常数，根据各周期随机现金流的期望值 $E(y_t)$ $(t = 0,1,2,\cdots,n)$，可以求出方案净现值的期望值：

$$E(\mathrm{NPV}) = \sum_{t=0}^{n} E(y_t)(1 + i_0)^{-t}$$

方案净现值的方差的大小与各周期随机现金流之间是否存在相关关系有关，如果方案寿命期内任意两个随机现金流之间不存在相关关系，或者不考虑随机现金流之间的相关关系，方案净现值的方差的计算公式为

$$D(\mathrm{NPV}) = \sum_{t=0}^{n} D(y_t)(1 + i_0)^{-t}$$

在实际工作中，如果要通过统计分析或主观判断给出在方案寿命期内影响方案现金流量的不确定因素可能出现的各种状态及其发生概率，就要对各种因素的不同状态进行组合，求出所有可能出现的方案净现金流量序列及其发生概率。在此基础上，可以不必计算各年净现金流量的期望值与方差，而直接计算方案净现值的期望值与方差。

如果影响方案现金流量的不确定因素在方案寿命期内可能出现的各种状态均可视为独立事件，则由各因素的各种状态组合所决定的方案净现金流序列的发生概率应为各因素的相应状态发生概率的乘积，即独立事件的联合概率。

在得知所有可能出现的方案现金流量状态及其发生概率的基础上，不难计算出方案净现值的期望值与方差。

设有 m 种可能出现的方案现金流量状态，各种状态所对应的现金流序列为 $\{y|t=0,1,2,\cdots,n\}^{(j)}(j=1,2,3,\cdots,m)$，各种状态的发生概率为 $P_j(j=1,2,3,\cdots,m,$ $\sum P_j=1)$，则在第 j 种状态下，方案的净现值为

$$\text{NPV}^{(j)} = \sum_{t=0}^{n} y_t^{(j)}(1+i_0)^{-t}$$

式中，$y_t^{(j)}$ 为在第 j 种状态下，第 t 周期的净现金流。

方案净现值期望为

$$E(\text{NPV}) = \sum_{j=0}^{m} \text{NPV}^{(j)}P_j$$

则净现值方差的计算公式为

$$D(\text{NPV}) = \sum_{j=0}^{m} \left[\text{NPV}^{(j)} - E(\text{NPV})\right]^2 P_j$$

净现值的方差与净现值有不同的量纲，而净现值的标准差与净现值量纲一致，为了方便比较和分析，通常需要将方差转化为标准差，净现值标准差公式为

$$\sigma(\text{NPV}) = \sqrt{D(\text{NPV})}$$

【例 5-8】某企业新投资的厂房扩建出租项目，影响其未来净现金流量的不确定因素主要是用地价格和市场租售情况。企业预计市场租售状态有畅销和滞销两种可能，而用地价格则有高中低三种可能性。假设市场租售状态和用地价格之间相互独立。各种市场租售状态和用地价格的发生概率如表 5-5 所示。

表 5-5 例 5-8 的不确定因素状态及其发生概率

市场租售情况	状态	n_1		n_2	
	发生概率	0.7		0.3	
用地价格水平	状态	m_1	m_2	m_3	
	发生概率	0.5	0.3	0.2	

可能的组合状态有 2×3=6 种，各种可能的状态组合所对应的方案现金流量如表 5-6 第 3、4 栏所示。试计算方案净现值的期望值与标准差（i=10%）。

表 5-6　各种状态组合的净现金流量及发生概率

序号	状态组合	组合概率	现金流量/万元		净现值/万元 NPV$^{(j)}$
			0 年	1~8 年	
1	$n_1 \cap m_1$	0.35	−1 800	500	867.5
2	$n_1 \cap m_2$	0.21	−1 800	600	1 401
3	$n_1 \cap m_3$	0.14	−1 800	700	1 934.5
4	$n_2 \cap m_1$	0.15	−1 800	300	−199.5
5	$n_2 \cap m_2$	0.09	−1 800	330	−39.45
6	$n_2 \cap m_3$	0.06	−1 800	350	67.25

解：分别计算各组合状态的净现值 NPV$^{(j)}$，计算结果见表 5-6 中最后一列。

根据公式 $E(\text{NPV}) = \sum \text{NPV}^{(j)} P_j$ 计算方案净现值的期望值为

$$E(\text{NPV}) = \sum_{j=1}^{6} \text{NPV}^{(j)} P_j = 839.32 (万元)$$

根据公式 $D(\text{NPV}) = \sum \left[\text{NPV}^{(j)} - E(\text{NPV}) \right]^2 P_j$ 计算方案净现值的方差为

$$D(\text{NPV}) = \sum_{j=1}^{6} \left[\text{NPV}^{(j)} - 839.32 \right]^2 P_j = 501\,587.24 (万元)$$

方案净现值的标准差为

$$\sigma(\text{NPV}) = \sqrt{D(\text{NPV})} = \sqrt{501\,587.24} = 708.23 (万元)$$

（三）投资项目经济效益的风险估计

通过上述计算得到方案经济效果指标（如净现值）的期望值与方差后，便可估计方案的风险。方案风险估计有两方面：一是估计在一定收益期望值水平上的累计概率大小；二是用方案的标准差衡量方案达到期望收益值时的风险程度。

方案风险估计的重点是确定变量的概率分布情况，常用分析方法有解析法、图示法和模拟法等。

1. 解析法

如果方案经济评价指标状态的分布满足连续性随机变量的特征，那么就能用某种典型概率分布函数进行描述，我们可以通过解析法计算评价指标在一定范围的概率，进行风险估计。一般是在计算（或已知）方案经济效果指标（如净现值）的概率分布及其期望值与方差的情况下，考察项目净现值的期望值和方差大于或等于 0 的概率。

若项目的经济评价指标服从正态分布 $N(\mu, \sigma^2)$，则连续型随机变量 x 的正态分布函数为

$$F(x) = \frac{1}{\sqrt{2\pi}\sigma} \int_{-\infty}^{x} e^{-\frac{(t-\mu)^2}{2\sigma^2}} dx$$

令 $u = \dfrac{t-\mu}{\sigma}$，上式可化为标准正态分布函数：

$$F(x) = \frac{1}{\sqrt{2\pi}} \int_{-\infty}^{\frac{x-\mu}{\sigma}} e^{-u^2/2} du = \varPhi\left(\frac{x-\mu}{\sigma}\right)$$

令 $Z = \dfrac{x-\mu}{\sigma}$，由标准正态分布表可直接查出 $x < x_0$ 的概率值：

$$P(x < x_0) = P\left(Z < \frac{x_0-\mu}{\sigma}\right) = \varPhi\left(\frac{x_0-\mu}{\sigma}\right)$$

式中，μ 为随机变量 x 的期望值；σ 为随机变量 x 的标准差。

用上式可求出项目净现值大于或等于 0 的概率，其计算公式为

$$P(\text{NPV} \geqslant 0) = 1 - P(\text{NPV} < 0)$$

$$= 1 - P\left[Z < \frac{0 - E(\text{NPV})}{\sigma(\text{NPV})}\right]$$

对于净现值服从正态分布的投资项目而言，只要计算出净现值的期望值和标准差，即可根据正态分布的特点，对其风险进行大致判断。

【例 5-9】已知某投资项目的净现值的概率分布服从正态分布，净现值的期望值为 82.55 万元，标准差为 65 万元，试确定：

（1）净现值大于或等于 0 的概率。

（2）净现值等于或大于 100 万元的概率。

解：本例中，已知 $\mu = 82.55$（万元），$\sigma = 65$（万元），对于非标准正态分布，可通过替换将其转化为标准正态分布。

（1）净现值大于或等于 0 的概率。

$$P(\text{NPV} \geqslant 0) = 1 - P(\text{NPV} < 0)$$

$$= 1 - P\left(\frac{\text{NPV} - \mu}{\sigma} < \frac{0 - \mu}{\sigma}\right)$$

$$= 1 - P\left(Z < \frac{0 - \mu}{\sigma}\right)$$

$$= 1 - P\left(Z < \frac{0 - 82.55}{65}\right)$$

$$= 1 - P(Z < -1.27)$$

$$= P(Z < 1.27)$$

根据标准正态分布表可查：$P(Z < 1.27) = 0.898$，

所以，$P(\text{NPV} \geqslant 0) = 0.898$。

（2）净现值等于或大于 100 万元的概率。

$$P(\text{NPV} \geqslant 100) = 1 - P(\text{NPV} < 100)$$

$$= 1 - P\left(\frac{\text{NPV} - \mu}{\sigma} < \frac{100 - \mu}{\sigma}\right)$$

$$= 1 - P\left(Z < \frac{100 - \mu}{\sigma}\right)$$

$$= 1 - P\left(Z < \frac{100 - 82.55}{65}\right)$$

$$= 1 - P(Z < 0.268)$$

$$= 1 - 0.605$$

$$= 0.395$$

由以上计算可知，本项目能够取得理想的经济效果（NPV≥0）的概率为 89.8%，不能取得理想的经济效果（NPV≤0）的概率为 10.2%；净现值大于或等于 100 万元的概率为 39.5%。

如果投资方案中的随机净现值服从正态分布，则只需计算出净现值的期望值与标准差，就可根据正态分布的特点，大致推断出方案的风险情况。在正态分布条件下，随机变量的实际取值在 $\mu \pm \sigma$ 范围内的概率为 68.3%，在 $\mu \pm 2\sigma$ 范围内的概率为 95.4%，在 $\mu \pm 3\sigma$ 范围内的概率为 99.7%。由此特性，可推断本例中实际净现值在 82.55±65 万元范围内的可能性为 68.3%，在 82.55±130 万元范围内的可能性为 95.4%，在 82.55±195 万元范围内的可能性为 99.7%。

2. 图示法

根据离散数据绘制风险分析图对方案进行风险分析，不仅适合方案经济效果指标服从典型概率分布的情况，对于方案经济效果指标的概率分布不明或无法用典型概率分布描述的情况，也可采用图示法对其状态分布参数的预测和分析计算来描图，得到其概率分布状况，由此分析项目的风险情况。

【例 5-10】已知某投资方案寿命为 10 年，基准收益率为 10%，不确定性因素参数值及其概率分布如表 5-7 所示。试求：

（1）净现值大于或等于 0 的概率。

（2）净现值大于 50 万元的概率。

表 5-7　不确定因素参数值及其概率分布

投资额	状态	n_1		n_2		n_3	
	概率	0.3		0.5		0.2	
	数值/万元	120		150		175	
年净收入	状态	m_1	m_2	m_3	m_4
	概率	0.25	0.40	0.20	0.15
	数值/万元	20	28	33	36

解：计算各种可能组合状态发生的概率及相应方案的净现值，如表 5-8 所示。

表 5-8　组合状态净现值计算表

序号	状态组合	组合概率	投资/万元	年净收益/万元	净现值（10%）
1	$n_1 \cap m_1$	0.075	120	20	2.88
2	$n_1 \cap m_2$	0.120	120	28	52.03
3	$n_1 \cap m_3$	0.060	120	33	82.75
4	$n_1 \cap m_4$	0.045	120	36	101.18
5	$n_2 \cap m_1$	0.125	150	20	−27.12
6	$n_2 \cap m_2$	0.200	150	28	22.03
7	$n_2 \cap m_3$	0.100	150	33	52.75
8	$n_2 \cap m_4$	0.075	150	36	71.18
9	$n_3 \cap m_1$	0.050	175	20	−52.12
10	$n_3 \cap m_2$	0.080	175	28	−2.97
11	$n_3 \cap m_3$	0.040	175	33	27.75
12	$n_3 \cap m_4$	0.030	175	36	46.18

　　将表 5-8 中的方案净现值按照从小到大的顺序重新排序，并按照重新排序后的状态组合顺序依次计算出累计概率，结果如表 5-9 所示。

表 5-9　各种组合状态的方案净现值及其累计概率

序号	状态组合	净现值/万元	发生概率	累计概率
1	$n_3 \cap m_1$	−52.12	0.050	0.050
2	$n_2 \cap m_1$	−27.12	0.125	0.175
3	$n_3 \cap m_2$	−2.97	0.080	0.255
4	$n_1 \cap m_1$	2.88	0.075	0.330
5	$n_2 \cap m_2$	22.03	0.200	0.530
6	$n_3 \cap m_3$	27.75	0.040	0.570
7	$n_3 \cap m_4$	46.18	0.030	0.600
8	$n_1 \cap m_2$	52.03	0.120	0.720
9	$n_2 \cap m_3$	52.75	0.100	0.820
10	$n_2 \cap m_4$	71.18	0.075	0.895
11	$n_1 \cap m_3$	82.75	0.060	0.955
12	$n_1 \cap m_4$	101.18	0.045	1.000

　　根据表 5-9 的数据绘制投资风险图，如图 5-8 所示。

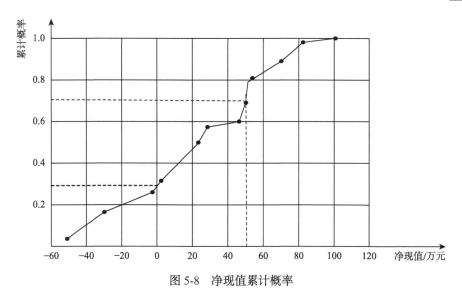

图 5-8　净现值累计概率

图 5-8 清楚表明了方案净现值的累计概率分布。如图 5-8 所示，净现值小于 0 的概率约为 0.3，净现值小于等于 50 万元的概率约为 0.7。由此可以得出：

（1）净现值大于或等于 0 的概率：

$$P(\text{NPV} \geqslant 0) = 1 - P(\text{NPV} < 0) = 1 - 0.3 = 0.7$$

（2）净现值大于 50 万元的概率：

$$P(\text{NPV} > 50) = 1 - P(\text{NPV} \leqslant 50) = 1 - 0.7 = 0.3$$

一般来说，使用图示法求得的结果与用解析法计算的结果相近，但可能会存在一定的差别。造成差别的原因在于，图示法直接使用随机净现值的离散数据绘制风险分析图，未对概率分布类型作任何假定，而解析法则假定方案净现值是服从正态分布的连续型随机变量，在使用离散数据求得概率分布参数（期望值与标准差）后按连续分布函数进行风险估计。

3. 模拟法

模拟法也称为蒙特卡罗技术，它用样本参数即样本平均数或样本方差来模拟随机变量可能出现的各种结果，然后计算出与其相对应的项目投资价值指标，以此来分析和推断项目投资价值指标概率分布。

【例 5-11】某工业投资项目，可以较为准确地估算出其初始投资为 150 万元，投资当年即可获得正常收益。项目寿命期估计为 12~16 年，呈均匀分布。年净收益估计呈正态分布，年净收益的期望值为 25 万元，标准差为 3 万元。设期末资产残值为 0，用风险模拟的方法描述该方案内部收益率的概率分布。

解：在本例中，需要模拟的随机变量有项目寿命期和年净收益。项目寿命期呈均匀分布，为便于计算，我们只取其整数值，根据均匀分布的特点画出其累计概率分布图（图 5-9），图中横坐标表示项目寿命期，纵坐标表示项目寿命期的取值从 12 年到 16 年发生概率的累计值。年净收益呈正态分布，根据正态分布函数画出其累计概率分布图

（图 5-10），图中横坐标为参数 $Z = \dfrac{x - \mu}{\sigma}$（$x$ 为年净收益的随机值，μ 为期望值，σ 为标准差），纵坐标为 Z 值从 -3.0 到 3.0 发生概率的累计值。

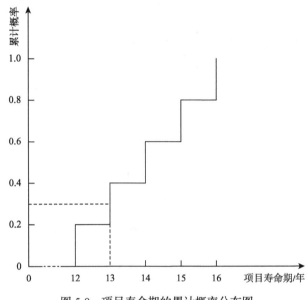

图 5-9　项目寿命期的累计概率分布图

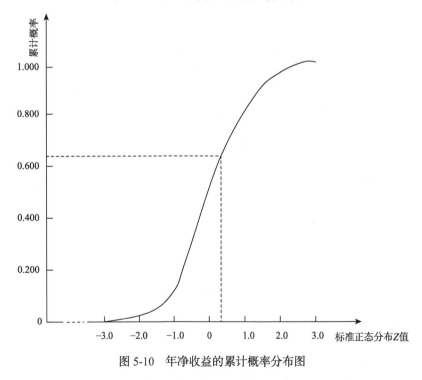

图 5-10　年净收益的累计概率分布图

在风险模拟方法中，随机变量的变化常用随机数来模拟。在本例中，我们用在 0.000~0.999 范围内抽取的随机数作为累计概率的随机值，根据累计概率的随机值，由概率分布图求出相应的项目寿命期或年净收益的随机值。反复抽取随机数，就可以模拟累计概率的变化，进而模拟项目寿命期与年净收益的变化。随机数可以直接用普通函数计算器发生。

从计算器中读出一个随机数 0.303，将其作为项目寿命期取值所对应的累计概率的一个随机值，由图 5-9 可求出累计概率 0.303 所对应的项目寿命期为 13 年。再从计算器中读出一个随机数 0.623，将其作为年净收益取值所对应的累计概率的一个随机值，由图 5-10 可求出累计概率 0.623 所对应的 Z 值为 0.325（实际工作中 Z 值也可以根据累计概率值由标准正态分布表查出）。由 $Z = \dfrac{x - \mu}{\sigma}$ 可得

$$x = \mu + Z\sigma = 25 + 0.325 \times 3 = 25.98(\text{万元})$$

即年净收益为 25.98 万元。也就是说，我们抽取的第一套随机样本数据为：项目寿命期 13 年，年净收益 25.98 万元。由计算内部收益率的公式

$$-150 + 25.98(P/I, IRR, 13) = 0$$

可解出内部收益率的第一个随机值 IRR=14.3%。

重复上述过程可以得到项目寿命期和年净收益的其他随机样本数据及相应的内部收益率计算结果。表 5-10 是 25 套随机样本数据及相应的内部收益率计算结果。在实际应用中，需要更多的样本数据。

表 5-10　随机样本数据和内部收益率计算结果

序号	随机数	项目寿命期/年	随机数	Z 值	年净收益/万元	内部收益率
1	0.303	13	0.623	0.325	25.98	14.3%
2	0.871	16	0.046	−1.685	19.95	10.7%
3	0.274	13	0.318	−0.475	23.58	12.2%
4	0.752	15	0.318	−0.475	23.58	13.2%
5	0.346	13	0.980	2.055	31.15	18.5%
6	0.365	13	0.413	−0.220	24.34	12.9%
7	0.466	14	0.740	0.640	27.22	15.8%
8	0.021	12	0.502	0.005	25.02	12.7%
9	0.524	14	0.069	−1.485	20.55	10.2%
10	0.748	15	0.221	−0.770	22.69	12.6%
11	0.439	14	0.106	−1.245	21.27	10.8%
12	0.984	16	0.636	0.345	26.04	15.7%
13	0.234	13	0.394	−0.270	24.19	12.7%
14	0.531	15	0.235	−0.725	22.83	12.7%
15	0.149	12	0.427	−0.185	24.45	12.2%
16	0.225	13	0.190	−0.880	22.36	11.1%
17	0.873	16	0.085	−1.370	20.89	11.5%
18	0.135	12	0.126	−1.145	21.57	9.6%
19	0.961	16	0.106	−1.245	21.27	11.8%
20	0.381	13	0.780	0.770	27.31	15.4%

续表

序号	随机数	项目寿命期/年	随机数	Z 值	年净收益/万元	内部收益率
21	0.439	14	0.450	−0.125	24.63	13.7%
22	0.289	13	0.651	0.390	26.17	14.4%
23	0.245	13	0.654	0.395	26.19	14.4%
24	0.069	12	0.599	0.250	25.75	13.4%
25	0.040	12	0.942	1.570	29.71	16.7%

将表 5-10 中的内部收益率计算结果以 1%为级差划分为若干级，求出内部收益率的随机值出现在每一级的频率，就可以画出直观地反映内部收益率概率分布的直方图（图 5-11）。

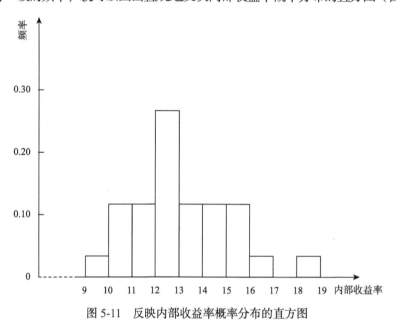

图 5-11　反映内部收益率概率分布的直方图

由图 5-11，我们可以很方便地求出内部收益率的取值发生在某一区间的相对频率，这个频率可以看作相应的内部收益率取值发生概率的近似值。模拟中取的样本数据越多，相对频率与实际概率就越接近。了解了内部收益率取值的概率分布情况，结合给定的基准折现率，就可以对方案的风险情况做出判断。

在本例中，不确定因素项目寿命期和年净收益分别服从均匀分布与正态分布。实际上，本例中介绍的模拟方法适合不确定因素的任何概率分布类型，包括无法用解析模型加以描述的经验分布。

用模拟法进行风险分析，计算工作量非常大，通常要做 50~300 次模拟试验，靠手工计算进行大样本模拟往往很困难，在实际工作中一般需要借助计算机进行模拟计算。

二、多方案工程项目的风险决策

概率分析给出了方案经济效果指标的期望值和标准差以及经济效果指标的实际值发

生在某一区间的概率，这为决策者在风险条件下决定方案取舍提供了依据。在实际中，决策者可能会面临多个方案的工程项目决策问题，每个方案具有不同的风险情况，在此情况下，就需要决策者在概率分析的基础上，明确风险决策的条件，确定风险决策的原则，根据风险与收益比对，寻求利益最大化、风险最小化的决策。

（一）风险决策的条件

（1）存在决策人希望达到的目标（如收益最大或损失最小）。

（2）存在两个或两个以上的方案可供选择。

（3）存在两个或两个以上不以决策者的主观意志为转移的自然状态（如不同的市场条件或其他经营条件）。

（4）可以计算出不同方案在不同自然状态下的损益值（损益值指对损失或收益的度量结果，在经济决策中即经济效果指标）。

（5）在可能出现的不同自然状态中，决策者不能肯定未来将出现哪种状态，但能确定每种状态出现的概率。

（二）风险决策的原则

1. 优势原则

在 A 与 B 两个备选方案中，如果不论在什么状态下 A 总是优于 B，则可以认定 A 相对于 B 是优势方案，或者说 B 相对于 A 是劣势方案。劣势方案一旦认定，就可以将其从备选方案中剔除，这就是风险决策的优势原则。在有两个以上备选方案的情况下，优势原则一般不能确定最佳方案，但能减少备选方案的数目，缩小决策范围。在采用其他决策原则进行方案比对前，可运用优势原则先剔除劣势方案。

2. 期望值原则

期望值原则是指根据各备选方案损益值的期望值大小进行决策，如果损益值用费用表示，应选择期望值最小的方案，如果损益值用收益表示，则应选择期望值最大的方案。例如，方案有三个净现值的期望值：A_1 为 76 万元，A_2 为 113 万元，A_3 为 84 万元，如按照期望值原则，则当选择方案 A_2。

3. 最小方差原则

因为方差越大，实际发生的方案损益值偏离其期望值的可能性越大，从而方案的风险也越大，所以有时人们倾向于选择损益值方差较小的方案，这就是最小方差原则。在备选方案期望值相同或收益期望值大（费用期望值小）的方案损益值方差小的情况下，期望值原则与最小方差原则并不矛盾，最小方差原则无疑是一个有效的决策原则。但是，在很多情况下，期望值原则与最小方差原则并不具有一致性。例如，方案若有三个净现值的期望值：A_1 为 76 万元，A_2 为 113 万元，A_3 为 84 万元，如按照期望值原则，则当选择方案 A_2，但三个方案对应的净现值方差 D_1 为 4 764，D_2 为 13 961，D_3 为 48 684，如按照最小方差原则，则应选择方案 A_1。期望值原则与最小方差原则的结论出现了矛盾。对于在按照期望值原则与最小方差原则选择结论不一致的情况下如何权衡的问题，目前没有一个能被广泛接受的解决办法，这是因为不同的投资者对风险大小的判断是不一样的。投资者对风险的判断及态度一方面取决于决策者本人的胆略与冒险精神,另一方面取决于投资主体对风险的承受能力。一般来说,风险承受能力较强的投资者倾向于按期望值原则进行决策,而风险承受能力较弱的投资者则宁可按最小方差原则选择收益不大但可能更安全的方案。

4. 最大可能原则

在风险决策中,如果一种状态发生的概率显著大于其他状态,那么就把这种状态视作肯定状态,根据这种状态下各方案损益值的大小进行决策,而不再考虑其他状态,这就是最大可能原则。按照最大可能原则进行风险决策,实际上是把风险决策问题化为确定性决策问题求解。

但要注意的是,只有当某一状态发生的概率大大高于其他状态发生的概率,并且各方案在不同状态下的损益值差别不是很悬殊时,才适用最大可能原则。

5. 满意原则

对于比较复杂的风险决策问题,最佳方案往往难以发现,因此,采用一种比较现实的决策原则——满意原则,即定出一个足够满意的目标值,将各备选方案在不同状态下的损益值与此目标值相比较,损益值优于或等于此满意目标值且概率最大的为当选方案。

(三)风险决策方法

常见的风险决策方法有矩阵法和决策树法,它们都是基于期望值原则的方法。

1. 矩阵法

一个风险决策的矩阵模型,需要给出进行风险决策的所有要素,包括状态、状态发生的概率、备选方案以及各备选方案在不同状态下的损益值。风险决策矩阵模型的一般形式如表 5-11 所示。

表 5-11　风险决策矩阵模型

状态 概率 损益值 方案	θ_1	θ_2	…	θ_j	…	θ_n
	P_1	P_2	…	P_j	…	P_n
A_1	v_{11}	v_{12}	…	v_{1j}	…	v_{1n}
A_2	v_{21}	v_{22}	…	v_{2j}	…	v_{2n}
⋮	⋮	⋮		⋮		⋮
A_i	v_{i1}	v_{i2}	…	v_{ij}	…	v_{in}
⋮	⋮	⋮		⋮		⋮
A_m	v_{m1}	v_{m2}	…	v_{mj}	…	v_{mn}

令

$$V = \begin{bmatrix} v_{11} & v_{12} & \cdots & v_{1n} \\ v_{21} & v_{22} & \cdots & v_{2n} \\ \vdots & \vdots & & \vdots \\ v_{m1} & v_{m2} & \cdots & v_{mn} \end{bmatrix}$$

$$P = \begin{bmatrix} P_1 \\ P_2 \\ \vdots \\ P_n \end{bmatrix} \qquad E = \begin{bmatrix} E_1 \\ E_2 \\ \vdots \\ E_m \end{bmatrix}$$

式中，V 称为损益矩阵；P 称为概率向量；E 称为损益期望值向量，E 中的元素 $E_i (i = 1, 2, \cdots, m)$ 为方案 A_i 的损益期望值。利用矩阵运算可以很方便地求出：

$$E = VP$$

当损益值为费用时，$\min\{E_i\}(i = 1, 2, \cdots, m)$ 对应的方案为最优方案；当损益值为收益时，$\max\{E_i\}(i = 1, 2, \cdots, m)$ 对应的方案为最优方案。当备选方案数目和状态数目都很大时，采用矩阵法便于利用现代化的计算手段进行风险决策。

2. 决策树法

决策树是一种树型决策网络，常用于多阶段风险决策。决策树由不同的节点与分支组成。符号"□"表示的节点称为决策点，从决策点引出的每一分支表示一个可供选择的方案；符号"○"表示的节点称为状态点，从状态点引出的每一个分支表示一种可能发生的状态。在状态点引出的分支上标注的数值表示该状态发生的概率。每一分支末端标注的数值为对应的损益值。分别计算每一方案的损益期望值，并将其标注在相应的状态点上，就可以直观地判断出应该选择哪个方案。

【例 5-12】某公司面临激烈的市场竞争，为了应对竞争压力，公司需要做出一系列的生产营销决策。如果维持现有老产品线，不做革新，销路仍维持较好状况的概率为 0.2，每年净收益 200 万元，老产品销路变差的概率为 0.8，每年亏损 180 万元；如果开发新产品，预计销路好的概率为 0.8，销路差的概率为 0.2。如果销路好，则公司可考虑扩大生产线，扩大生产线后，有两种市场状态：一是市场仍保持旺销，概率为 0.7，每年净收益 800 万元；二是供应量过大导致价格回落，销路反而变差，这种概率为 0.3，每年净收益为 300 万元。如果不扩大生产线，则每年可维持年净收益 500 万元。公司开发的新产品刚开始销路不好，则公司可考虑通过购买专利技术来改善产品性能，购买专利后，销路变好的概率为 0.6，年净收益为 800 万元，销路仍不好的概率为 0.4，每年亏损 80 万元。如果不购买专利，则每年亏损 100 万元。请问该公司的正确的决策序列是什么？

解：根据题意，可以构造出决策树，如图 5-12 所示。

这是一个多阶段风险决策问题。在决策树上有三个决策点：D_1 为一级决策点，表示是否要开发新产品；D_2 为二级决策点，表示是否要扩大生产线；D_3 为三级决策点，表示是否要购买专利技术来改善产品性能。

下面分别计算状态节点 2，3，5 的年净收益期望值：

$E_2 = 0.2 \times 200 + 0.8 \times (-180) = -104$（万元）

$E_3 = 0.7 \times 800 + 0.3 \times 300 = 650$（万元）

$E_5 = 0.6 \times 800 + 0.4 \times (-80) = 448$（万元）

将以上净收益分别标注在各自节点的上方。

比较节点 3，4 的年净收益期望值，可知节点 D_2 的决策应是扩大生产线；比较节点

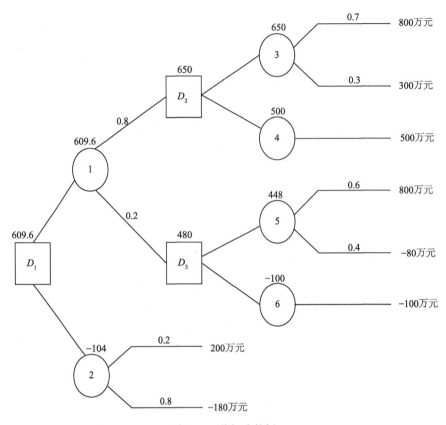

图 5-12 分析决策树

5，6 的年净收益期望值，可知节点 D_3 的决策应是购买专利技术来改善产品性能。

计算状态节点 1 的净收益期望值：

$$E_1 = 0.8 \times 650 + 0.2 \times 448 = 609.6(万元)$$

比较状态节点 1 和 2 的年净收益期望值，可知节点 D_1 的决策应是开发新产品。

因此，正确的决策序列应为：D_1，开发新产品；D_2，扩大生产线；D_3，购买专利技术。

参 考 文 献

傅家骥，全允桓. 1996. 工业技术经济学[M]. 北京：清华大学出版社.

傅家骥，雷家骕，程源. 2003. 技术经济学前沿问题[M]. 北京：经济科学出版社.

刘家顺，史宝娟. 2010. 技术经济学[M]. 北京：中国铁道出版社.

陶树人. 1999. 技术经济学[M]. 北京：经济管理出版社.

王柏轩. 2011. 技术经济学[M]. 上海：复旦大学出版社.

第六章

项目可行性研究

第一节　项目可行性研究概述

项目可行性分析是技术经济分析的核心内容之一，是运用多学科的知识和手段对投资项目的必要性、技术的先进性、经济的合理性进行的综合论证。

一、项目的概念、特征与分类

（一）项目的概念与特征

项目的一般概念是指在规定的时间和预算范围内，按照一定的质量要求实现预定目标的一项一次性任务。例如，建造一家工厂、一栋楼房、一座桥梁、一条道路，改建或扩建一个企业，设计制造一套新设备，开展一项科学研究，等等，都属于项目的范畴。项目是在一个总体设计或初步设计范围内，由一个或几个单项工程所组成，经济上实行统一核算，行政上实行统一管理的建设单位。一般以一个企业（或联合企业）、事业单位或独立工程作为一个项目。投资项目（简称项目）作为承担具体投资活动的主体，既符合项目的一般要求，也体现了投资固有的特点。按照一般的理解，项目是指在规定的期限内，为完成某项开发目标而规划的投资、政策、机构以及其他方面的综合体。或者说，项目是指花费一定资金以取得预期收益的一系列活动，具有独特的时间（项目寿命期）和独特的空间（项目厂址），是一个便于计划、筹资和实施的单位。一个投资项目一般要包括以下因素或其中的几个因素。

（1）具有能用于土建工程和（或）机器设备安装等投资的资金。

（2）具备提供有关工程设计、技术方案，实施施工监督、改进操作和维修等业务的能力。

（3）拥有一个按一定原则组织起来的，能协调各方面关系，促进各类要素合理配置，高效、精干的组织机构。

（4）有明确的项目目标以及具体的项目实施计划。

从投资的角度看，投资项目是落实一次性投资活动的一种基本形式和方法；从项目的角度看，投资项目是以投资为内容的一种特定项目，具有如下特征。

第一，一次性。这是与常规性投资活动的根本区别，每个投资项目都是一个相对独立完整的特定系统。这个系统不同于常规性投资活动，有自己的特定内容和使命，不会有完全重复的另一个系统存在。投资项目在本质上是个体化的系统，因此，项目管理的首要工作是认识、鉴别、界定投资项目这个独特的系统，包括其范围、内容、目标、限定条件等。

第二，目标性。每个项目都是为明确目标而设计的，这是项目活动不同于一般日常活动的重要方面，项目的目标也不同于一般企业的目标。一般企业可以将长期经济效益作为其追求的根本目标，而将其他的方面作为限定条件或附属目标，所以企业是以经营效率作为其存在的理由的。投资项目，作为特定的一次性任务，它本身并不一定能够直接实现投资效益，更多的情况是通过其运营来实现效益，所以它必须以其任务的有效完成为目标。项目任务的完成首先必须形成具有合理功能的投资成果，这是项目的成果性目标，可简单地用项目成果的使用功能和质量表示。

第三，约束性。项目任务的有效完成还要求实现这种成果的投资过程必须具有较强的约束力，这也是项目的效率性目标，可用项目的预期投资成本和规定的工期来表示。

第四，周期性。项目的周期性是指项目活动有明确的起点和终点，而且其过程呈现出阶段性变化的特征，这是项目活动不同于持续性活动的重要方面。

第五，风险性。投资过程周期长、投入大、风险较大。

（二）项目的分类

投资项目可从不同的角度进行分类。项目的类型不同，其评价的内容和侧重点也不尽相同。

（1）按项目的目标，分为经营性项目和非经营性项目。

（2）按项目的产出属性（产品或服务），分为公共项目和非公共项目。

（3）按项目的投资管理形式，分为政府投资项目和企业投资项目。

（4）按项目与原企业资产的关系，分为新建项目和改扩建项目。

（5）按项目的融资主体，分为新设法人项目和既有法人项目。

（6）按项目投资主体的不同，分为国内投资项目和外商投资项目。

二、可行性研究的内涵与作用

（一）可行性研究的内涵

可行性研究（feasibility study）是指在投资决策前，对与项目有关的资源、技术、市场、经济、社会等各方面进行全面的分析、论证和评价，判断项目在技术上是否可行、经济上是否合理、财务上是否盈利，并对多个可能的备选方案进行择优的科学方法。

可行性研究是决策科学在项目领域的应用。近几十年来，可行性研究的理论和实践得到了飞速的发展，已经基本上形成了相对独立的方法体系和学科体系，因而需要专门地学习、研究和讲述。可行性研究一词，主要有几种不同的含义，即从实践、方法和学科等不同角度的理解以及广义和狭义的区分。

首先，可行性研究既可以指一种实践活动、一个学科，也可以指一种方法。可行性研究作为一种实践活动，是指在决策阶段所进行的综合性的分析论证工作，是科学决策的前提和基础，也是决策工作的主要内容，包括决策方案构想、市场调查分析、机会研究、方案的技术经济论证和比选、决策实施所需各种资源和条件的分析和落实，以及对决策方案预期效果和风险的分析、计算和评价。可行性研究作为一门学科，主要研究项目可行性评价活动的基本思想、历史发展、主要内容、知识基础和方法论，这是一门新兴的经济管理类应用科学，发展前景很好。作为一种分析方法，可行性研究现在已经逐步形成了比较规范和稳定的内容和程序，甚至可以说，可行性研究的现代发展已经突破了仅仅作为方法论的局限，已经成为现代项目决策的基本内容和主要工作方法。

其次，可行性研究还有广义和狭义之分。广义的可行性研究是指决策过程中所进行的全部分析论证工作，包括方案构想、机会分析、初步可行性研究和详细可行性研究，这基本上构成了决策工作的主要内容。狭义的可行性研究是指在决策构想基本明确的情况下，针对一个具体的方案所进行的详细的分析论证，以便将其直接作为决断的基础和依据，不包括在此之前的机会分析等。

可行性研究是建设项目投资决策与实施的重要阶段。一个建设项目要经历投资前期、建设期及生产经营期三个时期，其全过程如图 6-1 所示。

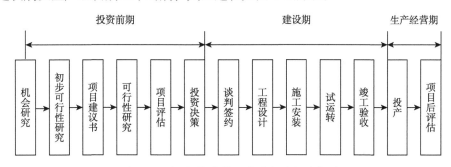

图 6-1　项目投资决策和建设全过程示意图

可行性研究是项目投资前期阶段中的一项重要工作，在项目投资决策和项目运作中具有十分重要的作用。这一时期的主要任务是进行项目的规划设想，初步选择产品及技术方案，编制投资规划，主要工作内容是进行项目的可行性研究和资金筹措。可行性研究包括详细可行性研究和初步可行性研究，它是投资项目决策的重要基础。可行性研究是指在项目决策时，通过对项目有关的工程、技术、经济、财务、组织机构和社会等各方面条件和情况进行调查、研究、分析，对各种可能的建设方案和技术方案进行比较论证，并对项目建成后的经济效益进行预测和评价的一种科学分析方法，由此考察项目技术上的先进性和适用性、经济上的营利性和合理性、建设上的可能性和可行性。

可行性研究是从项目建设和生产经营的全过程考察分析项目的可行性，其目的是回答项目是否必要建设、是否可能建设和如何进行建设的问题，其结论为投资者的最终决策提供直接的依据。可行性研究从市场需求的预测开始，通过多方案比较，论证项目建设规模、工艺技术方案、厂址选择的合理性，原材料、燃料动力、运输、资金等建设条件的可靠性，对项目的建设方案进行详细规划，最后通过对生产经营成本、销售收入和一系列指标的计算，评价项目在财务上的生存能力和经济合理性，为项目决策提供可靠的依据。可行性研究的最终成果形式是可行性研究报告。

可行性研究的结论如果表明方案是可行的，决策者就可以此为基础做出投资的决定；如果表明方案是不可行的，项目将被终止，不再进行实质性的投资活动。需要特别指出的是，在得出最终研究结论以前，应防止任何倾向性的意见，尤其不应强求得出可行的结论，以免在主观上误导信息资料的收集和分析技术的采用。

（二）可行性研究的作用

可行性研究的最终成果是可行性研究报告，它是投资者在前期准备工作阶段的纲领性文件，是进行其他各项投资准备工作的主要依据。在我国，对于投资者而言，可行性研究有如下作用。

1. 为投资者进行项目投资决策提供依据

投资业主和国家审批机关主要根据可行性研究提供的评价结果，确定是否对此项目进行投资和如何进行投资，评价结果是项目建设单位决策性的文件。进行可行性研究是投资者在投资前的重要工作，投资者需要委托有资质的、有信誉的工程咨询机构，在充分调研和分析论证的基础上，编制可行性研究报告，并以可行性研究的结论作为其决策的主要依据。

2. 为投资者筹措项目资金提供依据

批准的可行性研究是项目建设单位筹措资金特别是向银行申请贷款或向国家申请补助资金的重要依据，也是其他投资者的合资根据。凡是应向银行贷款或申请国家补助资金的项目，必须向有关部门报送项目的可行性研究。银行和其他金融机构在受理项目贷款申请时，首先要求申请者提供可行性研究报告，然后对其进行全面细致的审查和分析论证，在此基础上编制项目评估报告。评估报告的结论是金融机构确定贷款与否的重要依据。世界银行集团的国际复兴开发银行、国际开发协会、国际金融公司和亚洲开发银行等国际金融机构也都将提交可行性研究报告作为申请贷款的先决条件。

3. 为项目审批、签订协议与合同提供依据

批准的可行性研究是项目建设单位向国土开发及土地管理部门申请建设用地的依据。因为可行性研究对拟建项目如何合理利用土地的设想提出了办法和措施，国土开发和土地管理部门可根据可行性研究具体审查用地计划，办理土地使用手续。可行性研究为确保项目达到环保标准，提出了治理措施和办法，这些信息可作为环保部门对项目进行环评、签发项目建设许可文件的主要依据。有些项目可能需要引进技术和进口设备，如与外商谈判时要以可行性研究报告的有关内容（如设备选型、生产能力、技术先进程度等）为依据。在可行性研究报告被批准之后才能与外商签约。在项目实施与投入运营之后，都需要与各供水、供气、通信和原材料等单位或部门协作配套，因此，要根据可行性研究报告的有关内容与这些单位或部门签订有关合同或协议。

4. 为工程设计提供依据

在可行性研究报告中，对项目的产品方案（生产规模、厂址选择、生产工艺、设备

选型和环境保护等）都进行了方案比较和论证，确定了最优方案。在可行性研究报告获得批准之后，可依据可行性研究报告的结论进行工程设计。

5. 为编制设计任务书提供依据

初步设计是根据可行性研究对所要建设的项目规划出实际性的建设蓝图，即较详尽地规划出此项目的规模、产品方案、总体布置、工艺流程、设备选型、劳动定员、三废治理、建设工期、投资概算、技术经济指标等内容，并为下一步实施项目设计提出具体操作方案，初步设计不得违背可行性研究已经论证的原则。

6. 为国家各级计划综合部门对固定资产投资实行调控管理，编制发展计划、固定资产投资、技术改造投资提供依据

由于建设项目尤其是大中型项目考虑的因素多，涉及的范围广，投入的资金数额大，可能对全局和当地的近、远期经济生活产生深远的影响，故这些项目的可行性研究内容应该更加详细，为计划综合部门实际对固定资产投资进行调控管理和编制国民经济及社会发展计划提供依据。

此外，可行性研究报告还可为寻求合作者、设备订货、施工准备、机构设置和人员培训等提供依据。

三、可行性研究的阶段划分

联合国工业发展组织编写的《工业可行性研究编制手册》规定：投资前期的可行性研究工作分为机会研究（投资机会鉴定）、初步可行性研究（预可行性研究）、详细可行性研究（最终研究，或称可行性研究）、项目评估与决策四个阶段。项目可行性研究的阶段划分及工作内容如表6-1所示。

表6-1 项目可行性研究的阶段划分及工作内容

工作阶段	机会研究	初步可行性研究	详细可行性研究	项目评估与决策
工作性质	项目设想	项目初选	项目拟定	项目评估
工作内容	鉴别投资方向，寻找投资机会（地区、行业、资源和项目的机会研究），提出项目投资建议	对项目作专题辅助研究，广泛分析、筛选方案，确定项目的初步可行性	对项目进行深入细致的技术经济论证，重点对项目进行财务效益和经济效益分析评价，作多方案比较，提出项目投资的可行性和选择依据标准	综合分析各种效益，对可行性研究报告进行评估和审校，分析判断可行性研究的可靠性和真实性，对项目做出最终决策
工作成果及作用	提出项目建议，将其作为制订经济计划和编制项目建议书的基础，为初步选择投资项目提供依据	编制初步可行性研究报告，判断是否有必要进行下一步详细可行性研究，进一步判明建设项目的生命力	编制可行性研究报告，将其作为项目投资决策的基础和重要依据	提出项目评估报告，为投资决策提供最后决策依据，决定项目取舍和选择最佳投资方案
估算精度	30%	20%	10%	10%
费用占总投资的百分比	0.2~1.0	0.25~1.25	大项目 0.8~1.0 中小项目 1.0~3.0	
需要时间	1~3月	4~6月	8~12月或更长	

由于建设前期的各研究工作阶段的研究性质、工作目标、工作要求及作用不同，因而其工作时间与费用也各不相同。通常因为各阶段研究的内容是由浅入深的，故项目投资和成本估算的精度要求也由粗到细，研究工作量由小到大，研究的目标和作用逐步提升，因而研究工作时间和费用也随之逐渐增加。

这四个阶段是一环套一环的，前者是后者的基础，后者是前者的深入，一旦某一阶段得出"不可行"的结论，则停止下一步的研究工作。一般而言，前面两个阶段可以否定一项投资，但不能肯定一项投资。只有经过详细可行性研究后才能肯定一项投资。可行性研究的步骤并不是绝对不变的，其工作阶段和内容可以根据项目规模、性质、要求和复杂程度的不同，进行适当的调整和简化，如对有关项目建设的关键性问题把握性较大，就可越过前面两个阶段直接进行详细可行性研究。

第二节　可行性研究的内容与程序

一、可行性研究的内容

任何一个投资项目的目标都是以最小的消耗为社会制造或生产一定的产品，并通过市场实现其期望的经济效益。要达到这一目标，必须在其生产与经营过程中不断地与外界环境进行人、财、物及信息的交换。能否正常生产、经营并取得预期的经济效益，除了与所用的技术、管理水平等因素有关外，主要取决于在生产经营过程中与外界环境的交换是否有保证。为使项目获得较好的社会经济效果，可行性研究通常要包括以下内容。

（1）必要性研究。主要是从地方经济发展的需要与企业发展的战略角度，研究项目是否必要、适时，并研究项目的合理投资时机。

（2）市场与项目规模的研究。在必要性研究的基础上，对项目产品在项目寿命期内的总需求发展趋势、市场结构的变化方向和特征，以及价格变动情况进行全面的研究，以估计出项目产品的有效需求量和可能的销售量，以此为依据，结合项目所用技术和外部条件，研究确定项目的合理规模。

（3）技术问题分析。研究所有项目可用的生产技术、经济特性，结合项目的实际情况选择最佳的技术方案。同时研究各种可行的技术来源及获得方式，寻求最佳的方案。

（4）项目选址。以使项目能够取得最佳经济、社会效益为宗旨，对各种可能的厂址进行综合分析和评价，从中选出项目的厂址。

（5）投资与成本的估算。这是研究项目经济性的基础工作，利用各种估算技术与经验，全面、科学地估算项目的全部投资和总成本费用。

（6）项目资金的筹措。在实际经济社会中，有多种多样的资金来源，但对于如何筹集项目所需资金才能使项目顺利完成并有较高的财务效率的问题，则必须加以详细研究。

（7）项目计划与资金规划。这项研究主要是根据项目工程量、工程难度等实际情况，初步设计项目的实施计划以及保证实施的资金规划。

（8）项目的财务评价。根据前面研究的各项结果，对项目投入营运后可能的财务状况以及该项投资的财务效果进行科学的分析、预测和评价。

（9）项目的国民经济评价。项目的建设将消耗和占用大量的经济资源，这种消耗和占用能否为国民经济带来足够的效益？项目是否做到了合理的资源配置？国民经济评价正是从国民经济的角度来分析和评价项目对国民经济的贡献，从而回答上述问题。

（10）项目的不确定性分析。实际经济状况是不断变化的，那么项目能否保持一定的经济和社会效益水平呢？这就需要研究项目的风险。不确定性分析就是分析项目在可能的变化下所做出的反应，从而为决策提供依据。

二、可行性研究的工作程序

可行性研究的工作程序一般包括以下几个步骤。

（1）签订委托协议。可行性研究编制单位与委托单位，应就项目可行性研究工作的范围、内容、重点、深度要求、完成时间、经费预算和质量要求进行讨论，并签订委托协议，据此开展可行性研究各阶段的工作。

（2）组建工作小组。对拟建的工程项目进行可行性研究，首先要确定工作人员，组建可行性研究工作小组，一般可包括工业经济学家、市场分析专家、财务分析专家、土木建筑工程师、专业技术工程师和其他辅助人员等。

（3）制订工作计划。工作计划内容包括各项研究工作开展的步骤、方式、进度安排、人员配备、工作保证条件、工作质量评定标准和费用预算，并与委托单位交换意见。

（4）数据调研和收集。根据分工，工作小组各成员分头进行数据调查、整理、估算、分析以及有关指标的计算等，在可行性研究过程中，数据的调查和分析是重点。可行性研究所需要的数据可来源于三个方面：一是委托方（投资者）提供的资料；二是工程咨询机构本身所拥有的信息资源；三是通过调研获得的信息。

（5）方案编制与优化。在取得信息资料后，要对其进行整理和筛选，并组织有关人员进行分析论证，以考察其全面性和准确性。在此基础上，对项目的建设规模与产品方案、厂址方案、技术方案、设备方案、工程方案、原材料供应方案、总图布置与运输方案、公用工程与辅助工程方案、环境保护方案、组织机构设置方案、实施进度方案以及项目投资与资金筹措方案等，进行备选方案的编制，并在进行方案论证后提出推荐方案。

（6）经济分析和评价。按照建设项目经济评价方法的要求，对推荐的建设方案进行详细的财务分析和国民经济分析，计算相应的评价指标，评价项目的财务生存能力，从国家角度分析项目的经济合理性。在经济分析和评价中，需对各种不确定因素进行敏感性分析和风险分析，并提出风险转移规避等防范措施。当项目的经济评价结构不能达到有关要求时，可对建设方案进行调整或重新设计，或对几个可行性的建设方案同时进行经济分析，选出技术、经济综合考虑较优者。

（7）形成可行性研究报告初稿。在提出推荐方案以后，即进入可行性研究报告的编写阶段。根据可行性研究报告的要求和开始的分工，编写出可行性研究报告的初稿。

报告的编写，要求工作小组成员进行很好的衔接，因为可行性研究报告的各项内容是有联系的，需要各成员的衔接、配合和联合工作才能完成。

（8）论证和修改。编写出可行性研究报告的初稿以后，由工作小组成员进行分析论证的形式：由工作小组成员介绍各自负责的部分，大家一起讨论，提出修改意见。对于可行性研究报告，要注意前后的一致性、数据的准确性、方法的正确性和内容的全面性等，提出的每一个结论，都要有充分的依据。有些项目还可以扩大参加论证人员的范围，可以请有关方面的决策人员、专家和投资者等参与讨论。在经过充分的讨论以后，再对可行性研究报告进行修改，并最后定稿。

■ 第三节　可行性研究报告

一、可行性研究报告的编制依据和基本要求

可行性研究报告是根据研究项目的性质、规模和复杂性，以及所进行的机会研究、初步可行性研究、详细可行性研究及项目评价的结果，提出项目是否可行的结论或建议的正式报告。可行性研究报告的编制应由技术经济专家负责，还要有市场研究专家、专业工程师、土建工程师和财会专家等参加，此外，法律、环保及其他方面的专家给予协助和咨询也是必不可少的。

编制可行性研究报告须依据以下资料。

（1）国民经济和社会发展的长期规划，部门、行业、地区的发展规划与计划，国家的进出口贸易政策和关税法规政策，国家、地方经济建设的方针、政策（产业政策、投资政策、技术政策、金融政策、信贷政策、财税制度），以及地方的法规。

（2）经批准的项目建议书和项目建议书批准后签订的意向性协议。

（3）国家批准的资源报告，区域国土开发整治规划、建厂地区的规划（如城市建设规划、生产力布局、交通道路网的规划等）。

（4）拟建厂址的自然、经济、文化、社会等的基础资料。

（5）有关投资项目的工程技术规范、标准、定额等资料。

（6）国家正式公布的编制可行性研究报告的内容、编制程序、评价方法和参数等。

二、可行性研究报告的结构与格式

可行性研究的最后成果是编制成一份可行性研究报告作为正式文件。这份报告既是报审决策的依据，也是向银行贷款的依据，同时，还是向政府主管部门申请营业执照和同有关部门或单位合作谈判、签订协议的依据。

可行性研究报告的内容及编写格式随项目的不同而有所差异，根据联合国工业发展组织编写的《工业可行性研究编制手册》和我国的实践，项目可行性研究报告目录格式如表6-2所示。

表 6-2 项目可行性研究报告目录格式

资料来源：陶树人. 技术经济学[M]. 北京：石油工业出版社，2003

第四节　项目主要内容的具体选择

一、市场需求预测

市场分析是指通过必要的市场调查和市场预测手段，对项目产品的市场环境、竞争能力和竞争对手进行分析和判断，进而分析项目产品在可预见的时间内是否有市场，预计其可能占有的市场份额，从而确定产品方案和生产规模，这是工业项目可行性研究的重要步骤。市场分析的主要任务：分析预测全社会对项目产品的需求量；分析同类产品的市场供给量及竞争对手情况；初步确定生产规模；初步测算项目的经济效益。

市场分析、预测将确认（或否定）项目建设的必要性。调查研究产品是否有市场、是否为社会所需要，以确定项目是否有必要建设。可行性研究中的技术分析和经济分析所必需的有关产品的品种、数量、规格、用户要求及销售量等资料，都有待于市场的分析、预测来提供，并以此为依据。所以，做好市场分析和预测是搞好项目可行性研究的前提和基础。

市场调查主要包括市场容量现状调查、价格现状调查和市场竞争现状调查。市场容量现状调查既要分析供应现状，又要分析需求现状。前者包括在国际和国内两个市场上，项目产品的总生产能力（含现有企业和在建项目）、总产量及地区分布，各主要生产企业的分布情况，以及产量、品种、性能和档次等；后者包括在国际和国内两个市场上，项目产品的国内市场消费总量及地区分布，不同消费群体对产品品种和服务的要求，消费结构状况，近期内市场需求的满足程度等。价格现状调查主要是收集项目产品目前国内外市场的出厂价格、批发价格及零售价格等信息。市场竞争力现状调查主要是分析项目产品目前国内外市场的竞争程度、市场竞争的主要对手的生产及其竞争力情况等。

除了对市场现状进行分析，还应对潜在市场进行分析。潜在市场分析一般可考虑如下几方面：一是现有产品的更新换代、技术革新预测分析，目前广泛使用的分析方法是产品寿命期分析。二是新产品、新技术开发预测分析，对宏观经济和社会结构、观念的发展带来的影响进行分析。

市场预测主要是指产品供需预测和价格预测。产品供需预测是利用市场调查所获得的信息资料，对项目产品未来市场供应和需求的数量、品种、质量、服务进行定性与定量分析。项目产品价格是测算项目投产后的销售收入、生产成本和经济效益的基础，也是考察项目产品竞争力的重要方面。预测价格时，应对影响价格形成与导致价格变化的各种因素进行分析，初步设定项目产品的销售价格和投入品的采购价格。市场预测的方法很多，有一百多种，但在实际中运用的预测方法只有很少的几种，一般可分为三类，通常称为定性预测、定量预测和综合预测。

二、项目规模选择

项目规模也称生产规模，是指项目设定的正常生产运营年份可能达到的生产能力或者使用效益。不同类型项目规模的表述不同。工业项目通常以年产量、年加工量和装机容量等表述；农林水利项目以年产量、种植面积、灌溉面积、防洪治涝面积、水库库容及供水能力等表述；交通运输项目以运输能力、吞吐能力等表述；城市基础设施项目和服务行业项目以年处理量、建筑面积和服务能力等表述。生产多种产品的项目一般是以主要产品的生产能力表示该项目的建设规模。

最佳经济规模（the optimal economic scale）是指项目产品成本最低，而经济效益最高的生产规模。最佳经济规模是最理想的规模，拟建项目的生产规模最好能达到这个水平。但受许多因素的限制，最佳经济规模一般很难达到，而亏损规模和起始规模都不符合企业生产的生产动机，所以这两种规模都不能选择。因此，在通常情况下，企业一般选择合理经济规模，达到规模的经济性。规模的经济性是指随着生产规模的不断扩大，产品的单位成本越来越小的经济现象。规模的经济性要求尽可能使项目实现规模经济。

如前所述，拟建项目应能达到合理经济规模，才有盈利的可能，但项目生产规模受以下因素制约，须对其进行了解以分析实现经济规模的可能性。

（1）国民经济发展规划。

（2）市场需求。

（3）各工业部门的技术经济特点。

（4）资源、设备制造能力、资金等供应的可能性。

（5）投资主体风险承受能力。

（6）合理规模的选择。

三、技术选择

可行性研究应该研究和说明具体项目所需的技术、评价可供选择的各种技术，并按项目各组成部分的最佳组合来选择最适合的技术。技术选择一般要考虑的因素包括：①所需技术的性质和复杂程度；②技术来源；③技术获得方式；④技术费用。

技术方案主要是指生产方法、工艺流程（工艺过程）等。工艺是指项目生产产品时所采用的制造方法及生产流程。技术则是指根据生产实践经验和自然科学原理而发展起来的各种工艺操作方法及技能。在工程项目可行性研究中，往往将两者合称为工艺技术。因此，在开展可行性研究时，应十分重视工艺技术方案的选择，分析工艺流程的合理性。技术方案不仅直接影响到项目的投资费用，还对未来的产品质量、产量和经济效益产生直接的影响。技术方案选择的基本要求包括：①先进性；②适用性；③可靠性；④安全性；⑤经济合理性。

四、厂址选择

厂址选择是指在一定范围内，选择和确定拟建项目建设的地点和区域，并在该区域内具体地选定项目建设的坐落位置。厂址选择是项目基本建设前期工作的主要组成部分，是项目可行性研究中的重要内容。厂址确定是否合理，不仅影响项目的建设施工，还影响项目建成后的经济效益和社会效益。

厂址选择既是技术问题又是经济问题，是技术经济的结合。一个好的厂址不仅要满足生产的要求，在项目投产以后还要有好的经济效益。厂址选择包括两个层次：选点和定址。选点又称建厂地区的选择，是确定工厂所在的地理区域；定址就是确定拟建企业的具体厂址，确定工程项目具体坐落的位置。厂址选择的基本要求：①节约用地，少占耕地；②减少拆迁移民；③有利于场区合理布置和安全运行；④有利于保护环境和生态，有利于保护风景区和文物古迹。

厂址选择要考虑很多因素，如材料资源、市场、运输、工业基础、行业特点、环境影响、厂址条件、地区发展、经济规模及地区的财税政策等。这些因素对选择结果的影响是不同的，最终要在许多因素之间权衡利弊：①材料资源、市场和运输对建厂地区选择的影响；②工业基础与地区间均衡发展的影响；③厂址条件和环境对建厂地区选择的影响；④地方财税政策的影响；⑤项目特点的影响。

厂址选择的最后工作是提出选址报告。选址报告的基本内容包括：①选址依据，包括建厂的条件指标、选址的主要经过；②建设地区的概况，包括自然、经济、社会等方面；③厂址条件概述；④厂址方案比较，包括厂址技术条件、建设投资费用的比较；⑤各厂址方案的综合分析论证，提出推荐方案；⑥当地领导部门对厂址选择的意见；⑦存在的问题及解决办法。

五、筹资方案选择

项目总投资是指工程项目从筹建开始到项目全部建成投产为止所发生的全部投资费用。新建项目的总投资由建设期和筹建期投入的建设投资和项目建成投产后所需的流动资金两大部分组成。

资金筹措，也叫资金规划，它包括资金筹集和资金运用两个方面。前者主要是筹资渠道的选择和落实，后者主要是投资使用的进度安排和计划。资金筹集不当或资金运用不合理都可能延误项目建设工期和影响经济效果，而且能否筹集到项目所需的足够数量的资金，是项目能否得以进行的重要因素和必要条件之一，因此，资金筹措是可行性研究的一个重要内容。

建设项目各种资金来源总体上可以划分为股权资金和债务资金两类。股权资金包括吸收直接投资、发行股票、企业的保留盈余资金；债务资金包括发行债券、借款、租赁融资等。在初步确定项目的资金筹措方式和资金来源后，应进一步对融资方案进行分析，比选并推荐资金来源可靠、资金结构合理、融资成本低、融资风险小的方案。在选择资金筹措方案，安排投资进度时，应遵循以下原则：①可靠性原则；②合理性原则；

③经济性原则。

　　投资进度安排也叫资金使用计划或资金运用计划。如前所述，资金如何运用是一个很重要的问题。尽管项目贷款总额和贷款利率相同，但所付利息数额都会随用款计划安排的不同而大不一样。由于资金时间价值的影响，贷款占用越早，占用时间越长，所付利息就越多。尤其是投资进度安排还要与施工组织等项目实施进度安排相吻合，否则必然会影响项目实施的顺利进行或使利息支出增加。

参 考 文 献

池仁勇. 2009. 项目管理[M]. 第 2 版. 北京：清华大学出版社.

党耀国，米传民，王育红. 2010. 投资项目评价[M]. 北京：科学出版社.

国家发展和改革委员会，住房和城乡建设部. 2006. 建设项目经济评价方法与参数[M]. 第三版. 北京：中国计划出版社.

蒋太才. 2006. 技术经济学基础[M]. 北京：清华大学出版社.

雷仲敏. 2003. 技术经济分析评价[M]. 北京：中国标准出版社.

刘家顺，史宝娟. 2010. 技术经济学[M]. 北京：中国铁道出版社.

刘秋华. 2010. 技术经济学[M]. 第 2 版. 北京：机械工业出版社.

陶树人. 2003. 技术经济学[M]. 北京：石油工业出版社.

《投资项目可行性研究指南》编写组. 2002. 投资项目可行性研究指南[M]. 北京：中国电力出版社.

万威武，刘新梅，孙卫. 2008. 可行性研究与项目评价[M]. 第 2 版. 西安：西安交通大学出版社.

王柏轩. 2007. 技术经济学[M]. 上海：复旦大学出版社.

王雄才，戴淑芬，肖玉新. 2004. 投资项目可行性研究与项目管理[M]. 北京：冶金工业出版社.

徐向阳. 2006. 实用技术经济学教程[M]. 南京：东南大学出版社.

张青. 2012. 项目投资与融资分析[M]. 北京：清华大学出版社.

张铁山，吴永林，李纯波，等. 2009. 技术经济学——原理·方法·应用[M]. 北京：清华大学出版社，北京交通大学出版社.

赵国杰. 2003. 投资项目可行性研究[M]. 天津：天津大学出版社.

第七章

投资项目评价

投资项目评价是在项目可行性研究中，提供科学决策依据的最关键、最重要的部分，它是一个技术经济分析、论证的过程。它对于充分发挥投资效益、降低投资风险、优化资源配置和投资结构，具有重要作用。

■ 第一节 项目财务评价

投资项目的财务效益评价，是从投资项目或企业角度对项目进行的经济分析。企业作为独立的自主经营、自负盈亏的商品生产经营者，是投资后果的直接承担者，因此财务分析是必要的，同时也是国民经济效益分析的基础。

一、财务评价概述

投资项目的财务评价是在国家现行的财税制度和价格体系的前提下，从项目的角度出发，计算项目范围内的财务效益和费用，分析项目的营利能力、清偿能力及财务生存能力，评价项目在财务上的可行性。

财务效益评价仅从项目或企业财务角度进行分析，预测项目投入的费用和产出的效益。也就是说，在财务效益评价中只分析项目引起的直接费用和直接受益产生的内部效果，不考虑由项目引起的但不能在财务效果上反映的间接费用和间接受益。财务效益评价的依据是国家现行财税制度和价格体系。项目的财务费用和效益的技术必须充分体现国家现行财税制度的规定；同时，项目财务效益评价以现行价格体系为基础价格。财务效益评价的基本内容和任务是分析和考察项目的财务营利能力、清偿能力及外汇平衡能力等财务状况，最终目标是判断项目的财务可行性。

二、财务效益与费用的识别

费用和效益评价的基础是项目经济评价的目标。费用和效益都是相对于评价目标而言的，是以评价目标来定义的。效益就是对评价目标的贡献，费用则是对评价目标的反贡献，是负效益。在项目经济评价中，费用与效益处于追求目标下的对立统一。没有费用，就没有效益。为了与国民经济评价中的费用与效益相区别，我们习惯上把财务评价中的费用统一称为支出，把效益统称为收益。支出是指以企业或投资项目系统自身为系统边界，由于投资项目实施发生的货币支付，也称直接费用或现金流出。收益是指以企业或投资项目系统自身为系统边界，由于投资项目实施而带来的货币收入，也称为直接收益或现金流入。

投资项目或技术方案的财务收益（现金流入）包括：①销售收入，包括提供服务的收入；②资产回收，是指寿命期末回收的固定资产余值和流动资金；③补贴，是指国家或有关部门为鼓励和扶持某些项目的开发或技术方案的实施而给予的补贴，在价格、税收、汇率上的优惠已体现在收入的增加或支出的减少上，不再另计。

投资项目或技术方案的财务费用（现金流出）包括：①投资，包括固定资产投资和流动资金投资；②经营成本，即总成本费用中需要以现金支付的部分；③税金，包括增值税税金及附加税和所得税。如果进行项目自有资金投资效益评价，支出中还应包括借款本息偿还，其投资支出也仅指自有资金支出。

对于新建项目或新实施的技术方案，财务评价的费用与效益可直接识别和计算。对于更新改造项目或技术方案，如果难以直接识别技术财务收益和支出，应采用"有无对比法"进行识别和计算。

三、财务评价的意义

对投资项目进行财务评价，有着重要的意义。

首先，资本总是有限的。很多时候从技术角度看能够实施的项目所需要的资本远远超过拥有的资本。因此，决策者必须在竞争有限资本的各种项目间进行选择。决策者总是按利益必须大于或等于费用的原则筛选出经济上可行的项目或投资，并参考获取的其他信息，按照可能得到的纯收益和相对贡献大小等对项目或投资进行比较和排序。

其次，许多项目是相互排斥的。这就意味着，实施一个项目，就不能实施另一个项目。例如，修建一个发电量为 50 兆瓦的水库大坝，将淹没一片林地，在同一块土地上就不能再营造高产林。在一块土地上营造了一片柚木人工林，就不能再去进行农作物种植。因此，必须对各个方案进行经济效益评价，以确定哪种方案能带来最大的纯收益。

最后，绝大多数政府的财政部门、私人经济组织及国际援助的发起者都要在项目评价的基础上做出资助决策，因而需要把项目的经济效益评价作为项目建议书的组成部分。

四、财务评价的原则

（1）费用与效益计算范围的一致性原则。财务评价只计算项目本身的直接效益和直接费用，国民经济评价、环境评价及社会评价还应计算项目的间接效益和间接费用，即项目的外部效果。

（2）费用与效益识别的有无对比原则。财务评价中有无对比原则是指通过比较有无项目两种情况下项目的投入物和产出物可获量的差异，识别项目的增量费用和效益。目的是准确度量项目所带来的增量效益。

（3）动态分析为主，静态分析为辅的原则。国际通行的项目的财务评价以动态分析为主，必须要考虑资金的时间价值。

（4）基础数据确定中的稳妥原则。在财务评价中为避免基础数据对评价结果的干扰和影响，在基础数据确定中应遵循稳妥原则，如国内项目财务评价使用财务价格，即以现行价格体系为基础的预测价格。

五、财务评价的内容

项目财务评价的内容主要由三部分构成：项目营利能力评价、项目清偿能力评价和项目外汇平衡能力评价。

（一）项目营利能力评价

项目营利能力评价主要是通过对现金流量表、损益表两张报表的分析和指标计算，考察投资项目各年度以及整个寿命期内的盈利水平。它是反映项目的财务上是否可行的基本标志，是项目财务效益评价的最主要部分，是决定项目命运的关键。

1. 现金流量表

现金流量表反映投资项目在整个计算期内各年的各项现金流入、现金流出和净现金流量情况，它是项目经济评价的基本报表，是评价投资项目财务效益的主要依据。根据财务评价的角度和要求不同，现金流量表可以分为全部投资现金流量表（表 7-1）和自有资金现金流量表（表 7-2）。

表 7-1　全部投资现金流量表

序号	项目	计算期								合计
		1	2	3	4	5	6	……	n	
	生产负荷									
1	现金流入									
1.1	产品销售收入									
1.2	回收固定资产余值									
1.3	回收流动资金									
1.4	其他现金流入									
2	现金流出									
2.1	固定资产投资（含投资方向调节税）									
2.2	流动资金									
2.3	经营成本									
2.4	税金及附加									

续表

序号	项目	计算期								合计
		1	2	3	4	5	6	……	n	
2.5	增值税									
2.6	所得税									
3	净现金流量（1-2）									
4	累计净现金流量									
5	所得税前净现金流量（3+2.5）									
6	所得税前累计净现金流量									

所得税后　　　　　　　所得税前

计算指标：

　　财务内部收益率：

　　财务净现值：

　　投资回收期：

表 7-2　自有资金现金流量表

序号	项目	计算期								合计
		1	2	3	4	5	6	……	n	
	生产负荷									
1	现金流入									
1.1	产品销售收入									
1.2	回收固定资产余值									
1.3	回收流动资金									
1.4	其他现金流入									
2	现金流出									
2.1	自有资金									
2.2	借款本金偿还									
2.3	借款利息支付									
2.4	经营成本									
2.5	税金及附加									
2.6	增值税									
2.7	所得税									
3	净现金流量（1-2）									

计算指标：

　　财务内部收益率：

　　财务净现值：

2. 损益表

在项目评价中，损益表是指反映项目计算期内各年的利润总额、所得税及净利润的分配情况，用以计算投资利润、投资利税率、资本金利润率和资本金净利润率等指标的一种报表，其格式见表 7-3。

表 7-3 损益表

序号	项目	计算期								合计
		1	2	3	4	5	6	……	n	
	生产负荷									
1	产品销售收入									
2	税金及附加									
3	总成本费用									
4	利润总额（1-2-3）									
5	所得税									
6	税后利润（4-5）									
7	可供分配利润									
7.1	盈余公积金									
7.2	应付利润									
7.3	未分配利润									
7.4	累计未分配利润									

（二）项目清偿能力评价

投资项目的清偿能力包括两个部分：项目的财务清偿能力和项目的债务清偿能力。项目的财务清偿能力即项目收回全部投资的能力，回收的时间越短，说明项目清偿能力越好，这是投资者考察投资效果的依据。项目的债务清偿能力即项目清偿建设投资借款的能力，这主要是银行考察项目还款期限是否符合有关规定的依据。

清偿能力评价主要是考察项目计算期内各年的财务状况和偿债能力，主要通过对资金来源与运用表和资产负债表的分析，计算项目的投资回收期、借款偿还期、利息备付率和偿债备付率等指标。

1. 资金来源与运用表

资金来源与运用表根据项目的具体财务条件来测算计算期内各年的资金盈余或短缺的情况，其用于选择资金筹措方案，制订适当的借款及偿还计划，并为编制资产负债表提供依据。资金来源与运用表反映了项目在整个计算期内各年的资金来源和资金运用状况，其格式如表 7-4 所示。

表 7-4 资金来源与运用表

序号	项目	计算期								合计
		1	2	3	4	5	6	……	n	
	生产负荷									
1	资金来源									
1.1	利润总额									
1.2	折旧额									
1.3	摊销费									

续表

序号	项目	计算期								合计
		1	2	3	4	5	6	……	n	
1.4	长期借款									
1.5	流动资金借款									
1.6	其他短期借款									
1.7	自有资金									
1.8	其他									
1.9	回收固定资产余值									
1.10	回收流动资金									
2	资金运用									
2.1	建设投资									
2.2	建设期利息									
2.3	流动资金									
2.4	所得税									
2.5	应付利润									
2.6	长期借款本金偿还									
2.7	流动资金借款本金偿还									
2.8	其他短期借款本金偿还									
3	盈余资金									
4	累计盈余资金									

2. 资产负债表

资产负债表反映项目各年的资产、负债和所有者权益的增减变化情况及相互间的对应关系，它综合反映项目试用期间企业的全部财务状况，据以考察项目的资产、负债、所有者权益的结构是否合理，评价企业的清偿能力，预测企业未来的财务状况和财务安全度。

资产负债表是根据"资产=负债+所有者权益"的会计平衡原理编制的，它为企业经营者、投资者和债权人等不同的报表使用者提供了各自所需的资料，其格式如表7-5所示。

表7-5　资产负债表

序号	项目	计算期								合计
		1	2	3	4	5	6	……	n	
1	资产									
1.1	流动资产总额									
1.1.1	应收账款									
1.1.2	存货									
1.1.3	现金									
1.1.4	累计盈余资金									

续表

序号	项目	计算期								合计
		1	2	3	4	5	6	……	n	
1.2	在建工程									
1.3	固定资产净值									
1.4	无形及递延资产净值									
2	负债及所有者权益									
2.1	流动负债总额									
2.1.1	应付账款									
2.1.2	流动资金借款									
2.1.3	其他短期借款									
2.2	长期借款									
	负债小计									
2.3	所有者权益									
2.3.1	资本金									
2.3.2	资本公积金									
2.3.3	累计盈余公积金									
2.3.4	累计未分配利润									

（三）项目外汇平衡能力评价

对于在建设运营中涉及利用国外资源、产品出口创汇、替代进口节汇等外汇收支的项目，除了考虑以上两方面的指标外，还要考虑项目外汇使用的财务效益，进行外汇平衡能力评价。外汇平衡能力评价主要是通过编制外汇平衡表，计算财务外汇净现值、换汇成本和节汇成本等指标，用于考察项目计算期内各年的外汇余缺程度以及项目收支对国家外汇状况的影响，以保证有限的外汇资金被用于最优的项目。

对涉外项目进行外汇平衡分析，必须编制外汇平衡表，用以反映项目计算期内各年外汇余缺程度。外汇平衡表可以反映涉外产品出口创汇及替代进口节汇的投资项目在其寿命期内各年的外汇来源、外汇使用等外汇收支情况，为计算投资项目的外汇余缺、外汇净现值及换汇成本等指标提供基础数据，其格式如表 7-6 所示。

表 7-6 外汇平衡表

序号	项目	计算期								合计
		1	2	3	4	5	6	……	n	
	生产负荷									
1	外汇来源									
1.1	产品销售外汇收入									
1.2	外汇借款									
1.3	其他外汇收入									
2	外汇运用									

续表

序号	项目	计算期								合计
		1	2	3	4	5	6	……	n	
2.1	建设投资中外汇支出									
2.2	进口原材料									
2.3	进口零部件									
2.4	技术转让费									
2.5	偿还外汇借款本息									
2.6	其他外汇支出									
2.7	外汇余缺									

六、财务评价的步骤

1. 识别财务收益与费用

识别财务收益与费用是项目财务评价的前提。收益与费用是对特定目标而言的。收益是对目标的贡献；费用是对目标的负贡献。项目的财务目标是利润最大化。因此，正确识别项目的财务收益与费用应以项目为界，以项目的直接收入和支出为目标。项目的财务收益主要表现为生产经营的产品销售收入；财务费用主要表现为建设项目投资、经营成本和税金等。此外，项目得到的补贴、回收固定资产余值和流动资金等，也是项目的收入，在财务评价中作为收益处理。

2. 分析和估算项目的财务数据

分析和估算项目的财务数据包括对项目总投资、资金筹措方案、产品成本、销售收入、销售税金和销售利润以及其他与项目有关的财务数据进行分析和估算，并将所得到的数据编制成辅助财务报表。财务数据预测和估算是整个财务评价的基础。

3. 编制财务基本报表

财务基本报表是根据财务数据填列的，同时又是分析项目营利能力、清偿能力和财务外汇效果等技术经济指标的基础和依据。因此，在分析和估算项目的财务数据之后，需要对财务基本报表进行分析和评估，主要是对现金流量表、损益表、资产负债表、资金来源与运用表、贷款还本付息估算表和外汇平衡表等进行复核、分析和评价。

4. 计算财务评价指标

利用财务报表，计算各项财务评价指标，包括反映项目的营利能力、债务清偿能力和外汇平衡能力的指标。将这些指标值与基准值进行对比，得出项目在财务上是否可行的评价结论。

5. 进行不确定性分析

对项目的风险因素进行分析，进行项目的盈亏平衡分析、敏感性分析、概率分析，评价项目的市场适应能力和抗风险能力。

6. 得出评价结论

将上述确定性分析和不确定性分析的结果，与国家或行业的基准指标或与经验标准、历史标准和目标标准等进行比较分析，从财务角度得出项目是否可行的最终判断。

第二节 项目国民经济评价

由于完全竞争市场模型的局限性，单纯的微观财务效益和评价不能准确反映项目的外部性，很多项目对整个社会有重大的影响或存在巨大的外部性，单纯从财务分析的角度分析，不能反映其全部成本和收益，因此在项目评估中需要引入国民经济评价的概念。

一、国民经济评价概述

（一）国民经济评价的概念

建设项目经济评价包括财务评价（也称财务分析）与国民经济评价（也称经济分析）。国民经济评价是指按照资源合理配置的原则，从国家经济整体利益的角度考察项目的效益和费用，用货物影子价格、影子工资、影子汇率和社会折现率等经济参数分析、计算项目对国民经济的净贡献，分析项目的经济效率、效果和对社会的影响，评价项目的宏观经济上的合理性。国民经济评价在实质上就是一个最优化问题，是以国民经济净收益为目标函数，以国家可利用资源的合理配置为约束条件的最优化问题，目的是使项目对国民经济的净贡献达到最大。

（二）国民经济评价的作用

1. 有利于合理配置国家有限资源

无论是社会资源还是自然资源，都是有限的，我们必须在资源的各种用途中有所选择，因此有必要借助国民经济评价，从国家整体的角度来考虑有限资源的配置。由于一种资源用于某一方面，那么其他方面必然就会减少这种资源的可用量，因而国家必须按照一定的准则对资源的配置做出合理的选择。国民经济评价是选择和配置国家资源的有效手段，我们可以将国民经济看作一个大系统，项目建设作为大系统的子系统，通过分析项目从国民经济中所吸取的资源投入，以及项目产出对国民经济大系统的影响，从而选择对大系统目标最有利的项目或方案，促进国际资源的优化配置和有效利用。

2. 能真实反映项目对国家经济的净贡献

现实经济生活中，由于经济机制、经济政策等各种因素的影响，资源的市场价格与实际价值有时会互相背离，如果采用存在失真可能的市场价格计算项目的费用和效益，往往不能准确反映项目对国民经济的贡献，国民经济评价用反映资源真实价值的影子价格计算项目的费用和效益，可以客观地反映项目对国民经济的贡献。

3. 是投资决策科学化的客观需要

国民经济评价是投资决策科学化的客观要求，主要表现在以下方面：①有利于引导投资方向。运用经济评价中的内部投资率、投资回收期、借款偿还期等指标及体现宏观意图的影子价格、影子汇率、行业基准收益率等参数进行综合评价，以起到鼓励或抑制某些项目发展的作用，促进国家资源的合理分配。②有利于控制投资规模。国家可以通过调整社会折现率这个重要参数，调节和控制全国基本建设投资的总规模，当基本建设投资规模膨胀，影响整个国民经济运行时，可以适当提高社会折现率，并通过经济评价这一环节，控制一些项目的通过。③有利于投资计划的编制。项目是计划的基础，有了足够数量的、经过充分论证和科学评价的备选项目，才便于各级计划部门从宏观经济角度对项目进行排名和取舍。

（三）国民经济评价的对象

在我国，需要国民经济评价的主要项目包括以下几点。

（1）国家及地方政府参与投资的项目。

（2）国家给予财政补贴或者减免税费的项目。

（3）主要的基础设施项目，包括铁路、公路、航道整治等交通基础设施建设项目。

（4）较大的水利水电项目。

（5）国家控制的战略性资源开发项目。

（6）动用社会资源和自然资源较大的中外合资项目。

（7）主要产出物和投入物的市场价格不能反映其真实价值的项目。

（四）国民经济评价与财务评价的比较

国民经济评价与财务评价有较为紧密的联系。首先，项目财务评价是国民经济评价的基础。大多数项目的国民经济评价是在财务评价的基础上进行的，任何一个项目财务评价的数据资料都是项目国民经济评价的基础。其次，国民经济评价是大型项目可行的前提。项目国民经济效益的可行性决定了大型项目的最终可行性，它是决定大型项目决策的主要因素之一。对于小型项目则可以不使用此评价作为前提。

国民经济评价与财务评价代表不同利益主体，二者也有本质的差别。

（1）评价角度不同。财务评价是从企业财务角度计算项目的费用和效益，考察盈利状况及偿还借款能力，以确定投资项目的财务可行性。国民经济评价是从国家整体角度考察项目需要国家付出的代价和对国家的贡献，以确定投资项目的经济合理性。

（2）费用、效益的划分范围不同。财务评价是根据项目直接发生的实际收支确定项目的效益和费用，凡是项目的货币收入都视为效益，凡是项目的货币支出都视为费用，税金、利息等也计为费用。国民经济评价则着眼于以项目所耗费的全社会有用资源来考察项目的费用，而根据项目对社会提供的有用产品（包括服务）来考察项目的效益。税金、补贴、国内借款利息等一般并不发生资源的实际增加和耗用，多是国民经济内部的"转移支付"，因此，不列为项目的费用和效益。另外，国民经济评价还需要考虑间接费用和间接效益。

（3）采用的价格不同。财务评价要确定投资项目在财务上的现实可行性，因而对投入物和产出物均采用现行市场价格。国民经济评价采用的是根据机会成本和供求关系确定的影子价格。《建设项目经济评价方法与参数》专门规定了国民经济评价方法和一些重要的资源影子价格。

二、国民经济效益与费用的识别

（一）直接费用和直接效益

项目的直接费用是指为满足项目投入的需要而付出的代价，主要包括固定资产投资、流动资金及经常性投入。直接费用的确定一般分为以下两种情况。

（1）若项目的投入物来自国内生产量的增加，其费用就是为了增加国内生产量所消耗的资源的价值。

（2）若项目的投入物来自进口，国内生产总量保持不变，其费用就等于所耗费的外汇的经济价值；若项目的投入物来自出口的减少，其费用就等于所减少的外汇收入的经济价值；若项目的投入物来自其他项目供应量的减少，那么其费用就应为其他项目因此而减少的效益，亦即等于其他项目对于这部分投入物的支付意愿。

项目的直接效益指的是，由项目产出物所产生的，在计算范围内的经济效益，一般表现为项目为社会生产的产品和各种服务所产出的效益，也可以说是项目对国民经济的直接贡献。直接效益的确定也可分为以下两种情况。

（1）若项目的产出物增加了国内该产品的供给量，效益就是该增量满足了国内需求而产生的效益，就等于这部分增量的消费者的支付意愿。

（2）若项目的产出物未导致国内市场的供给量的增加，项目产出物用于代替出口时，其效益就是所获得外汇的经济价值；若项目的产出物使得国家增加了出口或者减少了进口，这种效益就表现为外汇收入的增加或者外汇支出的减少；若项目的产出物替代了效益较差的其他厂商的产品或者服务，使得被替代的厂商破产或者停产，从而使国家的有用资源得到节省，此效益则表现为这些资源的节省。

（二）间接费用和间接效益

在国民经济为项目付出的总代价中，除了由项目的投入物所体现的直接费用外，还包括了由项目引起的某些其他费用，即间接费用。间接费用的典型例子，如工业项目的废水、废气、废渣、噪声等引起的环境污染产生的国民经济费用。间接费用有的是有形的，有的是无形的，有的是可用货币衡量的，有的是不可用货币衡量的。在项目为国民经济提供的总效益中，除了由项目产出物所体现的直接效益外，还包括由项目产生的，在直接效益中没有得到反映的效益，即间接效益。例如，项目使用劳动力，使得劳动力熟练化，由非熟练劳动力转变为熟练劳动力。又如，技术扩散的效益。这些效益有的是有形的、可用货币衡量的，有的是无形的、不可或难以用货币衡量的。

间接费用与间接效益也称为外部效果，外部效果通常较难计算。为了减少计算的困难，力求明确项目的"边界"，如通过扩大项目范围，把一些相互关联的项目合在一起进行评价，使间接费用与间接效益转化为直接费用与直接效益；另外，采用影子价格来计算项目的费用与效益，可以在很大程度上使项目的外部效果内部化。这样，扩大项目范围和价格调整可以使很多"外部效果"内部化。

（三）转移支付

在国民经济评价中，国家作为一个大系统，其内部产生的某些费用和效益不会使资源实际增加或消耗，仅是系统内部的相互转移，这种转移称为转移支付。这些费用和效益是政府调节分配和供求关系的手段，或作为借用资本的代价在项目与政府、借贷机构之间转移支付，并不发生实际资源的增加和消耗。在国民经济评价中，转移支付不列为项目的费用和效益。识别转移支付有两个标准：一是发生自系统内部；二是未发生资源变化。

1. 税金

在项目的财务评价中，税金作为一种财务支出，减少了项目的净收益。但是，从国家的角度来说，税金并没有增加或者减少国民收入，也未造成社会资源的变动，只是资源的分配使用权从企业转移到了国家，并不造成资源的变动。因此，在国民经济评价中，税金不计入项目国民经济评价的费用。

2. 补贴

补贴是国家为鼓励使用某些资源或者扶植某项建设项目投资而给予的价格补贴。它使得项目的财力支出减少，企业获得了一定的财务收益，资源的使用权从国家转移到企业，仅仅表示项目所付出的代价中有一部分是来自政府财政支出中补贴这一项，但是并没有增加或减少国民收入，也没有耗费社会资源，国民经济为项目所付出的代价并不考虑以这些代价来自何处作为衡量依据，更不会因有无补贴或者补贴多少而改变。因此，政府补贴不计入项目国民经济评价的费用与效益。

3. 工资

工资也是一项财务上的转移支出，因为工资是作为国民收入的一部分而由企业支付给员工以体现项目占用劳动力的财务代价，所以在国民经济评价中，工资不能作为费用，作为费用的应为影子工资。另外，项目的建设投资和其他物料投入中包含的工资，应被看成是其他行业和项目对国民经济的贡献，在国民经济评价时可不予调整扣除。

4. 贷款利息

贷款利息是在财务评价的自有资金现金流量表中的一项费用，对于国民经济评价来说，利息是利润的转化形式，它表示项目对国民经济的贡献有一部分转移到了借贷机构，是货币的支配权由企业转移到银行的一种转移性的支出。这种转移并没有增加或者减少国民收入或资源消耗，项目对国民经济所作贡献大小与支付给国内银行多少利息无关，因此也不计入项目国民经济评价的费用。但是，国外贷款利息是由国内向国外支付，造成了国内资源的减少，应列为项目国民经济评价的费用。

5. 土地费用

为项目建设征用土地而支付费用，是由项目转移给地方、集体或个人的一种支付行为，故在国民经济评价时不列为费用，应列为费用的是被占用土地的机会成本和使国家为此新增的资源消耗（如拆迁费用等）。

三、国民经济评价参数

（一）影子价格

财务评价中，采用的是市场价格体系计算项目的费用与效益，价格反映的是产品的市场价值。在市场经济未达到完全竞争的状态下，产品或服务的市场价格往往不能客观地反映出产品与资源的社会成本、供求关系和资源利用情况，市场价格常常会偏离其实际价值。在分析中要对扭曲的市场价格进行调整，用以计算项目的费用与效益，以准确地反映出项目的投入物和产出物的真实价值，真正反映项目的建设对国民经济造成的损失和净贡献。这种在国民经济评价中用于调整的价格，称为影子价格。

影子价格所表示的是当社会经济处于某种最优状态时，能够反映出社会劳动消耗、资源稀缺程度和市场供求关系的价格，亦即当资源处于最佳分配状态时的边界产出价值。影子价格又被称为最优价格或预测价格。影子价格不是真正意义上的商品价格，而是人们对所利用的资源的一种评价。影子价格是表示假定没有市场价格偏差时的货物和服务的价格，反映在投资项目的产出上就是一种消费者"支付意愿"或者说是"愿付价格"。只有在市场供求关系完全平衡的状态下，市场价格才能表示愿付价格。若是反映在项目的投入物上，就是将该种资源投入社会其他活动中时，能带来的经济效益，即投入的资源的机会成本。从产生的效果来看，影子价格使资源优化配置，反映资源合理配置的要求。在市场机制已发展完善的情况下，可以将市场价格作为投资项目国民经济评价效益与费用的计算价格，即影子价格。

由于我国的市场经济现阶段还不是很完善，一些商品的价格并不能够真正反映出其包含的社会价值，故在评价项目对国民经济的净贡献时，原则上项目的主要投入物和产出物都应该采用影子价格来计算，以求达到社会资源的合理配置和有效应用。

1. 外贸货物的影子价格

所谓外贸货物，是指生产或者使用将直接或间接影响国家进出口的货物。外贸货物包括：项目产出物中的直接出口，即增加出口的货物；项目产出物中的间接出口，即替代其他企业产品供应国内市场从而使其他企业增加出口货物，或替代进口，即产品满足其他企业或最终消费从而使进口减少的货物；项目投入物中的直接进口，即增加进口的货物；项目投入物中的间接进口，即挤占其他企业投入物而使其增加进口的货物，或减少出口，即挤占原来可用于出口的国内产品的货物。外贸货物的影子价格一般取口岸价格。口岸价格的选取应注意国际市场变化趋势，进行有根据的预测，注意倾销、暂时紧缺、短期波动等影响因素，同时考虑质量价差。确定口岸价格后，通过影子汇率将以外币计算的口岸价格换算成以本国货币计算的口岸价格。

2. 非外贸货物的影子价格

非外贸货物是指不影响国家进出口的货物，如建筑、国内运输等基础设施和商业的产品服务，以及受运输费用或者国内贸易保护政策限制而不能进行外贸的货物。非外贸货物的影子价格按照以下原则和方法来确定。

（1）增加国内市场供应量的项目产出物。供求平衡的，按照财务价格定价；供不应求的，在参照国内市场价格的同时考虑价格变化定价，但不应高于相同质量产品的进口价格；供求状况无法判断时，选择以上两种价格中较低者作为该货物的影子价格。

（2）替代国内原有企业部分或全部生产的项目产出物。产出物质量与被替代产品相比没有变化时，按照被替代产品的可变成本进行分解定价；产出物比被替代的产品质量有所提高的，按照被替代产品的可变成本分解再加上该产出物产品质量提高所带来的国民经济效益来定价，该效益可近似按照国际市场价格与被替代产品的价格差来确定。

（3）投资项目所需的某种投入物是通过原有企业挖潜来增加供应，不需要增加投资，此时，通过可变成本分解定价得到货物的出厂价格。

（4）投资项目所需的投入物是必须要扩大生产规模才能够满足的，需要新增加投资。此时，可以对它的全部成本进行分解，从而得到货物出厂的影子价格，加上运输费用和贸易费用，便可得到该项目使用这种货物的影子价格。

（5）项目所需要的某种投入物无法通过扩大生产规模或者提高生产能力来供应，只有去挤占其他用户的用量才能得到。此时，影子价格可取市场价格、协议价格二者中的较高者，再加上贸易费用和运输费用，得到出厂价格。

3. 特殊投入物的影子价格

1）影子工资

劳动力是一种资源，社会要为项目使用该资源付出代价。在国民经济评价中，这种代价通常用影子工资来表示。影子工资是指该投资项目所雇用的劳动力为本项目提供劳务，从而使整个国民经济为此付出的代价，所以，影子工资由劳动力的机会成本和新增资源耗费两部分组成。劳动力机会成本是指拟建项目占用的人力资源由于在本项目使用而不能再用于其他地方或享受闲暇时间而被迫放弃的价值，应根据项目所在地的人力资源市场及劳动力就业状况进行分析确定。新增资源耗费是指劳动力在本项目新就业或由其他就业岗位转移到本项目而发生的经济资源消耗，而这种消耗与劳动者生活水平的提高无关，在分析中应根据劳动力就业的转移进行成本测算。

在国民经济评价中，影子工资可通过影子工资换算系数得到。影子工资换算系数是指影子工资与项目财务分析中的劳动力工资之间的比值。影子工资的计算公式为

$$影子工资=名义工资×影子工资换算系数$$

式中，影子工资换算系数的取值：技术性工种，换算系数为 1；非技术性工种，换算系数为 0.8。

2）土地的影子价格

土地是项目投资中的一项特殊投入物，是一种重要的资源。土地的影子费用代表对土地资源真实价值的衡量，是指项目使用土地资源而为此放弃的效益，以及社会为此放弃的效益。

在项目国民经济评价中，以土地影子价格计算土地费用，土地的影子费用包括投资项目占用该土地（取得土地的使用权）而为此放弃的土地机会成本，以及项目占用土地使得社会为此新增的资源消耗，计算公式如下：

$$土地影子费用=土地机会成本+新增资源消耗$$

式中，新增资源消耗主要包括拆迁补偿费用、剩余劳动力安置费用等。

　　《建设项目经济评价方法与参数》（第三版）指出土地的影子价格应根据项目所占土地所处位置、项目情况以及取得方法的不同分别确定。具体应符合以下规定。

　　（1）如果土地的使用权是通过政府公开招标、拍卖和挂牌出让等方式取得的，该土地的影子价格应按照财务价格计算。

　　（2）如果土地的使用权是通过划拨、双方协议的方式取得的，其土地的影子价格就由当地正常情况下公平的市场交易价格进行调整计算得到。

　　（3）如果土地的使用权是按低于市场价格的优惠价格划拨成协议转让而得到的，其土地的影子价格就应该参照当地土地市场交易价格类比决定；当无法用类比方法确定时，可以采用收益现值法确定该土地的影子价格，采用社会折现率对土地的未来收益及费用进行折现；或者用应得收益加上土地开发成本来确定其影子价格。

　　（4）当项目占用农村用地时，应以土地征用费来调整计算土地的影子价格。并且，土地征收补偿费当中的土地补偿费与青苗补偿费应该视作土地的机会成本，地上附着物补偿费与安置补助费应该视作新增资源消耗，土地管理费、征地管理费、耕地占用税、土地开发费、耕地开垦费等其他费用应列为转移支付，不作为费用。

　　3）自然资源的影子价格

　　各种自然资源也是项目建设的一种特殊的投入物，项目要使用的自然资源都是对社会资源的占用和消耗。可再生自然资源的影子价格按资源再生费用计算其影子价格，不可再生资源的影子价格按资源的机会成本计算其影子价格。

　　（二）影子汇率

　　汇率是用一个国家的货币折算成另一个国家的货币的比率，是以本国货币表示的外国货币的"价格"。影子汇率是指两国货币购买力的实际对比关系，是一个单位外汇折合成国内价格的实际经济价值，即外汇的影子价格。一般来说，在外汇管制和没有形成自由外汇市场的条件下，官方汇率往往会低估外汇的价值。所以，国民经济效益评价中必须把官方汇率转化为影子汇率，也就是外汇的机会成本。外汇的机会成本是指在一定的经济条件下，由于项目的投入或产出而减少或增加的外汇收入而给国民经济带来的净损失或净效益。

　　在国民经济评价中，影子汇率是项目国民经济评价中的一个重要参数，用于外汇与人民币之间的换算，同时又作为经济换汇或者节汇成本的判断依据。在实际应用中，影子汇率是通过换算系数得到的。根据《建设项目经济评价方法与参数》（第三版），我国的换算系数为1.08。此外，对于非美元的其他国家的货币，可按当时国家外汇管理局公布的汇率将其折算成美元，再用换算系数折算成人民币。

　　（三）社会折现率

　　社会折现率是项目资金的影子价格。社会折现率是从国家的角度对资金的机会成本和资金的时间价值的估量，它表示社会可接受的最低投资收益率限度。在项目国民经济评价中，社会折现率是衡量经济内部收益率的基准值，也是用来计算项目经济净现值的折现率。社会折现率是国民经济评价的重要参数之一，既可以用作项目经济内部收益率的判别标准，也可以作为计算国民经济评价中合理价格和经济净现值的折现率，或者作为衡量投资项目经济内部收益率的基准值，同时还是衡量资金时间价值的重要参数，代表资金占用所应获得的最低动态收益率。社会折现率是判断项目可行性和进行方案比选的参数。社会折现率是从社会的观点反映出最佳的资源分配和社会可接受的最低投资收益率限度，即投资项目可能使社会得到收益的最低标准。适当的社会折现率，有助于引导投资方向，调控投资规模，促进资金的合理配置。

《建设项目经济评价方法与参数》（第三版）中指出：社会折现率应根据国家社会经济发展目标、发展战略、发展优先顺序、发展水平、宏观调控意图、社会成员的费用效益时间偏好、社会投资收益水平、资金供给状况、资金机会成本等因素综合测定。结合我国当前社会经济发展的实际情况，测定社会折现率为8%；对于受益期长的建设项目，如果远期效益较大，效益实现的风险较大，社会折现率可适当降低，但不应低于6%。

在国民经济评价中，如果计算出来的项目的内部收益率大于或者等于社会折现率，则认为项目的经济收益达到或超过了最低要求，可以接受；如果项目的内部收益率小于社会折现率，则认为项目的经济效益没有达到最低要求，项目的经济效益不好，不可接受。

四、国民经济评价的步骤

国民经济评价可以直接进行，也可以在财务评价的基础上进行。

（一）在财务评价的基础上进行的国民经济评价

在财务评价的基础上进行国民经济评价，首先应剔除在财务评价中已经计算为费用或效益的国民经济内部转移支付，增加财务评价中未反映的间接费用和间接效益；其次用影子价格、影子汇率等代替财务价格，按照国民经济评价的要求对财务评价的投资、成本和销售收入等进行调整计算；最后以此为基础，计算项目的国民经济评价指标。具体步骤如下。

1. 对有关的费用和效益进行调整

首先，要识别属于国民经济内部转移支付的内容，并从财务费用和效益流量中将其剔除；其次，识别项目的间接费用和间接效益，能够计量的应作定量计算，计入项目的总效益和总费用中，不能定量的，应尽可能作定性描述。

2. 效益和费用数据调整

第一，对固定资产投资进行调整。剔除属于国民经济内部转移支付的部分，如引进设备、材料支付的关税和增值税等，并用影子汇率、影子运费、贸易费用对引进设备价值进行调整；应用影子价格、影子运费、贸易费用对国内设备价值进行调整；根据建筑工程消耗的人工费、主要建筑材料、电力等，用影子价格、影子工资等调整建筑费用，或通过建筑工程影子价格换算系数直接调整建筑费用；用土地的影子费用代替占用土地的实际费用调整土地费用。

第二，对流动资金进行调整。财务账目中的应收、应付款项及现金并没有实际耗用国民经济资源，在国民经济评价中应将其从流动资金中剔除。如果财务评价中的流动资金是采用扩大指标法估算的，则国民经济评价仍按扩大指标法，以调整后的销售收入、经营费用等乘以相应的流动资金指标系数进行估算；如果财务评价中的流动资金是采用分项详细估算法估算的，则要应用影子价格重新分项计算。

第三，经营成本调整。确定主要原料、燃料、外购动力的货物类型，然后按其属性确定影子价格，并重新计算该项成本。根据调整后的固定资产投资计算出调整后的固定资产原值、无形资产原值与递延资产原值。确定工资换算系数，计算影子工资。最后加总求得经营费用。

第四，销售收入调整。首先确定项目产品所属的货物类型，按相应的定价原则确定其影子价格，然后重新计算销售收入。

第五，外汇借款调整。用影子汇率计算外汇借款本金和利息的偿付额。

3. 编制国民经济评价的报表和技术评价指标

国民经济评价的报表包括国民经济效益费用流量表、经济外汇流量表、国内资源流量表等；在编制报表的基础上，计算国民经济评价指标，包括经济内部收益率、经济净现值、经济外汇净现值、经济换汇成本或经济节汇成本等。

（二）直接进行国民经济评价

识别和计算技术项目的直接效益，对于那些为国民经济提供产出物的项目，按以下步骤进行国民经济评价。

第一，应根据产出物的性质确定其是否属于外贸货物，再根据定价原则确定产出物的影子价格。按照项目的产出物的种类、数量及其逐年的增减情况和产出物的影子价格计算项目的直接效益。对于那些为国民经济提供服务的项目，应根据提供服务的数量和用户收益计算项目的直接效益。

第二，用货物的影子价格、土地的影子价格、影子工资、影子汇率、社会折现率等参数直接计算项目的投资。

第三，估算流动资金。

第四，根据生产经营的实物消耗，用货物的影子价格、影子工资、影子汇率等参数计算经营费用。

第五，识别项目的间接效益和间接费用。对于能定量的，应进行定量计算，对于难于定量的，应作定性描述。

第六，编制有关报表，计算国民经济评价指标。

五、国民经济评价的基本报表

国民经济评价的基本报表共三种，包括国民经济效益费用流量表（全部投资）、国民经济效益费用流量表（国内投资）和经济外汇流量表，这三个表都能反映项目对国民经济效益影响的费用和效益。在这三个表的基础上可以计算相关的指标，用以进行国民经济效益的评价。

（一）国民经济效益费用流量表（全部投资）

国民经济效益费用流量表（全部投资）（表 7-7）以全部投资作为计算的基础，用以计算全部投资经济内部收益率、经济净现值等指标，考察项目全部投资对国民经济的净贡献，并据此判别项目的经济合理性。

表 7-7　国民经济效益费用流量表（全部投资）

序号	项目	计算期							
		1	2	3	4	5	6	……	n
1	效益流量								
1.1	产品销售（营业）收入								
1.2	回收固定资产余值								
1.3	回收流动现金								
1.4	项目外部效益								
2	费用流量								
2.1	建设投资								
2.2	流动资金								
2.3	经营费用								
2.4	项目外部费用								
3	净效益流量（1-2）								

计算指标：

经济净现值：

经济内部收益率：

（二）国民经济效益费用流量表（国内投资）

国民经济效益费用流量表（国内投资）（表 7-8）以国内投资作为计算的基础，将国外借款利息和本金的偿付作为费用流出，用以计算国内投资经济内部收益、经济净现值等指标，作为利用外资项目经济评价和方案比较取舍的依据。

表 7-8　国民经济效益费用流量表（国内投资）

序号	项目	计算期							
		1	2	3	4	5	6	……	n
1	效益流量								
1.1	项目直接效益								
1.2	回收固定资产余值								
1.3	回收流动现金								
1.4	项目间接效益								
2	费用流量								
2.1	国内建设投资								
2.2	国内流动资金								
2.3	经营费用								
2.4	流到国外资金								
2.4.1	国外借款本金偿还								
2.4.2	国外借款利息支付								
2.4.3	其他								
2.5	项目间接费用								
3	国内投资净效益流量（1-2）								

计算指标：

经济净现值：

经济内部收益率：

（三）经济外汇流量表

经济外汇流量表（表 7-9）适用于涉及出口创汇或替代进口节汇的项目，反映各年净外汇流量和净外汇效果，用以计算经济外汇净现值、经济换汇成本或节汇成本，衡量项目对国家外汇的净贡献以及在国际上的竞争力。

表 7-9　经济外汇流量表

序号	项目	计算期							
		1	2	3	4	5	6	……	n
1	外汇流入								
1.1	产品销售外汇收入								
1.2	外汇借款								
1.2.1	长期借款								
1.2.2	流动资金借款								
1.3	自有外汇资金								
1.4	其他外汇收入								
2	外汇流出								
2.1	固定资产投资中外汇支出								
2.2	进口原材料								
2.3	进口零部件								
2.4	技术转让费								
2.5	偿付外汇借款本息								
2.6	其他外汇支出								
3	净外汇流量（1-2）								
4	产品替代进口收入								
5	净外汇效果（3+4）								

计算指标：
经济外汇净现值：
经济换汇成本或经济节汇成本：

第三节　项目环境影响评价

人类社会的生存和社会经济的发展依赖于自然环境，人类的活动加速了当今环境的变化。随着人口的增加、科技水平的提高，人类活动给环境带来了剧烈的冲击，环境问题日益突出。从人类社会与自然环境和谐共处的角度出发，人类应与环境协调发展，从而实现社会的可持续发展。

一、环境影响评价概述

（一）环境的定义

环境是指人类以外的整个外部世界的总和。具体来说，环境指的是围绕人类生活的空间以及其中可以直接和间接影响人类生活和发展的自然要素和社会要素的总和。

《中华人民共和国环境保护法》规定了环境的定义，环境是指影响人类生存和发展的各种天然的和经过人工改造的自然因素的总体，包括大气、水、海洋、土地、矿藏、森林、草原、湿地、野生生物、自然遗迹、人文遗迹、自然保护区、风景名胜区、城市和乡村等。

当前人类社会面临的环境问题大致可分为两类：一是环境污染问题，即空气、水和土壤等环境要素发生了危害人和其他物种的变化；二是生态问题，即生态系统的结构和功能发生了不利于生活在其中的物种的生存与发展的变化。

（二）环境的特性

（1）环境具有整体性和区域性。环境的整体性表现在环境是各要素或各组成部分之和，因有其相互联系、相互制约与相互渗透，并以特定的相互作用而构成的具有特定结构和功能的系统。区域性则是环境因地理位置的不同或空间范围的差异，具有不同的表现特性，如滨海环境和内陆环境的差异。环境的区域性不仅体现了环境在地理位置上的变化，还反映了区域社会、经济、文化、历史等的多样性。

（2）环境具有变动性和稳定性。环境的变动性是指在自然力量或人类活动的作用下，环境的内部结构和外在状态始终处于不断变化之中。环境的稳定性是相对于变动性而言的，指环境系统具有一定的自我调节能力，对自然或人类活动造成的变化，在一定限度内，环境可借助自身的调节能力使这些变化逐渐消失，使环境结构和状态得以恢复到变化前的状态。

（3）环境具有资源性。环境就是资源。环境提供了人类发展所必需的物质和能量，人类社会的生存与发展要求环境要有所付出，环境是人类社会生存必不可少的投入，环境是人类社会发展的必要基础条件。环境资源包括物质性和非物质性两方面。生物资源、矿产资源、淡水资源、海洋资源、土地资源、森林资源等，都是环境资源的重要组成部分，属于物质性资源。而环境状态，就是一种非物质性资源。不同的环境状态，为人类社会的发展提供不同的环境条件，如海滨地区有利于发展航运或旅游业，矿产丰富的地区有利于发展工业或加工业等。

（4）环境具有价值性。环境具有资源性就必然具有价值性，人类从环境获取发展的物质和能量，从这个意义上来说，环境具有不可估量的价值。环境的经济价值是环境价值的一种形式，在环境影响评价中，环境的经济价值常被用于环境的损益分析。

（三）环境影响评价

《中华人民共和国环境影响评价法》规定，环境影响评价是指对规划和建设项目实施后可能造成的环境影响进行分析、预测和评估，提出预防或者减轻不良环境影响的对策和措施，进行跟踪监测的方法与制度。环境影响评价的根本目的是鼓励在规划和决策中考虑环境因素，最终使人类活动更具环境相容性。

环境影响评价从建设项目所在地区的整体出发，考察建设项目的不同选址和布局对区域整体的不同影响，并进行比较和取舍，选择最有利的方案，保证建设项目选址和布局的合理性。环境影响评价针对具体的开发建设活动或生产活动，综合考虑开发活动特征和环境特征，通过对污染治理设施的技术、经济和环境进行论证，可以得到相对最合理的环境保护对策和措施，把因人类活动而产生的环境污染或生态破坏限制在最小的范围。

环境影响评价的主体依据各国环境影响评价制度而定。中国的环境影响评价主体可以是学术研究机构，工程、规划和环境咨询机构，但其必须获得国家环境保护行政机构认可的环境影响评价资格证书。

二、环境影响评价的步骤

环境影响评价工作通常分为三个阶段：准备阶段、正式工作阶段、报告书编制阶段。

准备阶段的工作包括：①研究相关环境评价的法律法规，如国家和地方的环境相关的法律法规、发展规划和环境功能区划、技术导则和相关标准、建设项目依据、可行性研究资料及其他有关技术资料；②进行初步的工程分析，明确建设项目的工程组成，根据工艺流程确定排污环节和主要污染物，同时进行建设项目影响区域的环境现状调查；③识别建设项目的环境影响因子，筛选主要的环境影响因子，明确评价重点；④确定各单项环境影响评价的范围和评价工作等级，编制评价大纲或工作方案。

正式工作阶段包括：①进一步进行工程分析，开展充分的环境现状调查、监测并进行环境质量现状评价；②根据污染源和环境现状资料进行建设项目的环境影响预测，评价建设项目的环境影响，同时开展公众意见调查；③提出减少环境污染和生态影响的环境管理措施和工程措施。

报告书编制阶段包括：汇总、分析第二阶段得到的各种资料、数据，从环保的角度确定项目的可行性，做出评价结论和提出进一步减小环境影响的建议，最终完成环境影响报告书（表）的编制。

三、环境影响报告书的编制内容

一般来说，环境影响评价工作要生成环境影响报告书。《建设项目环境保护管理条例》规定："建设项目对环境可能造成重大影响的，应当编制环境影响报告书，对建设项目产生的污染和对环境的影响进行全面、详细的评价。"

不同类型的建设项目所需要编制的环境影响报告书不尽相同，但按照《建设项目环境保护管理条例》的规定，典型的报告书应包括以下的基本内容。

第一部分为总论部分，包括：①环境影响评价项目的来源，说明建设项目立项始末、批准单位及文件、评价委托、完成评价工作概况；②编制环境影响报告书的目的；③编制依据，包括项目建议书、评价大纲及审查意见、评价委托书或任务书、建设项目可行性研究报告及批准文件、《建设项目环境保护管理条例》及实施细则等；④评价标准，包括国家标准、地方标准或行业标准及拟采用的国外标准等；⑤控制污染及保护环境的目标；⑥评价范围可按大气环境、水环境、环境噪声、土壤及生态环境分别列出。

第二部分为建设项目概况部分，包括：①建设项目的名称、地点及建设性质；②建设规模、产品、产量、职工人数、利税、占地面积及平面布置等；③生产工艺简介；④原料、燃料、用水量及水循环量，可列表反映，最好进行物料平衡说明；⑤污染物排放清单；⑥建设项目采取的环保措施，包括净化流程、设备、效果、投资、效益等；⑦工程影响环境因素分析。

第三部分为环境现状调查，包括：①自然环境状况调查，如地理位置、地质结构、地形地貌、水环境状况、大气环境状况等；②社会环境调查，如现有人口密度、农业概况、土地利用情况、交通运输情况和社会经济活动情况等；③大气环境质量现状调查，如监测项目、污染物浓度、超标情况等；④地面水、地下水环境质量现状调查，其中地面水调查给出监测断面的地理位置、采样点数目、位置、监测频率及监测项目等，地下水现状调查给出监测位置、监测项目、分析方法和采样时间等；⑤土壤及农作物现状调查；⑥环境噪声现状调查；⑦评价区人体健康及地方病调查；⑧其他社会、经济活动造成的污染、破坏环境现状调查。

第四部分为污染源调查与评价，包括：①评价区内污染源调查，说明评价区污染源调查的方法、数据来源、评价方法等；②建设项目污染源预估，根据污染源情况列表分别给出各污染源的污染物种类、数量、性质、排放方式、排放规律、排放途径及去向等；③污染源评价，进行主要污染源和主要污染物的判别。

第五部分为环境预测与评价，包括：①大气环境影响与评价；②水环境影响与评价；③噪声环境影响与评价；④土壤及农作物环境影响分析；⑤污染对人体健康的影响分析；⑥振动及电磁波的环境影响分析评价；⑦对周围地区的地质、水文、气象和生态可能产生的影响分析。

第六部分为环境保护措施的可行性分析及建议，包括：①大气污染防治措施的可行性分析及建议；②废水治理措施的可行性分析及建议；③废渣处理与处置的可行性分析及建议；④噪声、振动及其他污染控制措施的可行性分析及建议；⑤绿化措施的可行性分析及建议；⑥建立环境监测制度的建议。

第七部分为环境影响经济损益分析，包括：①建设项目的经济分析；②建设项目的环境效益，如环境恶化的经济损失、环保副产品收益、环境改善效益等；③建设项目的社会效益。

第八部分为结论及建议，包括：①评价区的环境质量现状；②污染源评价的主要结论，主要污染物和主要污染源；③建设项目对评价区环境的影响；④环保措施可行性分析的主要结论及建议；⑤从经济、社会、环境三效益统一的角度，综合判断建设项目的选址、规模、布局等是否合理，提出的建议应具体可行。

最后为附件、附图及参考文献，包括：①附件，主要有建设项目建议书及其批复、评价大纲及其批复等；②附图，在图表特别多的报告书中可编写附图分册，一般情况下附图加在报告书中或放置在附录中；③参考文献，应给出作者、文献名称、出版单位、版次、出版日期等。

环境影响报告书的编写应全面、客观、公正地反映环境影响评价的工作，文字应简洁、准确，图表要规范清晰，论点要明确。规模较大的项目应有总报告书和分报告书，总报告书应简明扼要，分报告书应详尽周全。环境影响报告书内的基础数据应有可靠来源，需认真检查核对，预测模式及参数选择应谨慎合理，最终给出的结论须以客观事实为依据，明确清晰，避免模棱两可的情况。

四、环境影响评价的主要方法

环境本身是一个复杂系统，它决定了环境影响评价方法具有多样性和交叉性的特点。从功能上看，各国环境影响评价工作者运用的方法大致可分为环境影响识别方法、环境影响预测方法和环境影响综合评价方法三大类。

（一）环境影响识别方法

环境影响识别就是要找出所有受影响（尤其是负面影响）的环境因素，以使环境影响预测减少盲目性、影响分析增加可靠性、控制负面影响对策具有针对性。

环境影响因子的识别。在进行某项投资建设项目时，首先要弄清该工程影响地区的自然环境和社会环境，确定环境影响评价的范围。在此基础上，根据工程的组成、特性及其功能，结合工程影响地区的特点，从自然环境和社会环境两个方面，选择需要进行影响评价的环境因子。环境因子的选择应尽量精炼，能反映评价对象的主要环境影响，便于监测和测度。

不同项目阶段的环境影响识别。在项目建设期，环境影响主要为施工期间的建筑材料、设备、运输、装卸等的影响；施工噪声、机械振动等影响；土地利用、填埋疏浚及工期污染物对环境的影响。项目生产运行阶段的环境影响主要有物料流、能源流、污染物对自然环境和社会、文化环境的影响，对人群健康和生态系统的影响以及危险设备事故的风险影响等。服务期满后的环境影响主要是对水环境和土壤环境的影响，如水土流失、留存在土壤中的污染物等。

环境影响程度识别。投资建设项目对环境的影响程度可通过等级划分来反映。将可能受开发方案影响的环境因子和可能产生的影响性质，记录在一张表上——列举识别的方法，称为列表清单法，亦称核查表法或一览表法。列表清单法有多种变化形式：简单型清单、描述型清单和分级型清单等。简单型清单仅列出可能受影响的环境因子表，可作定性的环境影响识别分析，但不能作为决策依据；描述型清单比简单型清单多了环境因子如何度量的准则；分级型清单在描述型清单的基础上增加了环境影响程度的分级。

（二）环境影响预测方法

经环境影响识别后，主要环境影响因子已经确定，这些环境因子在建设项目开展后，究竟会有多大影响，需要进行环境影响预测。预测的方法主要有以下四种。

1. 数学模式方法

数学模式方法用于环境预测的解析模式，与数值模式一样，可分为零维、一维、二维、三维，以及稳态和非稳态。应用时应注意假设条件和尺度分析。

模式参数（如扩散参数）的确定可以采用类比的方法、数值试验逐步逼近的方法、现场测定的方法和物理试验的方法等。有代表性的模拟法有示踪剂测定法、照相测定法、平衡球测定法与风洞、水渠实验方法。但所得模式参数与原型中实际参数是有差距的，此差别是模式质量问题中的又一重要因素。

与预测质量最直接相关的因素有：输入数据的质量、环境数据（如风速、水速、气温、水温）以及用于模式参数确定的原始测量数据（如监测数据）的质量，对这些数据必须做到严格审查，严格把关。

以上三种因素可能造成的误差决定了环境影响预测的不确定性。在对环境影响评价严格要求的前提下，一般要求有对这些不确定性的讨论，必要时可用相关模式进行验证。

2. 物理模拟预测法

除了运用数学分析工具进行理论研究外，还可运用物理、化学、生物等方法直接对环境影响进行模拟，这类方法称为物理模拟预测法，属于实验物理学研究范畴。

物理模拟预测法是利用与原型在某些方面相似（几何相似、运动相似、热力相似、动力相似等）的实物模型，通过实验进行预测。物理模拟预测法的主要测试技术有示踪物浓度测量法和光学轮廓法。

3. 对比法和类比法

（1）对比法。这是一种简单的主观预测方法。此法通过在工程兴建前后对某些环境因子影响的机制及变化过程进行对比分析，进行环境影响的预测。

（2）类比法。在进行一个未来建设工程项目的环境影响评价时，可通过研究一个已知类似工程兴建前后对环境的影响情况，推测工程的环境影响。这种方法准确性好，得到了广泛应用。

4. 专业判断法

在进行环境影响预测时，常遇到数据资料不足、环境因子难以用数学模型定量化等实际问题，或是面临时间、经济条件等限制，无法运用客观的预测方法，此时只能采用主观预测方法。召开专家咨询会，进行专家讨论和评议是常用的方法。专家们会凭借自身的专业知识和丰富的实践经验，进行对比、类比分析以及归纳、演绎、推理，给出具有实践价值的预测结果。较有代表性的专家咨询法是美国兰德公司于 1964 年首次用于技术预测的德尔菲法。该法是一种系统分析方法，经过多轮征询专家意见和反馈，专家的意见通过价值判断不断向有益方向延伸，这为决策科学化提供了途径，为决策者提供了多个方案的选择机会。

（三）环境影响综合评价方法

环境影响综合评价方法不同于前述方法，它是按照一定的评价目的，把人类活动对环境的影响从总体上综合起来，对环境影响进行定性或定量的评定。人类活动具有多样性，结合环境因素的多要素性，使得两者的交互活动和影响具有复杂多变的特性，所以精确地评价各项活动对环境的综合影响有相当的困难，以下为一些通用的综合评价方法。

1. 一般指数法

在环境现状评价中，我们常采用能代表环境质量好坏的环境质量指数进行评价，具体有单因子指数评价、多因子指数评价和环境质量综合指数评价等方法。其中单因子指数评价是基础，此类评价方法也可应用于环境影响综合评价。

一般的指数分析评价，先引入环境质量标准，然后对评价对象进行处理，通常以实测值（或预测值）C 与标准值 C_s 的比值作为其数值：

$$P = C/C_s$$

单因子指数法的评价可分析该环境因子的达标或超标及其程度。显然，P 值越小越好。

在各单因子的影响评价已经完成的基础上，可对所有因子进行综合评价，引入综合指数，称为综合指数法，综合过程可分层次进行，如先综合得出大气环境影响分指数、水体环境影响分指数、土壤环境影响分指数等，然后再综合得出环境影响综合指数。

目前在环境影响评价中应用较多的指数评价方法有巴特尔指数法、格林空气污染指数法、橡桥空气污染指数法、英哈巴尔水质指数法等。

2. 矩阵法

矩阵法由清单法发展而来，不仅具有影响识别功能，还有影响综合分析评价的功能。它将清单中所列内容按其因果关系加以系统排列，并把开发行为和受影响的环境要素组成一个矩阵，在两者之间建立起直接的因果关系，辅之以定量或半定量地说明待建项目的工程活动对环境的影响。这类方法主要有相关矩阵法和迭代矩阵法两种。

3. 图形叠置法

图形叠置法最早于 1968 年被用于公路建设的环境影响评价中，用以确定建设方案，常用于变量空间分布范围较广的开发活动中。

传统的图形叠置法为手工操作，在一张透明图片上画上项目的位置与要考虑影响评价的区域和轮廓基图。另有一份可能受影响的当地环境因素一览表，其中指出专家们判断的可能受项目影响的环境因素。每一种待评价的因素为单独一张透明图片，受影响的程度用黑白色码的阴影深浅表示。把各种色码的透明片叠加到基片图上，即可观察到项目工程的综合影响。图形叠置法易于理解，能显示影响的空间分布，并且容易说明项目的单个和整体复合影响与受影响地点居民分布的关系，也可确定有利和不利影响的分布。

随着计算机的应用普及，我们可采用计算机叠图，制作单因素图和组合"因素"图，表示各种因素的综合影响，其所包含的信息比手工制图要多。

图形叠置法的经验表明，对各种线路（如管道、公路和高压线等）开发项目进行路线方案选择时，这种方法最有效。

4. 网络法

网络法，又称关系树枝法或影响树枝法。网络法的原理是采用原因-结果的分析网络来阐明和推广矩阵法。要建立一个网络，就要厘清与计划活动有关的一系列问题，如：原发（第一级）影响面是哪些，在这些范围内的影响是什么；二级影响面是什么；二级影响面内有些什么影响；三级影响面是什么；等等。除了矩阵法的功能外，网络法还可鉴别累计影响或间接影响。

环境是个复杂系统，网络法可以较好地描述环境影响的复杂关系：一个行动会产生一种或几种环境因素的变化，后者又一次引起一种或几种后续环境因素的变化，最终产生多种环境影响最后结果。然而，网络法只是一种定性的概括，只能得出总的影响。该方法需要顾及影响事件分支中单个影响事件的发生概率与影响程度，求得各个影响分支上单个影响事件的影响贡献总和，再求出总的影响程度。

第四节　项目社会评价

在投资项目评价实践中，人们逐渐发现直接的经济效益是容易测量和观察到的，但一个投资项目作为社会经济系统的一部分，其对宏观经济和社会生活产生的影响，是无法用项目的微观经济指标完全体现的。很多项目工程带来了可观的经济效益，但也给当地带来新的社会问题、环境问题和文化问题等。这些项目单纯地追求利润最大化，却忽视了人类社会的发展最终追求的是通过经济的进步，构建一个公平、美好和幸福的和谐社会。投资项目社会评价的产生就源于人类发展观的转变以及对传统社会发展动力、发展模式的深层次再思考，可持续发展观以及以人为本发展观的确立，促成了在投资项目评价中，除了需保证经济、环境可行性外，也应保证社会的可行性。投资项目的社会评价带有寻求某种多元化发展道路的积极取向。

一、社会评价概述

项目评价的理论和方法是随着社会发展的需要以及人类发展观的演变而逐步产生和发展的。20世纪40年代，西方社会经济理论都强调自由竞争，企业只追求利润最大化。相应地，项目评价仅考虑投资的财务效果。第二次世界大战之后，西方国家广泛采纳了凯恩斯理论和福利经济学的思想，加强了国家的经济功能，主要表现在大量增加公共开支，进行公共设施建设，并实行福利政策。因而，项目评价中增加了从国家宏观经济角度分析项目费用和效益的内容，分析项目的国民经济获利性，一般称为国民经济评价。到20世纪70年代，随着人类协调发展观的确立以及全球环境与生态问题的凸显，人们对项目的环境效果日益重视，环境影响评价被引入项目评价体系，以促进社会经济和环境保护的协调发展。到20世纪80年代后期，尤其是到了90年代中期，可持续发展观以及以人为本发展观逐渐被决策者所接受并得到重视，世界银行、亚洲开发银行等一些国际金融机构率先在一些投资项目中引入社会影响分析，并逐步演变为对整个项目进行社会评价。

一个项目的完整评价包含财务评价、国民经济评价和社会评价三个层次，而社会评价主要集中在人类环境的人文社会分析方面，分析政策、项目和方案的实施对人们的生活、所居住的社区、人口、收入分配、健康、安全、教育、文化娱乐、风俗习惯、社区凝聚力等方面的影响。项目社会评价是指从社会角度评价投资项目对实现国家（地方）各项社会发展目标所作的贡献与影响。项目社会评价主要应用社会学、人类学、项目评估学的理论和方法，通过系统地调查、收集与项目相关的各种社会因素和社会数据，分析项目实施过程中可能出现的各种社会问题，提出尽量减少或避免项目负面社会影响的建议和措施，以保证项目顺利实施并使项目效果持续发挥。广义上讲，投资项目的社会评价的主要目的是促进项目所在地区的发展，诸如保证项目效果的持续性，促进项目效益的公平分配。狭义上讲，投资项目社会评价的目的是使项目成功地实现其既定目标。

开展投资项目社会评价有利于协调项目与社会发展的关系，促进社会进步及经济、社会协调发展，是规避投资项目社会风险的重要手段。社会评价重视对人的因素的分析，重点关注文化教育、卫生健康、宗教信仰、风俗习惯、贫困、性别、环境、组织机构、参与性等问题，通过深入系统的调查研究，分析项目可能产生的社会影响，评价项目与社会的相互适应性，分析项目可能存在的社会风险，并提出消除项目的不利影响、规避社会风险的对策，这对确保项目的可持续性具有重要作用。

项目社会评价强调以人为本，认为人、社会、环境和自然应和谐发展。项目社会评价的必要性体现在多个层面。

第一，符合我国和谐社会建设和可持续发展战略。可持续发展是指既满足现代人的需求又不损害后代人满足其需求的能力的发展模式。可持续发展意味着经济、社会、资源和环境的协调发展，既要发展经济，又要保护好人类赖以生存的自然环境和社会环境。社会项目评价强调从全社会的宏观角度来考察项目对当地社会和文化产生的影响，并分析其利弊，是一种多视角的评价体系，符合我国和谐社会建设和可持续发展战略。

第二，是对投资项目进行宏观调控的需要。社会评价不仅重视项目本身的可持续性，强调应从社会发展的战略高度，分析项目对利益相关者的直接和间接、短期和远期、有形和无形、正面和负面影响，还强调整个社会的可持续发展，分析项目所占用或耗费的社会资源，要体现"代际公平"和"代内公平"。在市场经济体制下，政府对社会投资活动的管理，强调政府从公共社会事务管理者的角度进行宏观调控，让社会评价成为一种有效的工具。

第三，有利于丰富项目评价理论及方法体系。投资项目是实现社会发展目标的有效手段和主要途径。在产品经济时代，人们的关注点主要集中于工程技术方面，关心的是项目能否建成、工程技术指标能否达到，即工程技术方案评价；随着市场经济体制的建立，项目建设者开始关注投资回报，强调财务评价的重要性；随着经济的发展，经济学家开始大量参与到项目的投资决策分析中，强调自由的优化配置及社会福利的改善，主要使用费用效果分析和费用效益分析方法；随着发展战略的转变，以人为本理论的提出，社会学家开始参与项目决策，进而开始考虑投资项目的各种社会目标能否实现，于是开始强调社会评价的重要性。开展社会评价，是完善项目评价理论及方法体系的客观需要。

第四，是项目评价与国际接轨的需要。世界银行和亚洲开发银行等国际金融机构的贷款项目一般都要求进行社会评价，市场经济国家对公共投资项目的核准也着重强调社会评价。美国政府还公布过行政令（12074）"城市及社会影响分析"。世界银行在1984年就提出将社会评价作为世界银行开展投资项目可行性研究的重要组成部分，在项目评价阶段，社会评价与财务、经济、技术和机构评价共同进行，并于1997年成立社会发展部门，强化了项目社会评价的作用。项目评价已从单一的财务分析和经济分析评价，发展到财务、经济、技术、环境和社会等方面的评价。因此，开展社会评价，是在项目评价的方法体系方面与国际接轨的客观需要。

我国开展项目社会评价的时间尚短，西方发达国家及国际性机构开展项目社会评价也仅有几十年的时间。项目社会评价中的很多问题还处在研究和规范阶段。国家发展计划委员会于 2002 年发布的《投资项目可行性研究指南》，改变了中国过去可行性研究只重视技术、工程、经济评价，基本不进行社会评价的状况，强调了社会评价在可行性研究中的重要作用，实现了与国际接轨，完善了中国项目评价的方法体系。《投资项目可行性研究指南》提出重大项目应进行社会评价，并借鉴国外社会评价的通常做法，结合中国项目投资的具体特点，提出了中国开展社会评价的内容及方法。该指南要求从项目可能产生的社会影响、社会效益和社会可接受性等方面，判断项目的社会可行性，提出协调项目与当地的各种社会关系、规避社会风险、促进项目顺利实施的对策建议。这是中国有关部门批准推广使用的文件中，首次提出将社会评价作为可行性研究的组成部分。但《投资项目可行性研究指南》仅解决了社会评估在投资项目评估体系中从"无"到"有"的问题，其中介绍的社会评估还不易于操作，评估方法尚待发展。根据项目评估规范学科的特点，目前的社会评估研究还限于框架、理念阶段，仅初步应用于少量投资项目，成功案例和研究成果也并不丰富。

二、项目社会评价原则和内容

（一）项目社会评价的原则

基于项目的社会评价特点，在进行项目社会评价时，我们需遵循以下基本原则。

（1）以人为本原则。投资项目必须依靠人民，应广泛地争取项目区人民的参与和支持。投资项目的根本目的是改善人民的生活与生存条件。因此，在项目设计、建设和运行的过程中，必须始终贯彻把人放在首位的思想。在现代投资项目评价中，应充分考虑到人民得到全面发展这一目标，并以此为一切工作的出发点。

（2）维护社会公平原则。社会公平是现代社会所追求的一个基本目标，社会评价应站在公正公平的立场上，客观地进行分析研究，提出促进项目公平的政策与措施。在改善项目受益地区社会经济条件与人民生活质量的同时，也改善项目受损地区人民的社会经济条件与生活质量。

（3）客观性原则。客观性原则就是要确保数据的真实性和可靠性，尊重客观规律，不带主观随意性，讲求科学性，坚持尊重事实的原则以及采用科学分析方法的原则，对项目的社会经济影响做出评价。坚持评估的客观公正性原则，首先要求项目评估人员避免各种先入为主的观念，克服主观随意性和片面性。其次要求项目评估人员深入调查研究，全面系统地掌握可靠的信息资料。深入调查研究是尊重客观事实、尊重客观规律的具体体现。

（4）可操作性和通用性原则。在项目评价和方案选优时，应注意评价指标的可比性，不同方案的评价指标必须保持同一的标准和尺度并具有可操作性。对于不同的项目，在使用与行业相关的分析指标的基础上，社会评价必须具有一定的共同点，以利于触类旁通，适用于更多的其他类型项目。

（5）定量分析与定性分析相结合的原则。项目社会评价涉及的内容比较广泛，面临的社会问题比较复杂，因此需要综合使用定量分析法与定性分析法。对于能定量的社会效益尽量定量，不宜定量或不能定量的，则采用定性分析法。定性分析有利于我们把握宏观评估方向，定量分析则可以从数量指标方面进行对比，得出具体判断标准，两者相辅相成，缺一不可。

（二）项目社会评价的内容

根据社会发展的目标，结合项目的实际情况，项目社会评价的主要内容包括以下几个方面。

（1）与投资项目相关的利益相关者的评价。利益相关者是指与投资项目有直接或间接利害关系，并对项目的成功与否有直接或间接影响的有关各方，一般包括项目的受益人、受害人及受影响人、为项目提供资金的机构、有关的项目执行机构（包括计划、设计、咨询、管理机构等）。其主要内容包括：①识别所有潜在的利益相关者；②利益相关者与项目间相互影响分析；③项目与各利益相关者间的适应性分析。在评价中必须调查与项目存在利害关系的利益相关者的意见，调查他们能否在项目的实施、维护、运营和监督过程中继续或扩大他们的参与活动，并制定帮助受益者自我组织完成项目功能的策略。

（2）脆弱群体分析。脆弱群体分析实际上是利益相关者分析的延伸。通过对项目中的脆弱群体的关注，尤其是通过对老人、妇女、儿童、残疾人等弱势群体的关怀，促进项目区的社会公平与发展。这对影响特定目标群体（如少数民族、迁移人口和妇女）的项目构成是非常重要的，有利于对项目效益的分配做出合理的安排。

（3）对项目地区人口生产活动社会组织的评价。其主要包括：①项目地区所流行的居民模式和家庭体系特点、劳动力的可获得性和所有制的形式；②小型生产者是否能合理利用市场、能否获得地区经济的有关信息；③土地所有制度和使用权；④项目地区利用可获得的自然资源和其他生产性资源的使用方式。要充分评估这些因素在项目实施后的变化，保证项目地区的社会组织能适应技术条件的变化。

（4）对项目的文化可接受性及其预期受益者需求的一致性的评价。投资项目必须考虑项目地区的价值观、风俗习惯、信仰和感知需要。项目必须是在文化上可以接受的，必须被当地的社会活动者以及他们的机构和组织所理解，并能运行和得到维护。

（5）项目地区社会经济调查。开展广泛的调查，收集项目的社会经济信息，为投资项目选址和规划提供依据。

（6）持续性评价。持续性是投资项目社会评价所追求的目标之一，它的评价内容应包括如下三个方面：①环境功能的持续性，分析通过社会因素的改变来实现环境功能持续性的方式；②经济增长的持续性，重点分析社会因素对项目的实施和运行的影响，并寻求实现经济持续增长的各种可能的方式；③项目效果的持续性，识别影响项目效果持续性的主要因素，寻求实现项目效果持续性的方法，分析项目和利益群体之间的相互影响关系，确保项目效果的持续性。

三、项目社会评价的方法

（一）项目社会评价的步骤

项目社会评价会因项目的类型、行业、性质、规模和复杂程度的差异而有所不同，但从宏观上来看，社会评价也都遵循一个客观的、循序渐进的基本工作程序，大致可分为筹备计划、调查研究、分析评估、总结报告四个阶段。对于大型建设项目，社会评价又可细分为以下九个步骤。

1. 筹备与计划

项目社会评价一般由独立的咨询单位选派社会评估专家和若干掌握社会评价方法的专业人员组成评价小组。评价小组成立后，着手进行评价的准备工作，熟悉项目基本情况、确定成员分工、制订评价工作进度计划等。工作计划应包含社会评价的所有步骤，经论证后即可开始调研、分析、评价工作。

2. 确定项目目标与评估范围

根据项目投资的任务，运用逻辑框架法，分析研究项目的内外部关系，明确项目的评价目标，大多数项目一般直接目标比较明确，而有的项目，项目目标比较模糊，需要在项目投资不同阶段，多次进行分析逐步确定。

项目社会评价范围包括项目直接影响的空间范围和时间范围。空间范围一般是项目所在的社区、县市，有些大型项目的影响区域涉及省、市较广泛的地域。时间范围一般是项目的寿命期或预测可能影响的年限。

3. 选择评价指标

要衡量一个项目的社会影响，必须要有一定的指标。在详细社会分析阶段要根据项目的具体目标、项目地区的社会发展目标，以及项目目标群体、影响群体的社会经济条件等因素确定评价的指标，或根据国家地方的社会发展目标与社会政策，由评估人员结合项目的功能、产出等具体情况，找出项目可能产出的效益与影响、项目与社会相互适应的各种因素，选出项目评价的指标。

4. 调查预测、确定评价基线

调查评价的基线情况，采用各种必要的调查方法，收集项目影响区域现有社会经济及项目评价指标涉及的有关社会环境、自然资源、自然环境等方面的资料，并采用科学的预测方法预测项目影响时限内可能发生的变化，将其作为评价的基线情况。调查预测项目所在社区和受影响社区的基本社会经济情况及其在项目影响时限内可能发生的变化，将其作为基线评估的基本资料。调查社区各群体对项目的反应与要求，将其作为分析项目与社区的相互适应性的资料。调查社区参与项目活动的可能性，并将其作为制定参与规划的基本资料。

5. 制订备选方案

根据项目的目标，以及不同的建设地点、不同的资源、不同的工艺技术，提出若干可供选择的方案，采取各种方式征求当地政府、社区和群众的意见和建议，将收集到的合理化建议尽可能吸纳到备选方案中。

6. 进行分析评估

根据调查资料，对每一种备选方案进行定量分析与定性分析相结合的综合评价：①对于各种备选方案，计算各项社会效益与社会影响能够定量的指标。通过运用调查预测资料、各种有关的评估参数及同类项目历史经验等资料，对比"有"和"无"项目实施的不同情况，从而计算出各项定量指标的数据，并评价优劣。②对于无法定量分析的指标，可采用定性分析方法。判断各种定性分析指标对有关社会发展目标与当地社会环境相互影响的程度，并找出项目实施期间，当地社区各群体分析项目带来的社会变化可能引发什么社会问题，揭示项目可能存在的社会风险。③分析判断各种定量指标与定性指标对项目实施与社会发展目标的重要程度，进行各种效益与影响的权衡、排序，并对若干重要指标，特别是存在不利影响的指标进行深入的分析研究，制定减轻不利影响的措施，研究存在的社会风险的性质与重要程度，提出防范风险的措施。④对各备选方案进行综合分析评估。

7. 最优方案选择

对各备选方案的综合分析评估结果进行比较分析，选出最优方案。需要注意的是，不仅要比较综合评估结论或评出的总分数，还要比较方案中重要的关键指标，并要注意比较各方案存在的社会风险。

选择最优方案，应将项目的财务评估、国民经济评估结果结合起来研究，财务、经济效益好，社会效益好，不利影响最小，受损群众最少，社会补偿措施费用最低，社会风险最小的方案为最优方案。如果财务、经济、社会评估最优方案有矛盾，一般应另选方案，或对有关方案的各项经济、技术因素进行调整。总体来说，应根据项目的具体情况，解决方案的财务、经济、社会方面存在的矛盾。

对于最优方案的不利影响及存在的社会风险，提出补救措施与解决方法，并估算各项补偿费与措施费，并将其计入项目总投资中。

8. 专家论证

根据项目的不同情况，召开不同规模的专家论证会，将选出的最优方案提交专家论证。并根据专家的意见，对方案予以修改、调整与完善。

9. 编制总结报告

社会评价的结果应形成社会评价报告，报告内容应能满足进一步明确项目社会目标的要求，并可作为针对这些目标制订项目方案的依据。社会评价报告应包含以下内容：项目背景的社会信息以及相关社会层面的项目受益人群范围界定；项目社会评价工作的过程和作用，所选取的战略和方法；社会评价所采用的评价指标体系；确认主要利益相关者的需求、对项目的意愿表达、对项目内容的认可和接受程度；项目的基线情况，项目"有""无"的对比；拟建项目可能出现的社会问题及解决方案，必要时需制订减小影响的方案；为提高项目透明度和社会公平度、减轻贫困和降低社会风险提供的具体方案；提出获得最佳项目收益和实现项目目标的建议，并提出使项目机构继续自我发展且符合当地可持续发展目标的战略；等等。

（二）项目社会评价的主要方法

1. 基准线调查法

基准线是指在没有拟建投资项目的情况下，被研究区域的社会经济状况。基准线的确定是进行项目前后对比分析与有无对比分析的基础。作为项目实施后各阶段社会评价的对比基准，其通常应调查当地社会人文、经济、自然环境与自然资源情况以及其他社会环境状况和社区基本情况等内容。一般来说，可采用科学预测法，在当地有关地方机构和社区进行调查，或请有关专家估计。

2. "有无项目"对比法

"有无项目"对比法是指对"有项目"与"无项目"情况的对比分析，也就是在项目区域内，将拟建项目的建设和生产经营的实际效果和影响，同无此拟建项目的情况进行对比分析。"有项目"是指对该项目进行投资后，在计算期内，资产、费用与收益的预计情况；而"无项目"是指不对该项目进行投资时，在计算期内，与项目有关的资产、费用与收益的发展情况。从"有项目"情况中扣除同一时间内的"无项目"情况，就得出由拟建项目引起的效益增量和各种影响。在对比分析中，应分清这些效益和影响中拟建项目的增量效益作用和项目以外的"无项目"状态下的收益。如果很难确定拟建项目本身的作用，则可确定一个与项目所在地区条件基本相同，又无其他项目建设的区域作为参照的"无项目区"来进行有无对比。在进行有无对比分析时，对数据资料的要求比较严格，需要将调查收集的资料进行整理加工，并通过必要的敏感性分析来测定项目对各种因素变化的适应性。"有无"对比分析可采用表 7-10 进行综合分析。

表 7-10 "有无"对比综合分析模式

评价指标	有项目	无项目	差别	分析
财务效益				
经济效益				
经济影响				
环境影响				
社会影响				
综合影响				

3. 逻辑框架法

逻辑框架法是一种综合和系统地研究和分析问题的思维框架，可以用来总结一个项目的诸多因素，包括投入、产出、目的和宏观目标之间的因果关系。该方法有助于评价者理清建设项目中的因果关系、目标关系、手段关系、外部条件制约关系，侧重于分析项目的运作，如项目的对象、目的、进行时间和方式等。

逻辑框架法的核心概念是事物之间的因果关系，即"如果"提供了某种条件，"那么"就会产生某种结果，这些条件包括事物内在的因素和事物所需的外部条件。逻辑框架法用一张简单的矩阵式框图来清晰地分析一个复杂项目的内涵和关系，使之更易理解，它将几个内容紧密相关、必须同步考虑的动态因素组合起来，通过分析相互之间的逻辑关系来评价项目的目标实现程度和原因，以及项目的效果、作用和影响，从设计、策划到目的、目标等来评价一项活动或工作。项目策划者和评价者提供一种分析思维框架，用以确定工作的范围和任务，实现对项目的清晰描述，并对项目目标和达到目标所需的手段进行逻辑关系的分析。逻辑框架法的矩阵模式可用表 7-11 表示。

表 7-11 逻辑框架法的矩阵模式

层次描述	客观验证指标	验证方法	先决条件
宏观目标	达到目标的测定	统计资料	目的-目标的条件
直接目标	项目的最终状况	统计资料	产出-目的的条件
项目产出	产出物定量指标	统计资料	投入-产出的条件
项目投入	投入物定量指标	项目资料	项目的原始条件

逻辑框架法的矩阵模式垂直方向各行代表项目目标层次，它按照因果关系，自下而上地列出了项目投入、项目产出、直接目标和宏观目标等四个层次，包括达到这些目标所需要的方法，说明了目标层次之间的因果关系、重要的假定条件和前提以及假定对项目目标结果有影响的不确定因素；水平方向各列代表如何验证这些不同层次的目标是否达到，自左而右列出了项目各目标层次的客观验证指标、验证方法及先决条件，采用专门的客观验证指标及其验证方法，分析研究项目的资源消耗情况，对项目各个目标层次所得出的结论进行专门的分析和详细说明。

4. 利益群体分析法

项目利益群体是指与投资项目有直接或间接利害关系，并对投资项目的成功与否有直接或间接影响的所有有关各方，包括投资项目的受益人、受损人以及与项目有关的其他利益群体。利益群体的划分一般是按各群体与投资项目的关系及其对项目影响的程度与性质或其受项目影响的程度与性质决定的。

利益群体分析法的一个关键的工作就是要对各利益群体进行准确的划分。依据不同的划分标准，如城市交通项目利益群体可有不同的划分结果。依据各利益群体是否受益，可分为项目受益群体、项目受损群体和项目损益群体；按与项目关系是否直接，可将利益群体分为直接利益群体和间接利益群体。

利益群体分析的主要内容包括：①根据项目单位的要求与项目的主要目标，确定项目所包括的主要利益群体；②分析各利益群体的利益所在及其与项目的关系；③分析各利益群体间的相互关系；④分析各利益群体参与项目的设计、实施的各种可能方式。

5. 综合分析评估法

投资项目社会评价综合分析评估法可采用矩阵分析总结法和多目标分析综合评估法两类，前者适用于定性总结分析，后者适用于定量指标分析。

矩阵分析总结法首先将社会评估的各项定量分析指标与定性分析指标按权重排列顺序，列于"项目社会评估综合表"（表 7-12）的矩阵中；其次，由评估者对此表所列的各项指标进行分析，阐明每个指标的评估结果及其项目社会可行性的影响程度；再次，将一般可行而且影响小的指标逐步排除，着重分析和考察影响大和存在风险的问题和指标，权衡其利弊得失，并说明补偿措施和费用情况；最后，指出影响项目社会可行性的关键所在，提出对项目社会评价的总结评估，确定项目从社会因素方面分析是否可行的结论。此法简单明了、易于掌握，特别适用于人民群众直接受益的项目。

表 7-12 项目社会评估综合表

序号	社会评估指标 （定量与定性指标）	分析评估结果	需要说明（包括措施、补偿及费用）
1			
2			
3			
4			
……			

多目标分析综合评估法可采用德尔菲法、矩阵分析法、项目规划法、层次分析法和多层次模糊综合评估法等具体方法。可由评估人员根据项目定量与定性分析指标的复杂程度和评估要求，从中任选 1~2 种进行综合分析评估。一般来说，在多目标分析综合评估法中，是将项目的有利影响和贡献作为正效益，而将不利影响和费用作为负效益。对于社会适应性的定性分析指标（如社区居民收入分配是否公平、社区是否参与和支持、组织机构分析评论等），也可适当给予权重评分。项目与社区适应性分析的目的，是研究如何采取措施加强两者的相互适应性，以取得更好的项目整体效益。因此，由综合分析评估得出的社会评估总分的高低，只能作为一种总结分析的参考数据，不是决策的唯一依据。除此之外，还应考虑所需采取的各种措施方案实施的难易程度与费用高低、有无投资风险及风险大小等因素，才能得到各方案的社会可行性程度。

第五节 项目后评价

一、项目后评价概述

项目后评价是指在投资项目建成投产并运营一段时间（通常为 1~2 年）后，由相关主体的某一方或委托第三方执行，对项目的准备、立项决策、设计施工、生产运营等全过程进行全面评估，将项目决策初期效果与项目实施后的终期实际效果进行科学、综合的对比考察，对项目实际取得的经济效益、社会效益和环境影响进行综合评价，从而判别项目投资目标实现程度的一种评价方法。项目后评价是一种微观层次上的评价，通过对投资活动实践的检查总结，对照项目立项决策、设计的经济技术要求，确定投资预期的目标是否达到，项目或规划是否合理有效，项目的主要效益指标是否实现，通过分析评价找出成败的原因，总结经验教训，并通过及时有效的信息反馈，对未来项目的决策和提高投资决策管理水平提出建议，同时也对被评项目实施运营中出现的问题提出改进建议，从而达到提高投资效益的目的。

项目后评价是项目监督管理的重要手段，也是投资决策周期性管理的重要组成部分，是为项目决策服务的一项主要的咨询服务工作。项目后评价以项目业主对日常的监测资料和项目绩效管理数据库、项目中间评价、项目稽查报告、项目竣工验收的信息为基础，以调查研究的结果为依据进行分析评价，通常应由独立的咨询机构来完成。广义的项目评价包括项目后评价、项目影响评价、规划评价、地区或行业评价、宏观投资政策研究等。

项目后评价在西方发达国家以及一些发展中国家已被看成中央及地方政府部门和机构管理的一个必不可少的有机组成部分，已经成为加强投资管理、提高投资效益的重要工具。无论是发达国家的预算投资、发达国家向发展中国家的援助项目、国际金融组织贷款项目，还是发展中国家的投资建设，都对项目后评价的需求越来越迫切。同时，项目后评价在提高项目决策科学化水平、促进投资活动规范化、弥补拟建项目从决策到实施完成整个过程的缺陷、改进项目管理和提高投资效益等方面发挥了重要作用，项目后评价也由公共投资领域迅速扩展至所有投资领域，并日益得到世界各国及金融组织的重视。

二、项目后评价与前评价的区别

（1）评价主体不同。前评价主要由投资主体（企业、部门或银行）及其主管部门组织实施；而后评价则是以投资运行的监督管理机构或单设的后评价权威机构或上一层决策机构为主，组织主管部门会同计划、财政、审计、银行、设计、质量、司法等有关部门进行，按照项目单位自我评价、行业主管部门评价和国家评价三个层次组织实施，以确保其公正性和客观性。

（2）评价性质不同。前评价以定量指标为主，侧重于经济效益的评价，将其直接作为项目投资决策的主要依据；而后评价要结合行政和法律、经济和社会、建设和生产、决策和实施等各个方面进行综合性评价，它以事实为依据，以提高效益为目的，以法律为准绳，对项目实施结果进行鉴定，并间接作用于未来的投资决策，为其提供反馈信息。

（3）评价内容不同。前评价主要通过项目建设的必要性、可能性和技术方案与建设条件等评估，对项目未来经济和社会效益进行科学预测；而后评价除了对上述内容进行再评价外，还要对项目决策和实施效率进行评价，对项目实际运行状况进行深入的分析。

（4）评价依据不同。前评价主要以历史资料和经验性资料，以及国家和部门颁发的政策、规定和参数等文件为依据；而后评价则主要依据建成投产后项目实施的现实资料，并把历史资料和现实资料结合起来进行对比分析，要求准确程度较高。

（5）评价阶段不同。前评价是在项目决策前的前期工作阶段进行，前评价的结果将作为投资决策的依据；而后评价则是在项目投产运行一段时间后，对项目全过程（包括建设期和生产期）的效益进行评价。

三、项目后评价的一般原则

（1）独立性。独立性是指评价不受项目决策者、管理者、执行者和前评估人员的干扰，不同于项目决策者和管理者自己评价自己的情况。它是评价的公正性和客观性的重要保障。没有独立性，或独立性不完全，评价工作就难以做到公正和客观，就难以保证评价及评价者的信誉。为确保评价的独立性，必须从机构设置、人员组成、履行职责等方面综合考虑，使评价机构既保持相对的独立性又便于运作，独立性应自始至终贯穿于评价的全过程，包括从项目的选定、任务的委托、评价者的组成、工作大纲的编制到资料的收集、现场调研、报告编审和信息反馈。只有这样，才能使评价的分析结论不带任何偏见，才能提高评价的可信度，才能发挥评价在项目管理工作中不可替代的作用。

（2）科学性，即可信性。可信性的一个重要标志是评价报告应同时反映出项目的成功经验和失败教训，这就要求评价者具有广泛的阅历和丰富的经验。除此之外，可信性还取决于资料信息的可靠性和评价方法的适用性，取决于项目管理人员、借款单位、联合融资者和项目最终受益者能否共同参与项目的评价活动，为评价工作提供有价值的信息和资料。为增加评价工作的可信度，除评价报告的分析和结论要有充分可靠的依据外，还要注明评价单位的名称和评价者的姓名，注明评价所用资料的来源和出处，注明所采用的评价方法。

（3）实用性。要求报告的文字具有可读性，报告所总结的经验教训有可借鉴性。为了使评价成果对决策能产生作用，让尽可能多的单位和个人从项目评价信息中受到启发，后评价报告必须具有实用性。为此，报告所提建议与报告其他内容要分开表述，建议应能提出具体的措施和要求。此外，评价报告不要引用过多的专业术语，无须面面俱到。

（4）透明性。要求评价的透明度越大越好，因为透明度越大，了解和关注后评价的人也就越多。从评价成果的扩散和反馈的效果来看，也是透明度越大越好，这样便于更多的单位和个人能在自身的工作中借鉴过去的经验教训。

（5）反馈性。和项目前评价相比，后评价最大的特点是信息的反馈。也就是说，后评价的最终目标是将评价结果反馈到决策部门，作为新项目立项和评估的基础，作为调整投资规划和政策的依据。因此，评价的反馈机制、手段和方法便成了评价成败的关键环节之一。国外一些国家建立了项目管理信息系统，通过项目周期各个阶段的信息交流和反馈，系统地为评价提供资料和向决策机构提供评价的反馈信息。

四、项目后评价的主要内容

根据项目后评价的目的和任务，对已经实施完成并产生一定后果的项目所进行的评价，其基本内容可归纳为五个方面，即项目目标后评价、项目过程后评价、项目效益后评价、项目影响后评价及项目持续性后评价。

（一）项目目标后评价

项目目标后评价的目的是评定项目立项时原定目的和目标的实现程度，是项目后评价所需完成的主要任务之一。项目目标后评价要对照原定目标主要指标，检查项目实际完成额指标的情况和变化，分析实际指标发生改变的原因，以判断目标的实现程度。描述项目目标的指标应当在项目立项时就已经确定，指标一般应可量化。大型项目通常还包括宏观目标，即对地区、行业或国家经济社会发展的影响和作用。项目目标后评价的另一项任务是要对项目原定决策目标的正确性、合理性和实践性进行分析评价，有些项目原定的目标不明确，不符合实际情况，或者会遇到政策变化和市场变化，因此，要对项目实施过程中可能会发生的重大变化（如政策性变化或市场变化）进行重新分析和评估。

（二）项目过程后评价

项目的过程评价是根据项目的结果和作用，对项目周期的各个环节进行回顾和检查，对项目的实施效率做出评价，包括下述内容：①建设必要性评价，又称立项决策评价。首先要对确定的项目方案进行分析，分析在同样的资金投入前提下，是否有其他代替方案，也可以达到同样甚至更好的项目效果。其次检查立项决策是否正确。这要根据当前国内外社会经济环境来验证项目前评估时所做的预测是否正确。例如，分析产品生产销售量、占领市场范围、项目实施的时机、产品价格和产品市场竞争能力等方面的变化情况，并做出新的趋势预测，如果项目实施结果离预测目标较远，要提出对策建议。②勘测设计评价，包括勘测设计的程序、依据是否正确，各项标准、规范、定额是否得到严格执行，是否符合国家现行有关政策与法规；引进工艺和设备是否采用了现行国家标准或工业发达国家的先进标准；勘测工作质量包括水文地质和资源勘探的可靠性如何等。③施工评价，包括评价施工组织机构和人员素质，总承包、总分包的施工组织方式，施工技术准备，施工组织设计、编制，施工技术组织措施的落实情况，施工技术人员的培训，施工质量和施工技术管理，施工过程监理活动等，也包括设备采购方式与效果的评价。④生产运营评价，即生产、销售、原材料和燃料供应和消耗情况以及生产能力的利用情况等。

（三）项目效益后评价

效益后评价包括项目的财务评价和国民经济评价。

财务评价是在国家现行财税制度和价格体系的条件下，从项目投资者的角度，根据后评价时点以前各年实际发生的投入产出数据以及依据这些数据重新预测得出的项目计算期内未来各年将要发生的数据，综合考察项目实际的或更接近于实际的财务营利能力状况，据以判断项目在财务意义上的成功与失败，并与项目前评价相比较，找出产生重大变化的原因，总结经验教训。国民经济评价是从国家整体角度考察项目的费用和效益，采用影子价格、影子工资、影子汇率和社会折现率等国家参数对后评价时点以前各年度项目实际发生的财务费用、财务收益和后评价时点以后项目计算期未来各年度预测的财务费用与财务收益进行调整，计算项目对国民经济的净贡献，据以判别项目的经济合理性。

应当指出，后评价中的效益评价并不是对一个项目的最终效益评价，它是在截至后评价时点时项目的实际费用和效益以及对后评价时点之后的项目的持续效益进行可能性最大估计的基础上做出的评价。因为后评价时点之后的预测数据可能受多种因素变化的影响，所以在后评价中也应考察各种主要因素对项目效益的影响程度，即进行不确定性分析。通常是分析内部收益率指标受产品产量、产品价格、主要原材料或动力价格等影响的敏感程度。效益后评价的最后一项工作是分析后评价效益指标与项目前评估效益指标的偏离程度，并找出主要原因。通常用下列指标描述主要影响因素的变化程度：项目决策周期变化率、设计周期变化率、建设工期变化率、实际达产年限变化率、投资总额变化率、产品质量变化率、产品价格变化率以及主要原材料或动力价格变化率等。以上各指标都是用项目实际发生额和计划发生额相比得出的。

（四）项目影响后评价

项目影响后评价是评价项目对其周围地区在经济、环境和社会三个方面所产生的作用和影响。项目的影响评价应站在国家的宏观立场，重点分析项目与整个社会发展的关系。项目的影响评价强调采用"有无对比"的方法，严格区分项目的影响与其他非项目因素的影响是影响评价的关键与难点。

项目的经济影响评价主要分析和评价项目对所在地区及国家等外部环境经济发展的作用和影响。主要内容包括：①分配效果，即项目效益在各个利益主体（中央、地方、公众和外商）之间的分配比例是否合理。②技术进步，即根据国家发展和改革委员会、科技部等部门颁布的技术政策、产业政策并参照同行业国际技术发展水平进行项目对技术进步的影响分析。技术进步主要用于衡量项目所选用的技术的先进和适用程度；项目对技术开发、技术创新、技术改造、技术引进的作用；项目对高新技术产业化、商品化和国际化的作用以及项目对国家和地方技术进步的推动作用。③产业结构，即评价项目建成后对国家及地方生产力布局、结构调整和产业结构合理化的影响。

项目的环境影响评价是指对照前评估时批准的《环境影响报告书》，重新审查项目环境影响的实际结果，审查项目环境管理的决策、规定、规范、参数的可靠性和实际效果。其主要包括：①污染控制，即检查和评价项目排放的废气、废水、废渣和噪声是否在总量和浓度（强度）上达到了国家和地方政府颁布的标准，项目选用的设备和装置在经济和环保效益方面是否合理，项目的环保治理装置是否运转正常，项目环保的管理和监测是否有效等。②对地区环保质量的影响，即分析对当地环境影响较大的若干种环境污染物，分析这些物质与项目"三废"排放的关系。③自然资源的保护与利用，包括水、海洋、土地、森林、草原、矿业、渔业、野生动植物等自然界中对人类有用的一切物质和能量的合理开发、综合利用、保护和再生增值。重点是节约能源、节约水资源、土地和资源的合理利用等，评价项目实施后对它们的影响和作用程度。④对生态平衡的影响，即人类活动对自然环境的影响，包括人类对植物和动物种群的影响，对可能引起或加剧的自然灾害和危害的影响，如土壤退化、植被破坏、洪水和地震等。分析项目在其中所起的正面或负面效应。⑤环境管理，包括环境监测管理、环保法令和条例的执行情况，环保资金、设备及仪器的管理，环保制度和机构、政策和规定的评价，环保的技术管理和人员培训状况等。

项目的社会影响评价主要分析项目对国家或地方社会发展目标的贡献和影响，内容包括：①就业影响。②居民的生活条件和生活质量，包括居民收入的变化、人口和计划生育、住房条件和服务设施、教育、卫生和体育活动、文化和娱乐等。③参与情况，包括当地政府和居民对项目的态度，对项目计划、实施和运行的参与程度。④地方社区的发展，包括项目对地区基础设施建设和未来发展的影响。

（五）项目持续性后评价

项目持续性后评价是在项目建设完成投入运行之后，在项目的既定目标是否能按期实现、项目是否可以保持较好的效益、接受投资的项目业主是否愿意并可以依靠自己的能力继续实现既定的目标、项目是否具有可重复性等方面做出评价，一般应分析下列五个要素。

（1）政府政策要素，重点解决以下几个问题：哪些政府部门参与了该项目，这些部门的作用和各自的目的是什么；根据这些目的所提出的条件和各部门的政策是否符合实际，如果不符合，需要做哪些修改，政策的多变是否影响到该项目的持续性。

（2）管理、组织和参与要素，即从项目各个机构的能力和效率来分析持续性的条件，如项目管理人员的素质和能力、管理机构和制度、组织形式和作用、人员培训、地方政府和群众的参与和作用等。

（3）经济财务因素。这里要注意三点：一是评价时点之前的所有投资都应作为沉没成本不再考虑，项目是否继续的决策应在对未来费用和收益的合理预测以及项目投资的机会成本的基础上做出；二是要通过项目的资产负债表等来反映项目的投资偿还能力，并分析和计算项目是否可以如期偿还贷款和它的实际偿还期；三是通过项目未来的不确定性分析来确定项目持续性的条件。

（4）技术因素，包括分析引进技术装备和开发新技术以及生产新产品的硬件问题，其后果对于项目管理和财务持续性的影响，在技术领域的成果是否可以被接受并推广应用，以及技术装备的掌握和人员素质等问题。技术持续性分析应对照前评价来确定关键技术的内容和条件，从技术培训和当地装备维修条件来分析当地实际条件是否满足所选择技术装备的需求，并要分析技术选择与运转操作费用、新产品的开发能力和使用新技术的潜力等方面的内容。

（5）社会文化和环境生态因素。这两部分的内容与项目影响评价的有关内容类似，但是持续性分析应特别注意这两方面可能出现的反面作用和影响以及总结的经验和教训。

五、项目后评价的主要方法

项目后评价使用的几种评价方法，是根据项目后评价的业务范围而确定的适用方法，这些方法不仅能在项目后评价中应用，有的还可应用于项目的事前评估或其他经济问题中。

（一）逻辑框架法

逻辑框架法，是由美国国际发展署于 1970 年提出的一种开发项目的工具，用于项目的规划、实施、监督和评价。逻辑框架法着重分析项目目标及因果关系的垂直逻辑和水平逻辑。垂直逻辑是指项目的投入、产出、目标之间的相互关系。水平逻辑由原定目标、实际结果、原因分析、可持续条件所构成，它与垂直逻辑共同构成项目后评价的逻辑框架。

（二）对比法

对比法是项目后评价的主要方法之一。对比法包括前后对比法、横向对比法和有无对比法。前后对比法是指将项目建成投产后的实际结果及预测效果同项目立项决策时确定的目标投入产出和效益等进行对比，确定项目是否达到原定各项指标，并分析发生变化的原因，找出存在的问题，提出解决问题的措施以及合理建议。横向对比法是将项目与公司国内外同类项目进行比较，通过投资规模、技术水平、产品质量、经济效益等方面的分析，评价项目实际竞争能力。有无对比法是指将项目投产后实际发生的情况与没有运行投资项目可能发生的情况进行对比，以度量项目的真实效益、影响和作用。有无对比法主要用于改扩建项目评价。

（三）层次分析法

层次分析法是美国著名数学家 A. L. Saaty 在 20 世纪 70 年代提出的一种系统分析判断决策的理论方法。该方法的基本思路是根据问题的特征和要达到的目标，将研究对象和问题分解为不同的组成因素，按照各个因素之间的相互影响和依存关系将其排列成若干层次结构，并对每一层上的因素依照一定的准则和方法计算给出重要性权重值，通过排序结果及一致性检验对问题进行分析和决策。层次分析法的基本过程可以简单归纳为以下五个步骤：①根据项目评价的指标体系建立层次结构模型；②构造判断矩阵；③层次单排序；④层次总排序；⑤一致性检验。

（四）因果分析法

因果分析法是按照事物之间的因果关系分析解决问题的最基本方法。任何社会经济现象之间、事物之间都存在着一定的相互依存关系，事物内部的这种因果关系大致可分为函数关系、相关关系、因子推演关系等几种不同的类型。因果分析图也叫特性要因图、树枝图、鱼刺图、石川图。因果分析法是因果分析最常用的实现方法之一，它是将作为问题的特性（结果）和最次特性给予影响的要因（原因），进行系统整理和归纳，并将其画在类似鱼刺形的图上。通过它查找评价项目问题产生的原因，并对这些原因进行分析，分清主次及轻重关系，提出具有针对性的恰当的解决问题的对策措施和建议。因果分析图通常的基本步骤如下：①作因果分析图；②原因分类；③重要原因的标定；④提出对策。

（五）综合评价法

建设项目综合评价法就是在建设项目的各部分、各阶段、各层次评价的基础上，谋求建设项目的整体优化，而不是谋求某一项目指标或几项指标的最大化，为决策者提供决策所需的信息。综合评价有两重意义：一是在各部分、各阶段、各层次评价的基础上谋求建设项目整体功能的优化；二是将从不同观察角度、各种不同的价值观所得出的结论进行综合。综合评价的一般工作程序为：①确定建设项目的目标；②确定评价范围；③确定评价指标和标准；④确定指标的权重；⑤确定综合评价的判据；⑥选择评价方法。

（六）项目成功度评价

项目后评价需要对项目的成功度进行评价，得出可信的结论。项目成功度评价需要对照项目立项阶段所确定的计划和目标，分析实际实现结果与其差距，以评价项目目标的实现程度。在做成功度评价时，应注意项目原定目标的合理性、实际性以及环境条件变化带来的影响，确定实际评价项目的成功度。通常是通过专家和专家组的经验，综合各项指标的评价结果，采用逻辑框架法，对项目成功度做出定性的系统的评价。项目成功度可分为五个等级：①完全成功；②基本成功；③部分成功；④不成功；⑤失败。

参 考 文 献

程水源，崔建升，刘建秋，等. 2003. 建设项目与区域环境影响评价[M]. 北京：中国环境科学出版社.

党耀国，米传民，王育红. 2010. 投资项目评价[M]. 北京：科学出版社.

刘家顺，史宝娟. 2010. 技术经济学[M]. 北京：中国铁道出版社.

路君平. 2009. 项目评估与管理[M]. 北京：中国人民大学出版社.

施国庆，董铭. 2003. 投资项目社会评价研究[J]. 河海大学学报（哲学社会科学版），5（2）：49-53.

孙怀玉，王子学，宋冀东. 2003. 实用技术经济学[M]. 北京：机械工业出版社.

王柏轩. 2011. 技术经济学[M]. 上海：复旦大学出版社.

王朝纲，李开孟. 2004a. 投资项目社会评价专题讲座（四）[J]. 中国工程咨询，（4）：52-54.

王朝纲，李开孟. 2004b. 投资项目社会评价专题讲座（五）[J]. 中国工程咨询，（5）：51-52.

王朝纲，李开孟. 2004c. 投资项目社会评价专题讲座（六）[J]. 中国工程咨询，（6）：48-50.

王朝纲，李开孟. 2004d. 投资项目社会评价专题讲座（七）[J]. 中国工程咨询，（7）：47-49.

王朝纲，李开孟. 2004e. 投资项目社会评价专题讲座（八）[J]. 中国工程咨询，（8）：50-51.

王朝纲，李开孟. 2004f. 投资项目社会评价专题讲座（九）[J]. 中国工程咨询，（9）：47-49.

王朝纲，李开孟. 2004g. 投资项目社会评价专题讲座（十）[J]. 中国工程咨询，（10）：52-54.

王朝纲，李开孟. 2004h. 投资项目社会评价专题讲座（十一）[J]. 中国工程咨询，（11）：45-47.

王朝纲，李开孟. 2004i. 投资项目社会评价专题讲座（十二）[J]. 中国工程咨询，（12）：42-44.

王朝纲，李开孟. 2005. 投资项目社会评价专题讲座（十三）[J]. 中国工程咨询，（1）：49-50.

游达明，刘亚铮. 2009. 技术经济与项目经济评价[M]. 北京：清华大学出版社.

朱世云，林春绵. 2007. 环境影响评价[M]. 北京：化学工业出版社.

邹辉霞. 2011. 技术经济管理学[M]. 北京：清华大学出版社.

第八章

技术改造与设备更新的技术经济分析

第一节　设备磨损及其经济寿命

一、设备磨损及补偿[1]

（一）设备磨损

设备磨损是指设备在使用或闲置过程中逐渐发生的磨损。磨损有两种形式，即有形磨损与无形磨损。设备磨损是进行设备更新的主要原因。

1. 设备的有形磨损

设备在使用或闲置过程中发生的实体磨损称为有形磨损，也称物质磨损。设备的有形磨损根据其成因分为两类。

1）第一类有形磨损

在设备使用过程中，受到外力的作用，其零部件会发生磨损、振动、变形、疲劳，造成机器设备的实体发生磨损。其具体特征表现在设备尺寸与形状的改变、精度降低或零部件损坏。其造成的后果是机器设备综合性能下降，当磨损达到一定程度时，会造成设备故障，进而丧失使用价值。第一类有形磨损与使用强度及时间有关。

摩擦造成的零件有形磨损程度指标为

$$\alpha_i = \frac{\delta_{\mathrm{pri}}}{\delta_{\mathrm{mi}}} \qquad (8\text{-}1)$$

式中，α_i 表示设备中 i 零件的磨损量指标；δ_{pri} 表示 i 零件的实际磨损量；δ_{mi} 表示 i 零件最大允许磨损量。

疲劳造成的零件有形磨损程度指标为

$$\alpha_i = \frac{T_{\mathrm{pri}}}{T_{\mathrm{mi}}} \qquad (8\text{-}2)$$

式中，α_i 表示设备中 i 零件的磨损量指标；T_{pri} 表示 i 零件的实际服务期；T_{mi} 表示 i 零件的疲劳损坏周期。

---

[1] 刘家顺，史宝娟. 技术经济学[M]. 北京：中国铁道出版社，2010.

2）第二类有形磨损

它是由于自然力的作用而产生的，因而与设备是否使用无关，甚至与使用程度成反比。设备在闲置或封存时，由于机器生锈、金属腐蚀、橡胶和塑料老化等原因，同样会使设备产生有形磨损，使设备的性能下降，甚至失去使用价值。第二类有形磨损与闲置期间维护状况、闲置时间长短有关。

有形磨损程度可采用以下三种不同的计算方法。

（1）根据零件磨损程度 α_i，计算机器磨损程度。

$$\alpha_p = \frac{\sum_{i=1}^{n} \alpha_i \cdot K_i}{\sum_{i=1}^{n} K_i} \qquad (8\text{-}3)$$

式中，α_p 表示机器有形磨损程度指标；n 表示磨损零件的总数；K_i 表示 i 零件的价值。

（2）根据设备已使用期限（年份）与按有形磨损规定的服务年限之比来表示。

$$\alpha_p = \frac{T_u}{T_s} \qquad (8\text{-}4)$$

式中，T_u 表示机器已使用的年限；T_s 表示按有形磨损规定的服务年限。

（3）根据消除有形磨损所需的修理费用来计算。

$$\alpha_p = \frac{R}{K_r} \qquad (8\text{-}5)$$

式中，R 表示修复全部磨损零件所用修理费用；K_r 表示在确定机器磨损程度时，该种机器再生产的价值。

这里的 α_p 是其占再生产价值的百分比，K_r 是再生产价值而不是原始价值。因为修理费是当前的修理费，它应与同一时间的机器设备自身价值相比才有意义。

2. 设备的无形磨损

设备在使用或闲置过程中，除受到有形磨损外，还遭受无形磨损，也称经济磨损。设备的无形磨损不是设备在使用或闲置过程中由于外力或自然力的作用而形成的，因而也并不表现为设备尺寸、形状、功能等有形的方面发生变化，而是由于技术进步不断出现性能更加完善、功能更加合理的新型设备或者是生产同样结构的设备价值不断降低而使原有设备的价值贬值。无形磨损根据其成因也可分为两类。

1）第一类无形磨损

该种无形磨损是指由于设备制造工艺不断改进、自动化水平不断提高，劳动生产率不断提高，成本不断下降，生产同种机器设备的市场价值降低，从而造成原有设备的贬值。这种无形磨损的后果是现有设备的原始价值部分贬值，而设备的使用价值并未发生变化，因而设备可以继续使用。

2）第二类无形磨损

该种无形磨损是由于技术进步与创新，出现了结构更加合理、功能更加完善、操作更加简便、环境污染进一步减轻、能源消耗进一步降低的新型设备，从而使原有设备显得陈旧落后。第二类无形磨损不仅使原设备的价值降低，还会使原设备由于在经济环境、生态、效率等方面缺乏竞争力或受到限制而局部或全部丧失其使用价值。

设备磨损的分类分析表见表 8-1。

表 8-1　设备磨损的分类分析表

类别	种类	磨损原因	结果	影响因素	消除方法	经济后果	磨损程度指标	综合磨损指标
有形磨损	运转磨损（Ⅰ）	1.摩擦 2.振动 3.弹性疲劳	1.零件尺寸、形状改变 2.公差配合性质改变，制品精度降低 3.零件损坏及机器损坏 4.生产率降低，使用费增高	1.使用时间 2.使用强度 3.维护状况	1.修理可消除大部分磨损，但一部分不能靠修理消除 2.更新设备	1.使用价值降低 2.价值降低	1.零件磨损指标 ①摩擦磨损 $\alpha_i=\dfrac{\delta_{pri}}{\delta_{mi}}$ ②疲劳磨损 $\alpha_i=\dfrac{T_{pri}}{T_{mi}}$ 2.设备磨损指标 ①根据零件磨损程度 $\alpha_p=\dfrac{\sum\limits_{i=1}^{n}\alpha_i\cdot K_i}{\sum\limits_{i=1}^{n}K_i}$ ②根据使用年限 $\alpha_p=\dfrac{T_u}{T_s}$ ③根据消除磨损费用 $\alpha_p=\dfrac{R}{K_{01}}$	$\alpha=1-(1-\alpha_p)(1-\alpha_1)$
	闲置磨损（Ⅱ）	锈蚀	丧失精度或工作能力	1.闲置时间 2.维护状况	同上	同上		
无形磨损	（Ⅰ）	相同结构的生产设备再生产价值降低	技术特征与功能不受影响	制造厂成本降低的速度	提前更换（修理部门成本降低速度低于制造厂）	使用价值不变，价值降低	$\alpha_{11}=1-\dfrac{K_{01}}{K_0}$	$\alpha_1=1-\dfrac{K_n}{K_0}$ $K_1=K_n\left(\dfrac{P_0}{P_n}\right)^{\alpha}\left(\dfrac{C_n}{C_0}\right)^{\beta}$
	（Ⅱ）	出现新结构、高效率、性能完善、经济效果更好的设备	现有设备技术落后，经济效果相对降低	1.技术进步的速度 2.技术进步的形式	1.对现有设备进行技术改造或现代化改造 2.更新	使用价值及价值均降低或改造提前报废	$\alpha_{12}=1-\dfrac{C_n}{C_0}$	

注：表中的 α_i 为第 i 个零件磨损程度；δ_{pri}、δ_{mi} 分别为第 i 个零件实际的与最大的磨损量；T_{pri}、T_{mi} 分别为第 i 个零件的实际已使用年限与最大容许使用年限；a_p 为设备有形磨损程度指标；K_i 为第 i 个零件的价值；n 为磨损零件的总数；T_u、T_s 分别为设备已使用年限及设备规定服务年限；R 为修复全部磨损零件所用的修理费用；a_{11}、a_{12}、a_1 分别为第Ⅰ类、第Ⅱ类以及综合第Ⅰ、Ⅱ类的无形磨损程度；K_0、K_{01} 分别为设备原始价值及再生产价值；K_1 为修正后新设备的价值；K_n 为新设备价值；P_0、P_n 分别为旧设备与新设备的生产率；C_0、C_n 分别为旧设备与新设备制造单位产品的成本；α、β 分别为设备生产率提高与产品成本降低的指数，由统计资料获得

资料来源：陶树人. 技术经济学[M]. 北京：石油工业出版社，2003

设备无形磨损程度指标，可以用以下几种方法进行计算。

（1）在技术进步的影响下，用设备价值降低系数来表示它的无形磨损程度，即

$$\alpha_1=\frac{K_0-K_1}{K_0}=1-\frac{K_1}{K_0} \tag{8-6}$$

式中，α_1 表示设备无形磨损程度指标；K_0 表示设备的原始价值；K_1 表示考虑第Ⅰ、Ⅱ类无形磨损后，旧设备再生产的价值。

计算 K_1 时既要反映相同设备再生产价值的降低，还要反映具有较好功能、更高效率的新设备的出现。K_1 可用式（8-7）计算。

$$K_1 = K_n \left(\frac{P_0}{P_n}\right)^\alpha \left(\frac{C_n}{C_0}\right)^\beta \qquad (8\text{-}7)$$

式中，K_n 表示新设备的价值；P_0、P_n 表示相应的旧设备、新设备的年生产率；C_0、C_n 表示使用旧设备、新设备的单位产品消耗；α、β 分别为劳动生产率提高和单位成本降低的指数，其范围为 0~1，即 $0<\alpha<1$，$0<\beta<1$，其大小可以通过研究相似设备的实际材料获得。

（2）分别对两类无形磨损计算磨损程度指标。由于两类无形磨损引起设备贬值是在不同因素的影响下发生的，故它们的经济后果是不同的。

衡量第 I 种无形磨损的指标。

$$\alpha_{I1} = 1 - \frac{K_{01}}{K_0} \qquad (8\text{-}8)$$

式中，α_{I1} 表示设备第 I 类无形磨损指标；K_{01} 表示考虑第 I 类无形磨损时的设备再生产价值。

衡量第 II 类无形磨损的指标，应反映使用价值降低而引起的设备贬值。但是实际上一种新的性能更完善、效率更高的设备往往比旧设备贵得多，直接比较设备的价值并不能说明问题的实质。新设备经济效果的提高，表现为用它生产产品时消耗的降低，用新旧设备生产单位产品成本的变化，来间接地衡量第 II 类无形磨损指标，既能考虑设备本身的价值、设备的生产率，又能考虑用其生产产品的消耗，因而是较全面的指标。

$$\alpha_{I2} = \frac{C_0 - C_n}{C_0} = 1 - \frac{C_n}{C_0} \qquad (8\text{-}9)$$

式中，α_{I2} 表示第 II 类无形磨损指标；C_0 表示在原有设备上生产的单位产品成本；C_n 表示在新设备上生产单位产品的成本。其中，C_0、C_n 均为部门平均工艺成本（包括该种设备上消耗的人工、材料、燃料、动力、辅助材料、折旧、大修理及经常修理费用）。

3. 设备的综合磨损

机器设备的磨损具有二重性，在它的有效使用期内，机器设备既遭受有形磨损，又遭受无形磨损，两种磨损同时作用于现有机器设备上，称为综合磨损。

有形磨损与无形磨损都同时引起机器设备原始价值的贬值，这一点是相同的。但是有形磨损，特别是有形磨损严重的机器设备，在修理之前，常常不能工作。对于无形磨损，即便是无形磨损严重的机器设备，仍然可以使用，只是用它生产产品时，其劳动耗费高，经济效果差而已，因而会被提前淘汰。

有了设备的有形磨损指标和无形磨损指标，就可以计算同时发生两种磨损的综合指标。

设备有形磨损后的残余价值（用原始价值的比率表示）为 $1-\alpha_p$；设备无形磨损的残余价值（用原始价值的比率表示）为 $1-\alpha_1$；两种磨损同时发生后的设备残余价值

（用原始价值的比率表示）为$1-\alpha_p$与$1-\alpha_1$之积。

因此，可得计算设备综合磨损程度公式：

$$\alpha = 1-\left(1-\alpha_p\right)\left(1-\alpha_1\right) \qquad （8-10）$$

式中，α为设备综合磨损程度（用设备原始价值的比率表示）。

4. 设备有形磨损规律

正确地计算设备磨损程度是合理评价设备使用经济性的基础之一，设备磨损后是修理、更换，还是技术改造，取决于对设备磨损程度的研究。设备使用或运转过程中的有形磨损分为三大阶段，如图 8-1 所示。

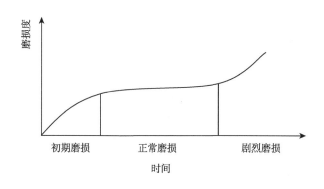

图 8-1　设备磨损曲线图

（1）初期磨损阶段：这一阶段主要是相对运动的零件表面的微观几何形状（如粗糙不平度）在受力情况下迅速磨损，以及不同形状零件抱合所发生的磨损。这一阶段的磨损速度快，但时间短。

（2）正常磨损阶段：磨损速度平稳，磨损量的增值缓慢，设备处于最佳技术状态，设备的生产率、产品质量最有保证。

（3）剧烈磨损阶段：零件的正常磨损被破坏，磨损急剧增加，设备的性能迅速降低。如不停止使用或及时进行修理或更新，就会产生事故。因此，在设备进入剧烈磨损阶段以前，就要进行修理或更新。

设备在寿命期内故障的发展变化规律，可分为三个时期（图 8-2）。设备故障率的发展变化形状很像一个浴盆的断面，因此也叫"浴盆曲线"。

第一，初期故障期：这段时期内，故障发生的原因多数是设备设计制造的缺陷，零件抱合关系不好；搬运、安装时马虎；操作者不适应；等等。

第二，偶发故障期：这段时期处于设备正常运转时期，故障率最低。故障发生经常是由于操作者的疏忽和错误。

第三，磨损故障期：这是由于磨损、腐蚀引起的故障。为降低这个时期的故障率，就要在零件到达这个期限以前加以修理。

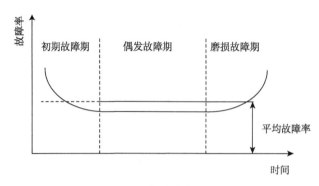

图 8-2　设备故障率变化图

（二）设备磨损的补偿

　　由于设备有形和无形磨损的存在，就需要对设备进行补偿。设备磨损的形式不同，补偿这种磨损的方法也不同。设备有形磨损的局部补偿是进行修理，设备无形磨损的局部补偿是现代化。有形磨损和无形磨损的完全补偿是更换新设备。补偿磨损的主要资金来源是原有设备提取的折旧。

　　补偿的目的在于减轻设备的物质、技术劣化，保障设备良好的技术状态，防止设备故障停机等所造成的损失。设备物质、技术劣化造成的经济损失主要有：减产、产品质量下降、成本增加的损失；恢复生产的损失，如化工、冶炼设备需清理、重新加料等；推迟交货期的损失；设备劣化容易出故障，不能按期交货，要支付违约罚款，并且企业信誉下降，安全状况恶化以及操作工人劳动情绪下降的损失。

　　依设备磨损程度、类型的不同，相应地就有修理、更新、现代化改造等几种补偿方式，如图 8-3 所示。大修理是更换部分已磨损的零部件和调整设备，以恢复设备的生产功能和效率为主；现代化改造是对设备的结构作局部的改进和技术上的革新，如添加新的、必要的零部件，以增加设备的生产功能和效率为主。这两者都属于局部补偿。更新是对整个设备进行更换，属于全部补偿。

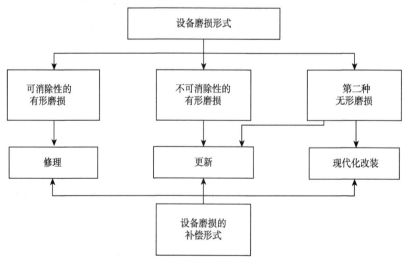

图 8-3　设备磨损的补偿方式

二、设备寿命的确定

设备更新不仅要考虑促进技术进步，同时也要考虑能获得较好的经济效益。对于一台设备来说，应不应该更新，在什么时候更新，选用什么样的设备来更新，这都取决于更新的经济效果。设备更新的时机，一般取决于设备的寿命。

1. 设备的寿命

设备磨损的存在，使设备的性能不断下降，使用价值与经济价值也不断下降，最终停用或被淘汰，因而设备都具有一定的寿命。在技术经济分析中，设备的寿命有以下几种。

1）设备的自然寿命

自然寿命也称物质寿命，是指一台设备从全新的状态开始，经过各种有形磨损，造成设备逐渐老化、损坏直至报废所经历的全部时间。设备的自然寿命受设备设计水平、材料性能、运转时间、维护水平、外部环境等综合因素的影响。

2）设备的折旧寿命

设备的折旧寿命是指国家有关部门规定或企业自行规定的折旧率，把该设备总值扣除残值后的余额，折旧到接近于零时所经历的时间。折旧寿命与自然寿命不等，与提取折旧的方法有关。

3）设备的技术寿命

技术寿命是指从开始使用到因技术落后而被淘汰所经历的全部时间。它是由于科学技术的迅速发展，不断出现比现有设备更先进、性能更加优良、生产效率更高的新型设备，从而使现有设备在自然寿命尚未结束时就被淘汰，停止使用。技术寿命的长短，一般与技术进步的速度有关，而与有形磨损无关，设备的现代化改造，可以使原有设备具备更好的性能，因而可以延长设备的技术寿命。

4）经济寿命或称最优寿命

经济寿命是从费用的观点出发而确定的设备最佳使用周期。例如，某企业生产需购买一台绞车，当然，从一方面看，这台绞车使用时间愈长，则平均每年分摊的投资费用就愈小。仅从这点看，使用时间愈长愈好。可是从另一方面看，设备的修理保养费用和使用费用（电费、润滑材料费等）随使用年限的加长而增加。因此，随着使用年限增长而每年分摊设备费的降低值会被越来越高的修理保养费和使用费所抵消，在这个变化过程中，一定有一点是成本最低的，年总成本最低时的设备使用寿命即该设备的经济寿命。

2. 设备经济寿命的估算

设备的经济寿命与年度费用相关。设备年度费用一般包含设备的资金费用和使用费用两部分。设备的资金费用是指设备初始费用扣除设备弃置不用时的残值后，在服务年限内各年的分摊值，它是随着服务年限的增加而逐渐减小的。使用费用是指设备的年度运行成本（如人工、能源损耗等）和年度维修成本（如维护、修理费用等），它是随着服务年限的增加而逐渐加大的（称为设备的劣化）。

如果不考虑资金的时间价值，则：

设备资金费用为

$$S_n = \frac{K_0 - L_n}{n} \qquad (8\text{-}11)$$

设备使用费用为

$$M_n = \frac{1}{n}\sum_{t=1}^{n} M_t \qquad (8\text{-}12)$$

如果考虑资金的时间价值，则：
设备资金费用为

$$S_n = K_0(A/P,i,n) - L_n(A/F,i,n) \qquad (8\text{-}13)$$

设备使用费用为

$$S_n = (A/P,i,n) - \sum_{i=1}^{n} M_i(P/F,i,n) \qquad (8\text{-}14)$$

设备年度费用、资金费用和使用费用的关系如下。
不考虑资金时间价值时，

$$C_n = \frac{1}{n}\left(K_0 - L_n + \sum_{t=1}^{n} M_t\right)$$

考虑资金时间价值时，

$$C_n = \frac{1}{n}\left[K_0 - L_n(A/F,i,n) + \sum_{t=1}^{n} M_t(P/F,i,n)(A/P,i,n)\right] \qquad (8\text{-}15)$$

式中，S_n 为设备使用 n 年时等值（或平均）年资金费用；M_t 为设备第 t 年的使用费用；K_0 为设备初始价值；L_n 为设备 n 年末估计残值；n 为设备使用（服务）年限；C_n 为设备年度费用。

设备年度费用曲线如图 8-4 所示。从图 8-4 可以看出，年度费用有一个最小值，根据经济寿命定义知道该点所对应的使用年限 n 就是设备的经济寿命。

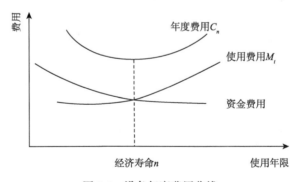

图 8-4　设备年度费用曲线

第二节　设备大修的技术经济分析

一、设备大修概述

在进行设备更新的技术经济分析中，还会涉及设备的大修理问题。设备在使用过程中不断遭受有形磨损。由于设备的各个零部件的材质与使用条件各不相同，其耐久性是不同的。一台设备在使用一段时期后，有的零件可能已经磨损，需要修复或更换，有的零件还可以工作很长时间。还有一些零件在整个使用期间，实际上并不需要修理或更换，这种零部件磨损的不均衡性决定了设备在使用期内必须进行大修理。

设备大修是通过调整、修复或更换磨损的零部件的办法修复设备的精度，恢复零部件和整机的全部或接近全部的功能。设备大修能利用保留下来的零部件，从而节约大量原材料及加工工时，这一点与更新设备相比具有很大的优越性。在一般情况下，大修理比制造新设备快，因此它也是一种保持生产能力和延长设备使用期限的措施。但是大修理的必要性与经济性相结合才能取得最佳的经济效果。

设备修理或大修，可以使设备的性能得到一定程度的恢复和补偿。但是，修理是有限度的，长期无止境的修理，会导致设备性能劣化加深，根本恢复不到原有的性能水平。图8-5中OA表示设备的标准性能水平，设备在使用过程中，其性能沿AB_1线下降，如不修理继续使用，则寿命很短。如果在B_1点进行修理，设备的性能又恢复至B点。如此多次直至 G 点，设备就不能再修理了，其物理寿命宣告终结。图 8-5 中 A、B、C、D、E、F、G 各点相连，就形成了设备使用过程中的性能劣化曲线。因此，修理或大修理过的设备无论从生产率、精确度、速度等方面，还是从使用中的技术故障频率、有效运行时间等方面，都比同类型的新设备逊色，其综合质量会有某种程度的降低。

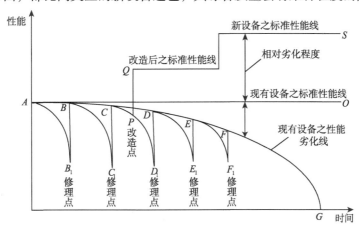

图 8-5　修理与设备性能劣化

资料来源：陶树人. 技术经济学[M]. 北京：石油工业出版社，2003

通过以上分析可以看出，虽然两种磨损都同时引起设备原始价值的降低，但是它们对设备原始价值的影响作用是不同的。设备若存在有形磨损，特别是严重的有形磨损，在进行大修理之前，常常是不能使用的，若只存在无形磨损则不影响它的继续使用。设备若已遭到完全有形损坏，而它的无形磨损期尚未到来，这就无须设计新设备，只需对遭到有形磨损的设备进行大修理或更新一台相似的设备就可以了。若无形磨损早于有形磨损期，这时生产中面临的问题如下：是继续使用原有的设备，还是用先进的新设备更换尚未折旧完的旧设备？显然，最好的方案是有形磨损期与无形磨损期吻合，这是一种理想的"无维修设计"，即当设备需要进行大修理时，恰好到了更换的时候。但是，大多数的设备不可能出现这两种磨损期完全吻合的情况。

二、设备大修的技术经济分析方法

1. 确定设备大修的经济效果的方法

大修理能够利用原设备保留下来的零件并在一定程度上恢复原有设备的效能水平，这与购置新设备相比具有很大的优越性。但当一次大修理的费用加该时期设备的残值大于或等于新设备的价值时，宁可买新设备而不进行大修理，因此，在决策设备大修时，通常要与设备更新的经济效果进行比较。进行大修理的必要条件是

$$R < K_n - O \qquad (8\text{-}16)$$

式中，R 表示一次大修理的费用；K_n 表示在进行大修理的年份，该种新设备的重置价值；O 表示残值。在实际工作中，由于种种原因，$R \geqslant K_n - O$ 时，还进行大修理的情况是存在的，我们应当尽量避免这种情况的发生，以减少经济损失。

以上是大修理在经济上具有合理性的起码条件，而不是决定大修理经济界限的唯一条件。事实上，即使满足以上条件，也并非所有的大修理均是合理的。设备经过一次大修后，常常缩短了到下一次大修理的间隔期；同时，修理后的设备与新设备相比，技术上的故障多，设备停歇时间长，日常维护和小修理的费用多，与设备使用有关的费用增加。设备的磨损与老化，使设备的综合性能下降比较严重，导致其生产成本以及安全性与可靠性受到较大幅度影响，此时继续使用旧设备在经济上缺乏竞争力，在经济上就是不合理的。因此，修理的质量对单位产品成本高低有很大影响，只有当使用经过大修理的设备生产的产品成本在任何情况下都不超过相同新设备生产的单位产品成本时，这种大修理在经济上才是合理的，即

$$I_r = \frac{C_r}{C_n} \leqslant 1 \text{ 或 } \Delta C_x = C_n - C_r \geqslant 0 \qquad (8\text{-}17)$$

式中，I_r 表示大修后设备与新设备生产单位产品成本的比值；C_r 表示在最优大修理间隔期下，大修后设备生产单位产品的成本；C_n 表示新设备生产单位产品的成本；ΔC_x 表示新设备与大修后设备生产单位产品成本之差额。

下面分析在最优大修理间隔期下生产单位产品的成本。若设备经过多次大修，在 i 个使用周期内该设备生产的单位产品成本为

$$C_{xi} = \frac{O_{i-1} + R_{i-1} + C_{ei} - O_i}{Q_i} \qquad (8\text{-}18)$$

式中，O_i 表示设备到第 i 次大修理时的残值；C_{ei} 表示设备在第 i 次大修理前的使用周期内的经营费用总额（不包括折旧费）；R_{i-1} 表示第 $(i-1)$ 次大修理费用；Q_i 表示设备在第 i 次大修前的总产量。

单位产品成本的高低与修理间隔期的长度有关。在式（8-18）中，C_{ei}/Q_i 为分摊到单位产品上的经营费用，其又可分为不随修理间隔期变化而变化的经营费用 C，单位产品中的 C 值不变；以及随着修理间隔的变化而变化的经营费 C'，单位产品中的 C' 值是个变量，即 $C' = C'_i/Q_i$。

下面我们进一步分析 C' 与修理间隔期的关系，图8-6中 A、B、E、C、F、D 出现随

修理间隔期缩短和修理次数增多而变化的趋势。

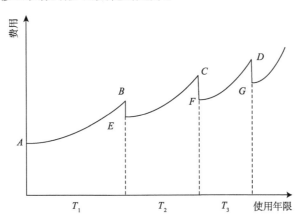

图 8-6　C' 随修理次数增长趋势图

每进行一次大修，C' 即下降一个水平，如第一次大修后，C' 由 B 点降到 E 点，第二次大修后 C' 由 C 点降到 F 点，而每次修理后，随着使用时间的延长，它不断上升，直到下次大修为止。然而，修理过的设备与新设备相比，或后次大修与前次大修相比，其 C' 值总是逐渐升高的，如图 8-6 上 E 点高于 A 点，F 点高于 E 点，G 点高于 F 点。

2. 设备残值的确定

设备大修前或报废前全部零件可分为三类。

第一类是可用零件。根据磨损情况，零件在大修理间隔期中仍可继续使用，也可作为其他相似机器的备用零件，由于这些零件已有磨损，其耐久性及价值都要低于同类新零件，该类零件的价值可按式（8-19）估算。

$$\sum_{i=1}^{n} O_{ui} = \sum_{i=1}^{n} P_{ni} \cdot K_{ni} \qquad （8\text{-}19）$$

式中，O_{ui} 表示第 i 个可用零件的残值；P_{ni} 表示与第 i 个零件同类的新零件的价格；K_{ni} 表示第 i 个零件的价格修正系数，其值为第 i 个零件剩余使用周期与同类新零件的耐用期之比；n 表示可用零件的数目。

第二类是需要修理的零件。这类零件需要经过修理才能在大修理间隔期中继续使用。其残值的计算公式如下：

$$\sum_{j=1}^{m} O_{rj} = \sum_{j=1}^{m} \left(P_{mi} - P_{Bj} \right) \cdot K_{rj} \qquad （8\text{-}20）$$

式中，O_{rj} 表示第 j 个需要修理零件的残值；P_{mj} 表示与第 j 个零件同类的新零件的价格；P_{Bj} 表示第 j 个零件的修理费用；K_{rj} 表示第 j 个零件修复后的修正系数，其值为修复后的零件的耐用时间与新零件耐用时间之比；m 表示需修理零件的个数。

第三类为不能继续使用的零件。可按式（8-21）计算其残值：

$$\sum_{k=1}^{s} O_{wk} = \sum_{k=1}^{s} G_{k} \cdot g_{v} \qquad （8\text{-}21）$$

式中，O_{wk} 表示第 k 个无用零件的价值；G_k 表示第 k 个无用零件的重量；g_v 表示每千克废料的价值；s 表示无用零件的数量。

设备的残值：

$$O = \sum_{i=1}^{n} P_{ni} \cdot K_{ni} + \sum_{j=1}^{m} \left(P_{ni} - P_{Bj}\right) \cdot K_{rj} + \sum_{k=1}^{s} G_k \cdot g_v - A_c \qquad (8\text{-}22)$$

式中，A_c 表示清理费用（机器拆卸费用）。

第三节　设备更新的技术经济分析

在工业企业中，设备更新是发展生产能力、改善产品质量、提高劳动生产率、提高经济效益、促进技术进步的重要手段。如果设备更新策略失误，不但达不到预期的目的，还会增加企业负担，阻碍生产力的发展。为此，必须根据企业的生产条件、现有设备与上下环节的匹配关系、设备磨损规律和设备在使用过程中费用的变化规律，对设备更新策略进行技术经济分析，以便正确确定设备的最佳使用寿命及最佳更新策略。

一、设备更新概述

（一）设备更新的概念

广义上，设备更新包括设备大修（即通过零件更换和修复，全部或大部分恢复设备的原有性能）、设备更换（以与原设备性能相同的新设备更换旧设备）、设备更新（以结构更先进、功能更完善、性能更可靠、生产效率更高、产品质量更好、产品成本更低的新设备代替原已磨损不能继续使用或虽仍可继续使用，但在经济上、对环境影响上继续使用已不合理的旧设备）、设备现代化改造（通过设备现代化改造改善原设备的性能、提高生产能力和劳动生产率、降低使用费用等）。

狭义上，设备更新仅指以新的结构更先进、功能更完善、性能更可靠、生产效率更高、产品质量更好、能降低产品成本的新设备代替原有不能继续使用或继续使用但在经济上、环境影响上已不合理的设备。

（二）设备更新经济分析的一般程序

设备更新经济分析从本质上看，是一种可供选择的更新方案的选优问题，包括以下程序。

1. 确定目标及对象

确定更新分析的目标是维持生产现状，还是提高产量、提高产品质量、降低成本、改善生产安全性。确定分析的对象仅是一台设备，还是某个生产装置、一条生产线、一个生产系统等。

2. 收集资料

收集设备的原价、质量价格、已用年限、拟继续使用年限、磨损程度、折旧费、维修使用费用、新设备性能等资料。

3. 确定更新方式

对现有设备可采用的方案有：①进行一般维修继续使用；②大修方案，其中包括参与各更新方案比较前，先确定最优大修间隔期；③设备更换方案，其中包括参与各方案比较前，设备最优经济寿命的确定；④设备现代化改造方案。

4. 确定最佳设备更新方案

根据设备更新目标，从设备更新方案中选择确定最佳的设备更新方案。

二、设备更新的技术经济分析方法

一台设备通过多次修理，虽然能继续使用，但修理费用很多，与新设备相比，效率低、耗费大，这样就产生继续使用该设备在经济上是否合算的问题，或选择设备更换的最佳时机问题。下面介绍几种选择最佳更换期的经济模型。

（一）更新收益率法

更新收益率法是通过计算更新与不更新两种方案的差额投资的收益率判别是否应该进行设备更新的。更新收益率法是以采用先进新设备更换旧设备所需新增投资的收益率的大小作为确定设备是否更新的依据。这一方法既可确定设备是否应进行更新，同时也可以从许多种可以替换旧设备的新设备中按其更新收益率的大小进行选择。

新收益率的计算方法如下：

$$i_p = \frac{\Delta P}{\Delta K} = \frac{C_e + K_b - \Delta T_x - \Delta K_n}{\Delta K} \qquad (8\text{-}23)$$

式中，i_p 为更新收益率；ΔK 为更新方案相对于不更新方案增加的投资；ΔP 为更新方案相对于不更新方案增加的年收益额；C_e 为使用新设备相对于使用旧设备在第一年的收益增加和运行费节约合计；K_b 为因设备更新而在第一年避免的资产价值损失；ΔT_x 为使用新设备相对于使用旧设备在第一年缴纳税金的增加额；ΔK_n 为新设备使用一年的价值损耗。

其中，

$$\Delta K = K_n - \left(K_s + K_{ro} \right)$$
$$K_b = K_n - K_{ga} + \Delta K_{to}$$
$$\Delta T_x = \left(C_e - D_{ab} \right)_{Tt}$$
$$\Delta K_n = \Delta K - K_{n1}$$

式中，K_n 为设备的购置投资额；K_s 为旧设备在更换年份的残值；K_{ro} 为继续使用旧设备当年必须追加的投资；K_{ga} 为旧设备继续使用一年后的残值；ΔK_{to} 为新旧设备折旧额所需追加投资在第一年的分摊额；D_{ab} 为新旧设备折旧额的差额；T_t 为所得税税率；K_{n1} 为新设备第一年末的保留价值。

将上述各式代入得

$$i_p = \frac{C_e + K_b - \Delta T_x - \Delta K \left(1 - \dfrac{K_{n1}}{\Delta K}\right)}{\Delta K} \tag{8-24}$$

$1 - (K_{n1}/\Delta K)$ 称为新设备价值损耗系数，表示新设备在第一年的价值损耗占更新投资额的比例。计算更新收益的关键在于求出这一系数。

用更新收益率法进行设备更新决策的判别准则是：若 $i_p \geq i_o$（基准折现率），则可以进行设备更新；若 $i_p < i_o$，则不必立即更新设备。

（二）总使用成本最低法

总使用成本最低法（method of minimum total use cost）是通过对新旧设备使用成本的比较分析，进而确定设备合理更新时期的方法。在既定的企业需要设备服务的时间内，新旧两种设备的总使用成本最低的那一年，即设备的合理更新期。

假设某设备服务的工作场所的工作年限为 N 年，正在使用的设备已用年限为 t，则更新设备使用年限为 $(N-t)$，由此可知，正在使用的设备已使用的时间越长，则更新设备的使用时间越短。

正在使用的设备（A）使用基年的总使用成本为 C_o 时，则

$$C_o = K_0 - K_{et} + \sum_{i=1}^{t} C_{oi} \tag{8-25}$$

更新设备（B）使用 $(N-t)$ 年的总使用成本为 C_o'，则

$$C_o' = K_0' - K_{e(N-t)} + \sum_{j=1}^{N-t} C_{oi}' \tag{8-26}$$

两设备在使用期内总使用成本之和：

$$C_{ot} = K_0 - K_{et} + \sum_{i=1}^{t} C_{oi} + K_0' - K_{e(N-t)} + \sum_{j=1}^{N-t} C_{oi}' \tag{8-27}$$

式中，C_o、C_o' 分别为 A、B 设备使用基年和 $(N-t)$ 年的总费用；K_0、K_0' 分别为 A、B 设备原值；C_{oi}、C_{oi}' 分别为 A、B 设备在某一年度的使用费；K_{et} 为 A 设备在 t 年末的残值；$K_{e(N-t)}$ 为 B 设备在 $(N-t)$ 年末的残值。

由于计划期的长度 N 是一定的，因此总成本 C_{ot} 最低的那一年（第 t 年）为最优更换时间。

【例 8-1】某企业有旧设备 A，若这种设备每台的价值为 60 000 元，逐年的使用费用和残值见表 8-2。

表 8-2　设备 A 有关费用表（单位：元）

使用年限	1 年	2 年	3 年	4 年	5 年
每年使用费	8 000	12 000	14 000	18 000	23 000
年末残值	20 000	18 000	15 000	7 500	4 000

新设备 B 的效率是设备 A 的 2 倍，价格为 80 000 元/台，可用 6 年，其各有关费用

见表 8-3。

表 8-3　设备 B 有关费用表（单位：元）

使用年限	1 年	2 年	3 年	4 年	5 年	6 年
每年使用费	12 000	15 000	18 000	24 000	31 000	12 000
年末残值	40 000	20 000	10 000	5 000	3 000	40 000

若企业需要设备服务时间为 6 年，A 设备已用 2 年且 A 设备使用寿命为 5 年，小于企业需要的服务期，现拟用 B 设备去更换 A 设备，问何时更新最合适？

解：已知 $N=6$ 年，A 设备已使用 2 年，则更新时间有 4 个，A、B 设备的不同组合也有 4 个，因此只要分别计算出 A 设备 t 年内总成本（C_o）和 B 设备相应的总成本（C_o'），再看两者之和（C_{ot}）在何年为最低，该年即合理更新期。

分别代入上面列出的计算 C_o，C_o'，C_{ot} 的公式，可得数据如表 8-4。

通过表 8-4 的计算，得出的结论是旧设备使用 2 年后更换新设备是最经济的，即旧设备在计划期内使用 2 年，新设备在计划期内使用 4 年的总费用为 124 000 元，低于其他时间更换设备的方案。

表 8-4　A、B 设备不同组合数据表（单位：元）

A 设备使用年数（t）	A 设备 t 年内总使用成本（C_o）	B 设备使用年数（$N-t$）	B 设备 t 年内总使用成本（$C_o'/2$）	N 年内两设备使用成本之和 $C_{ot}=C_o+C_o'/2$
1 年	48 000	5 年	88 500	136 500
2 年	52 000	4 年	72 000	124 000
3 年	69 000	3 年	57 500	126 500
4 年	94 500	2 年	43 500	138 000
5 年	121 000	1 年	26 000	147 000

表 8-4 中 $C_o'/2$ 是因为 B 设备为 A 设备效率的 2 倍，故需将费用进行折算。据表 8-4 的数据表明在 A 设备使用 2 年后再用 B 设备更换的经济效益更好，因为第 2 年的总成本费用最低。

当设备使用时间较长，按此模型计算时，忽略货币时间价值因素确定最优更换期，其计算结果是不准确的。因此，要对这个数学模型进行修正，此时应以计划期内总现值最低的方案为最优方案。

第四节　技术改造的技术经济分析

一、技术改造概述

1. 技术改造的含义

我国现行投资管理体制中规定，建设项目分为基本建设项目和技术改造项目（或称更新改造项目）。技术改造充分利用现代科技成果和先进经验来改造现有设备、工艺、产品等生产技术和组织要素的内涵，以达到增加品种，改进质量，提高技术水平、管理水平和经济效益的目的。

技术改造的内容主要包括企业的设备和工具的更新改造、生产工艺的改革、新产品开发与老产品更新换代、原材料及各种消耗资料的综合利用及改进、生产组织与作业方案的调整及改善、企业管理手段与方法及劳动条件的改进与完善，以及相应的厂房建筑物等生产条件的扩大与改善等方面。

2. 技术改造项目优点

技术改造项目与新建项目比较，有以下优点。

（1）可充分利用原有的厂房、基础设施和外部运输等存量资产的潜力，从而节约固定资产投资。

（2）可以少占或不占国家有限的土地资源。

（3）可以少增或不增，甚至减少熟练劳动力。

（4）可以缩短建设时间，并利用已有的生产管理技术使项目提前达产。

（5）可以充分利用企业原有的市场销售渠道和原材料供应渠道，减少市场进入成本。

（6）可以充分调动企业自身积极性，充分利用企业自有资金和原有资产筹集资金（发放债券、股票或获得抵押贷款等）扩大建设资金来源。

3. 技术改造项目的特点

技术改造项目的工作对象是老企业，而不是或不完全是从无到有。与新建项目比较，它有以下主要特点。

（1）技术改造的对象主要是现有企业。其投资具有追加的特点，并与原有固定资产的更新改造密切相关。技术改造项目是在已有厂房、设备、人员、技术的基础上，进行追加投资、追加经营费用，从而获得增量效益。例如，新增投资、新增资产一般要与原有投资、原有资产相结合而发挥作用，以增量带动存量、以较小投入取得较大的新增效益。因此，项目与技术改造项目的主要着眼点应是增量投资的经济效果。

（2）技术改造的目的是提高企业的效益。技术改造以加速企业技术进步为前提，以实现产品的更新换代、提高产品质量、降低生产消耗、提高经济效益为目的。企业效益可能表现为增加产量、扩大品种、改变产品结构、提高质量、降低能耗、合理利用资源、提高技术装备水平、减人提效、改善劳动条件或减轻劳动强度、保护环境和综合利用等一个方面或几个方面，其费用不仅包括新增投资、新增经营费用，还包括由于项目建设可能带来的停产或减产损失以及原有固定资产拆除费等。

（3）技术改造的资金主要来自于企业。技术改造的资金从资金来源看，主要来自企业补偿资金及一定的信贷资金，而不是主要依靠国家投资。但是，技术改造项目的清偿能力，不仅与项目本身的清偿能力有关，还与原企业的财务状况有关。

（4）技术改造的过程具有动态性和阶段性。技术改造是动态的连续改造的过程，又是有阶段的改造过程。

二、技术改造的技术经济分析方法[①]

企业技术改造项目的技术经济评价的方法，原则上是考察项目建设与不建设两种情况下费用和收益的差别，而这种差别就是项目引起的，也就是其效果所在。用进行技术改造与不进行技术改造两种方案来进行技术经济分析包括两种方法，即总量分析法和增量分析法。

1. 总量分析法

总量分析法，实际上是以总量来衡量两种不同方案的绝对效果。因为不进行技术改造与进行技术改造，实际上是有待决策的两个方案，是两个互斥的方案。运用总量法分析，是通过先计算各方案的绝对效果（如净现值），然后进行优劣比较、判断。在技术改造项目评价中进行盈利分析时，都要将不进行技术改造作为一个方案（无项目）与进行技术改造作为另一个方案（有项目）进行"有无对比"。因为这两个方案是互斥的，所以对这类项目的评价，实质上是互斥方案的比较。

【例8-2】某项目现有固定资产1 000万元，流动资产200万元，若进行技术改造需新增投资300万元，原有固定资产不能全部利用，未利用部分变卖净收入50万元，当年改造当年生效。假定改造与不改造项目每年收支情况如表 8-5 所示，两方案寿命期均为10 年，基准折现率10%，问该项目是否进行技术改造？

表 8-5　某项目进行技术改造与不进行技术改造的收支预测（单位：万元）

项目	进行技术改造（A）			不进行技术改造（B）		
	0 年	1~10 年	10 年	0 年	1~10 年	10 年
销售收入		1 300			1 000	
经营成本		1 100			850	
资产残值回收	50		500			400
新增投资	300					

解：首先，根据项目条件及表8-5，绘制出两种现金流量图，如图 8-7（a）和图 8-7（b）。其中，图 8-7（a）为进行技术改造的现金流量图，图 8-7（b）为不进行技术改造的现金流量图。

根据图 8-7（a）和图 8-7（b）可以分别计算出进行技术改造和不进行技术改造的NPV：

$$NPV_A = -250 + (1\ 300 - 1\ 100)(P/A, 10\%, 10) + 500(P/F, 10\%, 10) = 1\ 171.55(万元)$$

$$NPV_B = (1\ 000 - 850)(P/A, 10\%, 10) + 400(P/F, 10\%, 10) = 1\ 075.8(万元)$$

如果按此结果进行决策，由于 $NPV_A > NPV_B > 0$，因此应该进行改造。

从方案比较的角度来看，如果必须要在两个方案中选出一个比较优的项目，则这种计算方法的结果是可取的。但是从理论上看，这种做法是错误的，因为图 8-7 所示的现

---

① 陶树人. 技术经济学[M]. 北京：石油工业出版社，2003.

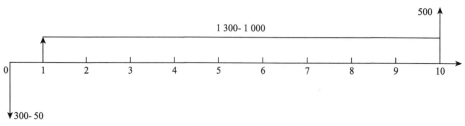

（a）进行技术改造的现金流量图

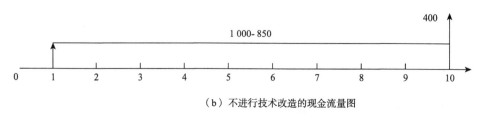

（b）不进行技术改造的现金流量图

图 8-7　某项目的现金流量图

金流量图不完整。技术改造是在原有基础上进行的，原有资产确实被改造后的项目所应用，而不能用于它用。而图 8-7（a）和图 8-7（b）所示的现金流量图所反映的经营含义是项目没有使用该部分资产，同时该部分资产也没有进行转让，在经济分析中应该将其视为一项支出才能完整反映项目的现金流量。

考虑原资产价值，进行技术改造和不进行技术改造的 NPV 为

$$\text{NPV}_A = -1\,450 + (1\,300 - 1\,100)(P/A, 10\%, 10) + 500(P/F, 10\%, 10) = -28.45(万元)$$

$$\text{NPV}_B = -1\,200 + (1\,000 - 850)(P/A, 10\%, 10) + 400(P/F, 10\%, 10) = -124.2(万元)$$

按此结论，虽然 $\text{NPV}_A > \text{NPV}_B$，但是 $\text{NPV}_A < 0$，也就是说，项目通过了相对效果检验，但是没有通过绝对效果检验。因此，不能就此做出应当改造的结论，有必要借助于增量分析法来进行分析。

总之，总量分析法最大的优点是可以同时反映方案的绝对效果检验和相对效果检验。在总量分析法下，不能将方案间相同的现金流量省略。如果将原有资产忽略，直接的影响是将原本不可行的项目判断为可行项目，相反，也有可能将原本可行的项目判断为不可行。在现实生活中，要将原有资产视为投资，还需要对原有资产进行估价，而资产估价是一件十分复杂和困难的工作，其工作量和难度往往超过项目评价分析本身。因此，在实际工作中，一般不采用这种方法，而采用更合理、更简便可行的增量分析法。

2. 增量分析法

增量分析法，是对技术改造投资所产生的增量效果进行评价的方法。具体是首先计算进行技术改造与不进行技术改造的两个不同方案在同一时间内的费用、收益对应相减，得出增量净现金流量，然后据此计算增量净现值和增量内部收益率有关的经济效益指标。增量净收益是进行技术改造与不进行技术改造项目的净收益之差值。

【例 8-3】仍然用表 8-5 的数据，用增量分析法可以计算出两方案的增量净现值。

$$\Delta NPV = -(1\,450-1\,200)+(200-150)(P/A,10\%,10)+100(P/F,10\%,10)=95.75(万元)$$

实际上，$\Delta NPV = \Delta NPV_A - NPV_B = -28.45-(-124.2)=95.75(万元)$

如果按此结果进行决策，应该进行项目改造。但是从理论上来讲，互斥方案的比较应该同时通过相对效果检验和绝对效果检验。因此是否能直接根据相对效果检验来对技术改造项目进行检测，有待于进一步分析。

假如根据相对效果检验来进行决策，则增量指标和总量指标计算的结果不外以下几种排列，如表8-6所示。

表 8-6　增量指标和总量指标的可能排列

序号	增量指标	总量指标		根据增量指标做出的决策
		进行技术改造	不进行技术改造	
1	$\Delta NPV > 0$	$NPV_A > 0$	$NPV_B > 0$	进行技术改造
2	$\Delta NPV > 0$	$NPV_A > 0$	$NPV_B < 0$	进行技术改造
3	$\Delta NPV > 0$	$NPV_A < 0$	$NPV_B < 0$	进行技术改造
4	$\Delta NPV < 0$	$NPV_A > 0$	$NPV_B < 0$	不进行技术改造
5	$\Delta NPV < 0$	$NPV_A < 0$	$NPV_B > 0$	不进行技术改造
6	$\Delta NPV < 0$	$NPV_A < 0$	$NPV_B < 0$	不进行技术改造

在表8-6中，第1、2、4、5、6种情形增量效果和总量效果方向一致的，因此，直接根据增量效果进行决策是符合决策原则的，是不会发生错误的。而只有第3种情形，如果按增量指标进行决策则应该进行技术改造，而根据总量指标进行决策则不应该进行技术改造，这样两种方法得出的结论就是不一致的，这就需要进一步分析。

第3种情形说明了无论是否进行技术改造，项目的经济效益都不好，均不能通过绝对效果检验，但是进行技术改造，项目的经济效益有所提高。对于这种情况，可选择的方案有以下三种。

方案A：不进行技术改造，维持原项目。

方案B：进行技术改造。

方案C：原有项目关闭停业。

这三个方案是互斥方案，从上面的结果来看，方案B优于方案A，这样就只需要对方案B和方案C进行比较即可。这就存在两种情况。

第一种情况：项目存在关闭停业的可能。

这就需要对方案B和方案C的现金流量进行预测，对于方案C，即关闭原有项目，那么出让项目资产所获得的净收益就是方案C的NPV；而对于方案B则不能应用图8-7所表示的现金流量来作为方案B和方案C对比的现金流量，需要重新预测其现金流量。

现假设将原有1 200万元资产变卖后可得到700万元收入，拆除费和变卖手续费为50万元，职工遣散费100万元，项目关停可得到净收入550万元，这就是方案C的现金流量。而方案B的现金流量如图8-8所示，利用原资产的价值不再是1 200万元，而是550万元。

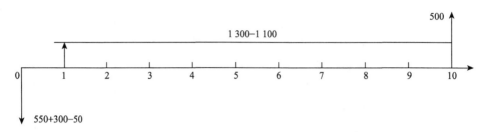

图 8-8　方案 B 的现金流量图

则

$$NPV_B = -800 + (1\ 300 - 1\ 100)(P/A,10\%,10) + 500(P/F,10\%,10) = 621.55(万元)$$

$$NPV_C = 550(万元)$$

$$\Delta NPV = NPV_B - NPV_C = 621.55 - 550 = 71.55(万元)$$

因此应该选择方案 B。

第二种情况：项目不存在关闭停业的可能。

如果该项目不存在关闭停业的可能，则应该选择方案 B。在实际经济生活中，项目是否关闭停业，绝大多数情况下可以比较容易地判断出来。

总之，在对技改项目进行财务分析时，如果项目不存在关闭停业的可能，就可以直接通过增量效果分析来进行决策和评价。只有当项目存在关闭停业的可能时，才需要同时做增量效果分析和总量效果分析。

参 考 文 献

党耀国，米传民，王育红. 2010. 投资项目评价[M]. 北京：科学出版社.

傅家骥，仝允桓. 1996. 工业技术经济学[M]. 第三版. 北京：清华大学出版社.

技术经济学编写组. 2007. 技术经济学原理与实务[M]. 北京：机械工业出版社.

蒋太才. 2006. 技术经济学基础[M]. 北京：清华大学出版社.

刘家顺，史宝娟. 2010. 技术经济学[M]. 北京：中国铁道出版社.

刘秋华. 2010. 技术经济学[M]. 第 2 版. 北京：机械工业出版社.

陶树人. 2003. 技术经济学[M]. 北京：石油工业出版社.

王柏轩. 2007. 技术经济学[M]. 上海：复旦大学出版社.

徐向阳. 2006. 实用技术经济学教程[M]. 南京：东南大学出版社.

袁明鹏，胡艳，庄越. 2007. 新编技术经济学[M]. 北京：清华大学出版社.

张铁山，吴永林，李纯波，等. 2009. 技术经济学——原理·方法·应用[M]. 北京：清华大学出版社，北京交通大学出版社.

第 九 章

价 值 工 程

　　价值工程（value engineering，VE）于1947年由美国通用电气公司采购部工程师麦尔斯创立，是一门新兴的科学管理技术。第二次世界大战期间，由于战时军备猛增，市场原材料供应十分紧张，经常出现物资短缺的情况。当时的美国通用电气公司工程师麦尔斯研究发现，采购某种材料的目的并不在于该材料本身，而在于材料的功能。在购买不到某一种特定材料时，可以用具有同样功能的材料来代替，仍然可以满足其使用效果。麦尔斯开始着手研究材料的替代问题，在采购某种短缺物资困难时，可以购买具有同样功能的替代品，即使这些物资都是容易获得的，也应把功能和费用问题联系起来考虑，用技术与经济价值统一对比的标准衡量问题，他逐渐总结出了一套以最小消耗提供必要功能，获得较大价值的比较系统和科学的方法。1947年，麦尔斯以"价值分析程序"为题发表了研究成果，"价值工程"正式产生。麦尔斯由此被誉为"价值工程之父"。麦尔斯对价值管理方法的发明和传播发挥了巨大作用。1959年，他协助创办了美国价值工程师协会，并出任第一届主席。1961年他出版了价值工程领域第一本专著《价值分析和价值工程技术》，他在美国各地和世界其他地方广泛地进行授课和演讲，来传播价值工程的工作方式。

　　价值工程帮助决策者和工程师充分发挥每一笔费用而获取最优价值。通过应用价值工程，大多数项目可以节省5%~15%的项目投资。由于经济效果显著，价值工程在世界各国得到迅速推广，应用范围从研究开发、设计、生产扩展到经营管理的各个部门。1955年价值工程传入日本，日本企业把价值工程与全面质量管理结合起来，形成具有日本特色的高效管理方法，为日本的工业和经济发展做出了重大贡献，日本天皇在1984年授予已去世的麦尔斯三级功勋奖章。在美国，政府规定凡超过100万美元的政府投资项目都必须应用价值工程方法（1993年5月21日美国白宫预算与管理部颁发的131法规）。我国运用价值工程始于20世纪70年代末，1984年国家经济贸易委员会将价值工程作为十八种现代化管理方法之一向全国推广。1987年10月我国颁布了《价值工程基本术语和一般工作程序》国家标准（GB8223-87）。

■ 第一节 价值工程概述

一、价值工程的相关概念界定

价值工程的定义表述有多种，最具代表性的表述为：价值工程是通过各相关领域的协作，着重于功能分析，力求用最低的寿命周期总成本，可靠地实现必要功能的有组织的创造性活动。从上述定义来看，价值工程包含三层含义：第一，从性质上看，价值工程是一项有组织的活动，往往涉及多个部门和不同专业的工作人员，需要建立相应机构，协调工作。第二，价值工程的目的是提高产品功能，降低成本，从而提高产品价值。第三，价值工程的核心是对产品进行功能分析。

在实践中，价值工程方法又常称为价值分析和价值管理等，有时可相互替代，在建筑业或工业设计界，常使用价值工程，在概念规划和过程时，常用价值分析，在实际应用中也称价值管理。

价值工程从技术和经济两方面相结合的角度研究如何提高产品、系统或者服务的价值，降低其成本以取得良好的技术经济效果，是一种符合客观实际的、谋求最佳技术经济效益的有效方法。价值工程经常同成本降低混淆起来，但成本降低与价值工程有本质区别。成本降低是面向局部的，通常意味着改变建设技术、采用廉价系统、降低公差等级，以及稀释或变换材料。这些节约方法和手段都并不改变设计思想。价值工程是功能驱动的，一般会产生新的或者改进的理念，以更简单的方法来实现必需的功能，用更为经济的生产工艺或建设技术实现了更高的品质。

价值工程涉及价值、功能和寿命周期成本三个基本要素。

1. 价值

价值工程中，价值指性能和获得它的成本之间的关系的定性或定量的表示。因此，术语"最佳价值"表示用最具成本效益的方法来实现满足客户的预期性能要求的功能。价值工程中的价值概念不是对象的使用价值，也不是对象的交换价值，而是对象的比较价值，即功能与费用之比。顾客在购买某种产品时，关注的是其所付出的费用与获得的产品功能是否相当，即"价值"。价值如用公式表示，则为

$$V = \frac{F}{C} \tag{9-1}$$

式中，V 为产品价值；F 为产品功能；C 为产品成本。

这里的产品功能是用户所需求的必要功能，成本是产品的寿命周期成本。

2. 功能

功能是指产品或作业的性能或用途，即产品或作业所承担的职能，是对象能够满足某种需求的一种属性。产品功能是产品具有的用途和使用价值，它是产品的本质特征。

功能可以有以下四种不同的分类方法。

（1）按照功能的重要程度，功能可划分为基本功能和辅助功能。基本功能是必不可少的功能，辅助功能属于次要功能，如台灯的基本功能是照明，它的辅助功能是美化

装饰。

（2）按功能的性质，功能可分为使用功能和美学功能。使用功能具有使用目的，如空调的制冷功能；美学功能又称为外观功能，具有外观特征，与使用者的精神感觉、主观意识有关，如产品造型、色彩款式、商标图案等。

（3）根据功能的有用性，功能可分为必要功能和不必要功能。使用功能、美学功能、基本功能、辅助功能都是必要功能，而多余功能、重复功能和过剩功能则属于不必要功能。

（4）按总体与局部，功能可分为总体功能和局部功能。总体功能与局部功能是目的与手段的关系，它以各局部功能为基础，又呈现出整体性的新特征。

3. 寿命周期成本

产品寿命周期是指从产品开发设计、制造到用户不再使用为止的整个时期。一般分为设计、制造和使用三个阶段。寿命周期成本是指产品或作业在寿命期内所花费的全部费用。寿命周期成本包括两个部分：生产成本和使用成本，用公式可表示为

$$C = C_1 + C_2 \tag{9-2}$$

式中，C 为寿命周期成本；C_1 为生产成本，生产成本发生在产品生产企业内部，包括产品的研发、设计、试制，以及其他在生产过程中产生的费用；C_2 为使用成本，是用户在使用产品过程中支付的各种费用的综合，如产品的运输、安装、调试、管理、维修和耗能等费用。一般来说，随着产品功能的提高，产品的生产成本会随之上升，但用户使用过程中使用成本会有所降低；若产品的功能差，生产成本会降低，但用户的使用成本会升高。因此，价值工程的意义就在于以最低的寿命周期成本，可靠地实现用户所要求的功能。

二、价值工程的特点及提高价值的途径

1. 价值工程的特点

价值工程是一种以提高产品和作业价值为目标的管理技术，是贯穿于产品整个寿命周期的系统方法，从产品研究、设计到原材料的采购、生产制造以及推销和维修，都可以应用价值工程的理论和方法。

价值工程具有以下特点。

（1）价值工程强调产品的功能，因此研究重点是产品的功能研究。

（2）价值工程将确保功能和降低成本作为一个整体来考虑，以便创造出总体价值最高的产品。

（3）价值工程强调不断改革和创新，开拓新途径，设计新方案，创造新功能，从而简化产品结构，节约原材料，提高产品的技术经济效益。

（4）价值工程要求将功能定量化，即将功能转化为能够与成本直接相比的货币值。

（5）价值工程是以集体智慧开展的有组织、有计划，并按一定的工作流程进行的活动。

2. 提高价值的途径

从价值公式［式（9-1）］可见，价值与功能成正比，与成本成反比。最理想的状态是功能提高而成本下降，价值呈现最大值。

根据价值、功能、成本三者之间的关系，若要提高价值，可有以下五种途径（表 9-1）。

表 9-1 提高价值的途径表

序号	1	2	3	4	5
模式	$V\uparrow=\dfrac{F\uparrow}{C\downarrow}$	$V\uparrow=\dfrac{F\uparrow}{C\rightarrow}$	$V\uparrow=\dfrac{F\uparrow\uparrow}{C\uparrow}$	$V\uparrow=\dfrac{F\rightarrow}{C\downarrow}$	$V\uparrow=\dfrac{F\downarrow}{C\downarrow\downarrow}$
说明	功能提高 成本下降	功能提高 成本不变	功能大幅提高 成本略微上升	功能不变 成本下降	功能下降 成本大幅下降
特点	双向型	改进型	投资型	节约型	牺牲型

三、价值工程的工作程序与内容

价值工程的工作过程，是一个发现问题、分析问题、解决问题的过程，一般包括确定对象、功能分析与评价、方案创造与评价和方案实施阶段。其中，功能分析与评价和方案创造与评价是价值工程的核心。价值工程每个阶段具体包含的内容见表 9-2。

表 9-2 价值工程工作程序

VE 工作阶段	VE 具体步骤	主要内容	VE 提问
1.确定对象	（1）选择分析对象	a.生产经营上迫切要求改进的产品 b.改进潜力较大的产品	①这是什么？
	（2）收集情报	a.企业经营目标、方针、策略 b.用户反应、要求 c.生产、销售、成本、价格、利润等 d.行业情况、竞争对手……	
2.功能分析与评价	（3）功能定义	a.对象的功能是什么 b.怎样实现这个功能	②这是干什么用的？
	（4）功能整理	a.有无多余功能 b.有无不足功能 c.绘出功能系统图	
	（5）功能评价	a.确定功能实现成本 b.计算功能的目标成本 c.计算功能的重要度系数 d.计算功能的价值或价值系数 e.根据功能价值选定改进对象 f.根据功能价值系数选定改进对象	③它的成本是多少？ ④它的价值是多少？
3.方案创造与评价	（6）方案创造	按照价值工程活动原则，充分发挥集体智慧和创造精神，提出各种设想	⑤有其他方法实现这个功能吗？
	（7）概略评价	初选改善方案，提出不能满足功能要求、成本太高的方案	⑥新方案的成本是多少？
	（8）方案具体化及试验	a.方案具体化，使其详细完整 b.进一步开展调研	
	（9）详细评价	a.从技术、经济两方面进行详细评价 b.方案优选	⑦新方案能满足功能要求吗？
4.方案实施	（10）提案审批	a.制定提案书 b.上报提案	

续表

VE 工作阶段	VE 具体步骤	主要内容	VE 提问
4.方案实施	（11）组织实施	a.举行实施会议 b.制订实施计划 c.追踪并审查结果	
	（12）效果总评	a.经济效益评价 b.社会效果评价	

价值工程应用广泛，其活动形式也不尽相同，因此在实际应用中，应根据具体情况，应用价值工程的基本原理和思想方法，选择适当的实施措施和方法步骤。现行价值工程基本都由四个阶段、七个问题、十二个步骤组成，并通过回答问题寻找答案的方式，最终达到提高产品价值的目的。

第二节　对象选择与信息收集

价值工程是就某个具体对象开展的有针对性的分析评价和改进。而企业生产的产品和零部件是功能复杂，多种多样的，并不是所有产品都需要进行价值工程分析，而是有选择和有重点地进行，力争用最小的工作量取得最佳的改进效益。

一、价值工程的对象选择

价值工程选择研究对象，需要结合企业实际，选择急需改进而且经济效果较好的项目作为价值工程研究对象，对象选择的合理与否，直接关系到价值工程的收效。因此，价值工程的对象选择，通常要遵循以下原则。

（一）对象选择的原则

1. 根据外部市场环境来选择

（1）应选择对国计民生影响大的产品。

（2）应选择市场需求量大的产品。

（3）优选用户要求高、有提高潜力的产品。

（4）应选择市场竞争激烈的产品。

（5）应选择成本高、利润少的产品。

（6）优选择耗能高、污染严重的产品。

2. 根据企业内部情况来选择

（1）在设计方面，应选择结构复杂、技术落后、工艺差，或体积大、质量大、性能差、材料贵的产品。

（2）在生产方面，选择产量大或原材料消耗高、废品率高的产品。

（3）在成本方面，应选择经济效益差或成本比重大的产品。

（4）在销售方面，应选择经济效益好，但市场竞争激烈，或已进入衰退期的老产品。

3. 根据企业执行条件来选择

（1）本企业是否有开展价值工程的基础环境，如良好的生产秩序，情报收集存储能力、定额标准是否详细合理、成本原始记录是否全面准确等。

（2）本企业是否有开展价值工程的人力资源，是否能抽调足够的技术、财务和生产方面的人员进行价值工程分析。

（3）本企业是否有创新的企业文化，价值工程本质上是一项创新工程，开放、乐于学习、合作充分的企业进行价值工程活动，更有可能取得具有实质性的创新成果和显著的经济效益。

（二）对象选择的方法

价值工程分析对象的选择方法有多种，这里介绍以下几种常用方法，企业可根据自己的实际情况，结合使用。

1. 经验分析法

经验分析法又称为因素分析法，是一种定性分析方法。邀请企业中具有丰富实践经验的管理人员和专业技术人员，通过参与会议讨论来全面分析研究产品存在的问题和生产情况等，最终确定价值分析对象。该方法凭借与会者的经验，对各种影响因素进行综合分析，区分主次轻重，以保证对象选择的合理性。经验分析法的优点是简便易行，但缺点是缺乏定量依据，受人为因素影响较为明显。对象选择的合理与否，主要取决于价值工程人员的经验及工作态度。

2. 价值测定法

价值测定法通过对以下10个问题的肯定、否定回答，判断其价值，否定越多，则价值越低，肯定越多，则价值越高。价值低的应选为价值工程对象，设法加以改进。

（1）使用它能提高产品的价值吗？

（2）它的功能与费用是否相称？

（3）它的各种功能是否都是必要的？

（4）实现这些目的是否还有更好的方法？

（5）目前使用的零部件是否还有更便宜的生产方法？

（6）能否找到可用的标准产品？

（7）生产中要不要使用专用工具？

（8）外协件或外购件价格是否合理？

（9）能否从专业化厂家买到更便宜的材料？

（10）是否可以以更便宜的价格，从别的地方买到这些产品？

3. ABC 分类法

ABC（activity based classification）分类法又称为重点选择法，或不均匀分布定律法。ABC 分类法是应用数理统计分析的方法来选择对象，即在产品中，5%~10%的产品或零部件数，其成本大约占总成本的 70%~75%，可以划为 A 类；20%的产品或零部件，其成本约占总成本的20%，划为B类；其余70%~75%左右的产品或零部件，其成本只占5%~10%左右，可划为 C 类。在选择价值工程对象时，将项目或产品的所有零部件的成本按照从大到小的顺序排列起来，选择排名前 10%~20%的部分作为价值工程的重点选择对象。

ABC 分类法的实施步骤：①将零部件按其产品成本从大到小顺序排列。一种零部件若在产品中只有一件，则这种零部件的产品成本就是该零部件的单价成本；反之，若同一零部件在产品中有多个，则其成本等于单件成本乘件数。②计算零部件总种数和总成本。注意零部件总种数不是组成产品的零部件总件数，某种零部件有多件时只能按一种计入种数。③进行 ABC 分类。将产品的各种零部件分为 A、B、C 三类，参考值见表 9-3。

表 9-3　ABC 分类参考值

类别	种数百分比	成本百分比
A 类	5%~10%	70%~75%
B 类	20%	20%
C 类	70%~75%	5%~10%

根据表 9-3 中 ABC 三类种数百分比和成本百分比，可画出 ABC 分类图，如图 9-1 所示。

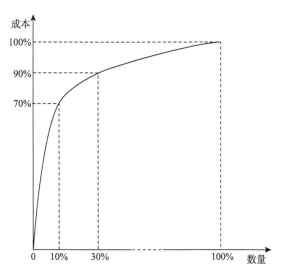

图 9-1　ABC 分类法示意图

ABC 分类法能以定量的方式分析价值工程对象选择问题，容易抓住重点，把数量少而成本高的零部件或工序选为对象，有利于突出重点，集中力量突破，取得好的效果。但其也有缺点：若成本分配不合理，会出现零部件功能比较次要但成本较高，或零部件功能比较重要但成本较低的问题，若是前一种情况，则这种零部件不应被选入对象，但可能却被选入了，而后一种零部件本应入选，但却未被选入。因此，ABC 分类法不应机械应用，而应和其他方法综合分析，避免选择错误。

4. 强制确定分析法

强制确定分析法是以构成产品的零件为对象，以某零件在整个产品中所占功能的百分比称为零件的功能评价系数，所占成本的百分比称为成本系数。然后计算功能评价系数与成本系数的比值，该比值称为零件价值系数。该系数越小，说明其功能费用越不合理，改进余地越大，应作为价值工程的重点对象。

5. 费用比重分析法

费用比重分析法是按各个零部件所花费用占该种费用总额的比例大小来选择价值工程对象的一种方法，其主要在节约某种材料或能源时选用，如优选出占能耗费用总额比重较大的为价值工程对象。

二、价值工程的信息收集

价值工程活动中所需的技术和经济信息是进行价值工程活动的基础，贯穿于价值工程活动的全过程。在确定价值工程的对象之后，就要明确收集信息的目的和内容，通过正确的步骤，围绕对象充分收集信息，信息资料越充分，价值提高的可能性就越大。

（一）情报收集的步骤

收集情报的步骤有以下几个。

（1）确定收集情报资料的目的。

（2）制订收集情报资料的计划。

（3）收集并整理情报资料。

（4）分析甄别情报资料。

（5）建立情报资料查询方法。

（二）情报收集的方法

（1）询问法。询问的方式一般有面谈、电话询问、书面调查等，把内容告诉被调查对象，并请他们认真回答，从而获得自己所需的情报。

（2）查阅法。通过查阅各类书籍、报纸、杂志、期刊、论文等获取情报。

（3）购买法。用货币购买所需情报。

（4）互换法。用自己所有的资料、信息、样品等和别的企业、部门交换自己所学的信息资料。

（5）试销试用法。通过试销收集用户对自己产品的意见。

（三）重点搜集的情报内容

（1）用户情报。了解用户性质、经济能力、使用目的、使用环境，以及用户对产品性能、价格、外观、售后服务等方面的要求。

（2）技术情报。其包括国内外同类产品的技术资料，以及产品有关的新材料、新技术、新工艺和新标准等。

（3）市场情报。了解市场需求、同行竞争、同类产品价格和市场占有率等。

（4）经济情报。了解同类企业规模、经营特点、管理水平，以及产品成本、利润等方面的情报。

（5）企业内部情报。其包括企业的内部供应、生产、组织，以及产品成本等方面的情报。

（6）环境保护情报。其包括环境保护现状、"三废"状况、处理方法和国家法规标准等。

（7）外协情报。其包括外协单位状况，以及外协件的品种、数量、质量、价格、交货期等。

（8）政府和社会有关部门的法规、条例等方面的情报。

第三节　功能分析与评价

一、价值工程的功能分析

功能分析是价值工程的核心内容。功能分析的目的在于在满足使用者基本功能的基础上，尽可能增加产品的必要功能，减少不必要功能。它是对价值工程研究对象的功能进行系统的分析，科学地评价其重要性，通过功能和成本匹配关系定量计算对象价值大小，确定改进对象的过程。

功能分析主要包括功能定义和功能整理。

1. 功能定义

功能定义即将价值工程分析对象具有的功能用简洁的语言进行描述，以限定其内容，区别于其他事物。在分析产品功能时，必须对其功能下一个确切的定义。一个项目或产品通常会有多个功能，这就要对这些功能加以分析解剖，分成子项目、部件或零部件，再逐一地确定其功能定义。

在功能定义描述中，既要注意表达产品的有形特征——外观、材质、质量等，又要注意产品的无形特征，以揭示产品的本质。功能定义描述一般用"两词法"，即用一个"动词"加一个"名词"来表达。例如，接通电源、启动车床、切削工件等。这里的"动词"十分重要，必须准确，因为动词部分决定这改进方案的方向和实现的手段。名词部分应尽量使用可测量的词汇，便于定量分析。功能定义要站在"物"的角度上，如果产品具有多个功能，应一个功能下一个定义。功能定义不仅对产品整体，更重要的是对产品的各组成部分（如部件、组件、零件）下定义。功能定义是否准确，取决于价值工程的分析人员对研究对象的熟悉和精通的程度。功能定义举例如表9-4所示。

表9-4　功能定义举例

定义对象	功能	
主语（名词）	谓语（动词）	宾语（名词）
钟表内墙	隔离	空间
墙体	提供	承载力
发动机	产生	扭矩
油箱	容纳	体积
发热器	产生	热量

2. 功能整理

功能整理就是要明确功能之间的相互关系，通过编制功能系统图，确定必要功能，剔除剩余功能，由此把握价值改善的功能领域，明确改善对象的等级。

一个产品从结构上来说是一个系统，由各个零部件组成，从另一个角度来说，一个产品又是一个功能系统，由各零部件的功能组成。价值工程的任务就是分析这个功能系统，把握用户所需的必要功能。功能分析系统技术的基本步骤如下。

（1）排列基本功能，把其中最基本功能排列在左端，称为上位功能，其余的是辅助功能。

（2）逐个明确功能之间的关系，是上下位关系还是并列关系。并列关系时两个以上功能处于同等地位，都是实现同一目的的必要手段。

（3）画出功能系统图，如图 9-2 所示。

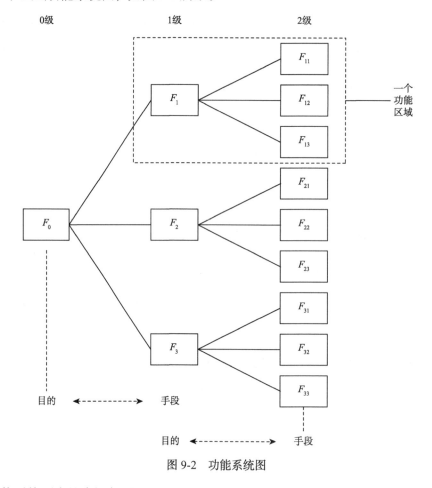

图 9-2　功能系统图

功能系统图中的术语如下。

"级"：每一分支形成一级。

"功能区域"：某功能和它的分支全体。

"位"：同一功能区域中的级别用位表示，高一级功能称为"上位"，低一级功能称为"下位"，同级功能称为"同位"。功能系统图中不再细分的功能称为"末位"功能。

功能整理采取的逻辑是：目的—手段。上位功能是目的，下位功能是手段，因此，上位功能也称为"目的功能"，下位功能便称为"手段功能"。

功能系统图表明了整个功能系统的内部联系，更进一步阐明了分析对象的"功能是什么"的问题，它反映了设计意图和构思。

二、价值工程的功能评价

功能评价就是要回答"价值 V 是多少"的问题，用价值公式 $V = F/C$ 计算出各个功能的价值系数，以解决功能数量化的问题。从式（9-1）可知，求 V，必须先求得 F 和 C。成本 C 用货币量表示，功能 F 一般也须用货币量表示。在实际比较时，成本 C 即某功能的现实成本，功能 F 应定义为实现必要功能的最低成本。

（一）功能评价值 F 的确定

功能评价值是指实现用户要求的必要功能的最低成本。确定功能评价值 F 的原则是："用户愿花多少钱购买这一功能？"实际上功能值的确定是很困难的，在实践中，往往使用它的近似值。

计算功能评价值的近似值的方法有多种。例如，直接评价法，将功能分解，并找到可代替的手段及其成本。公式法，它是直接评价法的一种，利用工程中的计算公式导出。最常用的计算方法是功能重要度系数法，这是一种间接评价法，通过衡量各功能的重要程度，使用打分的方法，求出各自功能占总功能的权数，以此来确定功能评价值。具体步骤如下。

（1）确定产品的目标成本 C^*，令其为总功能值 F。

（2）确定各分功能 F_i 的重要度，定出重要度系数 $f_i\left(\sum f_i = 1\right)$。

（3）按重要度分摊目标成本，得出各功能 $F_i = C^* \cdot f_i$。

因此，要求得 F，就先要解决两个问题：一是产品整体的目标成本；二是功能重要度系数。

1. 目标成本的确定

目标成本既要有先进性，即必须经过努力才能达到，又要有可行性，即有实现的可能。根据尽可能掌握的同行、同类产品的情况，同行业先进水平对多数企业来说既有先进性，又有可行性，可作为目标。对于已处于先进水平的企业，可根据企业经营目标，对比国外先进水平，确定一个先进、可行的目标。据统计，价值工程普遍可降低成本5%~30%，这一统计亦可作为制定目标成本的参考。也可以认为，就已掌握的情报，公开成本是制造该产品的最低成本，是理想状态下的成本。这种方法简便且切实可行，是价值工程中求算功能值较常用的方法之一。

2. 功能重要度系数的确定

价值工程就是要寻求功能与成本的匹配。因此，可按各分功能重要度分配功能值。

功能重要度的确定主要依靠经验判断，难免会与实际有出入，但却实际可行。为了减少经验估计的偏差，参加评价的人应是具有丰富经验的工程或管理人员，同时参加的人数不宜过少，结果可取综合平均值。

目前，确定功能重要度的方法主要有 0-1 评分法、0-4 评分法，比率法等。

1）0-1 评分法

这种评分法请 5~15 名对产品熟悉的人员参加功能评价，按照功能重要程度一一对比打分，重要的得 1 分，不重要的得 0 分。要分析的对象（零部件）本身和资金相比不得分，用"×"表示。例如，有 5 个功能，可形成如表 9-5 所示的评分矩阵。

表 9-5   0-1 评分表

功能	F_1	F_2	F_3	F_4	F_5	得分累计	修正得分	功能重要度系数 f_t
F_1	×	1	1	1	1	4	5	5/15=0.33
F_2	0	×	1	1	1	3	4	4/15=0.27
F_3	0	0	×	0	1	1	2	2/15=0.13
F_4	0	0	1	×	1	2	3	3/15=0.20
F_5	0	0	0	0	×	0	1	1/15=0.07
合计						10	15	1.00

为避免最不重要的功能得 0 分，可将各功能累计得分加 1 分进行修正，用总分分别去除各功能累计得分即可得到重要度系数 f_t。

2）0-4 评分法

0-1 评分法重要程度差别仅为 1 分，差距不大，为了拉大档次，将分档扩大为 4 级，其打分矩阵同 0-1 法。档次划分遵循以下原则：两者相比，功能非常重要的一方得 4 分，次要的得 0 分；若两者差别不大，则功能较为重要的得 3 分，另一方得 1 分；若两者功能重要度相同，则各得 2 分。在任何情况下，两者得分之和为 4 分。

3）比率法

比率法是先比较相邻两功能的重要程度，给出重要度倍数值，然后令最后一个被比较的功能（表 9-6 中的 F_5）为 1，再依次修正重要度比率，将各比率相加，再用各功能所得修正比率数除以总得分，可得到相应重要度系数 f_t，举例见表 9-6。

表 9-6   比率法评分表

功能	暂定重要度比率	修正重要度比率	功能重要度系数 f_t
F_1	（$F_1 : F_2$）1.5	4.5	4.5/17.5=0.26
F_2	（$F_2 : F_3$）0.5	3.0	3.0/17.5=0.17
F_3	（$F_3 : F_4$）2.0	6.0	6.0/17.5=0.34
F_4	（$F_4 : F_5$）3.0	3.0	3.0/17.5=0.17
F_5		1.0	1.0/17.5=0.06
合计		17.5	f=1.00

重要度系数除了可以用以上方法确定外，还可以直接按百分比给出各分功能的重

要度系数。采用不同的评分法评出来的分数不同，重要度系数便不同，此误差会影响评价结果。因此，无论采用哪种评分方法，都不是绝对精确的，必要时应对评分误差进行分析。

（二）功能成本分析

功能成本分析是对所分析的功能的现实成本进行分析。功能成本分析从功能系统图的末位功能开始，逐级向上计算。末位功能成本计算中有两个常见的问题：一是一个功能由多个零件实现，此时可将各零件成本相加；二是一个零件具有多个功能，此时必须根据该零件花费在各功能上的实际成本进行分解和分摊。有的功能成本难以从统计数据中直接得到，可请有经验的人员估算。

（三）功能的价值分析

经过以上两步的分析计算，根据价值公式［式（9-1）］$V=F/C$，在已知功能评价值（F）和功能的现实成本（C）的情况下，就可以求出功能的价值系数 V，从而进行功能价值评价。

如某项功能，假设其目标成本为3.00元，其功能重要度系数经功能重要度系数法评估为 $f_i=0.07$，则其功能值 $F_i=C^* \cdot f_i=0.21$，其现实成本经过功能成本分析后得知为 $C_i=0.25$，则其价值系数 V_i 为

$$V_i = \frac{F_i}{C_i} = \frac{C^* \times f_1}{C_i} = \frac{0.21}{0.25} = 0.84 \tag{9-3}$$

价值系数的大小有以下三种情况。

当 $V=1$ 时，表示 $F=C$，即所花费的现实成本与实现该功能所必需的最低成本相当，可以认为是最理想的状态，此功能无改善的必要。

当 $V>1$ 时，说明功能分配偏高或成本分配过低，应当查明原因，或者剔除多余功能，或者适当增加成本。

当 $V<1$ 时，说明成本过大，有改进的潜力，该功能应列入价值改善的重点对象，在满足必要功能的前提下，设法降低产品成本。

第四节　方案创造与实施

在价值工程中，发挥创造力进行方案创造是解决问题的关键。进行方案创造有两种形式：一种是新产品设计。通常从最终功能出发，一步一步地构想手段，创造出一个全新的设计方案。另一种形式是老产品改造。通常以功能系统图为依据，从某一功能范围入手，创造出一个老产品改造方案。为节约经费，对老产品的各种合理部分应尽量保留。

一、方案的创造

方案创造的理论依据是功能载体具有替代性。这种功能载体替代的重点应放在以功

能创造新的产品替代原有产品和以功能创造新的结构替代原有的结构方案。

为了创造出满意的方案，在方案创造中应遵循以下原则：①解放思想，大胆创新原则；②"功能匹配"原则；③提出尽可能多的方案；④发挥集体智慧，避免方案创造的片面性。

方案创造可以选用下列方法。

1. 头脑风暴法

头脑风暴法是美国 BBDO 广告公司的奥斯本于 1947 年提出的，是开会创造方案的方法。头脑风暴法因其使用简单，能充分发挥团队创造力的综合能力，成为目前使用的最为广泛的创新方法。头脑风暴法适用于较小的团队（一般为 4~10 人，正好与通常价值团队的人数相符）。具体的方法如下。

（1）把要进行讨论的功能写到活动挂图、白板上，确保每个人对议题充分了解。

（2）讨论的每个人都遵守基本的规则。①禁止评价或阻止他人的见解。所有人提出的想法都是同样有效的。②讨论重点是尽可能多地得到方案和想法，也就是只关注数量。③随意发言。不要检查任何想法，保持会议的流畅性。④认真听取所有想法，并把它们联系起来。⑤避免讨论或提问题，否则容易打乱思维过程。

（3）价值工程专家应当强调所有的规则并记录所有产生的想法。

（4）会议结束时进行总结，合并相同的方案，将其他所有的方案都保存下来。完成一个功能的讨论后，再进行下一个功能的讨论。

2. 抽象提前法（哥顿法）

抽象提前法是美国人哥顿（Gordon）提出的方法。这种方法以召开会议的方式提出方案，侧重于要解决的具体问题。通常由若干不同背景的人参与会议，会前将所要研究解决的问题加以适当抽象，会议的具体目的只有会议主持人知道。主持人只是抽象地提出概念，要求与会者广泛地提出各种设想，当会议讨论到一定时机，再将主题逐渐明确，在此设想的基础上研究和提出各种新的具体方案。

3. 检查提问法

检查提问法是一种刺激方案构思的方法，通过提出有启发性的问题，引导人们对方案提出构思，而且个人也能构思出比较完整的方案。

应用最广泛的检查表是由奥斯本提出的，其包括以下几个问题。

（1）有无新的使用方式？可否改变现有的使用方式？

（2）有无相似的东西？利用相似性可否产生新的东西？能否模仿其他东西？

（3）可以改变吗？能否改变功能、形状、颜色、气味等？是否还有其他的改变可能性？

（4）可以增加吗？能否增加尺寸、使用时间、新的特征？

（5）可以减少吗？能否省去、减轻、减短、缩小？

（6）可以替代吗？能否用其他材料、零部件、能源、色彩来替代？

（7）可以颠倒吗？

（8）可以重新组合吗？

4. 特性列举法

特性列举法多用于新产品设计。把设计对象的功能、要求、特性一一列举出来，针对这些特征逐一研究实现它的手段，以期达到所要求的特性。

5. 缺点列举法

与特性列举法类似，将要改进的方案的缺点一一列举出来，然后针对这些进行改进，为提高产品在市场上的竞争机会而创造条件。缺点列举法多用于老产品的改进设计。

6. 希望列举法

如果对所要求改进的对象提不出明显的缺点，也可以提出改进的希望，也可以把用户的要求作为希望列举出来。

二、方案的制订与选择

方案的评价和选择方法有很多，主要有以下几种。

1. 优缺点列举法

把每一个方案在技术上、经济上的优缺点详细列出，进行综合分析，并对优缺点作进一步调查，用淘汰法逐步缩小考虑范围，从范围不断缩小的过程中找到最后的结论。

2. 直接打分法

根据各种方案能够达到各项功能要求的程度，按10分制（或100分制）打分，然后算出每个方案达到功能要求的总分，比较各方案总分，做出采纳、保留、舍弃的决定，再对采纳、保留的方案进行成本比较，最后确定最优的方案。

3. 加权打分法（矩阵评分法）

这种方法是将功能、成本等各种因素，根据要求的不同进行加权计算，权数大小应根据它在产品中所处的地位而定，算出综合分数，最后将其与各方案寿命周期费用综合进行分析，选择最优方案。

4. 理想系数法

这种方法先对每种方案在各项功能指标上进行评分，并按式（9-4）计算功能满足系数 X，即

$$X = \frac{\sum_{i=1}^{n} P_i}{n \cdot P_{max}}$$ （9-4）

式中，P_i 为各方案满足功能 i 的分数；P_{max} 为满足功能的最高得分；n 为需要满足的功能数。

三、方案的实施与效果评价

在方案实施过程中，应该对方案的实施情况进行及时检查和反馈，发现问题要及时解决。方案实施完成后，要进行总结评价和验收。

1. 企业经济效益评价

可以根据需要计算方案实施后的劳动生产率、材料消耗、能源消耗、资金利用、设备利用、产量品种发展、利润、市场占有率等指标值。此外，还要进行以下经济效益指标计算。

1）全年净节约额

全年净节约额=（改进前单位成本-改进后单位成本）×年产量-价值工程活动费用的年度分摊额

2）节约百分比

$$节约百分比 = \frac{改进前成本 - 改进后成本}{改进前的成本} \times 100\% \tag{9-5}$$

3）节约倍数

$$节约倍数 = \frac{全年净节约额}{价值工程活动经费} \times 100\% \tag{9-6}$$

4）价值工程活动单位时间节约额

$$价值工程活动单位时间节约额 = \frac{全年净节约额}{价值工程活动延续时间} \tag{9-7}$$

2. 方案实施的社会效果评价

社会评价是从国家、企业、用户三个方面的利益出发评价方案的好坏。方案实施的社会效果评价包括是否填补了国内外科学技术或产品品种的空白，是否满足了国家经济发展或国防建设的重点需要，是否节约了贵重稀缺物资材料，是否节约了能源消耗，是否降低了用户购买成本或其他使用支出，以及是否防止或减少了污染公害，等等。

方案社会评价大多采用社会调查法。通过到政府部门调研、与有关群众座谈等方法了解和征求意见，借以对方案进行社会评价。

参 考 文 献

傅家骥，仝允桓. 1996. 工业技术经济学[M]. 第三版. 北京：清华大学出版社.

傅家骥，雷家骕，程源. 2003. 技术经济学前沿问题[M]. 北京：经济科学出版社.

刘家顺，史宝娟. 2010. 技术经济学[M]. 北京：中国铁道出版社.

陶树人. 1999. 技术经济学[M]. 北京：经济管理出版社.

王柏轩. 2011. 技术经济学[M]. 上海：复旦大学出版社.

第 十 章

技 术 创 新

第一节 技术创新概述

一、技术创新的含义

（一）技术创新的定义

熊彼特在 1928 年出版的文章《资本主义的非稳定性》中首次提出了创新是一个过程的概念。尽管熊彼特首次提出了创新概念和理论，甚至列举了创新的一些具体表现形式，但熊彼特本人并没有直接对技术创新下狭义的严格定义。随后，许多学者对创新理论进行了研究。索罗（S. C. Solo）首次提出技术创新成立的两个条件，即新思想来源和以后阶段的实现发展，这被认为是技术创新概念界定研究上的一个里程碑。厄特巴克（J. M. Utterback）在 1974 年发表的《产业创新与技术扩散》中认为，技术创新与发明或技术样品相区别，创新就是技术的实际采用或首次应用。弗里曼（C. Freeman）于 1982 年在《工业创新经济学》中指出，技术创新就是新产品、新过程、新系统和新服务的商业性转化。而缪尔塞（R. Mueser）则将技术创新定义为：技术创新是以其构思新颖性和成功实现为特征的有意义的非连续性事件。

在对技术创新进行研究的过程中，学术界对技术创新的定义进行了反复的争论，焦点主要集中在以下三个方面。第一，关于"技术"限定的范围，狭义的定义仅限于与产品直接有关的技术变动；广义的定义则包括产品和工艺，甚至有人把非技术性的创新也划分在技术创新范围之内，如组织创新、制度创新。第二，关于技术变动强度的限定，有人主张只有技术的根本性的变化才是创新；另一些人则主张其既包括技术的根本性变化，也应包括技术的渐进性变化（增量性改进，或边际改进）。第三，关于技术创新"成功"的标准，有人主张技术创新成功是指商业盈利，有些人认为技术创新的成功应当主要看其市场份额，也有些人认为判断技术创新是否成功应当看其是否具备技术优势。

综合各种讨论，这里沿用清华大学傅家骥教授对技术创新的定义：技术创新是企业家抓住市场的潜在盈利机会，以获取商业利益为目标，重新组织生产条件和要素，建立起效能更强、效率更高和费用更低的生产经营系统，从而推出新的产品、新的生产（工艺）方法，开辟新的市场，获得新的原材料或半成品供给来源或建立企业的新的组织，它是包括科技、组织、商业和金融等一系列活动的综合过程。

其中，技术创新的主体是企业家。技术创新的目标是获取商业利益，也就是说技术必须商业化。"重新组织生产条件和要素"是指对现有技术、工艺、产品、服务进行新的组合，"建立起效能更强、效率更高和费用更低的生产经营系统"，以更好地满足消费者的需要。技术创新的具体表现为推出新的产品、新的生产（工艺）方法，开辟新的市场，获得新的原材料或半成品供给来源或建立企业的新的组织。

技术创新有狭义和广义之分。狭义技术创新是指始于研究开发而终于市场实现的技术创新，广义技术创新是指始于发明创造而终于技术扩散的技术创新。通常，我们理解的技术创新主要是指狭义的技术创新。

（二）技术创新概念的特点

很多人将技术创新单纯地理解为技术发明或创造，这是不对的。的确，这两者的中文字面意思比较接近，但其实际含义却有很大差别。在英文中，"创新"和"创造"从字面上看差别也较明显。理解技术创新概念，要注意其以下特点。

1. 技术创新的主体是企业家

按照熊彼特的论述，企业的厂长、经理不等于企业家，只有当他实际上对生产要素"实现新组合时"才是一个企业家。企业家是具有创新意识和能力并进行创新的独立的商品经营者和生产者。商场的需求与占有率和超额的利润前景始终是激发企业家创新的动力。技术创新是企业家抓住市场潜在的盈利机会，重新组合生产条件、要素和组织，从而建立效能更强、效率更高和生产费用更低的生产经营系统的活动过程。

2. 技术创新是基于技术的活动

技术创新是一种以技术为基础与导向的创新活动。这里的"技术"应属于广义上的技术，不仅包括各种工艺流程、劳动技能的改进，还包括适应现代劳动分工和生产规模的管理和组织创新。"技术"创新与"非技术"创新的区别在于基本手段，在企业经营活动和经济、技术、社会活动中，存在的组织创新、管理创新和制度创新等，都可能产生商业价值，但为避免混淆，还是将技术创新和非技术创新区别开为好。这并不是说技术创新不涉及管理、组织、制度的变动，相反，技术创新往往要有相应的组织、管理甚至制度的变动相配合，但在概念上应将其涵盖的范围加以限定，不能将其所涉及的全部内容包含在所定义的概念之内。

3. 技术创新技术变动范围弹性较大

技术创新以技术为基础与导向，但它并不强调任何一项技术创新都以研究和开发为起点。在所给出的定义中未强调技术突破（根本性变动），允许将技术的增量性变动包括在技术创新的概念之中，在概念的外延上，不仅包括新产品、新工艺，也可以包括对产品、工艺的改进；在实现方式上，可以是在研究开发获得新知识、新技术的基础上实现技术创新，也可以将已有技术进行新组合（并没有新知识和新技术的产生）实现技术创新。从技术扩散的角度看，如在世界上不算"新"，但在某一国家或地区仍属于新技术的也应包含在内。

4. 技术创新强调技术与经济的结合

技术创新不是纯技术活动，而是技术与经济结合的活动，从本质上说，技术创新是一种经济活动，是一种以技术为手段，实现经济目的的活动。因此，技术创新的关键在于商业化，检验技术创新成功与否的基本标准是商业价值。再复杂的高级技术，如果其成果不能为社会所接纳，不能在市场上实现其价值，技术创新就不能实现。相反，不管某个设想或技术多么简单，只要其成果能被人们承认和接纳，实现其商业价值，那么技术创新便是成功的。

（三）技术创新相关概念辨析

1. 技术创新与技术发明

技术发明仅仅是一种技术活动，只关注技术的变动性，重视技术的突破而不考察其产生的经济效益；技术创新属于一种经济行为，重视技术成果的商业化和产业化。简单地说，技术发明只是技术创新的一个环节。

2. 技术创新和研发

和技术发明类似，研发同样是技术创新的一个环节。只有当研发成果商业化并产生经济效益时，研发才是技术创新活动的一部分。

3. 技术创新与技术进步

技术进步的含义更加宽泛，其中包含技术创新。技术进步一般用来表示社会技术经济活动的结果，主要指经济增长中扣除资金和劳动要素贡献后的余额。实现技术进步可以有很多手段，如提高教育水平、进行技术创新等，而技术创新是技术进步的根本途径。从这个意义上说，技术创新是手段，技术进步是结果或目的。

4. 技术创新与技术改造

技术改造一般是指基建项目或现有设备的改扩建活动，因此，技术改造也包括采用新技术、新工艺、新流程，将技术成果加以转化，进行产业化和商业化的活动。因此，技术改造活动中存在技术创新活动，它是技术创新的一种表现形式。

二、技术创新的类型

对技术创新可以从不同的角度进行分类，如按创新程度、创新对象、技术变动方式、创新的最终效益等进行分类。

（一）按创新程度分类

按技术创新中技术变化的强度分类，可将技术创新分为渐进性创新（incremental innovation，或称改进型创新）和根本性创新（radical innovation）两类。

1. 渐进性创新

渐进性创新是指对现有技术进行局部性改进所产生的技术创新。渐进性创新也可以称为边际创新，它不断地改进着产品的质量，降低着产品的成本，丰富着产品的规格和型号。在现实的技术经济活动中，绝大多数的创新是渐进性的，如对现有手机进行改进，增加一些新的功能，从而更加方便使用。

2. 根本性创新

根本性创新是指在技术上有重大突破的技术创新。根本性创新多是应用新的科学原理，其成果会使产品的技术含量大幅度增加。一般来说，根本性创新一般伴随有重大科学发现、技术发明、模式根本改变等创新活动，具有突破性、非连续性、带动性的特点。这种创新一旦实现，将开拓新的市场或者使现有产品或技术得到巨大改善。例如，美国苹果公司于 2007 年推出 iPhone 智能手机，这相对于传统的功能手机而言就是一项根本性创新，从而取得了极大的成功。

（二）按创新对象分类

按创新对象的不同，可将技术创新分为产品创新（product innovation）、工艺创新（process innovation）、原材料创新、市场创新、组织创新、服务创新。

1. 产品创新

产品创新是指在产品技术变化基础上进行的技术创新。产品创新包括在技术发生较大变化的基础上推出新产品，也包括对现有产品进行局部改进而推出改进型产品。广义的产品包括服务（无形产品），因此，产品创新也包括服务创新。

2. 工艺创新

工艺创新又称过程创新，是指产品的生产技术的变革，它包括新工艺、新设备和新的组织管理方式。工艺创新包括在技术较大变化基础上采用全新工艺的创新，也包括对原有工艺的改进所形成的创新，如福特公司采用流水线作业生产方式就属于重大的工艺创新，而在生产线上增加电脑控制以进一步降低成本则属于渐进的工艺创新。

3. 原材料创新

原材料创新是指企业提高原材料的质量、开发替代的原材料及控制原材料的供应来源的创新活动。

4. 市场创新

市场创新是指为了开辟新的市场或在原有市场增加产品或服务的销售量的创新活动，如企业开拓国际市场就属于市场创新。

5. 组织创新

组织创新是着眼于产生新的组织管理方式而进行的技术创新活动。它包括企业性质、领导制度、组织结构、人事制度、分配制度和管理方式等多方面内容。

6. 服务创新

服务创新是指新的设想、新的技术手段转变成新的或者改进的服务。在近几十年间，科技与经济的迅速发展使产业结构发生了重大变化，以信息服务业为代表的新兴第三产业迅速崛起。

（三）按技术变动方式分类

技术变动方式可分为两种，一种是结构性变动（architectural change），另一种是模式性变动（modular change）。结构性变动是指技术（产品或工艺）要素结构或联结方式的变动，如通信技术中从有线电话到无线电话就是结构性变动。模式性变动是指技术原理的变动，如从模拟通信技术到数字通信技术就是模式变动。

按技术变动方式的不同，可将技术创新分为四类。

1. 局部性创新

局部性创新，或称渐进性创新，是指在技术结构和模式均未变动的条件下的局部技术改进所形成的创新，如图10-1第Ⅰ象限所示。例如，电话机由拨号式改进为按键式的创新就是一种局部性创新。

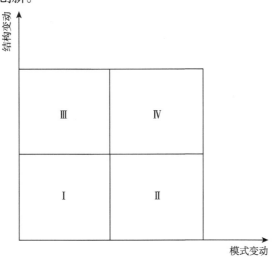

图 10-1　技术变动方式

2. 模式性创新

模式性创新是指在技术原理变动基础上的技术创新，如图 10-1 第Ⅱ象限所示。例如，通信技术中的由模拟交换到数字交换的创新就是模式性创新。

3. 结构性创新

结构性创新是指由技术结构变动形成的技术创新，如图 10-1 第Ⅲ象限所示。例如，无绳电话的创新，在一定程度上改变了通信连接方式，但原理并未发生变化。

4. 全面性创新

全面性创新是指技术结构和模式均发生变动所形成的创新，如图 10-1 第Ⅳ象限所示。例如，由模拟式有线通信技术到数字式无线通信技术所形成的技术创新就是全面性的创新。

（四）按创新的最终效益分类

1. 资本节约型创新

资本节约型创新的结果是能够使某一行业或某一领域的资本有机构成中，物化劳动部分减少，从而导致商业价值构成中物化劳动的价值减少，以及导致商品价值构成中物化劳动的价值减少。

2. 劳动节约型创新

劳动节约型创新的结果可使某一行业或领域内的商品价值构成中活劳动的部分减

少，从而形成资本密集型产业或产品。

3. 中性技术创新

中性技术创新的结果是使整个劳动生产效率提高，商品中的活劳动与物化劳动消耗大幅度减少，但商品价值构成中活劳动与物化劳动的比重并不发生很大变化。

三、技术创新的影响因素

技术创新是一项高风险的工程，其创新的方向、规模大小、成功与否及成就大小受许多因素的影响和制约。这些因素可分为企业外部因素和企业内部因素两大类。

（一）企业外部因素

1. 政府的支持力度

政府对技术创新的支持主要表现在政策上，与技术创新有关的政策主要包括税收优惠政策、信贷政策、产业调整政策、知识产权保护政策和创业资本市场政策等。政府的支持对技术创新的影响极大，特别是在我国企业技术创新的能力还不强的情况下，政府的支持对创新的影响表现得特别明显。

2. 科技发明的成果状况

科技发明对技术创新具有推动作用，因此，有无科技发明的成果以及成果的大小对技术创新将产生很大的影响。

3. 社会资源的紧缺程度

技术创新必然依赖于一定的社会资源。这些社会资源主要包括创新资金、创新型人才、科技信息和市场信息等。社会资源的紧缺程度不仅影响技术创新的方向，而且影响技术创新成果的大小。

4. 市场竞争的状况

同一国家内或国际市场的不同行业、不同产业，甚至不同产品中，往往存在着不同程度的竞争。在一个完全自由竞争的行业或产业的市场，创新的意识往往很强，但创新的力量分散，而且其创新成果不显著。所以，市场竞争的状况直接影响到企业技术创新的积极性。

（二）企业内部因素

1. 企业文化

企业技术创新必然是在一定的企业文化氛围中进行的。企业文化的特征也是影响企业技术创新活动的重要条件。一个鼓励创新、宽容失败的企业文化将会激发更多的创新行为产生。

2. 高层领导的重视程度

技术创新是一项由多个部门、多方面人才共同参与的系统工程，需要必要的资金和设备等条件保障。因此，对于一项创新活动，首先要企业的高层领导在思想上给予高度重视，否则，有关参与人员的积极性会受到一定的影响，有关协调活动可能会出现一定的障碍。

3. 创新人才队伍的素质

创新活动的完成除了需要一定的物质条件外，最主要的是需要一支高水平的创新人才队伍，特别是技术队伍。创新人才队伍的专业技术水平高低、创新精神好坏，直接影响着企业技术创新活动的成败。

4. 企业规模的大小

企业规模的大小也是影响技术创新的一个重要因素，一般情况下，企业规模越大，其综合实力越强，技术创新能力就越强，因而创新的成功率一般来说会更高，创新的规模和成果会更大。在当今社会，中小企业也已成为技术创新的重要源泉。值得注意的是，大型企业所从事的技术创新模式主要是自主创新模式，而小型企业的创新模式则主要是模仿创新模式。

四、技术创新的过程[①]

技术创新过程是一个将知识、技能和物质转化成顾客满意的产品的过程。理解技术创新过程对于技术创新管理有重要意义，其目的在于归纳出技术创新发生过程的普遍规律。为此，研究者在实际考察和理论分析的基础上提出了对创新过程的解释性模型。

（一）线性模型

线性模型认为技术创新是由前一环节依次向后一环节推进的过程。由起始环节的不同，又分为两种模型。

1. 技术推动的创新过程模型

技术推动的创新过程模型如图 10-2 所示，这是最早提出的模型。该模型认为，研究开发或科学发现是创新的主要来源，技术创新是由技术成果引发的一种线性过程。研究开发产生的成果经过生产和销售最终将某项新技术引入市场，市场是创新成果的被动接受者。事实上，许多根本性创新都来自于技术推动，在现实生活中也有许多这样的例子。例如，无线电、晶体管、计算机的发明引起的大量创新就属此列。因此，应当加强对研发的投入，尤其是对基础研究的投入，促进科技领域的根本性技术创新的发生。技术推动创新过程模型对许多国家制定科技政策、配置科技资源，对企业管理创新活动都有很积极的影响作用。

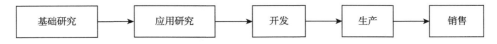

图 10-2 技术推动的创新过程模型

资料来源：吴贵生，王毅. 技术创新管理[M]. 第 2 版. 北京：清华大学出版社，2009

2. 需求拉动的创新过程模型

通过对大量技术创新活动的分析，人们发现大多数技术创新属于渐进性技术创新，并不是由技术推动引发的，需求拉动起了更重要的作用，于是提出了需求拉动的创新过

---

① 本部分参考吴贵生，王毅. 技术创新管理[M]. 第 2 版. 北京：清华大学出版社，2009.

程模型，如图 10-3 所示。该模型认为，技术创新是市场需求和生产需要激发的。市场的开拓与扩展及节省相对昂贵的原材料和其他消耗成为创新的最重要的动力。研究表明，就数量来说，60%~80%的创新是由市场需求引发的，而且渐进性技术创新成本低、风险小，更加符合市场需求，可以使企业获取更高的商业利润。因此，对于企业来说，需求拉动型创新更为重要。

图 10-3 需求拉动的创新过程模型

资料来源：吴贵生，王毅. 技术创新管理[M]. 第 2 版. 北京：清华大学出版社，2009

（二）交互模型

很多人认为线性模型将创新界定为由前一环节向后一环节单向推进的过程过于简单化，而且无法全面描述创新的实际交互过程，于是在 20 世纪 70 年代末到 80 年代初，在综合前两种模型的基础上提出了技术与市场交互作用的创新过程模型，如图 10-4 所示。该模型认为，技术创新是由技术推动和市场拉动共同作用引发的；同时，创新过程中各环节之间及创新与市场需求和技术进展之间还存在交互作用的关系。技术推动和需求拉动在产品生命周期及创新过程的不同阶段有着不同的作用，单纯的技术推动和需求拉动创新过程模型只是技术和市场交互作用创新过程模型的特例。

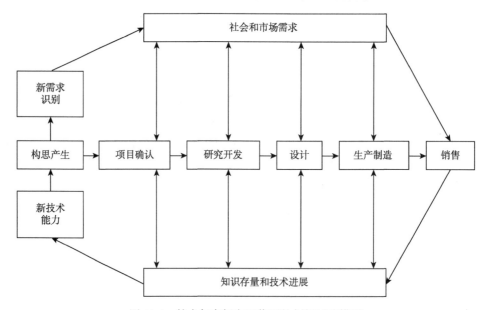

图 10-4 技术与市场交互作用的创新过程模型

资料来源：吴贵生，王毅. 技术创新管理[M]. 第 2 版. 北京：清华大学出版社，2009

上述三个模型的共同特点是，着重于技术创新的引导机制，因而十分重视创新过程的启动环节，而对中间过程的描述都比较粗略。可以说，这些模型是过程描述模型，更是诱导机制模型。

（三）链环模型

克莱因（S.Klineand）和罗森堡（N. Rosenberg）于 1986 年提出了创新过程的链环（或称链环–回路）模型，如图 10-5 所示。该模型认为，技术创新不是简单地从技术、工业研究开发，到工程建设和制造，再到市场销售的循序渐进的单向过程，而是研发、原型研制、生产制造、产品销售等要素并行发展、综合集成的过程。这一模型侧重于创新过程的描述，它将技术创新活动与现有知识存量和基础性研究联系起来，同时又将创新各环节之间的多重反馈关系表达出来，是对创新过程较合理、较详尽的解释。

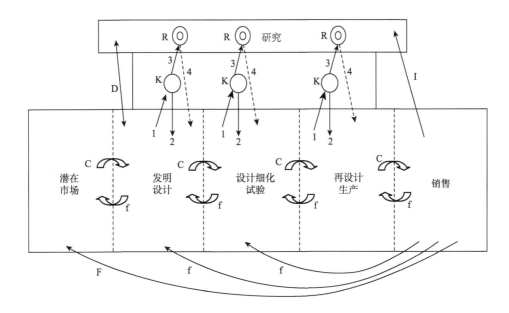

图 10-5 创新过程的链环模型

资料来源：吴贵生，王毅. 技术创新管理[M]. 第 2 版. 北京：清华大学出版社，2009

在这一模型中，共有 5 条活动路径：第 1 条是创新活动中心链，以 C 表示。第 2 条是中心链的反馈环，以 f 和 F 表示，其中 F 表示主反馈。第 3 条是创新中心活动链与知识和研究之间的联系，以 K-R 表示：在创新各阶段若有问题，先到现有知识库中去寻找，即 1-K-2 的路径；若现有知识库不能解决问题则进行研究，再返回设计，即 1-K-3-4 路径。第 4、5 条是科学研究与创新活动之间的关系，其中第 4 条以 D 表示科学发现引起创新；第 5 条 I 表示创新推动科学研究。链环模型从技术创新本身出发，将整个过程进行了合理的阶段划分，并且在各个阶段之间的相互作用和联系上注入了丰富的知识，被认为是分析创新过程较为合理和科学的模型，是被普遍接受和采用的理论模型。

（四）网络模型

系统理论认为，企业可以通过建立虚拟企业、动态协作和知识联网来实现创新。英国经济学家克里斯托夫·弗里曼 1987 年最早运用系统思想与方法提出了系统集成网络模型，如图 10-6 所示。该模型认为，创新不仅受经济因素影响，还受环境、制度、组织、社会和政治等其他因素影响，是"公共部门和私营部门中各种机构形成的网络互相之间的影响促进了新技术的开发、引进、改进和扩散"。这种模型的创新主体有高等院校、企业、科研院所、金融机构、中介机构、政府机构等，主体之间的相互作用形成了创新的有机整体。

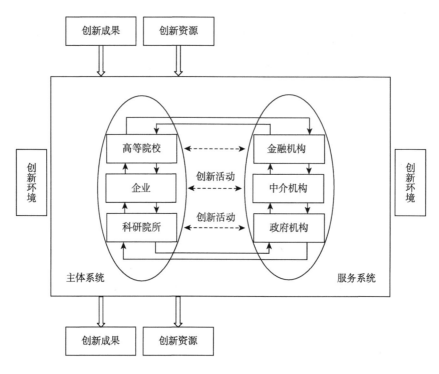

图 10-6 创新过程的系统集成网络模型

资料来源：雷家骕，洪军. 技术创新管理[M]. 北京：机械工业出版社，2012

（五）企业技术创新过程综合模型

企业技术创新过程综合模型是在考虑了企业内外部环境条件下的一项创新的发展过程模型，见图 10-7。该模型表明了技术和市场这两个最重要的外部环境与创新过程的联系，及企业内部两个关键部门（研发、销售）与创新过程的联系；模型将创新过程划分成若干阶段，指明了各阶段创新的实施者及相应的实施或管理任务。因此这一过程模型更侧重于过程管理。

（六）技术创新过程审计模型

最早提出技术创新过程审计模型的是英国学者 Chiesa，1996~2009 年，英国工商界推广了"Chiesa 模型"的应用，Chiesa 模型也得到了英国工业部和商业部的支持与推广。该模型是一个更为完善的过程审计模型，他们将技术创新过程分为核心过程和支持系统，如图 10-8 所示。该模型的理论基础在于，成功的创新往往源于相应的管理过程的优秀表现。

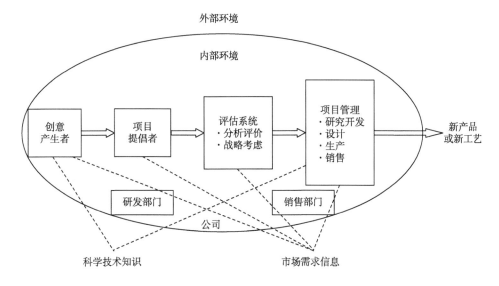

图 10-7　企业技术创新过程综合模型

资料来源：吴贵生，王毅. 技术创新管理[M]. 第 2 版. 北京：清华大学出版社，2009

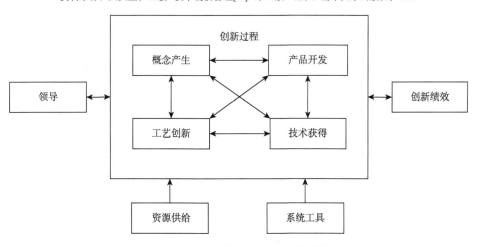

图 10-8　Chiesa 技术创新过程审计模型

资料来源：Chiesa V，Frattini F，Lazzarotti V，et a1. Designing a performance measurement system for the research activities：a reference framework and an empirical study[J]. Journal of Engineering and Technology Management，2008，25（3）：213-226

核心过程包括概念产生、产品开发、工艺创新和技术获得四个基本环节，这些环节之间是互相联系的；支持系统包括资源供给、系统工具和领导；创新过程的结果是创新绩效。该模型认为：企业技术创新审计不仅需要对创新业绩进行审计，更需要对创新过程进行审计，后者有助于寻找企业技术创新现状的问题所在和需改进的环节。因此，Chiesa 的技术创新过程审计模型，是能够真正发挥审计积极作用的一个比较理想的创新过程模型。这也是英国工业部和商业部采用它来对企业创新过程进行审计的原因。

第二节　技术创新战略

一、技术创新战略的含义

战略是指关于将来的重大的、长远的、带有全局性的谋划。企业技术创新战略则是指企业在技术创新领域内重大的带有全局性的或决定全局的谋划。技术创新战略应回答需要做什么、可能做什么、应该做什么、能够做什么等问题。

技术创新战略涉及技术创新的市场定位问题。技术的市场定位要考虑产业发展阶段、市场供需结构、市场竞争结构和产品属性等方面因素的影响。技术创新战略的选择框架通常采用技术-市场矩阵方法。根据这一分析框架，企业可选择以下四种技术创新市场定位战略，如图 10-9 所示。这四种定位战略分别如下。

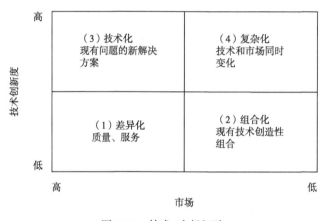

图 10-9　技术-市场矩阵

（1）差异化。技术与市场均已成熟，以渐进性创新创造细分市场，在价格和售后服务等方面创造差异。常规经营情况下采用此策略。

（2）组合化。现有技术与现有市场新组合，创造新需求，挖掘潜在的新市场。企业在发现新的市场机会时，可采用此策略。

（3）技术化。开发新技术满足成熟的市场需求，竞争的焦点是产品性能。企业在采取市场进攻战略时可采用此策略。

（4）复杂化。技术和市场均处于不确定性之中，存在新技术、新市场机会。这是企业战略转移的机会，也是受到重大挑战的时候，必须做出战略性选择。

二、技术创新战略制定过程

技术创新战略是按照企业实际情况制定的，各企业情况千差万别，技术创新战略也各不相同。因此，不存在普遍适用的企业技术创新战略。以下仅对一般企业技术创新战略制定过程进行概述，基本上包括企业外部环境和内部条件分析、制定战略目标、明确战略指导思想、设计战略方案、战略实施等环节。

（一）企业外部环境和内部条件分析

运用 SWOT 分析框架对企业外部环境和内部条件进行分析是制定技术创新战略的前提。在制定技术创新战略之前要预测和分析技术发展、经济和社会发展趋势及机遇、挑战；竞争者的情况和竞争压力；企业总体战略对技术创新战略提出的要求、企业技术能力；等等。在企业技术能力评价方面，随着实践的发展和认识的深化，人们对技术内涵的理解在不断扩展，对技术能力考虑内容也在扩大，主要包括以下三个方面。

（1）技术吸收能力。技术吸收能力包括技术监测及评价能力、技术获得和存储能力、学习和转化新知识的能力等。企业的技术吸收能力取决于企业员工的素质、在研发上的投入、职工培训、吸收技术的驱动力等。

（2）应用能力。应用能力是指将技术投入实际应用并取得商业价值的能力，包括技术设备的投资能力、获得符合质量技术要求的投入品的能力、培训有技能的劳动者的能力、质量保证能力、生产组织管理能力及新产品营销能力等。

（3）创造能力。创造能力包括对产品进行局部改进的能力、新产品的开发能力、设备和工艺的改造能力、新工艺的开发能力等。

（二）制定战略目标

企业技术创新战略目标可分为长期战略目标和阶段战略目标两类。

（1）长期战略目标。企业技术创新长期战略目标一般应根据企业的总体战略来制定，因而具有长期性、稳定性和超越性等特点。长期性是指所制定的目标须经过长期努力才能实现；稳定性是指所制定的目标保持相对稳定不轻易改变；超越性是指所制定的目标往往超过当前企业能力所能达到的水平。企业技术创新长期战略目标的作用，一是导向性，即指导企业长期奋斗的方向，引导企业逐步达到较高的水平；二是标杆性，即使企业明确差距，激励企业不断努力，以逐步接近目标。为了实现长期目标，企业需要将其分解为具体的阶段目标。

（2）阶段战略目标。企业技术创新阶段目标是企业技术活动在中、近期内要达到的目标。与仅起指导、激励作用的长期目标不同，阶段目标必须在限期内实现，因此具有较强的可操作性。阶段战略目标通常包括在预定期限内要达到的技术能力和技术水平，要进入的产业，要占领的市场和取得的市场份额等。

（三）明确战略指导思想

战略指导思想是实现战略目标的基本思路，包括拟采取的基本技术路线、获取技术能力的基本方式、实施战略的基本策略等。例如，企业在分析了外部环境、内部条件后，明确外部环境中的机会与威胁以及自身的优势与劣势，进而制定符合自身实际的技术创新发展思路，确定采用自主创新、模仿创新、合作创新等相应的技术创新战略。

（四）设计战略方案

战略方案是在战略目标和战略思想指导下的行动方案。其基本内容如下。

（1）战略模式选择：对可能选择的战略模式进行分析比较，选择可行的模式。

（2）战略性技术选择：对企业主导性、基础性技术做出定位和选择。

（3）技术能力建设方案：从技术能力获取、培养、运用等方面进行方案设计。

（4）技术支撑体系建设方案：对实现战略目标所需要的技术支撑体系做出设计。有关技术支撑体系的定义和内容在后文叙述。

（五）战略实施

战略实施要点是实施战略要抓住的关键和重点。企业技术创新战略的实施通常要重视以下要点。

（1）战略时机把握：对出现的技术机会、产业机会、市场机会等重大机会进行分析，做出对策。

（2）资源配置：对实施战略所需要的资金、设备仪器、人力等做出规划，确定基本来源和供给方式。

（3）人力资源开发：对人才引进、培养、使用等做出基本安排。

（4）运行机制设计：对技术研究开发机构内部、相关部门之间和技术活动环节间的基本运行模式、激励方式等进行设计。

（5）技术创新活动的组织：对技术研究开发部门内部、技术部门与相关部门关联的组织方式做出设计。

三、技术创新战略模式

傅家骥教授在《技术创新学》中将技术创新战略模式分为自主创新、模仿创新和合作创新三种类型。

（一）自主创新

自主创新战略是指以自主创新为基本目标的创新战略。自主创新是指企业主要通过自身努力，攻破技术难关，形成有价值的研究开发成果，并在此基础上依靠自身的能力推动创新的后续环节，完成技术成果的商品化，获取商业利润的创新活动。其含义是主要依靠企业自身的力量完成技术创新全过程，关键技术上的突破由本企业实现。从广义上看，自主创新有时也指一国不依赖外部的技术引进，而依靠本国自身力量独立开发新技术，进行技术创新的活动。

1. 自主创新的特点

（1）自主性。自主创新的本质特征是企业依靠自己的力量，通过独立的研发活动而进行的技术创新行为。这是自主创新战略与其他两种创新战略根本的不同之处。

（2）内生性。自主创新企业的技术突破来自于企业内部，是企业长期技术积累和研究开发的产物。

（3）率先性。企业之所以投入大量的人力、物力资源开展自主创新活动，就是试图获得技术上的突破，领先于竞争对手。

（4）风险性。企业在实施自主创新过程中，会受到技术不成熟、市场变化、创新计划设计失误及国内外环境等各方面因素的影响，这会使自主创新的最终实现具有不确定性，给自主创新带来很大的风险。

2. 自主创新的优势

（1）核心技术上的自主突破。要完成一项技术创新，所需要的专门技术是多种多样的，其中有关键性核心技术，也有辅助性外围技术，复杂的创新更是如此。对于某一企业而言，自主创新并不意味着要独立研究开发其中的所有技术，只要企业独立开发了其中的关键性核心技术，打通了创新中最困难的技术环节，独自掌握了核心技术原理即可，辅助性技术研究与开发既可自己进行，也可委托其他企业和组织进行，或通过技术购买解决。

（2）关键技术的领先开发。自主创新企业将技术率先性作为努力追求的目标。技术突破的内生性有助于企业形成较强的技术壁垒，从而在一定程度上可以左右行业或产品技术发展的进程和方向。

（3）市场开拓的率先性。技术率先开发要想取得经济回报，必然要求市场的率先开拓，技术开发的成果只有尽快商品化，尽早推向市场，才能防止跟随者抢占市场，才能为企业带来实际的效益。

3. 自主创新的劣势

（1）自主创新资源投入高。在技术开发方面，探索新技术具有比较高的复杂性。为了获得根本性的技术突破，企业需要具备比较雄厚的研发能力，并需要投入大量的人力、物力、财力资源。因此，并不是所有企业都有能力从事自主创新活动。

（2）自主创新风险性较高。新技术领域的探索往往充满了不确定性，即使企业投入大量的资源，也不能确保一定会取得研发成功。另外，技术研发成功之后，企业还会面临巨大的市场风险。如何将自主创新的研发成果成功地商业化也是摆在企业面前的一个难题。

（3）自主创新周期长。自主创新一般是由单个创新主体独立进行，形成新的技术突破难度较大，因此，自主创新的周期比其他创新形式的周期相对要长。

（二）模仿创新

模仿创新是指企业通过模仿率先创新者的思路和创新行为，吸收率先创新者成功的经验和失败的教训，通过引进购买或破译率先创新者的核心技术和技术秘密，并在此基础上改进完善，进一步开发，在工艺设计、质量控制、成本控制、生产管理、市场营销等创新环节的中后期阶段投入主要力量，生产出在性能、质量、价格方面富有竞争力的产品，与其他企业进行竞争，以此确立自己的市场竞争地位，获取经济利益的一种创新活动。模仿创新是一种十分普遍的创新行为，一项成功的率先创新总要引来许多后续的模仿跟进者，通常模仿跟进者的创新成果又会被进一步模仿。

1. 模仿创新的类型

根据不同的角度，可将模仿创新划分为不同的类型（表 10-1）。

表 10-1　模仿创新的类型

划分角度	类型	含义及特点
技术周期	先导技术模仿创新	是指在模仿处于初生期的技术的基础上所进行的二次创新。对根本性率先创新立即跟随，并在此基础上进行二次创新

续表

划分角度	类型	含义及特点
技术周期	成长技术模仿创新	是指在模仿处于成长期的技术的基础上所进行的二次创新。风险降低，而且市场前景广阔
	成熟技术模仿创新	是指在模仿处于成熟期的技术的基础上所进行的二次创新。对已进入成熟期的技术进行充分的改进和挖掘潜力，拓展新的市场需求
	衰退技术模仿创新	是指在模仿处于衰退期的技术的基础上所进行的二次创新。对即将淘汰的技术进行适当的技术嫁接和市场嫁接，适用于发展中国家模仿发达国家的处于衰退期的技术
创新点	产品性能改进型	是指通过进一步的研究开发，以及改进的设计、改进的材料、改进的工艺等，对率先创新产品的性能加以完善和改进，以便更好地适应市场需求，赢得竞争优势
	工艺改进型	针对率先创新投入市场初期工艺尚不完善的产品存在的质量不高或不稳定，生产效率较低的缺陷，通过工艺改进，生产出较率先创新质量更高、成本更低的富有竞争力的产品
	市场拓展型	主要目标是拓展率先创新者所开辟的新市场，在率先创新产品系列化之前，通过提供差别化的产品，占领率先创新者尚未覆盖、无力覆盖或主动放弃的局部市场
	移植型	是指将率先创新的思路和技术充分吸收下来，在此基础上或在率先创新行为的启发下开发出另一项新产品，或者借用率先者的工艺，开发出新的工艺用以生产另一种产品

2. 模仿创新的特点

（1）跟随性。模仿创新的重要特点就是学习自主创新者不仅在技术方面积极学习和改进新技术，而且在市场方面充分利用并进一步细化由率先者开辟的市场。

（2）针对性。模仿创新的研发活动具有高度的针对性，不再重复开发引进的新技术，而是对引进技术进行"二次开发"，偏重于破译无法获得的关键技术、技术秘密以及对产品的功能与生产工艺的发展与改进。

（3）"看中学"。模仿创新的技术积累来源主要是通过"看中学"，即通过观察、选择、借鉴、模仿率先创新者的行为，并且正确识别率先创新者在创新过程中的成功和失误因素，在模仿中吸取大量的外部知识，从而培养、提高自主技术的能力。

（4）资源投入的中间聚积性。由于模仿创新省去了新技术探索性开发中的大量早期投入和新市场开发建设的大量风险投资，因而能够集中力量在创新链的中游环节即产品设计、工艺制造、装备等方面投入较多的人力物力，使创新链上的资源分布向中部聚积。

3. 模仿创新的优势

模仿创新的优势主要体现在以下四个方面。

（1）风险小。从技术方面看，模仿创新并不是去探索新技术，而只是对已成功的新技术进行吸收、消化和再创造，所以技术风险较小。从市场方面看，模仿创新则不用独自开辟全新的市场，而只是充分利用并进一步发展率先创新者所开辟的市场，能够回避新市场成长初期的不确定性，所以市场风险较小。

（2）易实现。因为率先创新者研发出的技术已较成熟，模仿者只需按照市场对同一产品新的要求，参考率先创新者的经验教训，基于本企业的条件，对率先创新者的技术进行工程化移植。因此，技术上极易实现。

（3）成本低。模仿创新不仅能够避免率先创新者在探索中特别是早期投资方面的失误，降低固定成本，而且能够集中力量在创新链中下游环节投入人力和物力（即产品设计、工艺制造、装备等方面），所以更具有针对性和成本优势。

（4）起点高。企业模仿这样的率先创新，通常都会有较高的技术起点。模仿的结果使得模仿者的技术水平和创新能力都得到提高，有些模仿者会反过来抢占率先创新者的市场。

4. 模仿创新的劣势

模仿创新最主要的劣势是被动性。在技术方面，由于模仿创新者只做先进技术的跟随者，不对基础性研究和前沿技术进行探索，因此无法获得最先进的突破性技术。在市场方面，模仿创新者可能会遭遇技术壁垒、专利壁垒或法律壁垒，这些市场障碍会给模仿者带来大量的经营成本和经营风险。

（三）合作创新

合作创新，是指企业间或企业、研究机构、高等院校等创新主体之间的联合创新行为。合作创新通常以合作伙伴的共同利益为基础、以资源共享或优势互补为前提，有明确的合作目标、合作期限和合作规则。合作各方在技术创新的全过程或某些环节共同投入，共同参与，共享成果，共担风险。随着技术的不断发展及全球性的技术竞争不断加剧，企业在技术创新活动中面对的技术问题越来越复杂，技术的综合性和集群性越来越强。一个企业已不可能在所有的技术领域均具有所需的技术能力。因此，为了提高自身的适应能力和快速反应能力，赢得市场份额和市场范围，企业必须与其他组织进行合作研发，通过合作的方式，借助外部的力量来寻求发展。

1. 合作创新的方式

企业间的合作是相对于市场交易和内部一体化而言的一种相对独立的经济组织方式。根据合伙企业之间是否有股权的介入，以及双方联系的紧密程度，可以将企业对外合作模式划分为以下几种。

（1）技术交换协议。技术交换协议是企业间或企业与研究机构之间，通过互相交换技术，或者一方提供技术、另一方提供资金来达到双赢的合作模式。这种合作模式的优势在于技术移植度比较强，是一种低风险、低回报的合作模式。

（2）技术合作研究开发协议。技术合作研究开发协议是指两个或多个企业之间以契约的方式共同开发新技术，或共同研制某种新产品。它们之间不构成经营性的实体，但合作双方之间共同分摊资金、资源、技术支持等，合作的成果共同享有。

（3）股权投资获取技术。企业通过在证券市场上购得对方股票从而创造了接近对方企业的技术的机会，为近距离地观察、模仿对方的技术知识提供了方便。

（4）合资企业。合资双方共同投资、合作开发技术或产品，在合作过程中，各方投入一定技术、资金、管理人员等，共同管理合资企业。合资企业可以集中双方的技术优势开发出各自需要的结果，并且共同承担技术风险。

上述四种合作模式主要是根据合作双方之间的相互依赖程度而排列，技术交换协议的合作联系程度最小，合资企业双方之间的关系最为紧密。

2. 合作创新的特点

（1）共同参与。合作创新过程中，由具有不同资源互补优势的各方共同参与同一创新项目，根据各自资源优势承担创新项目中不同的工作任务。

（2）共同投入。合作创新过程中，所需的资金、研究人员及设备等各项资源，由各合作方依据自身资源优势及合作协议共同投入。

（3）共担风险。创新过程具有较大不确定性和风险性，而合作创新模式，各方只需投入创新所需的一部分资源，一旦创新失败，各方共担风险。

（4）共享成果。合作创新成果由协议中合作各方共享。

3. 合作创新的优势

（1）共享互补性创新资源。创新活动的实施往往需要大量的人力、财力和物力资源，即便是一个大型企业也很难拥有所有的研发资源，独立承担创新成本。合作创新者之间可以充分利用彼此的资源和能力，从而避免企业重复研究造成的资源浪费，实现资源互补。

（2）缩短技术创新时间。在当今的经济环境下，知识的快速贬损及技术的快速发展使产品的生命周期不断缩短，产品不断向高级化、复杂化方向发展。因此，为了取得竞争优势，企业必须不断地对市场变化做出快速反应，缩短技术创新过程。

（3）降低技术交易成本。按照交易成本理论，企业在进行技术交易时，由于买方和卖方之间信息的不对称，往往具有较高的交易成本。而企业间的合作关系加强了合作双方的沟通和交流，有利于克服企业因为信息不对称造成的有限理性，有利于企业间的技术转移，从而使交易成本大大降低。

（4）分担研发成本、分散风险。技术创新具有高成本、高风险的特点，单靠孤军奋战的企业一般很难胜任独立开发的使命。通过合作双方的共同努力，既可达到科技创新资源的互补，减少创新活动的不确定性，增加获得积极结果的可能性，又可以减少潜在的模仿者，降低风险。

（5）快速获得新技术或市场。合作不仅可以使企业获得其所缺乏的技术知识，还可以使企业获得有关创新产品市场的知识，为企业提供进入更广阔的国内国际市场的机会，加快技术进入市场的速度。

4. 合作创新的劣势

（1）创新主体间的协调难度较大。合作创新一般涉及多个创新主体，而不同的创新主体之间在经营体制、企业文化等方面存在着显著差异，因而其协调成本更高。

（2）创新成果难以分配。合作创新的成果是由各个创新主体一同创造的，每个参与的创新主体都不能独占技术创新的成果，因此获取的创新经济效益远低于自主创新。

四、技术创新战略模式选择

不同的技术创新战略模式有各自的优缺点（表10-2），适合不同经营管理条件下的企业，这是由于不同的创新模式对企业技术能力的要求及运用程度是不同的。因此，企业应根据自身的经营特点和经营环境，选择适当的途径来开展技术创新活动。不同的企业在自身既定的技术能力基础上，面对具有不同技术能力特征的竞争对手，如何选择技术创新的模式，不但决定了企业技术创新成效的大小，还决定了企业未来发展的优劣等重要问题。

表 10-2 自主创新、模仿创新和合作创新的比较分析表

类别	自主创新	模仿创新	合作创新
优点	核心技术取得突破，可以形成技术壁垒；率先开拓市场，获得垄断利润；优先积累技术和管理经验	投资成本低，开发风险小，产品针对性强，技术起点高，性价比较高	研发风险及成本由合作者共担，缩短创新时间
缺点	高投入，高风险	技术开发处于被动地位，较多受到技术壁垒限制	调整及协调成本较高
适合企业	具备足够资本和素质优良的科研队伍，技术创新能力很强	资金及技术相对薄弱，但具有快速反应能力和一定的技术学习、改进能力	合作各方具有一定优势，且各方资源互补

在企业技术创新流程中，应首先对企业技术能力做出科学合理全面的评价，在此基础上，企业才能识别自身技术能力优势，将企业技术能力与同行业主要竞争对手进行比较分析，寻找企业相对竞争对手的技术能力优势及劣势之所在；其次才能选择企业技术创新模式。针对企业技术能力的优势及劣势，扬长避短地选择适合企业的创新模式；并在技术创新过程中，不断完善技术创新管理，促使技术知识在企业内转移、共享，为技术创新提供良好的平台。

第三节　技术创新的扩散

一、技术创新扩散的含义

技术创新的扩散一般等同于技术扩散。技术扩散有很多种定义。例如，曼斯菲尔德（E. Mansfield）将技术扩散视为技术的模仿过程，企业是否采用某项技术，很大程度上受到其他企业的影响；舒尔茨（L. Scholtz）则认为，技术扩散是创新"通过市场和非市场的渠道进行传播"，并进一步指出，"没有扩散，创新就没有经济影响"。一项技术创新成果，如果不能得到推广和广泛应用，它便不能以任何物质形式影响经济的发展。

技术扩散从本质上来说，其核心是采用者对技术创新的学习和模仿行为，是技术创新的延伸化。它一般起始于某项根本性创新的首次商业化应用，经过推广使用，直到被淘汰，这个过程实际上对应于一个技术周期。技术演化的过程实际上就是技术逐步扩散的过程。

技术创新的扩散是指对技术创新的一种"模仿"或"学习"行为。技术创新的良好扩散需要一个竞争的市场环境，流动性越差的市场越不利于技术扩散的发生。在技术创新扩散的过程中，模仿创新者通过对企业产品的选择来达到企业对创新技术的采用，其选择的依据主要取决于企业成本与收益的期望。另外，技术创新扩散需由扩散主体通过某些渠道向潜在接受者传递，传递渠道以各种中介机构传递为主。

二、技术创新扩散的意义

1. 技术创新扩散对经济的影响

技术创新成果如果不能得到推广和应用，就不能以任何物质形式影响经济。一项技

术创新的出现，将有可能给那些敏锐的先知先觉者带来超额利润，这将吸引众多的跟随者进行模仿创新，从而刺激投资增长，并带动相关产业的发展。这就会促使社会经济进入周期性的上升阶段。随着竞争者的增加，超额利润将不断降低，技术创新扩散活动也将趋于停滞，社会经济陷入谷底，等待下一次技术创新的出现。因此，技术创新及其扩散影响着经济周期的波动。

2. 技术创新扩散对就业的影响

一项成功的技术创新扩散具有重要的示范作用，必将带动相关产业的快速发展。经济的快速发展带来了大量的就业机会，工人的工资水平也会随之提高。当市场趋于饱和之后，新技术带来的超额利润也会降低到零，企业将会把投资转移到新的技术创新成果上，使就业机会减少，经济陷入低谷。

3. 技术创新扩散对发展中国家的影响

技术创新扩散是推动一国经济增长的根本途径。技术创新不仅影响国际贸易均衡，而且技术创新的扩散会影响不同国家的发展水平。一个国家首先拥有一项产品创新，那么至少在一段时间之内这个国家将会拥有这种产品的垄断权。其他国家可以通过引进先进适用技术促进本国的工业化进程，从而推动本国的经济发展。

三、技术创新扩散的类型

1. 企业内技术创新的扩散

企业内技术创新扩散就是指企业第一次使用某项新技术的活动。其基本过程是从新技术开始使用，直到该新技术在企业的应用达到饱和为止的整个时间过程。这项新技术可能是一项新投入、新工艺组织形式或新的管理方式等。企业推广应用新技术的时间过程就是企业对新技术的选择、学习和调整过程，即技术创新的扩散过程。

2. 企业间技术创新的扩散

一项技术创新成果如果只被一家或少数几家企业使用，其价值是有限的。从这个意义上看，企业间技术创新的扩散是技术创新扩散中最有意义的一种，因为只有当技术创新在很大的范围内传播开来，才能对国民经济的整体做出较大的贡献。企业间技术创新的扩散需要研究技术创新的需求、技术创新的供给及其技术创新扩散的选择问题，即说明什么样的公司倾向于较早接受新技术，而什么样的公司则属于落后者，企业间在什么样的条件下出现技术扩散。从市场竞争结构的角度看，市场的流动性越小，越不利于技术创新扩散，完全竞争的市场最有利于技术创新的扩散，完全垄断的市场最不利于技术创新扩散。

3. 国家间技术创新的扩散

国家间技术创新的扩散又常常被称为技术转移，即技术从一个国家通过种种途径转入其他国家。技术转移一般是通过发达国家向欠发达国家进行产业移植来实现的。国家间技术创新扩散的一个重要原因是技术比较优势理论。根据这一理论，先进适用技术会由发达国家向发展中国家扩散。通过引进先进适用技术，发展中国家可以在低技术含量的成熟产品和工业方面取得一些相对的工业化优势。但是，如果发展中国家只是被动引进技术的话，极有可能踏入低工资、低技能、低增长发展模式的"陷阱"的危险。这些国家只有通过取得创造和改进的能力才能实现技术赶超。这意味着它们在经过某一阶段后就能够升级成为新产品或新工艺的仿制者或创新者。

四、技术创新扩散模型

（一）基本扩散模型

在现实经济生活中，假若一项率先创新被率先创新者长期垄断，而不被他人学习仿效，那么，它对一国经济增长的贡献程度终究是有限的，甚至是微弱的。因此，技术创新扩散的过程本身就是其他追随者模仿创新的过程。模仿创新是企业之间学习他人的创新行为（思想、技术、经验、商业模式等）、移植相关技术、模仿生产、二次开发以至再创新的过程。模仿创新的累计采用者曲线服从典型 S 扩散曲线，如图 10-10 所示。

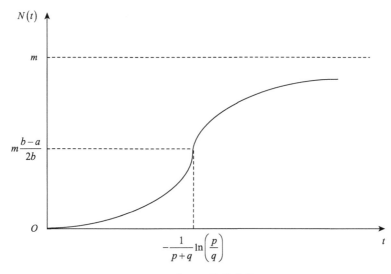

图 10-10　典型 S 扩散曲线

其中，m 表示潜在采用者的总量；$N(t)$ 表示时刻 t 累计采用技术的企业数量；p 表示当 $N(t)=0$ 时，即技术尚未扩散的时候，企业采用创新的可能性，因此，称之为创新系数；q 称为扩散系数，反映已采用创新的企业数量对未采用者的影响程度。

技术创新的扩散主要有四个重要的阶段：在开始阶段，仅有少量的采用者；随后到了快速增长阶段，大约一半的采用者采用了新技术；马上就到了缓慢增长阶段，采用者仍能缓慢增加；最后就到了成熟阶段，技术创新的扩散已经饱和，趋于停止。总之，采用创新的企业数量随着时间的增长而不断增加，在到达拐点之前，企业数量增长的速率不断加快，在拐点的时候，其速率达到最大值；然后，增长的速率开始下降；最后，趋近于技术潜在采用者的总量。

（二）创新采纳的模型

1. 采用者的特点

随着 S 扩散曲线的延伸，许多潜在模仿创新者都采纳了一项创新。S 曲线的一个潜在假设就是，采用者的分布频率很接近正态分布，如图 10-11 所示。

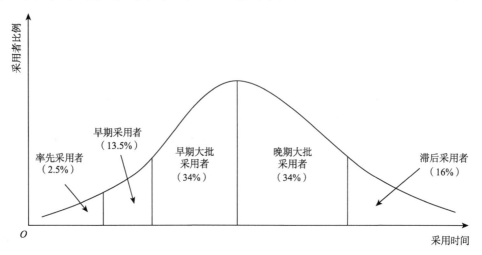

图 10-11　创新采用者分布

根据创新采纳时间的不同，一般可以将采用者分为五种类型：率先采用者、早期采用者、早期大批采用者、晚期大批采用者和滞后采用者。现实生活中，对这五类采用者的划分没有明显的界限，这些划分只是理想情况下的分类标准，其目的是了解创新采纳各个阶段典型行为特点。

（1）率先采用者。率先采用者最早承认新技术的价值，率先采用新技术并将其引入自身体系之内，其占全部采用者的 2.5%，是最早采用创新的模仿创新群体，在技术创新扩散过程中发挥着重要作用。率先采用者一般有比较强烈的探索精神和风险意识，拥有稳固的经济基础来承担创新可能的风险及带来的损失。

（2）早期采用者。早期采用者也看到了新技术带来的市场机会，虽然他们滞后于率先采用者，但是属于较早采用新技术的类型，大约占全部采用者的 13.5%。尽管他们对新技术的采用比较审慎，但是仍然有强烈的探索意识。为了适应新技术的需要，他们也要投入大量资源改变原有的条件和能力。

（3）早期大批采用者。他们是人数较多的实用主义者，这类群体占全部采用者的 34%，是创新采用的主要推动力量。这类群体往往等新技术的优点充分呈现，风险和不确定性已经降低到可以接受的程度才采纳创新，因此，他们的加入是技术创新迅速扩散的标志。

（4）晚期大批采用者。这类群体在大多数人试用过新技术之后才会采用，是典型的保守主义者，属于采纳创新群体中的后面一半，大约占全部采用者的 34%。他们对创新持怀疑和谨慎态度，不愿意为新技术承担太多的风险。这类群体占的比例也很大，他们和早期大批采用者一起成为推动大规模创新扩散的重要驱动力。

（5）滞后采用者。这类群体受到传统观念的束缚，冒险意识很弱。他们往往要等到某类创新在社会上大规模应用并且即将过时的时候，才去采用某项创新。因此，他们是最晚采纳创新的一类群体，占全部采用者的16%。当滞后采用者最终决定去采纳某项新技术时，往往已经出现了更具创新性的新技术。

2. 采用者采纳决策模型

技术创新扩散的过程也就是采用者采用创新的过程。潜在采用者从开始关注某项创新到采用也经过一个复杂的采纳过程，潜在采用者采用创新一般要经过五个阶段，如图10-12所示。

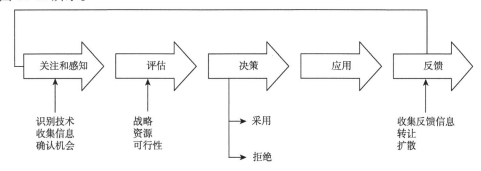

图10-12 创新采纳决策过程

（1）关注和感知阶段。在这个阶段，模仿创新者对新技术的出现开始关注，并尽可能多地收集有关新技术的各种信息。

（2）评估阶段。在这一阶段，模仿创新者会结合自身的发展战略、企业内部资源，对新技术的可行性进行评估，形成是否初步采纳新技术的决策，从技术效果和经济效果两个方面对其进行评价，为是否采用新技术的决策提供依据。

（3）决策阶段。根据上一阶段评估的结果，对企业是否采用新技术进行决策。

（4）应用阶段。到了这一阶段，模仿创新者将技术应用到实际生产当中。企业将新技术投入企业目前的运营和生产之中，随后，企业通常会结合企业实际和市场需求对新技术开展二次创新，进行技术改进。

（5）反馈阶段。这是技术扩散的最后一个阶段，模仿创新者根据新技术在实际当中的应用，将新技术使用情况反馈给企业决策者，为下一步的决策提供借鉴。此外，模仿创新者还有可能成为下一级的扩散源，将引进的新技术或改进后的创新成果再一次扩散出去，形成技术进一步转让和扩散的过程。

第四节 技术与市场

一、技术市场

根据新经济增长理论，技术市场是一种重要的要素市场，技术市场的发展通过作用于技术创新直接推动经济增长。

技术市场的定义有狭义和广义之分。狭义的技术市场是指在一定时间、空间进行技术商品交易活动的场所，如技术交易会、技术中介机构等。广义的技术市场是指技术商品的一切交换关系的总和，其实质是把技术商品纳入整个经济活动中，使技术商品的价值和使用价值得以实现。一般来说，技术市场就是在技术商品的生产和交换过程中所形成的供求双方的各种经济关系的总和。

技术市场是要素市场的重要组成部分，是促进科技成果商品化、社会化以及实现科技与经济结合的重要途径。影响技术市场发展的因素有内部因素和外部因素。

1. 内部因素

（1）技术市场主体。其是指从事技术商品交易活动的人或组织，一般包括自然人、企业、社会组织、大学、科研机构等。技术市场主体还可以进一步分为技术商品供给主体和需求主体。其中，技术市场的供给主体是技术商品的供给方，而需求主体则主要是技术成果的需求方，主要包括把技术成果作为要素投入生产经营活动以获取利润的企业。

（2）技术市场客体。其是指通过技术市场进行交换的技术商品，包括专利、研发成果、生产工艺等。

（3）技术市场中介机构。其是指促进技术商品转移的各种媒介，如价格机构、信息机构、交易中介机构、仲裁机构等。中介机构是联系技术市场各要素的纽带和桥梁，其活跃程度直接影响技术市场的运行效率。

（4）技术市场管理者。技术市场的管理者主要指政府相关机构。政府机构在调控技术市场交易行为，维护技术市场的合理、高效运行，促进技术市场的健康发展等方面均起到了至关重要的作用。

2. 外部因素

影响技术市场发展的外部因素主要包括与技术市场相关的社会经济制度、组织以及其他市场体系。例如，国家的科技与产业政策、人民的教育发展程度、金融市场的发展状况等。

二、技术与市场的互动发展

1. 技术市场促进技术创新的机理

技术市场是促进科技资源、经济资源合理配置，促进技术创新并推动技术成果转化的有效途径。一个完善、有效的技术市场在信息揭示、价格发现、资源配置、风险管理、产权激励以及降低交易成本等方面发挥着重要作用，可以更好地推动企业技术创新活动。技术创新活动是一个动态、连续的过程。从技术创新的过程来看，市场需求拉动是技术创新活动的一个极为重要的诱因。一般来说，技术创新过程可以划分为三个基本阶段，即发现、决策阶段，开发阶段和实现阶段，技术市场在各个阶段的作用表现如下。

首先，技术创新的发现、决策阶段。这一阶段主要工作是通过信息收集和市场分析，对技术创新的机会进行识别，对技术创新的价值进行评估，并在此基础上对是否进行该项技术创新活动进行决策。在这一阶段，技术市场对技术创新活动在技术和市场两个方面起到了重要的导向作用。通过对技术市场的研究，既可以判断该项技术创新在技术上是否可行，也可以预测其在市场上有无商业前景。

其次，技术创新的开发阶段。这一阶段的主要工作是对各技术创新的方案进行实验室研究、设计、初定原型、开发制造工艺技术、制出样品或样机等活动，以及如何缩短研发周期，降低研发成本，提高研发成功的概率。在这一阶段，技术市场对技术创新发挥着技术支持和全面服务的功能。一方面，技术市场为创新主体提供丰富的技术资源，有助于更快地将外部知识用于自身技术开发，最终提升技术创新能力。另一方面，技术市场对研发阶段的活动提供完善的工程化、中试和设计等方面的服务，可以减少创新风险，降低研发成本，提高研发效率。

最后，技术创新的实现阶段。这一阶段的主要工作是将技术创新的成果迅速商业化生产并推向市场。企业通过市场开拓及销售渠道的建设，使创新产品快速进入消费市场，最终实现创新成果的价值。在这一阶段，技术市场对技术创新发挥价值实现的功能。技术市场通过信息传递或直接提供专业化服务，帮助创新成果的价值实现。没有高效的技术市场，技术创新活动将难以进行商业化转化。

总之，技术市场是技术创新顺利完成的重要保障，技术创新离不开技术市场的支撑。技术市场对于促进技术创新的作用体现在技术创新的各个阶段，为技术创新的全过程提供支持。

2. 技术创新驱动技术市场的发展

技术创新主要从满足技术商品市场化需求和推动技术市场的完善提高两方面对技术市场的发展起到积极的促进作用。技术创新活动的直接结果就是大量的技术创新成果，即技术商品产生。技术商品是技术市场的重要组成部分，是市场交易的客体。由于技术商品只有通过技术市场才能尽快实现其价值，因此，大量技术商品的交易需要势必催生以技术商品交易为主的技术市场的产生和快速发展。同时，技术创新活动也将推动技术市场的完善。一方面，越来越多的技术商品的出现直接增加了技术市场的供给，促进了技术市场"量"的发展。另一方面，技术创新的自我增强效应，将会促进创新活动范围的扩大、创新水平的提高，从而在"质"的方面进一步促进技术市场的发展。因此，技术创新活动会在规模和质量两个方面进一步促进技术市场发展。

总之，技术市场在识别创新机会、解决技术创新障碍、转化创新成果、提高创新动力等方面具有重要作用，推动了技术创新的发展，而技术创新的发展又直接或间接地促进技术市场的发展和完善，二者相互促进，相互支持，形成一种良性的互动。

三、市场结构与技术创新

技术创新受到市场结构因素的影响。市场结构因素主要包括市场集中度、产品差异化、市场壁垒以及企业规模等。

1. 市场集中度与技术创新

市场集中化程度是指某一市场内厂商之间市场份额的分布状况，它反映市场的竞争程度。市场集中化程度越高，市场竞争程度就越低，市场结构越趋近于完全垄断。按照市场集中化程度的不同，可以将市场结构分为完全垄断、完全竞争和不完全竞争三种类型，不同的市场结构对技术创新的作用存在显著差异。

1）完全垄断的市场结构与技术创新

完全垄断的市场结构对企业技术创新的作用可以分为有利和不利两方面。从有利的方面看，完全垄断的市场结构通过专利形式给予创新者以垄断排他性权利，使创新者在一定时期内享有创新所带来的经济利益，因而可以刺激企业进行创新活动。从不利的方面看，垄断企业由于没有竞争，即使不进行技术创新也能获得垄断利润，其就会失去技术创新的动力。

2）完全竞争的市场结构与技术创新

完全竞争的市场结构对企业技术创新的作用同样也分为有利和不利两方面。从有利的方面看，在完全竞争的条件下，企业迫于竞争的压力会主动进行技术创新活动，以获取竞争优势。从不利的方面看，在完全竞争的市场上，充分的市场信息使得企业的技术创新容易被竞争对手模仿从而失去开展技术创新的积极性。因此，并不是竞争程度越高就越有利于技术创新。

3）不完全竞争的市场结构与技术创新

一般认为，介于完全垄断和完全竞争之间的不完全竞争的市场结构，才有利于企业的技术创新活动。在这种市场结构下，企业既有竞争对手的不断威胁，又能维持技术创新的持久收益，因而进行技术创新的动力最强。

2. 产品差异化与技术创新

产品差异化是指产品在质量、功能、外观、品牌、价格等方面的差别，通过差异化，企业可以更好地满足不同细分市场的需要，从而获得更大的商业利润。产品的差异化程度通常与市场集中度有关。一般来说，完全竞争市场的产品是无差异的，但在不完全竞争的市场中，产品多少都有差异，这也为价格的不同提供了某些理由。因此，企业可以通过产品差异化来提高产品的价格，这不仅可以增强企业的市场支配能力，而且也可以使企业获得更高利润，这就成为促进企业开展技术创新的驱动力。

3. 市场壁垒与技术创新

市场壁垒分为市场进入壁垒和市场退出壁垒两种。前者是指市场外潜在的加入者进入该市场所遇到的障碍；与之相反，后者是指市场中的已有企业在退出某一市场时所遇到的阻碍。市场进入退出壁垒越低，说明某一行业竞争就越激烈，同时缺乏技术创新收益的保障，因而不会产生大的创新动力和行为。反之，如果进入退出壁垒太高，虽然技术创新可以给企业带来超额利润，但由于缺乏竞争压力，企业也会失去创新动力。因此，市场壁垒与技术创新有一定的关系，壁垒过高或过低都不利于技术创新的进行，而处于中间程度的壁垒对技术创新是有一定促进作用的。

4. 企业规模与技术创新

一般认为，企业规模的大小对其技术创新能力有着直接的影响作用。然而，究竟是大企业还是小企业更有利于技术创新活动，目前有两种截然不同的看法。

一种看法是，大企业更有利于技术创新活动。这种观点认为，企业规模越大，研究实力就越雄厚，就越能抵御和分散创新风险，而且具有规模经济。因此，拥有垄断力量的大企业比小企业更具创新性。另外一种看法与之截然相反，这种观点认为，小企业更有利于技术创新。这是因为大企业通过技术创新可以获得垄断利润，但是垄断一旦形成，企业就会丧失技术创新的动力，而小企业由于竞争的压力，更加具有灵活性和适应性，因而更具创新力。

其实，从创新的程度来看，由于受到资金、人才和技术水平等多种因素的制约，中小企业的创新基本上主要是渐进性创新；而大企业则更多的是进行突破性创新。

四、技术市场创新

在市场经济条件下，市场是技术创新及其扩散活动的中心。任何一种技术、产品的市场容量都是有限的，当一种技术的市场发展到一定程度，就会出现饱和或供大于求的情况，这就必然依赖于各种不同形式的技术市场创新活动。市场创新是促进技术发展和扩散的根本途径，是促进企业发展的活力源泉，也是增进人类福利、推动社会经济增长的有效途径。根据市场创新活跃程度的不同，可以用不同的市场创新度来衡量。所谓市场创新度，是指不同企业所进行的市场创新活动的新颖程度。在其他条件相同的情况下，不同的市场创新度是决定技术市场竞争力的一个重要因素。根据市场创新度的不同，可以将技术市场创新分为首创型技术市场创新、改创型技术市场创新、仿创型技术市场创新等三种基本方式。

1. 首创型技术市场创新

所谓首创型技术市场创新，就是企业在市场上第一次采用某种市场创新形式。例如，率先使用某种技术、率先推出全新的产品、率先使用某种促销方式、率先开辟新的分销渠道、率先使用新的定价方式等，所有这些市场行为都是首创型市场创新。首创型市场创新具有十分重要的意义，是市场创新的基本形式，也是创新度最高的一种市场创新方式。对于企业来说，首创型市场创新活动风险较大，成本较高，相应的利润也较高。

2. 改创型技术市场创新

所谓改创型技术市场创新，就是对已有的市场进行二次创新，它是在现有首创市场的基础上，充分利用自己的特殊条件，对他人的首创市场进行改进和再创造，从而进一步推动首创市场的发展和竞争能力。对现有的新技术成果进行改进和改良，是实现改创型市场创新的一种主要方式。改创型创新战略是介于首创型创新战略与仿创型创新战略之间的一种中间性市场创新战略，是一种具有中等创新度的市场创新方式。

3. 仿创型技术市场创新

所谓仿创型技术市场创新，就是创新度最低的一种市场创新方式，其核心特点就是模仿性。采用仿创型市场创新战略，既不用率先创造全新的市场，也不用对首创新市场进行改进。这样不仅可以节约大量的创新成本，而且可以规避许多的市场创新风险。现实生活中，许多中小企业由于缺乏技术能力和资金实力，往往采用仿创型技术市场创新。虽然采用仿创型战略不能给这些企业带来巨大的竞争优势，但是极大地推动了市场创新的扩散，促进了技术市场的活跃和发展。

第五节　技术创新与经济增长

一、技术创新是经济增长的源泉

创新理论的创始人熊彼特认为，技术创新与经济增长密不可分，技术创新是经济增长的源泉，创新实现的过程就是经济增长的过程。

经济增长是指一个社会物质财富增长的过程和结果。它是社会物质财富的实质性增力，增长的效果是人民所得福利的持续增加。各国的经济增长既有"量"的增长，也有"质"的增长。对于前者而言，经济增长主要是依靠持续地增加生产要素的投入实现的，所实现的经济增长更多的是价值的转移，即财富形态的变化，而很少有财富的实质性增加，增长是不可持续的。对于后者而言，经济增长主要是依靠生产要素使用效率的提高实现的，对于生产要素的消耗不是破坏性的，在资源有限的条件下，也可能增加人民的福利，实现持续的经济增长。因此，只有"质"的增长才是"高质量的经济增长"，而"量"的增长只是"低质量的经济增长"。

"高质量的经济增长"依赖于生产要素使用效率的提高，而生产要素的高效率使用更多地源于一个经济系统的"制度效率"和"学习机制"。只有当经济系统具有较高的制度效率，且形成了有效的学习机制时，该经济系统对于生产要素的使用才会有较高的效率。从某种意义上看，技术创新的实现过程，就是制度效率提高和学习机制形成的过程。因此，技术创新对生产要素使用效率的提高起着最终的决定作用，从而成为高质量经济增长的源泉。

自 20 世纪初熊彼特首次提出创新理论之后，几十年来，索罗、阿罗、库兹涅茨、谢勒尔、曼斯菲尔德等许多世界著名经济学家对技术创新理论进行了持续不断的研究，技术创新被认为是市场经济国家经济发展理论的重要内容。经济学家长期以来早已经认识到了科学和技术对长期经济增长和生产率提高的重要性。传统上，增长理论认为，知识积累在经济增长过程中起着决定性的作用，没有技术创新，资本积累就无法持续，劳动生产率就会下降，将导致单位资本的经济增长率趋于零。对世界各国经济发展历程进行考察也可以发现，技术创新是人类社会财富的源泉，是经济增长的根本动力，与科学相关的技术的兴起，新产品和新工艺的出现、推广和持续改进是第二次世界大战后相关领域劳动效率增长的最主要因素之一。无论是农业社会、工业社会，还是知识经济时代，技术创新活动都在社会经济发展过程中起到了巨大的推动作用。随着知识经济时代的到来，知识在经济增长过程中发挥着越来越关键的作用，科学技术仍是推动经济发展的第一生产力。由于企业是创新的基本主体，因此以知识为基础的经济增长的实现，仍要靠企业的技术创新，只是技术创新的内容和形式发生了变化。所以，技术创新的持续活跃，是一国经济以适当速度高质量增长的必要条件，只有注入技术创新的增长才是高质量的增长，缺少技术创新的增长，必然导致"高速度、低效益"的低质量增长。

二、技术创新驱动经济增长的相关理论

许多知名的经济学家对技术与经济增长的关系进行了理论归纳，提出了技术植入增

长的理论模型。亚当·斯密和大卫·李嘉图在古典经济增长理论中都强调了知识和技术进步对于国民财富增长的重要价值。以"哈罗德-多马增长理论"、索洛"希克斯中性技术进步模型"等为代表的新古典经济增长理论均揭示了技术进步作为一种过程在经济增长中所起的巨大作用。而罗默、卢卡斯等提出的内生增长理论，也将技术进步作为经济增长的内生因素，认为技术的传播扩散是促进经济增长的关键。

通过对各种经济增长理论的简要回顾可以看出，技术创新是经济增长的重要源泉。关于以技术创新为核心的技术进步对经济增长的贡献大小，自 20 世纪 50 年代起，索洛（R.Solow）、库兹涅茨（S. Kuznets）、肯德里克（J. W. Kendrick）、乔根森（D. W. Jorsenson）等学者先后研究了相应的测算模型，并对若干国家进行了具体测度。

1. 索洛的技术进步理论

1957 年，索洛在"技术变化和凸且数"一文中提出了新的总量生产函数，特别指出了技术进步对于经济增长的巨大作用。索洛认为，在产出增长型技术进步情况下，技术变化项保持要素边际替代率不变，而仅仅增加或减少由给定投入所能获得的产出，这又被称为希克斯中性技术进步。其理论模型为

$$Y = Af(K,L)$$

式中，Y 为产出；K 为资本；L 为劳动；A 为技术水平。

经过推导，上述增长函数可以改写为

$$Y = a + \alpha k + \beta l$$

式中，Y 为产出增长速度；k 为资本增长速度；l 为劳动增长速度；a 为技术进步速度；α、β 为资本、劳动的产出弹性。

索洛将此式称为增长速度方程，它表明产出的增长速度由三部分构成：一部分是技术变化的速度，一部分是资本增长速度的加权值，一部分是劳动增长速度的加权值。技术进步主要表现为产品和装备水平的提高、工艺技术的改进、劳动者素质的提高和管理者决策水平的提高。

2. 库兹涅茨的经济增长理论

美国经济学家库兹涅茨发现，在一些发达国家，GNP 的高增长率主要不是由劳动投入与资本投入的增长形成的，而是由劳动生产率的大幅度提高形成的，而劳动生产率的提高则与该国对教育和科学研究投入的不断增加密不可分。

库兹涅茨认为，科技知识是现代经济总量增长和结构变化的根本源泉。其中，科学提供技术创新需要的、已经经过检验的知识，技术则提供为了人类的利益而改变自然界的方法与手段。他对知识、技术与经济的关系进行论述，认为知识和技术的任何增加，无论其实际应用是如何遥远，都有助于技术创新，从而有助于推动经济增长。

3. 肯德里克的全要素生产率分析

20 世纪 60 年代初美国经济学家肯德里克提出全要素生产率的理论，即通过对影响经济增长各种因素的分析来考察生产率的提高对经济增长的贡献。其基本思想是：肯德里克将全部要素生产率定位为产出量与全部要素投入量之比，根据对美国不同时期生产率的发展趋势进行研究，以确定各个生产要素生产率提高对经济增长的重要作用。在计

算时，他首先估算出这一时期劳动投入量的增加和资本投入量的增加各自对该时期内产量增长所作的贡献，然后将这种贡献从该时期内的实际增加量中减去，剩余的数值就是技术进步对产量的增长的贡献。肯德里克通过测算发现，在 1948~1966 年，美国实际产值年均增长 4%，全要素生产率年均增长 2.5%，其贡献份额高达 62.5%，剩余的部分则由这些投入量的效率所带来，即生产率提高的结果。

肯德里克认为，影响全要素生产率提高的因素十分复杂，对研究、发展、教育、训练等无形资产的投资，以及有形资产支出都能对经济增长发挥重要作用，能提升未来的生产能力和创造收入的能力。另外，资源配置、技术创新扩散的程度、受技术进步影响的生产规模的内部节约和外部节约，以及人力资源和自然资源的固有质量等，都会长期影响全要素生产率的提高。

三、技术创新驱动经济增长的机理

一般来说，一国的经济增长，既有"量"的扩大，又有"质"的改善。而这种"质"的改善往往是通过技术创新实现的，主要表现为产品附加价值的提高和资源消耗的降低，即用等量的资源可创造更多的财富。从一定意义上说，技术创新是解决资源浪费的问题，实现高质量经济增长的唯一途径。从企业层面看，技术创新是提高企业经济效益的根本途径。从产业层面看，只有进行技术创新，才能从根本上优化产业结构，促进新产业的发展，从而提升产业的竞争力。从国家层面看，技术创新及其扩散推动了各国经济的巨大发展，同时也推动了人类社会的进步。技术创新对高质量经济增长的驱动作用，是通过创新植入增长的机理实现的，即通过"率先创新的出现，模仿创新的兴起，新一轮创新的继起，产业结构的优化"这一系统化过程实现的。

1. 率先创新的引擎效应

如果仅仅考虑创新出现的时序，则可以将技术创新分为率先创新和模仿创新。率先创新对经济增长起着"引擎"的作用。由于引擎作用，率先创新会推动本行业及相关行业的企业高速发展。率先创新行为的产生本质上源于经济中的诱导性激励和强制激励。率先创新得以实现的过程是市场重新整合的过程。在现代工业社会，技术创新越来越依赖于研发的进展。

2. 模仿创新的扩张效应

创新植入增长最核心的环节是创新的模仿扩张。这是因为，就创新对经济总量增长的直接贡献而言，任何个案率先创新的作用都是微乎其微的。从创新历程及经济发展历史看，创新要真正地植入增长，对经济增长起到较大的作用，必须通过众多的企业对率先创新进行模仿。模仿创新对创新植入增长具有扩张效应。适度的模仿扩张对经济增长具有三重效应，即乘数效应、增值效应和优化效应。

3. 创新继起的持续效应

任何创新的模仿扩张一旦接近饱和规模，则其对经济增长的乘数效应、增值效应及优化效应就会衰减乃至消失。此时经济中就需要新的率先创新问世，为持续的经济增长提供新的引擎。在市场经济中，新的创新继起，是推动经济的持续增长的必要前提。

4. 结构优化的集成效应

现代经济中，产业结构的状态及其变化决定着经济增长的速度和质量，产业结构的合理化是促进经济健康发展的重要条件。我国政府在强调要提高经济增长质量的同时强调要调整产业结构，就是这个道理。产业结构的合理化主要表现为结构的协调化和结构的高级化。产业结构合理化的过程正是创新植入增长的过程。在合理的产业结构下，众多技术上有联系或无联系的创新会通过产业间的联系产生集成效应，在经济增长中发挥更大的作用。

参 考 文 献

程源，雷家骕，杨湘玉. 2005. 技术创新：战略与管理[M]. 北京：高等教育出版社.

弗里曼 K，苏特 R. 2004. 工业创新经济学[M]. 华宏勋译. 北京：北京大学出版社.

傅家骥. 1998. 技术创新学[M]. 北京：清华大学出版社.

蒋太才. 2006. 技术经济学基础[M]. 北京：清华大学出版社.

雷家骕，洪军. 2012. 技术创新管理[M]. 北京：机械工业出版社.

雷家骕，程源，杨湘玉. 2005. 技术经济学的基础理论与方法[M]. 北京：高等教育出版社.

谭开明. 2008. 促进技术创新的中国技术市场发展研究[D]. 大连理工大学博士学位论文.

吴贵生，王毅. 2009. 技术创新管理[M]. 第 2 版. 北京：清华大学出版社.

严海宁. 2009. 市场结构及其影响因素对中国企业技术创新的作用研究[D]. 华中科技大学博士学位论文.

Chiesa V, Frattini F, Lazzarotti V, et al. 2008. Designing a performance measurement system for the research activities：a reference framework and an empirical study[J]. Journal of Engineering and Technology Management，25（3）：213-226.

第十一章

企业技术创新能力评价与审计

第一节 技术能力与技术创新能力

一、技术能力

技术能力的本质是知识，或者说技术能力是组织知识的一种表现形式，在对技术能力构成要素进行分析时，也应从知识管理的角度进行划分，要素划分时应兼顾对技术能力的静态及动态描述。通过对现有技术能力研究的定义及要素分析，可以把技术能力的构成要素分为技术识别能力、技术获取能力、技术学习能力和技术创造能力四种。

1. 技术识别能力

技术识别能力是指识别技术未来发展方向、趋势及对社会经济、生活影响的能力。技术识别能力是技术能力其他构成要素的基础。企业技术识别能力关键在于以下两个方面。

（1）在正确解读国家技术基础设施、政策导向及科技条件的基础上，判断行业内关键技术未来发展方向。一方面，如果对技术未来发展方向识别错误，并进行研究或投资，会导致企业在即将淘汰或仅仅是暂时过渡的技术上浪费大量的人力、物力及财力；另一方面，如果对该技术对社会经济、生活的影响判断失误，会导致企业错失重大的发展机遇或做出威胁企业生存的错误决策。

（2）在考虑企业的未来长远发展战略基础上，选择与企业现有技术相耦合的技术。这要求企业在识别技术的过程中，长期与短期技术选择相匹配，一方面，所选择的技术长期能有利于企业未来发展战略的实现；另一方面，所选择的技术短期内能被企业的现有技术能力所引进、消化、吸收，或进一步创新。

2. 技术获取能力

技术获取能力是指获取（寻找、收集、引进、交换、购买等）各种现有技术资源（资料、设备、信息等）的能力，企业技术获取能力的最显现表象就是企业内的技术知识存量及积累能力。企业技术获取能力关键在于以下两个方面。

（1）寻找技术源的能力。企业在正确识别技术发展趋势及选定企业自身未来技术发展方向后，应能通过技术搜索，了解可能提供相关技术的技术源，并对各技术源进行评价比较后，最终选择技术获取对象。

（2）技术的取得能力。它是指选定技术获取对象后，企业通过收集、交换、购买和合作等方式取得技术的能力。

企业不论是进行技术模仿还是创新，总是需要立足于现有技术之上，如果企业技术获取能力不足，则企业技术知识存量及积累必将抑制企业技术创造能力的发挥。同时，企业可能必须投入大量资源去重复开发已有的成熟技术。这不但抑制了企业进行技术创新的能力，而且大量浪费了企业的人力、物力和资金。

3. 技术学习能力

技术学习能力是指通过对所获取技术资源的消化和吸收，从而提升企业技术知识水平的能力。企业的技术学习能力关键在于以下两个方面。

（1）技术知识共享能力。企业利用技术获取能力所获得的新知识，必须通过知识共享使知识以不同的方式在企业内部门或个体之间转移和传播。知识共享既是知识管理中最基本的活动，也是最复杂的活动。在企业技术能力中，知识共享的目的是吸收新知识和有效地利用新知识。通过知识共享，将那些使组织获益的知识加速应用，使组织获得竞争优势。

（2）技术知识应用能力。知识的应用就是把各方面的知识结合起来以获得产品和服务。企业应能够通过知识应用，有效地推动企业技术知识存量切实地转化为企业技术能力的提升，并最终体现在企业所提供的产品和服务当中。

企业在正确识别技术发展趋势，并成功获取相关技术资源后，企业具备了一定的技术知识存量及积累，但这并不能保证企业技术能力提升，这些技术资源必须在企业内得以合理的分配、共享和应用后，才能最终成为企业的技术知识及技术能力。

4. 技术创造能力

技术创造能力是指通过制度化研究在技术上取得较重要的创新和突破的能力。企业的技术创造能力关键在于以下几点。

（1）技术知识整合能力。企业中流动着的知识的简单堆砌，不会自动产生支持创新成果的原创性知识。创新知识的出现有赖于企业把融入技术创新过程中的知识加以有效的整合。只有经过了有效的知识整合活动，企业在技术创新过程中获取的知识才能够成为企业的特有知识，形成企业的核心能力。"知识整合对于一个企业或个人来说，绝不是现有知识的简单相加，而是一个知识创新的过程。"

（2）技术知识重构能力。知识的重构建立在知识应用的基础上，这是一个内部的升华过程。具体而言，涉及知识的变异、知识的选择，以及知识的保持。知识经过变异、选择和保持实现知识的重构，使新知识和原有知识实现交叉融合，最终把资源活化为现实竞争优势以满足环境变化的要求。

企业的技术创造能力是建立在知识的积累和连续重组基础之上的，知识积累和企业技术创造之间是一种相互促进的关系。企业只有通过自身研究，在技术上取得更符合技术发展趋势，更能适应社会经济、生活发展要求的技术创新和突破，才能保证企业相对于竞争对手有持续的竞争优势。

二、技术创新能力

技术创新能力，是指企业依靠新技术上的创新推动企业的发展能力，也就是引入或开发新技术，使企业满足或创造市场需求，增强企业竞争的能力。技术创新能力是一个组合性概念，它从企业的多个侧面得到体现。企业技术创新能力的结构从产品创新和工艺创新的角度，可分为产品创新能力与工艺创新能力；按线性过程模型对技术创新环节的划分，技术创新能力包括创新资源投入能力、研究与开发能力、制造能力、创新管理能力、创新倾向、营销能力。

企业技术创新能力的基本特征如下。

（1）系统性。

企业技术创新能力是一个由多种能力要素组合而成的系统能力。技术创新能力是一个系统，是各种能力的综合，是各种要素的有机结合。作为一个系统，它的整体功能决不是各个组合要素的简单叠加，而是在相互作用、相互制约中发生了协同和相关，呈现出一种非线性的非加和关系。各能力要素必须要以企业的组织结构为基础，通过特定的联结方式复合在一起，才能较好地发挥各能力要素的潜力，此即企业技术创新能力的结构化。高度结构化的技术创新能力并不在意个别能力要素是否最优，而是着眼于企业技术创新的整体目标，注重各能力要素在质和量等方面的相互配合和协调发展，进而获得各能力要素的协同增长效应，使企业表现出超越各能力要素的技术创新能力。

（2）规律性。

企业技术创新能力是一个经济概念，同时又是一个技术概念。技术创新能力在其发展过程中涉及的因素既有社会经济方面的因素，又有科学技术方面的因素。因此，技术创新能力的实践，既要受科学技术发展规律的制约，又要受社会经济发展规律的制约。只有当这两方面规律完满地得到遵循，技术创新能力才能真正得到实现和提高，才能真正帮助企业形成"创新—积累—发展—创新"的良性循环，从而推动企业发展。

（3）主观能动性。

企业技术创新能力的强弱受到客观规律的制约，但同时突出地强调人的主观能动性的发挥。这一观点贯穿于技术创新能力的各个构成要素中，突出体现在创新管理能力中。不论是技术创新战略管理能力、创新机制运动能力，还是创新过程的管理能力，都无不渗透着对人的主观能动性的要求。鼓励和调动创新主体的创新意识对技术创新能力的提高起主导性作用。

（4）承继性，即渐进性。

技术创新能力不是企业一朝一夕就能拥有的，而是要企业经过长期的技术学习和不懈的技术创新实践的积累才能逐渐具备。通常情况下，企业技术创新能力是在特定的技术创新领域，沿着企业现有的技术轨道，并以企业特定的产品和工艺技术为主线逐步提高。企业只有经过长期不断的技术创新实践，才能使其技术创新能力实现从弱到强、从低级形态到高级形态的增长。

（5）静态和动态双重特性。

静态特性是指企业所拥有的促进技术创新成功的资源的存量，是企业的现时状况，是企业技术创新能力提高的基础。企业所拥有的创新资源越多，技术创新能力就越强。而动态特性则是指技术创新能力并不只是静态的存量，它是积累的、渐进的，有时甚至是突变的。构成技术创新能力的动态和静态两个方面缺一不可，企业现时技术创新能力是过去积累的结果，又是技术创新能力进一步提高的基础。

三、技术能力与技术创新能力的关系

企业技术能力是组织静态技术知识存量及潜能，是组织技术识别能力、技术获取能力、技术学习能力和技术创造能力的综合体现。而技术创新能力是组织动态技术能力各要素间的整合与协调，不同技术能力元素组合运用后，可形成不同的创新模式。

技术能力与技术创新能力之间具有如下关系。

1. 技术能力为静态基础，技术创新能力为动态发展

技术能力低则创新能力必然不高；技术能力高，但要素整合模式（创新模式）选择错误，整合能力（知识管理）不强，技术创新能力也必然低下。而知识管理则是使二者达到协调发展的重要桥梁和纽带。

2. 技术能力一定程度上决定了技术创新能力的水平

技术创新能力可以直接通过产品研制开发的周期与效率、产品的技术含量、产品销售与出口情况、生产工艺准备等方面表现出来。但企业技术创新能力提高必须建立在技术能力增长的基础上。因此，要想实现技术创新，就必须将附着在内部人员、设备、信息和组织中所有内在知识存量的总和进行整合与激活，从而实现外在的技术创新能力的提高。因此，从知识角度来看，技术创新能力就是将企业内外部知识激活，进行整合与创造并实现其价值的能力。

3. 技术创新能力在运用过程中，不断带动技术能力发展

在技术创新过程中，企业通过知识的整合与重构，一方面用企业的产品创新、工艺创新、服务创新为企业在市场中取得长足的竞争优势；另一方面在技术创新的过程中，企业自身的技术知识存量也在不断积累，同时通过技术创新，有效提高企业技术识别、技术获取及技术学习的能力，从而不断带动企业技术能力发展。

第二节　技术创新能力的构成

技术创新能力是一个能力组合概念，它由若干能力要素组合而成。从技术创新的过程来看，技术创新能力包括创新的资源投入能力、研究开发能力、生产制造能力、创新营销能力、创新产出能力及创新管理能力。

一、资源投入能力

技术创新是一种将资源重新组合以获得效益的行为，而创新的投入则是启动创新和

维持创新的基础条件。创新投入能力是指企业在技术创新活动中投入资源的数量和质量。创新的投入能力主要包括以下方面：资金投入能力是指研究开发、新产品生产准备、新产品营销等创新过程各阶段所需资金的筹集能力和运作能力。人员投入能力是指研究开发、新产品试制、新产品生产、新产品营销所需要的设计、工艺和售后服务人员的招募、培训、调配能力。

二、研究开发能力

研究开发能力是技术创新能力的关键因素，从研究方向可把它分为基础研究、应用研究和开发研究。基础研究是为获得关于现象和可观察的事实的基本原理和新知识而进行的实验性或理论性工作，它不以任何专门或特定的应用或使用为目的。应用研究主要是为获得新的知识而进行的创造性研究，它主要针对某一特定的实际目标。开发研究是利用从基础研究、应用研究或实际经验中获得的现有知识，为生产新的材料、产品和装置，建立新的工艺、系统和服务，以及对已生产和建立的各项产品、装置进行实质性的改进而进行的系统性工作。企业只有通过研究开发，才可能吸收先进的科学技术成果，才可能把科学技术知识物化为新的产品和设备，才可能形成或创造出新的生产工艺和方法。

研发能力主要包括：①技术选择能力，即跟踪、预测技术发展动态，确定研究开发方向，选择开发项目，识别技术问题的能力。②解决技术问题的能力，即应用现有技术和知识解决技术问题、通过研究开发新知识突破技术难题的能力。③模仿能力，即通过"反求工程"等方法模仿已有产品并加以改进的能力。④创造能力，即产生新思想、进行创造性设计的能力。⑤研究开发组织能力，即分解技术问题、物色合作伙伴、监督检查合作项目的能力。其中，技术选择能力是最基本的能力，只有正确的技术选择才能确保企业的创新战略适应市场和科技的发展方向，才能在竞争中占有先机。在研发方向确定以后，卓越的解决技术难题的能力和创造能力会帮助企业节省研发时间，创造出更多更好的产品。模仿能力可以让企业在已成功的产品市场份额中获得一份利润，还很有可能开发出第二代产品去夺取更大的利润，同时并不会承担新产品开拓市场时潜在的失败风险。卓越的研究开发组织能力能使整个研发工作效率更高。

三、生产制造能力

生产制造能力是指把研究成果转化为符合设计要求的可批量生产产品的能力。归纳起来，创新生产能力主要包括新产品试制能力、新产品生产能力和配套能力。新产品试制能力是指新产品试制所需设备、仪器、工具、材料准备与使用能力和新产品试制工艺制定与实施能力。新产品生产能力是指厂房、设备的生产能力，工艺制定与实施能力，质量保证能力，对产品设计变更的应变能力。配套能力是指原材料、零配件、部件的外部协调组织、实施、监督能力。

生产能力可以说是技术创新的积累能力，包括三个基本方面：一是企业的生产装备水平；二是工人的技术水平；三是工艺的设计和管理能力。其中，工人的技术水平往往成为决定生产能力的关键因素。

四、创新营销能力

创新营销能力属于技术创新能力的辅助资产。创新营销能力反映的是使消费者接受新产品的能力，体现着企业创新产品的市场开拓和市场占有。营销能力主要包括三方面的能力，一是市场调研能力；二是市场开拓能力；三是销售能力。

研发活动取得的创新成果，需要通过行之有效的营销方案的策划与实施，让市场上潜在的用户了解、接受和认可。为此，还需要进行相关的宣传、服务、销售网络的建立，以及市场意见反馈等一系列的具体的营销活动。实际上，营销能力对企业创新活动的影响，不只限于对创新产品的市场开拓方面，市场信息获取和市场机会研究工作也是营销活动的重要组成。技术创新的成功与否，不仅取决于研究开发能力，市场要素也是关键。营销能力的高与低，直接影响着企业技术创新成果的市场接受度和认可度，影响着企业的创新收益。

五、创新产出能力

创新产出能力表明了企业技术创新能力要素组合的效果。作为企业技术创新能力最现实的指标，创新产出能力显示的是现有企业的能力要素状况在未来技术创新中的发展潜力，实际上反映的是企业效益实现和技术进步，其创新产出表现为收益性产出和竞争性产出等。

六、创新管理能力

一个具有良好创新管理能力的企业可以面对并解决技术创新过程中出现的重大缺陷。这种能力并不是指每个创新项目从立项到完成的管理能力，而是指企业从整体上、战略上安排技术创新和组织实施技术创新的能力。创新管理能力是企业发现和评价创新机会，进行创新决策，组织管理技术创新活动的能力。这种能力具体体现在企业各管理层，具有强烈的创新愿望，能够焕发和激起企业的技术创新活动的积极性，磨合并协调技术创新的各环节和各部门，在一定程度上减少技术创新的风险和不确定性。

创新管理能力体现在以下三方面。

（1）技术创新战略管理能力。它是指企业创新战略制定、实施能力，企业家的决策能力。技术创新战略作为现代企业战略管理中的核心战略，其选择正确与否直接关系到企业在市场竞争中的命运。

（2）技术创新机制的建立和运作能力。它是指企业激励机制的设计与实施能力，人员考核、奖励和积极性调动能力。

（3）技术创新过程管理能力。它是指创新计划制订与执行能力、创新过程各环节内的管理能力、部门和环节协调能力。在市场瞬息万变的情况下，创新过程管理能力的一个主要体现是对技术创新速度的合理控制。创新速度的提高能给企业带来极为显著的经济效益。

第三节　企业技术创新能力评价

一、企业技术创新能力评价的原则

在设置企业的技术创新能力的综合评价指标时，应遵循以下几个原则。

1. 科学性原则

评价指标的选择，围绕企业技术创新的本质，涵盖反映企业技术创新能力的重要因素。选取的评价指标囊括反映企业技术创新能力的各个方面，并把它们有机地联系起来，力求全面、客观地反映企业技术创新能力指标之间的关系和层次结构。

2. 导向性原则

建立企业技术创新能力评价指标体系的目的就是要对企业技术创新工作进行规范化，从而对企业技术创新工作起到导向和监控作用。指标的选取，要有利于企业开展技术创新工作。

3. 可比性原则

由于不同行业企业的经营方式、生产特点、开发内容等是不完全一样的，特别是企业规模大小不一样，能力水平参差不齐，单纯从评价指标的绝对数上看，有时往往是不可比的。但从相对数角度方面来观察，就消除了这些影响。采取相对指标，使企业可以动态地和自身过去相比较，横向与其他企业相比较，国内国外企业可以比较，大企业小企业之间可以比较。企业技术创新能力评价指标体系的建立，从横向上保证各企业指标口径一致，从纵向上要保证历年的指标口径范围、计算方法一致，确保各项指标具有可比性。

4. 系统性原则

企业技术创新能力评价不是直观的简单堆积，指标间应该具有一定的内在技术、经济联系。

5. 可操作性原则

评价的目的是要在企业技术创新工作中得到应用，这就要求指标选择具有可行性和可操作性，指标的设计要在比较准确反映各企业技术创新能力发展的基础上，尽可能选取具有共性的综合性指标，同时要力求数据的可操作性，一方面，指标资料要易于获取；另一方面，定量指标可直接量化，定性指标也能间接赋值量化。

6. 多目标性原则

企业技术创新是一个复杂的系统，企业技术创新能力大小的评价涉及企业的人力、物力、财力，涉及科技活动投入、活动产出和企业经营状况、经济效益等方方面面，不可能单靠一两个指标就可以完成，需要建立一个评价指标体系，从多方位、多角度系统描述企业技术创新能力，从整体上反映企业技术创新能力的水平。

二、企业技术创新能力评价的主要方法

在对企业技术创新能力进行评价的研究中，主要应用了以下几种方法。

1. 加权求和法

该方法根据评价指标体系中的构成特点，首先，将评价指标分成主要指标、基本指标和一般指标。其次，确定指标权重，并进行归一化处理，得到各评价指标的权数。最后，按各指标评价分值及其对应的权重值，应用加权求和计算企业技术创新能力强度。

2. 基于神经网络的层次分析法

该方法通常是根据建立的企业技术创新能力评价体系，分层次构建衡量企业技术创新能力的分析模型。按照建立的层次模型，用定性和定量的方法构造判断矩阵。用两两比较法，聘请若干专家各自对评价指标体系中各项指标给出相应的标度，并计算出相应指标的权重。再对专家们给出的权重进行加总平均，确定各项评价指标的最终权重。其关键点是利用神经网络的自组织、自学习和自适应的能力，从训练的方式使其具有判断矩阵一致性与否的能力。

3. 模糊聚类分析

聚类分析是多元统计分析的一种，它把一个没有类别标记的样本集按某种准则划分成若干个子集，使相似的样本尽可能归为一类，而不相似的样本尽量划分到不同的类中。传统的聚类分析是一种硬划分，它把每个待辨识的对象严格划分到某类，划分界限分明。但实际中大多数对象没有严格属性，它们在性态和类属方面存有中介性，因此适合进行软划分。模糊集理论为软划分提供了分析工具，用模糊数学的方法来处理聚类问题，被称为模糊聚类分析。由于模糊聚类得到了样本属于各个类别的不确定性程度，表达了样本类属的中介性，更能客观地反映现实世界，因此其成为聚类分析研究的主流方法。常用的模糊聚类分析方法大致可分为两大类：一是基于模糊关系（矩阵）的聚类分析方法，而作为其中核心步骤的模糊分类，有模糊传递闭包法、直接聚类法、最大树法和编网法；二是基于目标函数的聚类分析方法，称为模糊 C 均值聚类算法，或模糊 ISODATA 聚类分析法。

4. 主成分分析法

主成分分析也称主分量分析，旨在利用降维的思想，把多指标转化为少数几个综合指标。在实际问题研究中，为了全面、系统地分析问题，我们必须考虑众多影响因素。这些涉及的因素一般称为指标，在多元统计分析中也称为变量。因为每个变量都在不同程度上反映了所研究问题的某些信息，并且指标之间彼此有一定的相关性，因而所得的统计数据反映的信息在一定程度上有重叠。在用统计方法研究多变量问题时，变量太多会增加计算量和增加分析问题的复杂性，人们希望在进行定量分析的过程中，涉及的变量较少，得到的信息量较多。主成分分析法实际上是一种降维方法，把多个指标化为少数几个综合指标，使企业创新能力的评价指标体系更简单，评价模型更容易操作。

5. 秩和比法

这是指将每个个体的秩和用指标数和个体数的乘积进行平均，得到一个秩和平均值，该统计量的 0~1 连续变量的特征，不再是上下限不确定了，称其为秩和比，根据秩和比的大小就可以作综合评价。在秩和比法中，指标排序过程中的特殊算法处理，使得在对个体进行评价时，秩和比越大越好。秩和比是一个高度概括的专用综合指数,是非参数统计通向参数统计的"接口",也可以说是非参数统计中秩和比方法的深化。

第四节　技术创新审计

一、技术创新审计的概念

诸多研究已证实,技术创新对于现代企业的持续发展和保持竞争优势具有极为重要的作用。而企业要提高自身的技术创新能力,取得创新的成功,就必须首先对自己本身的创新现状和创新管理水平有一个客观而明确的评价,通过对照国际或国内同行业的最佳创新表现找出自身的差距,最后制定出相应的改善措施。这一过程的前两步,即一个技术创新审计过程。

企业技术创新审计实质上是根据审计的一般原理和方法对企业技术创新的过程、业绩和相应的组织管理,进行审查和评价并提供改进意见的一种监督管理活动。通过技术创新审计提高企业技术创新的能力,无疑将有助于我国企业更好地面对国际竞争的严峻挑战。

技术创新审计的主体是指从事这项工作的人员,除了对自身职业水平和道德水平有较高的要求外,企业自身或第三方的审计人员因所处的环境不同,发挥的作用也不同。使用内部职员在于他们了解本企业所拥有资源的优势和劣势,缺点是容易产生偏见。外部人员能够更客观地评估企业的战略管理能力和新技术开发能力,缺陷是不能充分了解企业内部实情。因此选择审计人员时,应权衡利弊。

审计方法是指执行审计职能和完成审计任务的手段。技术创新审计利用的方法是传统审计的部分方法(问卷法、询问法、技术鉴定等),以此来找出创新过程中的不足和差距。技术创新审计的对象是以创新活动为中心的经济管理工作,跟踪创新过程,评价创新绩效。故从审计的角度来看,Chiesa 等给技术创新审计下了一个很好的定义,而且初步构成了创新审计理论。

二、技术创新审计的职能

技术创新审计具有审计的一般职能——监督和管理。监督即检查、监测和督促。通过审计机构和审计人员对创新活动的检查、监测和督促,发现并防范创新活动中的不规范行为,以保证其处于良好的、正常的运行状态,降低创新风险。在监督的基础上,技术创新审计还具有管理职能。所谓管理职能,是指通过指挥、调节和控制等手段,把创新活动导入公司所希望的轨道,并在最有利的条件下(尽可能地提高经济效益和社会效益)完成预期的目标。技术创新审计本身并不参与管理,它只是为指挥、调节和控制等经济活动提供所需要的信息。制订和调整创新计划,既依赖于审计的预测信息,又依赖于审计的历史信息。技术创新从规划开始到完成规划,一直在变化,因此仅按原来的目标去收集数据,只能保证数据准确,不能保证目标实现,应根据审计信息不断地调整数据,将创新过程中的偏差和矛盾反馈回来,及时修改计划。创新结果如何,也要依靠审计跟踪、检查，并及时准确而又全面、系统地对不断反馈回来的信息做出评价，帮助决策者不断总结经验教训，以便更好地运行下一个技术创新活动。

技术创新审计通过发现问题找出差距，可以督促管理部门及时调整、安排技术创新计划，并重新加以实施。在创新过程中，是否按计划执行、有无新的信息或因例外情况需要调整计划等都需要审计工作，及时反馈信息，适时做出决定，采取相应措施，以达到创新效益的充分实现。一些复杂产品，往往创新投入大，周期长，涉及面广，这需要审计对资产占用和利用效率与效果进行评价和鉴定，督促有关方面充分挖掘潜力，以求切实提高效率。另外通过评价效益，充分发挥制约和激励的作用，制约创新活动中的不规范行为，同时客观反映绩效，激发员工的工作热情和潜力，提高工作效率。

三、企业技术创新审计模型及比较

（一）企业技术创新审计模型

企业技术创新审计模型是明确企业技术创新审计对象和审计思路的一种理论模型，它为企业技术创新审计提供了基本框架，也是确定审计内容和指标体系的基本前提。分析和比较国外的企业技术创新审计模型，将有助于构建适合我国企业的技术创新审计模型。

（1）发达国家的技术创新调查。20世纪70年代前后，美国、英国、德国和意大利等发达国家曾先后进行技术创新调查。在调查获得的大量数据的基础上，对技术创新活动进行全面系统的分析，以加强对企业技术创新的管理。当时，该调查分为创新项目调查和企业创新调查两种形式。创新项目调查主要以分析创新项目成功与失败的因素为目的。通过调查，了解到创新失败的基本原因一般可归结为市场、技术和管理三个方面。企业创新调查则主要是以反映企业技术创新活动和影响及技术创新成果为目的。技术创新调查及相应的测度研究为技术创新过程管理和业绩评价提供了许多有意义的参考标准，也为技术创新审计奠定了基础。

（2）Burgelman等1988年提出的技术创新能力和业绩评价审计模型。该模型构建了技术能力、创新战略制定和实施，以及支持它们的组织结构的审计框架，主要进行五个方面的审计：①资源的可获得性和分配（表现为研发基金水平、技术的广度和深度、明显的竞争优势、研发的资源分配）；②对竞争对手的创新战略和产业发展的了解；③对技术环境的了解；④组织（表现为研发项目的管理、研发到生产的转化，各职能部门的集中化程度）和文化氛围；⑤创新表现为企业家素质的战略管理能力。

（3）Adler等1992年提出的高标准定位（bench marking）和企业技术职能战略评估模型。该模型认为应给产品和战略管理过程基准定位，其实质就是通过学习和借鉴领先企业的创新实践经验、创新思想和技术创新管理方式，根据自身的战略和条件，确定合适的跟踪、模仿和赶超策略以提高自身的竞争力。同时，该模型提出了一种评估所有技术职能战略的框架，认为战略管理有三个主要因素，即领导、政策和调节机制。在政策因素中，Adler分析了人事管理、技术项目管理和质量控制管理等管理过程；知识产权、基金、设备和设施等资源；组织结构、职能联系、与外部的联系和规章遵守等方面的作用。该模型最重要的贡献是将成功的创新与相应的管理过程的正确实施联系起来。

（4）经济合作与发展组织（Organization for Economic Co-operation and Development，OECD）1993 年推出的《奥斯陆技术创新统计手册》。《奥斯陆技术创新统计手册》在总结 OECD 各国创新调查经验的基础上，对技术创新过程进行了分解并为创新效果提供了度量标准，它在众多指标中更强调技术创新投入与产出的指标。因此，有人将《奥斯陆技术创新统计手册》的主要特征概括为技术创新投入与产出的审计。

（5）Robert 1993 年提出的技术创新过程管理模型。该模型包括四个主要过程：①创造新知识；②产品创新或改进产品、生产工艺和设备的想法；③将这些想法转变为生产原型；④利用企业资源，把生产原型具体化为生产工艺和生产能力，组织领导员工和利用资源予以有效的运行。

（6）Chiesa 等 1996 年提出的技术创新过程审计模型。该模型是一个更为完善的过程审计模型，他将技术创新过程分为核心过程和支持系统（图 10-8）。

核心过程包括概念产生、产品开发、工艺创新和技术获得四个基本环节，这些环节之间是互相联系的；支持系统包括资源供给、系统工具和领导；创新过程的结果是创新绩效。该模型认为：企业技术创新审计不仅需要对创新业绩进行审计，更需要对创新过程进行审计，后者有助于寻找企业技术创新现状的问题所在和需要改进的环节。

（二）企业技术创新审计模型比较

综上所述，技术创新审计是以企业创新活动为中心的经济管理工作，通过追踪创新过程，评价创新投入、创新能力和创新绩效，以期发现企业创新过程中的不足和问题。因此技术创新审计理论也可以归纳为四类模型，即基于创新过程的创新审计模型、基于创新能力的创新审计模型、基于创新绩效的创新审计模型和全面创新审计模型。具体如表 11-1 所示。

1. 基于创新过程的创新审计模型

包括早期的 Chiesa 的核心过程和辅助过程创新审计模型，陈劲等的 C-S 模型，其基本思想都是通过设计一系列的创新过程审计指标以监控企业创新活动。

表 11-1　技术创新审计模型特征比较

创新审计模型	审计对象	审计方法	审计时间	审计结果
创新过程审计	过程和环节	多种	事中	创新过程监控
创新能力审计	技术及相关能力	技术评估	事中和事后	创新能力提升
创新绩效审计	效率和效果	多种	事中和事后	创新绩效比较
全面创新审计	创新各要素	多种	事前、事中和事后	创新水平提高

2. 基于创新能力的创新审计模型

包括 Burgelman 的五种创新能力审计模型和 Adler 的创新战略能力要素模型，以及马宁和官建成（2000）的创新能力四要素模型，其基本思想是对创新能力影响要素和创新能力表现形式给予度量和评价。

3. 基于创新绩效的创新审计模型

包括 Chiesa、陈劲和陈钰芬的创新评价模型，都关注了创新业绩审计，即对创新各环节和创新过程的绩效，以及对市场和企业竞争力的影响进行了评价。

4. 全面创新审计模型

该审计模型以全面创新管理的理论为出发点，以创新要素的方方面面为审计对象，包括陈劲和龚焱的五要素创新审计模型、陈劲和余芳珍的 SPRE 审计模型，都是从战略、流程、资源、环境、能力、创新产出等方面对企业创新的全过程进行监控、度量和评价。

四、企业技术创新审计内容

实践表明，企业技术创新审计理论模型应用的关键因素之一，是科学地确定审计对象具有可操作性的审计内容。基于上述技术创新审计模型以及综合国内外学者的相关研究，企业技术创新审计内容主要有以下几个。

1. 创新战略

创新战略过程审计主要是审查和评价企业创新战略的形成过程和战略路径的合理性以及战略实施的有效性。例如，创新战略路径合理性审计。

2. 概念产生

概念产生过程审计主要是审查和评价产生新产品概念的信息来源和信息机制的有效性。例如，企业是否对市场需求进行系统调研；是否具备广泛的市场信息网络；是否建立起职能部门满足消费者需求的协调机制；是否充分利用了消费者需求的职能部门的反馈信息；是否建立起了同消费者尤其是主导消费者群的长期联系。

3. 产品创新

产品创新过程审计主要是审查和评价产品创新来源、计划、设计和组织协调乃至激励等环节的有效性。例如，是否建立新产品或产品改良的选择机制，确定产品开发过程中的优先项目；是否将产品创新计划列入公司计划；是否激发和鼓励员工产生产品新构想并奖励创新行为；是否建立企业内各职能部门和外部机构推动产品开发的信息交流；是否建立将消费者需求信息反馈到产品设计过程中的联系机制；是否建立从新产品构想、设计到生产的有机联结机制和项目主管的责权利协调机制；等等。

4. 工艺创新

工艺创新过程审计主要是审查和评价企业制定的生产战略、工艺创新的组织协调、工艺创新实施的有效性和持续创新能力。为此，要评估现有生产能力，建立适应市场需求的生产能力的战略选择、配置资源开发新工艺的组织协调；建立产品创新和工艺创新之间的联系；适当变化组织机构以利于工艺创新；不断完善新工艺，促进持续创新；等等。

5. 技术获得

技术获得过程审计主要是审查和评价企业制定的技术战略、技术的外部联结和技术资源选择的有效性或合理性。例如，是否对现有和未来技术进行系统监测；是否了解竞争对手的技术能力和把握自身企业的主导技术和竞争力；是否确立了基于一定技术能力之上的企业核心竞争力；是否合理选择技术资源，如研发、许可证、专利技术以及外部合作；等等。

6. 资源供给

资源供给过程审计主要是审查和评价在企业技术创新过程中，人力资源及资金供给、企业外部资源利用的有效性。例如，符合创新要求的人力资源配备与扩充、有效的考核激励措施以及跨部门、国际化的发展机会；研发及获得技术所需资金的稳定供给（包括技术积累和技术储备的资金供给）；产品开发和工艺创新的资金支持；可供合作的大学、科研机构和国内外专家资源；等等。

7. 组织环境

组织环境过程审计主要是审查和评价企业领导层组织协调技术创新工作的有效性和企业创新氛围。例如，高层管理者关注创新过程的程度；是否确立了企业技术目标和创新目标并将创新战略纳入企业的整体战略之中；是否建立领导和组织协调企业技术创新的专门机构；是否在企业内建立起了不断学习—研究—创新的企业文化氛围和激励机制；等等。

总之，根据我国企业技术创新的特点，合理构建企业技术创新审计模型，科学确定具体的审计内容，将为进一步构建企业技术创新审计的指标体系奠定基础，这对顺利实施企业技术创新审计具有重要意义。

五、企业技术创新审计实施步骤

结合德国弗劳恩霍夫协会制定的创新审计模式及我国企业技术创新的实际情况，企业技术创新能力审计步骤可以划分为四个阶段。

1. 准备阶段

在此阶段，充分了解被审计单位的基本情况，以及相关的法律法规，明确审计的目标、范围和时间，制定企业技术创新能力审计的相关指标并根据企业的实际情况加以调整，设定企业审计指标的评价标准。

2. 实施阶段

经过第一阶段的准备工作，进入正式的审计阶段。在此阶段，首先，审计人员要像进行财务审计一样，对企业相关的财务资料等文件进行审计，因为是针对企业技术创新能力的审计，所以还要审计与之相关的各种文献资料。其次，审计人员要进行实地观察，与有关人员约谈，或以发放调查问卷的形式，统计记录相关数据。最后，审计人员要将收集到的资料整理成文件记录在案，涉及实物勘查的可以以照片、图画等形式将其记录在册。在审查过程中，对于重点部门应该加强实地勘察的力度，与相关部门人员进行交流，交换意见，深入了解企业的运作机制，并将审计数据进行综合整理分析，找出企业的薄弱环节，与专家交换意见后，形成初步的审计结果。

3. 评价阶段

对在第二阶段得到的审计结果进行复核。首先，复核针对企业进行审计的程序是否得当,是否达到了审计的目标。其次,复核在对企业进行审计的过程中取得的资料、数据是否真实可靠。再次,复核在工作底稿中各种重要指标的相互关系是否正确。最后,针对企业存在的问题,复核审计小组给予的处理意见是否恰当。完成上述的复查后,审计小组出具审计报告,并取得被审计企业对审计报告的书面意见,附在审计报告后面。

4. 后续阶段

对企业的审计是一个持续的过程,所以要进行后续审计。其原因是,对企业进行审计的过程并不是一次性的、孤立的,而是对企业一段时期的技术创新能力进行审计,另外,对企业进行后续审计,可以监督企业对提出的处理意见的实施情况,以保证企业持续技术创新的能力。

目前我国正处在经济转型的时期,国家鼓励企业通过创新来提高经济的增长,而不是单纯地依靠自然资源的投入来拉动经济的增长,因此在这样的关键时期,建立有效的针对企业技术创新能力的审计体系就显得尤为重要,这也正是本章研究的意义所在。其不仅能够帮助企业更好地测度自身的创新能力,找出差距,并努力提升,还能够为其他利益相关者提供具有公信力的审计结果,对企业实施良好的监督,从而保障社会经济的有序发展。

参 考 文 献

陈劲, 余芳珍. 2006. 技术创新 SPR E 审计模型及其应用研究[J]. 研究与发展管理, 18(5): 9-14.

陈劲, 耿雪松, Smith R. 1997. 技术创新审计:理论框架与中加比较[J]. 科研管理, (6): 21-28.

胡珑瑛. 2004. 技术经济学[M]. 哈尔滨:哈尔滨工业大学出版社.

马宁, 官建成. 2000. 企业技术创新能力审计内容及审计基准[J]. 中国软科学, (5): 80-85.

吴贵生, 王毅. 2009. 技术创新管理[M]. 北京:清华大学出版社.

谢章, 许庆瑞. 2004. 论全面创新管理发展及模式[J]. 科研管理, (4): 70-76.

许庆瑞, 郑刚, 陈劲. 2006. 全面创新管理:创新管理新范式初探[J]. 管理学报, (2): 135-142.

游达明, 刘亚铮. 2009. 技术经济与项目经济评价[M]. 北京:清华大学出版社.

邹辉霞. 2001. 技术经济管理学[M]. 北京:清华大学出版社.

Adler P S, McDonald D W, McDonald F. 1992. Strategic management of technical function[J]. Sloan Management Review, 33(2): 19-37.

Burgelman R A, Kosnik T J, van den Poel M. 1988. Toward an capabilities audit framework [J]. Innovation Management, (13): 31-44.

Chiesa V, Frattini F, Lazzarotti V, et al. 2008. Designing a performance measurement system for the research activities: a reference framework and an empirical study[J]. Journal of Engineering and Technology Management, 25(3): 213-226.

第十二章

知识管理与技术创新能力

第一节　知识管理

一、知识管理理论的起源与发展

20 世纪 80 年代以来，信息社会、知识经济、知识管理等概念被提出来。人们开始逐渐认识到，知识越来越成为驱动经济和社会发展的重要动力。在这样的一个社会里，知识变得越来越重要了。在这一时期的文献中，出现了一些新的概念。例如，以知识为基础的服务（knowledge-based services）、智力系统（intelligent systems）、专家和知识系统（expert and knowledge systems）、知识型企业（intelligent enterprise）、知识工人（knowledge workers）、学习型组织（knowledge-intensive and learning organizations）、知识经济（the knowledge economy）等。这些概念已经逐渐渗透到人们的生活中并影响着人们的日常生活。

知识管理的理念和实践源于 20 世纪 80 年代，美国 DEC（Digital Equipment Corporation）计算机公司在 1980 年率先采用大型知识系统支持工程和销售。1986 年，联合国国际劳工大会首次提出了知识管理概念。1991 年，《财富》杂志首次发表知识管理文章《脑力》。1994 年，OECD 在《以知识为基础的经济》（Economy Based on Knowledge）的报告中正式提出知识经济的概念。知识经济是以知识的生产、分配和使用为基础的经济。在这种经济时期，知识大量积累，科技高速发展，超量的信息用于生产，知识成为经济增长的主要生产力要素。知识经济以数字化、网络化、智能化和虚拟化的信息技术为支持。

20 世纪 90 年代以来，知识管理进入迅猛发展的阶段。自 1995 年 9 月在休斯敦召开的 Knowledge Imperative Conference 上开展对知识管理讨论以来，有关知识管理的各种讨论会召开次数已达数百次之多。另外，还出现了 10 种以上的知识管理期刊，而在各种管理学著作中以知识和知识管理为某一部分主题或全书主题的更是每月出版 5~10 种。同时，知识管理专业组织和协会纷纷成立，如在美国就有"国际知识管理联合体"（Knowledge Management Consolation International，KMCI）、"知识经济学中心"（Knowledge Center）和知识管理专业学会（Knowledge Management Professional Society，KMPRO）三大组织。

　　对知识管理理论的形成和发展做出杰出贡献的关键人物主要有美国管理大师彼得·德鲁克、瑞典企业家与财经分析家斯威比博士、日本管理学教授野中郁次郎（Ikujiro Nonaka）博士、美国麻省理工学院教授彼得·圣吉。

　　美国管理大师彼得·德鲁克可谓知识管理理论的先驱者。德鲁克在1967年出版的《卓有成效的管理者》（The Effective Executive）一书中，就开始关注企业员工、经理的知识和有效工作的问题，并提出了"知识工人"的概念。他提出21世纪最大的管理挑战是如何提高知识工人的劳动生产率。20世纪90年代，德鲁克又连续发表了《后资本主义时代》（1993年）、《21世纪管理挑战》（1999年）等专著来说明知识、知识工人、知识社会、知识管理的概念及其重要意义。他在《后资本主义社会》中指出，"知识社会是一个以知识为核心的社会，知识资本已成为企业最重要的资源，受到过良好教育的人成为社会的主流"，"知识的生产率将日益成为一个国家、一个行业、一家公司竞争的决定因素"。

　　除德鲁克以外，另外一位较早论述过知识特性及其管理方式的学者是哲学家波兰尼（Polanyi），他早在1966年就出版专著论述过知识的隐性维度问题，他提出的知识隐性问题成为当今人们对于"隐性知识"概念认识的基础，他有一句名言——"我们知道的比讲出来的更多"。

　　斯威比博士既是企业家又是企业分析家，他对知识管理的研究具有浓厚的实践色彩。在1979年以后的15年内，他一手创办和经营了北欧最大的出版集团，同时还是著名的市场分析家，他的分析报告是斯德哥尔摩股票交易市场上最重要的指南（定期发表在财经杂志上）。他是世界上最早在著作中使用"知识管理"一词的人，并对知识和知识管理的基础性问题进行了深入研究；他首先发现和定义了知识组织（knowledge organization）这一知识经济时代最重要的企业组织形态，并开创性地对知识型企业的组织特性、生命周期、治理结构和成功要素等进行了系统研究；他首创了知识型上市企业的分析评估模型以及包括无形资产在内的会计报告系统，他对无形资产测量系统的研究已成为瑞典、欧盟和OECD制定新的会计报告标准的重要基础。20世纪90年代后期，斯威比提出以知识为核心的企业发展战略框架，并将关于知识型企业的组织理论，包括有形和无形资产在内的监测信息系统统一在知识战略框架之下，形成了完整的知识型企业的管理理论和方法体系。如果说德鲁克的理论主要着眼于知识管理的发展大势，那么斯威比的理论和方法则更注重于帮助企业家有效认识和管理核心资产——无形资产，创造更大的价值，经营知识经济时代的成功企业。斯威比相信学习的过程应该首先是实践的过程，有效的实践离不开有效的工具。因此，基于斯威比知识管理理论的多种工具也对迄今为止的全球知识管理产生了巨大的影响。

　　野中郁次郎博士深入研究了日本企业的知识创新经验，提出了知识创造转化模式，此模式已成为知识管理研究的经典。野中郁次郎特别强调隐性知识和知识环境对于企业知识创造和共享的重要性。

　　以美国麻省理工学院教授彼得·圣吉为代表的学者，早在20世纪80年代就已开始致力于学习型组织的研究。1990年，圣吉的代表作《第五项修练——学习型组织的艺术与实务》（The Fifth Discipline：The Art and Practice of the Learning Organization）在美国出版，成为知识管理发展的一个重要里程碑。书中提出的团队学习、组织修炼、系统思考等概念都属于知识管理领域。

此外，提出双环学习论的克里斯·阿吉里斯（Chris Argyris），也为这一时期知识管理的发展做出了重要贡献。他们为知识管理的应用和推广打下了坚实的理论基础。

到了 20 世纪末和 21 世纪初，IT 技术的应用与发展，使知识管理的可操作性大为提高，知识管理的发展进入了第二个全盛时期。这一时期对知识管理起推动作用的是一些国际知名的 IT 企业（如 IBM 和惠普）和咨询公司（如安达信）。

二、知识的定义、分类及特性

1. 定义

我国出版的《辞海》将知识定义为：知识是人类认识的成果和结晶，它包括经验知识和理论知识。韦伯斯特词典 1997 年的定义是：知识是通过实践研究、联系或调查获得的关于事物的事实和状态的认识，是对科学艺术或技术的理解，是人类获得关于真理和原理的认识总和。

在知识经济时代，知识被赋予了新的含义。知识是"一种有组织的经验、价值观、相关信息及洞察力的动态组合，它所构成的框架可以不断地评价和吸收新的经验和信息。它起源于并且作用于有知识的人的大脑。在组织中，它不但存在于文件或档案中，还存在于组织机构的程序、过程、实践和惯例之中"。

2. 分类

不同的学者从不同的角度对知识进行了分类，我们将比较有代表性的几种分类归纳于表 12-1 中。

表 12-1　知识分类一览表

序号	代表人物及组织	知识分类	含义	关注焦点
1	OECD（1996）	（1）事实知识（know-what） （2）原理知识（know-why） （3）技能知识（know-how） （4）人力知识（know-who）	事实知识是指关于客观事实的知识，如企业的员工人数，企业的资源状况，企业的主要产品等 原理知识是指自然规律和原理方面的知识 技能知识是指技术诀窍、技能后面的知识 人力知识是指知道何人具有何种知识和能力的知识，在工作当中如果出现了问题知道应该向谁请教，涉及社会关系等方面	知识的使用角度
2	Polanyi（1966）	（1）显性知识 （2）隐性知识	显性知识是指可以用语言等方式传播的知识，容易被编码 隐性知识是指隐含的经验类知识，主要存储在企业员工的大脑里或组织的结构和文化中，不易被他人获知，也不易被编码	知识的可编码程度
3	杨治华和钱军（2002）	（1）发展中知识 （2）核心知识 （3）基本知识 （4）过期知识	发展中知识是指那些仍处于萌芽阶段，却无疑会引发重大经营变革的知识 核心知识是一个企业之所以不同于其他企业的标志，它们对企业的独特地位有重大影响，所以也有人将其称为"核心竞争力" 基本知识是指完成企业各种活动所必需和最基本的知识，这类知识在所有相似的企业中都是可以获得的 过期知识是指那些不再被应用于经营过程的知识	知识对企业的战略重要性程度

此外，波恩（Bohn，1994）提出了知识成熟度模型。他将知识按成熟度分为八个阶段。由于知识在每一个阶段具有不同的特性，因此，人们对每一个阶段的知识的管理、处理方式是不同的。越是高一级的知识，人们对它的认识越成熟，它越具备被科学的公式和数学公式所表达的特性，也就是说越容易用某种方式进行显性化。知识的八个阶段的特点如表 12-2 所示。

表 12-2　知识的八个发展阶段

阶段	名称	注释	典型形式
1	完全无知（complete ignorance）	无意识	
2	意识到（awareness）	纯艺术性的朦胧概念	以隐性知识为主
3	措施（measure）	半工艺性的、经验方法	可以写下来的知识
4	方法控制（control of mean）	科学切实可行的方法	可以写下并能嵌入软件
5	过程能力（process capability）	能通过技术固化下来	硬件和操作手册
6	过程描述（process characterization）	权衡以减少成本	经验公式
7	知道为什么（know-why）	科学真理	科学公式和算数
8	完全知道（complete knowledge）	常识	

根据波恩的说法，知识变成显性化需要长时间的学习。当存在外部的影响时，如引进一项新技术，或者增加新员工，就会减少在某项操作中的知识，会使知识退回到较低的一个阶段。如果在获得关于某项操作的知识后得不到利益，人们就会选择使自己的知识待在某一特定阶段而不进步。在高科技行业，竞争的压力促使企业在强调迅速学习的同时，在低知识阶段生产。而在大多数技术成熟型行业里，企业一般会选择在达到高知识阶段的时候，才会大量生产。

3. 特性

（1）具有消费上的非排他性和非竞争性。

对于未获得产权保护的知识来说，任何企业或个人均可以获得并使用这些知识，不可能排除任何人对它的不付代价的消费。无形的知识以有形的载体形式公开，即可构成经济学意义上的非竞争性。任何人增加对这些知识的消费都不会减少其他人所可能得到的消费水平。

（2）具有正的外部性。

所谓外部性是指一个经济单位的活动所产生的对其他经济单位有利的或有害的影响，又称为外部化、外部效应，是西方经济学家分析市场缺陷的一种理论，外部性产生的直接原因是公私利益的冲突。外部性可以是正的，也可以是负的。当外部性为正时，行为人实施的行为对他人或公共的环境利益有溢出效应，称为外部经济，如国防、灯塔的外部性是正的。当外部性为负时，行为人实施的行为对他人或公共的环境利益有减损效应，称为外部不经济，如飞机场附近的轰鸣声，公路上的拥挤现象和汽车废气污染现象，等等，就是负外部效应。公共物品可以被看作外部性的一种特例。公共物品的特征之一是可以同时向不止一个人提供受益。知识的外部性特征产生了两个问题。第一个问题是知识的溢出效应。创新的社会回报通常比个人回报要高，社会公众从创新中获得利益。特别是研究开发的社会回报率明显高于个人的回报率。这意味着企业增加商业研究开发投入的结果是社会比企业自身受益更多。第二个问题是第一个问题的另一面，新知识不能由创新者独占享有，创新者无法完全享有因创新产生的全部利益。这就降低了人们投资于产生新知识的积极性。

（3）知识具有可学习性和继承性。

学习是获得已有知识的重要途径，学习比研究和开发更经济、更快捷。新知识不会凭空产生，创新总是需要在前人积累的知识基础上进行，是对原有知识的利用、综合和改造。

（4）知识具有时效性。

知识存在老化过时的问题，即知识的价值会受时间的影响。在知识价值的形成和实现过程中，经历的时间越长，更新、更先进的知识出现的可能性就越大，原有知识会受到无形损耗而贬值。知识的这种特性刺激着研究与开发的不断升级，并且要求知识一经生产，必须在最短的时间内转化为生产力，为企业创造价值。

三、知识管理的定义

知识管理从提出至今，各种定义已不下几十种，众多专家从不同角度对其进行了界定，概括起来主要有两大类：第一，认为知识是一种加工对象，可以在信息系统中被标识和处理，这是一种以信息为基础的知识管理，它注重于将显性知识组织化和隐性知识显性化。第二，认为知识本质上是一种认知过程，这是一种以人为本的知识管理，它创建和谐的知识交流和分享的环境，鼓励和方便人们进行知识的分享、应用及创新。

虽然学术理论界对知识管理众说纷纭，观点各异，但都有一个共同点，即知识管理是一个对人和信息资源进行动态管理的过程，知识管理的重点在于以人为中心，以知识为基础，目的是要寻求信息处理能力与人的知识创新能力的最佳结合，在管理过程中最大限度地实现知识的传播与共享，最终提高组织的创新能力和应变能力，实现组织的发展战略。

四、知识管理的基本内容

1. 知识管理的过程模型——K9 知识链

从业务流程的角度来划分，知识的管理可以分为紧密联系的九项活动，即知识获取、知识整理、知识保存、知识更新、知识测评、知识应用、知识传递、知识分享和知识创新。这九个部分相互承接与联系，共同构成了知识的基础管理体系。各个活动之间相互关联，并无简单的先后关系，而是在循环中不断进化和提高，形成知识螺旋上升式的有机闭合环路，如同一条"知识链（knowledge chain）"。"K9 知识链"中的螺旋式循环的关系见图 12-1。

2. 知识管理的四阶段模型

借鉴阿古里斯的问题解决循环（problem-solving cycle），范·德·斯派克等（van der Spek and Spijkervet, 1997）提出了知识管理的循环框架（图 12-2）。在这个框架中，范·德·斯派克等指出，知识管理分为发现问题、分析问题、解决问题和回顾反思

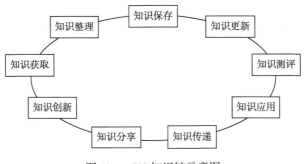

图 12-1　K9 知识链示意图

四阶段。经过这一个循环后，组织知识管理的水平就上了一个台阶。这个知识管理的框架将知识管理活动的展开看作一个解决问题的过程。

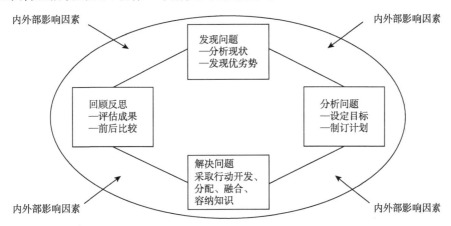

图 12-2　知识管理的四阶段模型

资料来源：van der Spek 和 Spijkervet（1997）

3. 野中郁次郎的组织知识创新的螺旋模型

如前所述，Nonaka 和 Takeuchi（1995）用认识论维度和本体论维度塑造了一个组织知识创新的螺旋模型（又称 SECI 模型）（图 12-3）。在这个模型中，野中郁次郎提出，在企业创新活动的过程中隐性知识和显性知识二者之间互相作用、互相转化。知识转化有社会化（socialization）、组合化（combination）、外部化（externalization）和内部化（internalization）四种基本模式。

（1）社会化是指隐性知识向隐性知识的转化。它是一个通过共享经历建立隐性知识的过程，而获取隐性知识的关键是通过观察、模仿和实践，而不是语言。

（2）组合化是指显性知识和显性知识的组合。它是一个通过各种媒体产生的语言或数字符号，将各种显性概念组合化和系统化的过程。这是一种将显性知识转化为更为复杂的系统的显性知识过程。在这个阶段，关键的问题是知识的沟通和扩散以及知识的系统化过程。

（3）外部化是指隐性知识向显性知识的转化。它是一个将隐性知识用显性化的概念和语言清晰表达的过程，其转化手法有隐喻、类比、概念和模型等。

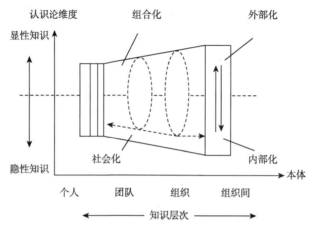

图 12-3 组织知识创新的螺旋模型

（4）内部化即显性知识到隐性知识的转化。它是一个将显性知识形象化和具体化的过程，通过"组合化"产生新的显性知识被组织内部员工吸收、消化，并升华成他们自己的隐性知识。这是一种将新知识（显性知识）转化为组织的隐性知识的过程。个体的隐性知识成为组织隐性知识的一部分。个体可以通过行动学习、培训或练习来获得团体乃至组织的隐性知识。

上述四种不同的知识转化模式是一个有机的整体，它们都是组织知识创造过程中不可或缺的组成部分。这个转换模型是周期性螺旋上升的。在这个上升的过程中，组织的知识不断从显性知识到隐性知识，隐性知识又不断得到显性化；个人知识转换为组织的知识，个人又从组织中学到新的知识。经过几个过程的相互作用和相互转换，知识得到更新，组织的竞争能力得到加强。

具体来说，知识创新源于知识社会化，社会化使得个人的经验和学识在组织中得到共享。知识社会化以后，通过一系列有意义的"对话"，知识的各种主体（包括个人和组织）相互明白了各自的隐性知识，也就是将隐性知识显性化了。在这个基础上，将这些显性化的知识与已经存在的知识结合，然后进一步加以丰富、细化、增强知识的基础，不断形成有形的知识。最后，通过"干中学"，又形成新的隐性知识。

4. 两种知识管理策略

哈佛大学汉森·罗利亚教授以及拜恩咨询公司董事长泰利先生对美国、日本和欧洲企业所采取的知识管理策略做了开创性的研究。研究结果发现，运作比较成功的知识管理策略只有两种，一是编码策略，二是个性化策略。

知识管理的编码策略主要是对显性知识进行系统化编码，使得知识与知识创造者的分离，知识独立于特定的个体或组织，被编码后的知识储存于数据库中，方便员工随时反复调用，节约工作时间，减少信息和知识的交流成本，使产品和服务的成本下降，规模经济效益显著。编码策略强调显性知识的分配、传递和重复使用，适用于知识资产在每次使用时无须作大的修改的情形。个性化策略强调隐性知识的共享以促进新知识的产生。个性化策略是针对具有隐性知识的人与其他人的知识沟通共享，而不是储存。

第二节　企业技术能力的知识特征

一、技术与知识

知识是人们通过学习、发现以及感悟所得到的对世界认识的总和，是人类经验的结晶。阿伦、劳丹、赖顿和罗森伯格等把技术定义为科技人员在解决问题中产生的新思想和技巧。J.K.Calbraith 把技术定义为科学知识或其他有组织的知识在实际任务中的系统应用。默克（Monck）等把这个观点发展成技术是解决实际问题的有关知识（即 know-how）和为解决这些实际问题而使用的工具两者的总和。也就是说，技术既包括技术诀窍等软件方面，也包括硬件方面。Linsu Kim（1997）认为技术是指把投入转化为产出的具体生产流程，以及在实施这种转化中采用的构成这些活动的知识和技能的总和。

从这些观点可以看出，技术是与知识密切相关的，在很大程度上技术甚至可以看作是以知识作为其表现形式的。所以，技术可以看作企业所拥有知识的一种特殊形式，技术变化可通过对知识发展作分析得以理解。技术在知识结构上由显性知识和隐性知识构成。

二、企业技术能力的知识本质

许多学者从知识本体论的角度对技术能力本质和内涵进行了研究。Howitt 和 Clower（2002）认为企业技术能力从本质上讲是企业组织的以技术发展为导向的具有行动指向的知识资源。Utterback 等认为，技术能力是企业解决问题过程中创造出来的具有企业特性的知识，并与外部获取的知识结合，解决新问题的能力，其提高过程是通过组织和个人知识和经验的积累来完成的。Steward认为，技术能力就是采用、修改技术和知识的能力。Romer 提出，技术进步是经济增长的内生变量，知识增长是经济长期增长的关键。他强调知识作为特殊的资源，对企业竞争优势的获取和维持具有重要的意义，企业技术创新活动的实现，是知识运动的结果，这为基于知识学习、积累和维持的企业技术能力的研究，提供了经济学上的理论支持。魏江（1998）也从知识的角度对技术能力的内涵进行了界定，认为企业技术能力是指企业为支持技术创新实现，附着在内部人员、设备、信息和组织中的所有内生化知识存量的总和。安同良认为企业技术能力是企业在持续的技术变革过程中，选择、获取、消化吸收、改进和创造技术并使之与其他资源相整合，从而生产产品和服务的累积性学识（或知识）。

Lall是近来对技术能力探讨较多的学者，他在1996年指出，技术能力不限于物理设施、手册、蓝图以及雇员拥有的教育质量、个人技能，其实质是组织进行运作的能力。在 2000 年他对此进行补充，认为技术能力本身通常被定义为一个公司为取得不同层次的技术变化而需要的技能、知识和经验。他还指出公司技术能力的获得是随时间不断学习，通过技术努力而积累的结果，这种积累效果取决于企业自身的显性和目的性的努力程度。此技术能力的概念，结合了技术能力纵向演进角度和知识角度，指出了技术能力提升的动力和途径，认为技术能力本质上就是技能、知识和经验。

此外，还有很多学者是从相关能力的角度来探讨技术能力与知识的关系。例如，R.Garud 和 P.R.Nayyar 认为，技术变革能力是通过企业知识的积累、储备、维持和激活实现的，技术变革行为的发生是不同知识面相互交叉产生新知识的结果，这是从知识的角度阐明技术创新的本质，为探究技术能力提升过程的本质奠定了基础。W.M.Cohen 和 D.A.Levinthal 首先指出吸收能力与知识之间的关系，认为企业的研究开发活动除了产生新的信息外，还可以促进企业对现有信息的消化吸收和利用能力，企业吸收能力是企业原有拥有的相关知识水平的函数。C.K.Prahalad 和 G.Hamel 在阐述企业的核心竞争力时认为，从战略角度管理一家企业的本质是注重储备技术能力，企业能够获取技术优势，实现自主持续发展，关键是企业拥有可以有效使用和支配技术知识的能力。这其中所说的"有效使用和支配技术知识的能力"指出了技术能力是与知识相关联的本质，这和韩国学者 Linsu Kim 对技术能力的探讨是一致的。Barton（1992）在探讨企业核心能力时，提出了核心技术能力的概念，认为技术能力包括职工知识和技能系统、物资技术系统、管理系统、企业的价值和思想体系四个方面，认为前两者是动态的知识库，随时间实现知识的动态积累；后两者是知识控制系统和生成机制。这是从技术的角度和知识的角度来探讨企业技术能力的核心，意味着人们开始把企业技术能力定位在企业的知识观、价值观的深度上。

目前对技术能力的最完整阐述是 Cristina Casanueva 于 2001 年给出的。他们将技术能力划分为两个相互关联的维度，即职能能力维度和元能力维度。职能技术能力又分为运营能力、改进能力和产生能力三种，这些能力主要用来运作、改进和产生产品或过程技术。其中产生能力是以技术创造性技能和知识为特征的。元技术能力也被划分为三种，即学习能力、相互作用能力和监测能力。学习能力指的是管理学习过程中知识的能力，它是通过学习过程本身获得的。相互作用能力是与外部接触和交易知识相关联的，它是相互作用过程本身积累的。公司越和外部公司相接触，其相互作用能力就越强。监测能力是在技术领域中识别、当地化和知晓相关知识所要求的技能和知识的能力。职能技术能力促进了生产层次的活动，元技术能力有利于知识本身的动态积累。这个定义包含了职能的横向角度，又从知识及其积累的角度阐述了技术能力所包含的知识和技能，但并没有指出技术能力的本质就是知识。

我国、韩国和日本的学者对技术能力的探讨，主要是找寻支持技术能力提升所需要的知识和技能，也有一部分学者从知识的角度探讨了技术能力的本质。我国学者赵红洲教授认为技术能力把基础科学知识物化为一定的专业知识和生产技术，是知识的形成与创造；赵红星认为技术能力是对知识的创造和运用；潘廷荣认为技术能力是技术系统对技术环境做功的能力，是提高产品成本的能力。吴运建和王晓松（1994）指出，企业技术能力是企业技术系统为企业服务的能力，在这个过程中要充分应用已有的企业内、外部知识，同时创造出新的知识，具体体现为新产品、新工艺的开发，产品质量的提高和成本的降低，企业现有生产潜力的充分利用和整体技术水平的提高。韩国学者 Linsu Kim（1997）认为，技术能力是在致力于消化、使用、适应和改变现有技术方面能够有效使用技术知识的能力，是促使人们在变化经济环境中创造新技术、开发新产品和新工艺的能力。高建（1997）认为，技术能力是已经积累的技术存量，边际技术能力可以用技术积累率来表达。魏江（2002）指出，企业技术能力是企业为支持技术创新的实现，附着在内部人员、设备、信息和组织中所有内在知识存量的总和。

不同的学者从不同研究角度对企业技术能力的定义及构成要素进行了研究，但较少从知识管理角度出发，认识到技术能力的本质是知识，出于对技术能力评价及度量的方便，往往把技术能力要素分类为技术能力在企业中具体存在的各种载体形式。

联合国亚洲及太平洋经济社会委员会研究了发展中国家技术能力的构成，首先提出技术能力包括人员、组织、设备和信息等四要素。魏江（1998）提出组织技术能力是为扶持技术创新实现而附着在内部人员、设备、信息和组织中所有内生化知识存量的总和。魏江的研究首先指出了技术能力的知识本质，为技术能力的研究提供了新的视角，但从技术能力的四要素来讲，它存在两个方面的不足。一方面，企业技术能力应该包括静态和动态两个方面，而人员、组织、设备和信息四要素体现更多的是企业技术能力静态存在的外在形式。另一方面，四要素的技术能力构成方法缺乏对四要素内部关系的研究，而且这一静态分析方法致使技术能力评价时，表现为要素载体所体现的知识简单堆积。这一技术能力构成要素划分的缺陷对各要素间的系统关系进一步研究及技术能力与技术创新能力互动关系研究造成了障碍。

■ 第三节　知识管理与企业技术创新能力提升

知识管理是一个对人和信息资源进行动态管理的过程，知识管理的重点在于以人为中心，以知识为基础，目的是要寻求信息处理能力与人的知识创新能力的最佳结合，在管理过程中最大限度地实现知识的传播与共享，最终提高组织的创新能力和应变能力，实现组织的发展战略。

企业技术能力的本质是知识，因此，企业技术能力的提升过程实际上就是企业知识的不断积累和激活的过程。

企业技术能力具有静态和动态双重特性。从组织角度来说，在其他条件相同的情况下，它所拥有的知识存量越多，其技术能力相对就越强；同时，在组织拥有同等水平的知识存量时，它对知识存量运用和操作能力越强，则组织的技术能力也就越强。因此，可以把作为企业技术能力基础的知识储备水平看作技术能力的静态表征，而对知识存量的运用和操作，由于涉及知识存量的递增和重组过程，以及企业和个体对知识运用操作技巧的积累和提高过程，可将其看作企业技术能力的动态表征。构成技术能力的动态和静态两个方面缺一不可，只有动态的技术能力，而没有静态的积累，企业不可能实现自主创新；相反，只有静态的积累，而没有动态的激活，企业的能力就成了凝固状态而失去存在的必要。

从自主技术创新过程的角度考察，企业自主技术创新过程本质上是一个充分利用旧知识产生新知识，并调动企业各方面技术能力将新知识物化为实际的生产技术系统，组织员工进行高效率生产的过程。知识和能力积累支持着创新过程的每一环节。当企业在技术创新活动中需要使用某一方面知识时,必须把储存在知识库内的知识激活。这个过程一方面需要组织和个体的进一步学习来完成,把新得到的知识与储备的知识结合,由知识增量激活知识存量;另一方面,通过不同知识面的交叉产生新的思想,从而产生技术创新行为。

技术能力的提升主要取决于两个过程:知识积累过程和知识激活过程。本节将从这两个过程入手来分析知识管理策略对企业技术能力的提升作用。

一、知识积累策略与企业技术创新能力提升

知识积累是指组织和个人在解决问题过程中遵循各自的途径进行知识和经验的积累,它蕴含在整个组织、各团队和组织成员之间,是组织知识存量的总和。组织的知识存量具有如下特性。

(1)组织通过各种技术活动,以及在此基础上进行的学习活动获得的知识以动态增长的方式不断积累着。组织以往积累的知识会对其以后的技术活动的选择产生影响,从而会使组织知识存量表现出具有途径依赖性的动态增长过程。

(2)组织的知识存量具有一定结构。在技术创新的知识处理过程中,若要从组织外部引入所需知识,仅提供数据和信息往往是不够的,还必须提供知识的联结模式,或促使组织发展自己的知识联结模式。

(3)组织的知识还表现在它是难言的(tacit)还是可表述的(articulable)。难言的知识通常无法用语言来完整地进行表述,而可表达的知识则与之相反。这两类知识的载体往往是不同的。难言的知识常存在于组织的个体成员当中,表现为思想和技巧等,且往往是通过个体的研究和生产实践逐渐形成的。相比之下,可表述的知识则往往以技术文件和技术档案等成文方式存在,其传播和扩散往往借助于物质载体或通过组织的正式与非正式交流渠道进行。

(4)组织的知识具有一定的格式,且这种格式是组织所特有的。这是因为组织往往具有自己特有的文化环境,且在组织的长期运行过程中形成特有的对问题的处理方式和知识表达方式。相对而言,成文性知识的格式化倾向比较明显,而难言性知识则不那么明显。组织中技术桥梁人物(technological gatekeeper)对于组织来说,一个很大的作用就是把别的组织的知识经过消化吸收后再传递给组织内部成员,实质上他就是在完成知识的转换过程。

企业获取和积累知识的途径有很多,主要包括以下几种。

1. 知识的静态积累

知识的静态积累是知识积累的起点,企业可通过以下几个方面进行知识的静态积累。

(1)构建灵敏的信息系统。

在当今这个知识爆炸的时代,各种各样的信息资源铺天盖地,企业经常被大量的信息所包围,这就要求企业必须能对纷繁复杂的信息资源进行仔细甄别,合理取舍,找出对企业发展有用的技术信息加以获取。

（2）建立有效的人才选聘机制。

技术创新作为一项高知识含量的活动，必须以相关知识的积累为基础，而人才是重要的知识载体和传播媒介，选拔具有较高技术知识水平的人才无疑是知识积累的有效手段，并且，技术创新的成功必须依靠专业技术人员来实现。因此，招聘、选拔、留用一批优秀的科技型人才就成为技术创新的重要基础。

（3）通过购买或并购获得所需的技术知识。

技术创新属于高风险性的研发活动，任何一项技术创新都是在已有的技术水平基础之上进行的改进和创新，一旦获得现成的技术基础知识，就会大大缩短技术创新的周期，降低技术创新的风险。所以，当其他企业已经具备本企业所需要的关键技术时，为了节省时间和资源以及创新的早日成功，企业应该在条件允许的情况下从外部购进所需技术知识，必要时甚至可以通过并购的方式获得此技术知识。

2. 知识的动态积累——知识学习

为了不断增加企业的知识积累，企业可选派优秀科技人员到高校学习深造，到其他企业参观交流，参加高级别的国家或国际学术会议，定期或不定期对员工进行技术知识培训，鼓励员工在干中学、在用中学、从经验中学。

组织的技术学习一方面要以知识积累为出发点，另一方面还要通过对存量知识的操作应用将组织知识库内的知识转化为产品和工艺的创造力，提升企业的竞争优势。知识积累和知识应用两者互为基础，相互促进，从而促进技术能力的提升。

二、知识激活策略与企业技术创新能力提升

"激活"是事物在外部或内部条件的影响和作用下，通过内部结构调整或联结关系的改变，将自身处于固化状态下的部分变得更为活跃，可供利用。知识激活是指通过调整组织内部机制，最大限度地活化附着在员工身上和组织内部的技术知识资源，使其技术知识资源通过创新活动转化为外在技术竞争优势。

知识激活涉及两个动态过程，即知识应用和知识重构，这两个过程是推动知识存量激活的根本动力。一方面，企业要应用已有的知识存量去解决生产经营中的问题，另一方面，在应用知识的过程当中，还需要不断地重构知识。知识重构的原因主要有两个：一是企业的知识存量是有限的，在处理问题的过程当中难免会遇到一些新的问题，这些问题必须利用新的知识来解决；二是知识有其生命周期，由于市场环境的动态多变，知识也会逐渐过时，过时的知识终将被人们所淘汰，取而代之的是一些新的、有发展前景的知识。因此，知识的应用必然要跟知识重构结合起来。

知识应用和知识重构的动态相互作用必然导致不同知识面的交叉，产生新的知识，在合适的时点上实现两个知识面的耦合，新知识的进入将激活原有知识。由此可见，知识应用和知识重构的动态过程是知识存量激活的重要途径。

1. 知识的应用

知识应用在知识激活中的作用是不言而喻的，运用知识的同时能丰富和聚集新的问题或需要相应的其他知识。"知识越用越活"，只有把知识灵活运用起来，才是真正激

活了知识。技术知识存量的激活本质上是一个知识的应用过程。

技术人员知识存量的应用过程也是利用联合而成的知识去解决各种问题的过程。知识联合不仅仅是知识收集过程，也是知识转化过程。知识联合是指对现有的知识进行收集、整理、分类和管理的过程，知识的联合过程包含了隐性知识显性化和显性知识综合化这两个模式的知识转化。例如，对来自企业内外部的技术信息和科研进展，科研人员通过专门的分析，可以提炼出一些新的思想，这就是综合化的过程。科研人员根据过去的成功经验与失败的教训进行技术创新并开发出新产品，这就是隐性知识显性化的过程。在此基础上，科技人员把联合而成的知识运用到实践，通过行动和实践来具体表现自身的知识存量。科技人员的知识存量只是可能的生产力，只有在行动和实践中才能发生作用。

2. 知识的重构

知识的重构建立在知识应用的基础上，这是一个内部升华的过程。具体而言，涉及知识的变异、知识的选择，以及知识的保持。在知识应用中，个人或群体致力于惯例化搜索，对如何运用新方案解决老问题或如何面对新挑战产生了一系列想法，这些想法处于一种萌芽状态并部分以缄默的形式存在，此时知识处于变异阶段。科技人员在知识变异阶段所产生的新想法受其潜在有效性的影响，面临内部选择的压力。选择旨在评价这些初步的想法加强了现有惯例的效用，提供了建立新惯例的机会，并确定更优的知识结构、资源构造。跟知识变异一样，知识选择是一个感知的过程。在选择的过程中，要尽量客观、公平、公正地对新知识、新思想做出筛选。在保持阶段，科技人员通过知识的运用积累了大量经验，并且通过分析反馈信息，增加了整合性知识和配置性知识。保持是新知识构造的实际执行，在重复过程中产生的大量新信息要经过评价、分类、分析处理，否则是无法用于创建新的知识或重构现有知识的。

知识经过变异、选择、保持，实现了重构，使新知识和原有知识实现交叉融合，这解释了知识存量和流量相互激活的内在机理过程。流量和存量的持续交叉融合，最终把资源活化为现实竞争优势以满足环境变化的要求。

企业通过个人与组织的学习过程获取知识，这些知识最初以个体或某一组织单元的形式存在，只有知识的流动和转化才能使这些知识单元存储于整个企业组织的知识库中。

因此，企业技术能力的提升过程实际上就是知识的静态积累和动态激活的过程。静态积累是知识的储备和维持，动态激活是知识的重构和使用。

参 考 文 献

德鲁克 P. 2006. 21 世纪的管理挑战[M]. 朱雁斌译. 北京：机械工业出版社.

德鲁克 P. 2009. 后资本主义社会[M]. 博振焜译. 北京：东方出版社.

高建. 1997. 中国企业技术创新分析[M]. 北京：清华大学出版社.

高喆. 2005. 产业转型中的转型企业技术学习模式研究[D]. 大连理工大学硕士学位论文.

哈理森 N，萨姆森 D. 2004. 技术管理理论知识与全球案例[M]. 肖勇波，刘晓玲译. 北京：清华大学出版社.

黄保强. 2004. 创新概论[M]. 上海：复旦大学出版社.

李翠娟，宣国良. 2004. 企业知识合作形成创新群分析[J]. 科学管理研究，（4）：64-67.

李云赟. 2008. 企业技术差距评价研究[D]. 同济大学硕士学位论文.

芮明杰，李鑫，任红波. 2004. 高技术企业知识创新模式研究——对野中郁次郎知识创造模型的修正与
　　扩展[J]. 外国经济与管理，（5）：8-12.

唐博华，刘蕾. 2010. 基于知识管理的企业技术创新模式选择[J]. 新财经（经济管理），（1）：
　　124-126.

魏江. 1996. 基于知识的核心能力载体和特征[J]. 科研管理，（2）：55-60.

魏江. 1998. 基于知识观的企业技术能力研究[J]. 自然辩证法研究，1（11）：55-57.

魏江. 2002. 企业技术能力论：技术创新的一个新视角[M]. 北京：科学出版社.

魏江. 2006. 知识学习与技术能力增长[M]. 北京：科学出版社.

魏江，许庆瑞. 1996. 企业技术能力与技术创新能力的协调性研究[J]. 科学管理研究，4（14）：15-21.

魏江，许庆瑞. 1997. 企业技术能力作用于创新效益的经济控制模型研究[J]. 数量经济技术经济研究，
　　（9）：42-45.

吴运建，王晓松. 1994. 企业技术能力与技术创新能力研究现状[J]. 科学管理研究，12（4）：37-38.

许庆瑞. 1986. 研究与发展管理[M]. 北京：高等教育出版社.

杨治华，钱军. 2002. 知识管理：用知识建设现代企业[M]. 南京：东南大学出版社.

Barton D L. 1992. Core capability and core rigidities：a paradox in managing new product development[J].
　　Strategy Management Journal，（13）：111-125.

Barton D L. 1995. Wellspring of Knowledge：Building and Sustaining the Source of Innovation[M].
　　Boston：Harvard Business School Press.

Bohn R E. 1994. Measuringand managing technological knowledge[J]. MIT Sloan Managemen Review，
　　（1）：61-73.

Cohen W M，Levinthal D A. 1990. Absorptive capacity: a new perspective on learning and innovation[J].
　　Administrative Science Quarterly，35：128-152.

Davenport T H，Prusak L. 1998. Working Knowledge：How Organizations Manage What They Know[M].
　　Boston：Harvard Business School Press.

Figueiredo P N. 2002. Learning processes features and technological capability accumulation：explaining
　　inter-firm differences[J]. Teehnovation，22（11）：685-698.

Garud R，Nayyar P R. 1994. Transformative capability: continual structuring by intertemporal echnology
　　transfer[J]. Strategic Management Journal，（15）：365-395.

Howitt P，Clower R. 2002. The emergencee of economic organization[J]. Journal of Economic Behavior and
　　Organization，（1）：55-84.

Kim L. 1997. Imitation to Innovation：The Dynamics of Koreas Technological Learning[M]. Boston：
　　Harvard Business School Press.

Nonaka I，Takeuchi H. 1995. The Knowledge-creating Company：How the Japanese Create the Dynamics of
　　Innovation[M]. Oxford：Oxford University Press.

OECD. 1996. The Knowledge-based Economy[M]. Paris：Organisation for Economic Co-operation and Development.

Polanyi M. 1958. Personal Knowledge[M]. Chicago：University of Chicago Press.

Polanyi M. 1966. The Tacit Dimension[M]. London：Routledge and Kegan Paul.

Ralph K，Allen T J. 1984. Investigation the Not Invented Here（NIH）Syndrome：a look at the performance tenure and communication patterns of 50 R&D project groups. R&D Management，12（1）：7-19.

van der Spek，Spijkervet A. 1997. Knowledge management：dealing intelligently with knowledge[J]. Knowledge Management and Its Integrative Elements，（1）：31-59.

第十三章

可持续发展

第一节　可持续发展概述

一、可持续发展的含义与特征

（一）可持续发展的含义

1980 年，世界自然保护联盟发表了《世界自然保护战略》，首次提出了可持续发展的概念。该文件指出：“可持续发展强调人类利用生物圈的管理，使生物圈既能满足当代人的最大持续利益，又能保护其后代人需求与欲望的潜力。”

国际社会普遍接受的可持续发展含义分为两个层次：一个是简单的可持续发展定义；一个是具体的可持续发展定义。前者是 1987 年世界环境与发展委员会在《我们共同的未来》中给可持续发展下的定义：“可持续发展是指既满足当代人的需要，又不对后代人满足其需要的能力构成危害的发展。”后者是 1989 年联合国环境规划署理事会在《关于可持续发展的声明》中给可持续发展下的定义：“可持续发展，系指满足当前需要而又不削弱子孙后代满足其需要之能力的发展，而且绝不包含侵犯国家主权的含义。”

可持续发展概念从 1980 年被提出后，全球范围内对可持续发展问题的讨论形成阵阵热潮。经济学家、社会学家和自然科学家分别从各自学科的角度对可持续发展进行了阐述，形成了四个主要的研究方向，即经济学方向、社会学方向、生态学方向和系统学方向。可持续发展理论研究的经济学方向，以区域开发、生产力布局、经济结构优化、物质和能量的供需平衡等为基本内容。该方向的一个集中点，是力图把“科技进步贡献率抵消或克服投资的边际效益递减率”作为衡量可持续发展的重要指标和基本手段。可持续发展理论研究的社会学方向，以社会公平、社会发展、社会分配、利益均衡等为基本内容。该方向的一个集中点，是力图把“经济效率与社会公平取得合理的平衡”作为可持续发展的重要指标和基本手段。可持续发展理论研究的生态学方向，以生态平衡、自然保护、资源的永续利用和环境的治理等为基本内容。该方向的一个集中点，是力图把“环境保护与经济发展之间取得合理的平衡”作为可持续发展的重要指标和基本手段。可持续发展理论研究的系统学方向，是以综合协同的观点，去探索可持续发展的本源和演化规律，将"发展度、协调度、持续度三者的逻辑自洽和交集最大化"作为中心，有序地演绎了可持续发展系统的时空耦合与相互制约、相互作用的关系，建立了人与自然、人与人统一解释的基础和识别规则。人类对自然资源的利用如图 13-1 所示。

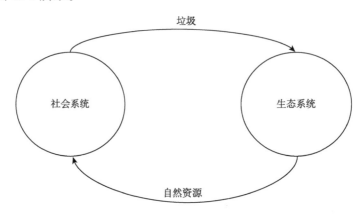

图 13-1   人类对自然资源的利用

资料来源：马尔腾 G G. 人类生态学——可持续发展的基本概念[M]. 顾朝林，等译. 北京：商务印书馆，2012

但从可持续发展内容看，应该说，可持续发展是生态可持续发展、经济可持续发展和社会可持续发展三者的有机统一，也是建立在生态可持续性、经济可持续性、社会可持续性基础之上的经济与社会和人与自然的协调发展。在可持续发展系统中，以生态可持续发展为基础，以经济可持续发展为主导，以社会可持续发展为保证。

（二）可持续发展的特征

可持续发展包含极其丰富的内涵，其特征主要表现在如下几个方面。

1. 发展是可持续发展的核心

经济增长是促进经济发展、促使社会物质财富日益丰富、促进人类文化技术能力提高、扩大个人和社会的选择范围的原动力。可持续发展鼓励高质量和适度的经济增长，以对生态环境损害最小化为前提，以发展的可持续性为特征，以最终改善和提高人类福利水平为目标。因此，可持续发展就是要使经济增长与社会发展和生态环境改善有机结合，实现可持续意义上的经济增长。

2. 保护资源基础和环境承载力是可持续发展的基本要求

可持续发展要以保护自然为基础，以人类的资源禀赋为基础，与生态环境的承载力相协调，实现资源和环境的可持续利用。因此，发展的同时，必须保护环境，包括控制环境污染、改善环境质量、保护生物多样性，保证以可持续的方式使用可再生资源，使人类的发展保持在地球的承载能力之内。

3. 提高人类生活质量是可持续发展的目标

可持续发展的目标是提高人类生活质量，最终实现人与社会的全面发展。可持续发展不仅意味着实现对资源和生态环境的永续利用，而且要实现贫困、失业、收入不均等社会问题的不断改善和解决。可持续发展必须与解决大多数人的贫困联系在一起，只有消除贫困，才能构筑起保护和建设环境的能力。

4. 系统性是可持续发展的灵魂

可持续发展不仅涉及经济发展和生态环境保护，还包括社会系统的支持。因此，可持续发展研究的对象是生态经济社会的复合系统，必须从系统性的视角全面理解可持续发展。这个复合系统包括生态环境、资源与人口、社会、经济、文化诸因素，这些因素之间相互联系、相互制约、相互作用。

二、可持续发展的原则

（一）可持续性原则

可持续性原则的核心是人类的经济和社会发展不能超越资源与环境的承载能力。资源与环境是人类生存与发展的基础条件，离开资源与环境，人类的生存与发展就无从谈起。资源的永续利用和生态系统的可持续性保持是人类持续发展的首要条件。

（二）共同性原则

虽然世界各国可持续发展的具体目标、政策和实施步骤存在差异性，但是，可持续发展作为全球发展的总目标，所体现的公平性和可持续性原则，则应该是被共同遵从的。实现这一总目标，必须采取全球共同的联合行动，从而促进人类之间及人类与自然之间的和谐。

（三）需求性原则

传统发展模式以传统经济学为支柱，所追求的目标是经济增长，主要通过 GDP 来反映，却忽视了资源的代际配置。这种发展模式不仅使世界资源环境承受着前所未有的压力而不断恶化，而且人类的一些基本物质需要自然不能得到满足。可持续发展则坚持公平性和长期的可持续性，要满足所有人的基本需求，包括物质的、精神的，还有生态的需求，向所有的人提供实现美好生活愿望的机会。满足所有人的基本需求成为可持续发展的一项重要原则。

（四）公平性原则

可持续发展的公平性原则包括两个方面。一是代内平等，即当代人之间的横向平等。它强调任何地区任何国家的发展不能以损害别的地区和国家为代价，特别要注意欠发达的地区和国家的需求。二是代际平等，即世代人之间的纵向平等。人类赖以生存的自然资源是有限的，它强调当代人不能因为自己的发展与需求而损害人类世世代代满足需求的条件——自然资源与环境，应给世世代代以公平利用自然资源的权利。

三、可持续发展的相关理论

（一）可持续发展的基础理论

1. 经济学理论

作为可持续发展的基础理论，涉及具体的经济学理论较多主要有：①再生产理论。

用再生产理论研究三种再生产的相互关系。社会再生产过程由经济再生产、自然再生产和人口再生产组成。这三种再生产间存在着物质循环和能量流动，只有人口、社会、经济、自然的和谐发展，三种再生产才能顺利实现从而实现社会再生产的不断循环并周而复始的进行。②成本-收益分析理论。在传统的经济发展模式中，经济发展的目标是单纯地追求 GDP 的增长，为了实现这一目标，人们往往以牺牲环境为代价，使经济发展成本过高，甚至超过了发展的收益，从而形成不可持续性发展。而可持续发展模式强调发展的收益大于发展的成本，符合成本-收益法则。因此，经济发展成本是可持续发展的基本问题，经济发展成本-收益分析是可持续发展的理论基础。

2. 生态学理论

所谓可持续发展的生态学理论是指根据生态系统的可持续性要求，人类的经济社会发展要遵循生态学三个定律：一是高效原理，即能源的高效利用和废弃物的循环再生产；二是和谐原理，即系统中各个组成部分之间的和睦共生，协同进化；三是自我调节原理，即协同的演化着眼于其内部各组织的自我调节功能的完善和持续性，而非外部的控制或结构的单纯增长。

3. 人口承载力理论

所谓人口承载力理论是指地球系统的资源与环境，由于自身自组织与自我恢复能力存在一个阈值，在特定技术水平和发展阶段下，其对于人口的承载能力是有限的。人口数量以及特定数量人口的社会经济活动对于地球系统的影响必须控制在这个限度之内，否则，就会影响或危及人类的持续生存与发展。

4. 人地系统理论

所谓人地系统理论，是指人类社会是地球系统的一个组成部分，是生物圈的重要组成，是地球系统的主要子系统。它是由地球系统所产生的，同时又与地球系统的各个子系统之间存在相互联系、相互制约、相互影响的密切关系。人地系统理论是地球系统科学理论的核心，是陆地系统科学理论的重要组成部分，是可持续发展的理论基础。

（二）可持续发展的基本理论

可持续发展的核心理论，尚处于探索和形成之中。目前已具雏形的基本理论主要有以下几种。

1. 资源永续利用理论

资源永续利用理论认为人类社会能否可持续发展取决于人类社会赖以生存发展的自然资源是否可以被永远地使用下去。基于这一认识，该流派致力于探讨使自然资源得到永续利用的理论和方法。

2. 外部性理论

外部性理论认为环境日益恶化和人类社会出现不可持续发展现象和趋势的根源，是人类迄今为止一直把自然（资源和环境）视为可以免费享用的"公共物品"，不承认自然资源具有经济学意义上的价值，并在经济生活中把自然的投入排除在经济核算体系之外。基于这一认识，该流派致力于从经济学的角度探讨把自然资源纳入经济核算体系的理论与方法。

3. 财富代际公平分配理论

财富代际公平分配理论认为人类社会出现不可持续发展现象和趋势的根源是当代人过多地占有和使用了本应留给后代人的财富，特别是自然财富。基于这一认识，该流派致力于探讨财富（包括自然财富）在世代人之间能够得到公平分配的理论和方法。

4. 三种生产理论

三种生产理论认为人类社会可持续发展的物质基础在于人类社会和自然环境组成的世界系统中物质的流动是否通畅并构成良性循环。该流派把人与自然组成的世界系统的物质运动分为三大"生产"活动，即人的生产、物质生产和环境生产，致力于探讨三大生产活动之间和谐运行的理论与方法。

5. 绿色 GDP 理论

绿色 GDP 泛指在现有 GDP 的基础上，扣除资源耗减成本与环境降级成本之后的余额，它反映了一个国家或地区在考虑了自然资源与环境因素以后经济活动的最终成果。绿色国民经济核算是逐步由资源环境实物量核算—资源环境价值量核算—资源环境与经济综合核算来实现的，核算内容包括土地、矿产、森林、水、海洋五大资源核算及污染治理、生态建设两大环境核算。

6. 真实储蓄理论

真实储蓄（genuine saving，GS）是考虑一国在自然资源损耗和环境污染损失之后的真实储蓄率，其作为衡量一国国民经济发展状况及其发展潜力的指标，也是衡量一个国家可持续发展能力的综合指标。无论是绿色 GDP 还是真实储蓄，它们都考虑自然资源和环境资源的损耗或折旧。真实储蓄的持续负增长最终必将导致财富的减少。这样就把可持续发展同真实储蓄联系起来，认为可持续发展就是一个创造财富和维持财富的过程。

7. 真实发展指数理论

真实发展指数（genuine progress indicator，GPI）包含社会、经济和环境三个账户，适合评价区域可持续发展水平。从 GPI 账户可以得到重要的可持续性指标，反映国家或地区的可持续性，这些指标经过复合，转换成经济、社会和环境可持续指数，最后计算出复合 GPI 指数，这些可持续发展指标、指数和复合 GPI 指数为决策者提供当代人所拥有财富的状况和可持续发展的趋势。

8. 生态承载力理论

生态承载力是指生态系统的自我维持、自我调节能力。生态承载力理论的实质是生态系统的持续承载，其中包括资源与环境单要素的持续承载。人类的可持续发展必须建立在生态系统完整、资源持续供给和环境长期有容纳量的基础之上，人类的活动也因而必须限制在生态系统的弹性范围之内，不应超越生态系统的承载限值。生态持续承载是可持续发展的基础，开展生态承载力研究有利于实施可持续发展。

9. 生态足迹理论

生态足迹（ecological footprint，EF），或称生态空间占用，是加拿大生态经济学家William Rees 等提出的一种衡量人类对自然资源利用程度，以及自然界为人类提供的生命支持服务功能的方法。生态足迹分析方法就是根据人类社会对自然资源的依赖性，来定量测度区域可持续发展状态的一种新的理论与方法。该方法通过估算维持人类的自然资源消费和同化人类产生的废弃物所需要的生态生产性空间面积大小，并将其与给定人口区域的生态承载力进行比较，来衡量区域的可持续发展状况。

第二节　技术与环境

人类社会的技术经济活动不可避免地要对周边环境产生一定的影响。其中，有些技术进步有利于环境的保护和发展，也有些技术会对生态环境造成不利的影响。因此，有必要从不同的技术活动的特征出发，对其可能产生的环境影响进行分析，从而深入探讨技术与环境的互动关系，以便采取必要的政策措施，发挥技术对环境的积极作用，减少其对环境的破坏作用。

一、技术、环境与可持续发展

从整体上看，技术创新的不断深入，极大地促进了工业经济时代的经济发展与社会进步。某些技术进步也在很大程度上促进了资源节约和环境保护。然而，我们不能不看到，技术创新在发展过程中，由于受传统的经济利益至上价值观的影响，不可避免地出现了一系列的负面影响，从而使人类承担着巨大代价，如环境污染、物种灭绝、生态失衡、能源危机等，这又使人类的生活环境恶化，阻碍了人类文明的进程。因此，技术创新不能简单以追求经济利益为目标，忽视节约资源和环境保护，否则就会导致环境破坏，造成经济上合理生态上不合理的状况。总之，要克服传统技术创新带来的不良生态环境后果，就必须采取切实可行的措施，使技术创新与环境保护协调发展，从而推动环境可持续发展和人类社会的不断进步。

环境可持续发展是指既能够满足这一代人发展的需要，又没有减少对后代发展有用的资源，同时没有对环境产生不可恢复的损害。人类社会发展不可避免地要消耗一定的自然资源，影响周边的生态环境。因此，必须通过技术创新来减少资源的消耗，降低对环境的损害；或者通过开发必要的替代物，发展循环经济来促进人类的长期生存和环境的可持续发展。环境可持续发展要依靠生态系统自身的可生存性和可持续性，并且要求生产和消费技术符合两个基本的原则：首先，逐渐减少引起环境损害的废品的生产，尤其是防止产生不可循环的废品。其次，通过技术创新使有用的不可再生资源的整体不被耗尽，或者不断地找寻替代物，使用可再生的资源。

技术变革充满了不确定性，人们很难预见未来技术发展带来的益处和危害。某些技术可能在开发的初期对环境有害，但后来竟发展成非常良好的技术，同时另一些最初看来是对环境有益的或中立的技术，后来却被证明是具有危害的。由于无法准确地预知技术将来的发展，因此，对于一些新的环境技术创新活动在制定技术政策时要非常谨慎。锁定于已有的技术之内的做法经常会导致一种技术管道终端趋向，它简单化地将污染从一处转移到另一处。例如，使用催化剂来降低内燃机排气管中的有害气体，却没想到从一开始就开发一种不产生有害气体的内燃机来替代。而管道终端技术比起一些清洁的生产工艺革新，具有更好的短期的灵活机动性，能广泛用于多种生产领域，对于制造控制污染设备的工厂来说，它比清洁的生产工艺更能提供一个较大的市场。因此，作为这种优势的结果，鼓励环境革新的政策会不知不觉地支持基于管道终端技术的低级技术方法的发展，从而阻碍可从源头上避免污染的清洁的生产过程技术的长远目标。一个长远的解决办法是鼓励能促进降低生产单位产值所需成本总量的技术创新，这不仅将降低生产一定水平的产值所需的资源消耗，而且研发的新技术可以使企业更有竞争力。

实现环境可持续发展的目标需要创新、技术和其他的相关政策的支持。创新和技术政策在实现环境可持续发展的过程中起着非常重要的作用。一方面，需要通过科技政策更快地开发和推广环境友好型的创新技术；另一方面，也需要实行创新政策来改变现行的不可持续的生产方式和消费方式。环境可持续发展是人类社会可持续发展的一个重要组成部分，需要国家相关部门制定长期的政策体系。由于环境可持续发展的复杂性，环境可持续目标的实现不仅需要广泛的政策支持，而且需要经济、社会、文化等各种机构的积极参与，从而使环境可持续发展成为个人、家庭、企业和政府的目标，在增加国家利益的同时，也符合个人及企业利益。

环境可持续发展的目标需要广泛的相关政策来支持，从而促进对新的环境技术投资，并加快其推广应用。执行保护和支持工业竞争性和革新能力的政策是实现环境可持续发展的先决条件。发展环境技术的政策可在两个方面提高工业的竞争能力：一是能降低每单位产值的原料用量和能耗，这同时也降低了企业生产成本。二是引导创新向着符合严格的环境和安全标准的产品和生产过程去发展的政策，也同样能增强工业的全球性竞争能力。环境问题无国界，由一个国家的工业或消费产生的废物可以通过空气或水传播到其他的国家甚至于全球。由于环境问题的国际性特点，环境的可持续发展的目标对于世界上所有不同地区和国家而言都至关重要，它不仅要求各国政府的广泛参与，也同时要求各国广泛推行新技术及其支持制度。支持环境可持续发展目标的主要政策观点如表13-1所示。

表13-1　支持环境可持续发展目标的主要政策观点

政策	观点
可用于引导创新，尤其是引导创新向着清洁的生产过程和较低成本/产值比的技术去发展	直接的法规，如空气、水、土地和产品质量标准
	经济手段，如排放物和产品税或可购买的排放物许可证
	采购，或者通过对研究与开发的直接支持，或者通过津贴
	促进社会制约，包括社会信念、需求因素和建设性的技术评估的政策
影响创新进程和确保新知识推广的政策	无论在哪里都尽可能应用基于短期开发和小规模计划，以允许大量的机构和企业家参与研究与开发的协作计划的渐进主义者原则
	应用网络来联系起领导作用的研究机构、私人企业和其他机构，实行对创新计划的分散控制
	论证项目和技术转移计划

资料来源：弗里曼 K，苏特 R. 工业创新经济学[M]. 华宏勋译. 北京：北京大学出版社，2004

二、环境保护与技术政策

环境保护政策的一个主要困难是如何在市场经济的条件下促进环境可持续技术的发展。这是因为在市场经济中，企业选择产品和生产工艺通常是基于经济标准，而往往不是基于环境保护的标准。因此，这就需要政府通过出台相关的技术政策来推动环境保护技术创新，充分发挥政府政策在保护环境可持续发展中的作用。

技术政策的一个基本目标就是保护环境，实现环境的可持续发展。这需要政府更加聚焦环境友好型的科技政策体系，从而对技术创新活动起到更好的导向作用。总体上看，各国政府均在不同程度上出台了技术创新定向任务资助计划。然而，旧的定向任务计划和新的保护环境发展的资助计划之间有着根本性的区别，如核科学、航空航天科学。这是因为，过去发展新技术的计划完全依靠政府的经费，尽管这些项目通常也能够带动相关产业的发展，但总体上讲还是同其余的经济无关。相反，新的环境友好型的资助项目可以从根本上对整个经济系统的生产和消费结构产生全面深入的影响。新旧定向任务计划模式的主要特点和区别如表 13-2 所示。

表 13-2　新旧"定向任务性"计划的特点

旧的定向任务计划	新的定向任务计划
以与经济可行性关系很少的技术成果数字和类型来规定任务	以经济上可行的技术方案来解决特定的环境保护技术问题
由一小部分专家先行规定好技术发展的目标和方向	技术改革的方向受到广泛的，包括政府、私人企业和消费群体的参与者影响
在政府行政的范围内集中控制	带有一大群有关的行为者的分散控制
把成果推广到参与者核心之外是不重要或不受鼓励的	成果的推广是一主要目标，并被积极鼓励
由于强调少数尖端技术，限于一小群企业参与	为了鼓励大批企业参与，对开创性的及渐进性的创新与开发均加以重视
不大需要配套和辅助政策的自我完善的计划，并且不必太注意政策的协调一致性	辅助性的政策对成功是必不可少的，且需要密切关注与其他目标的协调一致性

资料来源：弗里曼 K，苏特 R. 工业创新经济学[M]. 华宏勋译. 北京：北京大学出版社，2004

政府实施环境友好型的技术政策有利于环境可持续发展，这就需要做到以下几个方面：第一，鼓励有利于环境的新技术开发与应用。政府既可以通过制定相关政策鼓励企业去开发有利于资源节约和环境保护的新技术、新工艺，也可以通过资助计划来直接资助进行创新的企业以及新产品和新生产工艺可能的用户。第二，鼓励开发具有许多潜在的环境上有益的新技术。例如，信息技术通过改进工业和居室的温度控制系统可以降低能耗和材料成本。第三，鼓励对环境有利的技术的快速推广。通过有计划地培养大量掌握创新知识，并能应用工业需求中去的人员，从而快速地将最实用的技术推广出去。

环境技术创新需要将尖端技术的突破和对现有技术的逐步改进两者结合起来。一方面，尖端技术的突破在环境可持续发展过程中起到重要作用。例如，太阳能或其他的可再生能源技术。尖端技术突破还应重视尖端技术的商业化。例如，从光电池取得电能的实验，很少情况具备经济上竞争力，这就应当引导研究，逐步改进光电池的效率，并增进它的竞争能力。这样，竞争能力的增加会吸引对这项技术更多的投资，从而进行进一步的技术改进，促使价格下降，以实现许许多多在经济上有利的应用。另一方面，对环境有良好影响的技术进行逐步改进也是促进环境可持续发展的重要途径。例如，对喷气式飞机发动机提高燃料效率和降低氮化物排放的技术改进。渐进主义的基本原则是，创新的过程应当规划成使它们能鼓励大量的研究者和潜在的用户对技术开发不断地进行评价。这样可以对每项技术进步采用较短开发时间，较小的项目规模，每个项目较低资本投入，减少专用的基础设施投资的方式，但同样能完成任务。应当注意到，一个渐进主义的创新过程既能产生逐步的创新，也能产生具有突破意义的开创性的创新。

政府引导私人企业向着环境可持续技术开展投资的政策手段主要有四种：行政手段、经济手段、直接资助和社会约束。

1. 行政手段

政府对环境可持续发展的基本手段就是监管，可以对破坏环境的技术进行直接限制。例如，通过制定空气、水、土壤和产品质量标准，减少企业对环境的污染，这是最普遍的用于降低污染或防止危险物质暴露的方法。虽然在市场经济条件下行政手段受到广泛的批评，但是采用制定最低限度的标准和防止暴露危险物质的方法，还是十分必要的。

2. 经济手段

经济手段包括可购买的排放物许可证、排放物和产品税，以及某些情况下的津贴。经济手段与行政手段不同的是不对排放物质制定标准。采用经济手段时，污染是允许的，但是要对污染者收一项直接费用，即污染者必须支付费用。这些政策估计污染的额外费用，并把这费用附加在产品的投入和产出成本上。例如，对于高硫燃料应被加征包括酸雨对环境破坏的预计支出的税。经济手段的有效利用取决于如何以更好的评估方法去估算环境成本和是否有准确测量排放物的技术。

3. 直接资助

直接资助就是通过直接支持研究和开发，或者是给予企业内有益于环境的技术应用以津贴，这对达到环境可持续发展的目标起着主要的作用。直接资助手段可能对于新技术开发最恰当，如能源、运输或废物处理技术。

4. 社会约束

社会约束就是要转变社会对技术革新的态度。环境技术的社会约束一般包含影响消费者需求和企业管理层对环境结果重要性认识的因素。而这两者都受教育计划的影响。例如，在对管理者和工程师的教育计划中列入环境保护课程，会使他们学会自动地考虑他们的技术对环境的影响。社会约束的另一层含义就是利用政策支持一些组织向企业施加压力，促使企业把环境保护问题纳入企业的总目标体系。

技术政策的选择受到多种因素的制约，其中较多地取决于社会和国家政治因素。例如，对污染物排放，究竟应当采用行政手段进行直接限制，还是通过购买排放许可证的方式进行调节，就要更多地考虑该国的政治、经济和社会条件。这样就同时要有几种可供选择的方案，特定的资助计划，改变社会约束的政策，或是直接的行政规定，或是经济手段，但是对每种手段抉择最重要的依据还是政治决策。

三、环境技术创新

所谓环境技术创新，又称绿色技术创新，是指在经济和环境协调发展基础上的技术创新活动。绿色技术创新是以环境可持续发展为目标的技术经济活动，具有不同于传统技术创新的新的内涵和特征。环境技术创新的结果往往会带来绿色产品创新和绿色工艺创新。前者就是指企业开发出各种节约能源和原材料的产品，这些产品在使用过程中，以及在使用后不危害或少危害人体健康和生态环境，并且易于回收、复用和再生。后者往往包括清洁工艺技术和末端治理技术两个方面，主要指能减少废气污染物的产生和排放，降低工业活动对环境的污染及降低成本、物耗等的工艺技术。

环境技术创新必然以环境技术为基础。环境技术，又称绿色技术，在我国是一个较新的概念，环境技术是遵循生态原理和生态经济规律，节约资源和能源，避免、消除或减轻生态环境污染和破坏，生态负效应最小的"无公害化"或"少公害化"的技术、工艺和产品的总称。传统技术以大量消耗自然资源和大量排放废物为特征，是一种高消耗、低收益、高污染的不可持续发展的技术。环境技术是与污染环境、破坏生态平衡的传统技术相对立的技术。而环境技术可以节约或保护能源和自然资源、减少人类活动的环境负荷，从而保护环境的生产设备、生产方法和规程、产品设计以及产品发送的方法等。例如，无损害生产（low-impact manufacturing）技术，就是为保护地球自然生态而与环境和谐相处的行业实践，在美国正在进行的几项重要技术政策都包括这种防止环境污染技术。绿色技术不是特指某一个单一的技术，而是指一组相关的技术群，包括生态工艺、绿色产品、污染控制和预防技术、源头削减技术、废物最少化技术、循环再生技术、净化技术等。

环境技术创新将保护环境与发展经济作为双重目标，并利用现代技术手段最大限度地实现二者的和谐。环境技术创新一般可以分为三类：第一类是那些直接以环保为目的的环境技术创新，如专门处理环境污染的技术创新、工业废水和城市污水处理工艺创新、烟气除尘脱硫技术创新等，末端治理技术是其典型代表；第二类是那些以环保和经济发展为目的的技术创新，如无废工艺创新、废物最少化创新、清洁生产技术创新、污染预防技术创新、生态技术创新等；第三类是那些原本以经济增长为目的，无意中带来了环境保护效益的技术创新，如提高产品质量的技术创新、降低废品率的技术创新和降低能耗的技术创新等。

与传统技术创新活动相比，环境技术创新具有明显的环境友好特征。环境技术创新的理论基础是生态学原理以及生态经济规律，强调经济系统与生态系统的和谐。环境技术创新将生态、经济和技术视为一个有机系统的组成要素，在这个系统中，技术在创造经济利益的同时也要保护生态环境。从微观上讲，环境技术创新要求创新主体强化生产链条，改进工业流程，将生产中的废弃物进行回收利用，避免依赖资源的净消耗。从宏观层次上讲，要求整个社会体系实现网络化，使资源实现跨产业循环利用，对生产中产生的废弃物进行产业化、无害化处理。同时，环境技术的创新与推广不仅需要技术的内在创新，同时，也需要外在的制度激励与推动，如培养公众"绿色"意识、为企业制定"绿色"标准等。因此，环境技术创新不是一种单纯的技术活动，而是以环境可持续发展为目标、以生态学和经济学为理论基础的制度与技术的综合创新。

开展环境技术创新，促进技术与环境的协调统一发展，需要建立国家环境技术创新系统。国家环境技术创新系统的主要构成，可以分为内部动力因素和外部支撑因素。企业的技术创新能力是影响国家环境技术创新系统的内部动力因素。而外部支撑因素需要强调政府的作用，以提供技术、信息、资金和政策上的支持。国家环境技术创新系统的绩效取决于教育、财政、研究与开发、政府四个子系统的协调。

第三节　生态文明

一、生态文明概述

1. 生态文明的内涵[①]

生态文明，是指人类遵循人、自然、社会和谐发展这一客观规律而取得的物质与精神成果的总和；是指以人与自然、人与人、人与社会和谐共生、良性循环、全面发展、持续繁荣为基本宗旨的文化伦理形态。学术界主要从广义与狭义、人与自然的关系、文明的演替过程等三个不同视角来把握和理解生态文明。

（1）狭义与广义相结合的视角。

从狭义的角度讲，生态文明是指生物间的和谐共生共存状态，广义的理解则指一切自然存在物，这既包括大气、水、土地、矿藏、森林、草原、野生动物等，也包含人具有的协调平衡状态，而生态系统的均衡、自控、进化三者的结合构成了生态文明的基本内涵。

狭义的生态文明，一般限于经济方面，即要求实现人类与自然的和谐发展；而广义的生态文明，则囊括了社会生活的各个方面，不仅要求实现人类与自然的和谐，而且也要求实现人与人的和谐，尤其追求社会公正。狭义上的生态文明是文明的一个方面，即相对于物质文明、精神文明和制度文明而言，人类在处理同自然关系时所达到的文明程度；广义上的生态文明是继工业文明之后，人类社会发展的一个新阶段。

（2）人与自然的关系。

人与自然的关系，就是生态文明建设的核心内容。第一类是将人与自然的和谐作为生态文明的特征进行定义，生态文明是以人和自然和谐协调发展为特征的文明，是指自然界权利受到充分尊重的文明，其核心和灵魂就是人与自然的和谐发展。第二类是将人与自然的关系的协调过程作为定义生态文明的主要内容，体现的是生态文明的建设过程。生态文明是依赖人类自身智力和信息资源，在生态自然平衡基础上，经济社会和生态环境全球化协调发展的文明。第三类是将人与自然的关系作为一种状态，强调人与自然的关系的历史对比性。生态文明并不是指自然生态的"文明"状态，而是指用文明的方式对待生态，要从整体上去把握生态文明，而不仅仅是对自然生态的保护。

（3）文明的演替过程。

从文明的演替过程来定义生态文明，是目前众多概念中的重要部分，其主要从以下两类进行定义。一类是与农业文明、工业文明进行类比定义，认为生态文明是继原始文明、农业文明、工业文明之后的第四阶段的人类社会文明形态，它以生态产业为主导产

[①] 薛冰，张伟伟，陈兴鹏，等. 关于生态文明的若干基本问题研究[J]. 生态经济，2012，（11）：24-29.

业，以解决人类面临的各种危机问题并实现自然-社会-经济持续发展为主要目标。第二类是将生态文明的形态进行比较定义，认为生态文明应分为初级与高级两种形态，其中初级形态是指在工业文明已经取得的成果基础上用更文明的态度对待自然，不野蛮开发，不粗暴对待大自然，努力改善和优化人与自然的关系，认真保护和积极建设良好的生态环境，在推进中国实现可持续发展的道路上，现在努力建设的也是这个层次的生态文明；高级形态是指人们在改造客观物质世界的同时，积极改善优化人与自然、人与人的关系，建设有序的生态运行机制和良好的生态环境，包括在生产方式、生活方式、社会结构、文化价值等方面所取得的物质、精神、制度方面成果的总和，这是社会形态建构意义上的生态文明。

生态文明理念的产生，是人类对工业革命以来出现的生态危机和资源问题的深刻认识和自我反省。建设生态文明是人类社会向更高文明状态发展的必然。纵观生态文明的各类定义，我们发现，目前学术界对生态文明的概念还没有通过某种形式把它固定下来，然而，关于生态文明的概念界定，不管是从狭义、广义角度分析，还是从人类文明发展史切入谈论这种新文明，无论是意识还是状态，生态文明首先是实现了人类发展与自然环境的和谐，即生态文明成果，进而才有物质、精神、制度等文明成果。

2. 生态文明的基本特征[①]

（1）价值支撑体系特征。

生态文明的价值支撑体系集中表现在生态价值取向、生态文化和唯物史观三个方面。而工业文明的价值支撑体系是以重个人价值与享乐价值为主要特征的。因此，必须否定与生态文明不相符的价值观、世界观、发展观。

（2）科技支撑体系特征。

由于推动社会文明进步的终极动力是生产力，特别是先进生产力，而在生产力结构中，劳动资料是表明社会经济发展阶段的标志。各种经济时代的区别，不在于生产什么，而在于怎样生产，用什么劳动资料生产。换句话说，社会经济形态演进的直接动力来自社会技术结构的变化升级。所以，我们需要研究支撑生态文明大厦的技术体系特征。

（3）产业支撑体系特征。

在生态高新技术群的推动下，世界产业结构将发生巨大变化。在 21 世纪的上半叶，钢铁工业、石化工业、汽车工业仍将是许多国家的支柱产业，但它们已经过了现代高新技术脱胎换骨的改造。以生物工程为代表的诸多高新技术产业群将获得迅猛发展，并将逐渐成为主导产业。

（4）政府行为与法律制度支撑体系特征。

生态文明需要生态政府和生态法律制度作保障。因为对待涉及公众共同利益的问题，如生态环境、资源保护、社会公正等，不能撒手交给市场，并指望在"看不见的手"的引导下，相互碰撞中的各种利益会自发地增进社会福利。

（5）生产方式与消费方式支撑体系特征。

工业文明社会物质资料的生产方式的典型特征是"高投入、高消耗、高污染、高产

---

① 廖才茂. 论生态文明的基本特征[J]. 当代财经，2004，（9）：10-14.

出"的资源消耗型，人们追求的生活方式是奢侈浪费型。联合国环境规划署的资料显示，工业污染是导致环境破坏的罪魁祸首。在发达国家，工业生产过程中只有大约三分之一的原材料和能源转化为最终产品，其余则转化成了废渣、废气、废水，污染环境，破坏生态。在发展中国家，由于技术和管理上的原因，这种转化效率更低，因而对环境造成的破坏和污染更大。污染意味着一部分资源未能得到充分利用，这实际上也是资源的一种浪费。

二、生态文明建设与可持续发展

随着土地退化、环境污染和人口膨胀的加剧，生态文明建设对可持续发展的意义越来越重要。建设生态文明，以把握自然规律、尊重和维护自然为前提，以人与自然、环境与经济、人与社会和谐共生为宗旨，以资源环境承载力为基础，以建立可持续的产业结构、生产方式、消费模式及增强可持续发展能力为着眼点，加快构建资源节约型、环境友好型社会。生态文明建设的本质在于正确处理人类发展与生态系统的关系，不能超出生态承载力。而生态承载力一词也总是与环境退化、生态破坏、人口增加、资源减少、经济发展联系在一起，其内涵不断拓展，由最早的种群承载力发展为包含土地资源承载力、水资源承载力和环境承载力等方面内容。

生态文明建设与可持续发展是相辅相成、不可分割的。可持续发展要以生态文明建设为基础，同资源与环境的承载力相协调。生态文明建设与可持续发展在某种意义上是一致的，是一个事件的两个方面，可持续发展解决的核心问题是人口、资源、环境与发展问题，而生态文明建设要解决的核心问题也是资源、环境、人口与发展问题，不同之处只是考虑问题的角度不同，承载力可以说是根据自然资源与环境的实际承载能力，确定人口与社会经济的发展速度，而可持续发展是从一个更高的角度看问题，但终究不能脱离自然资源与环境的束缚。所以说，可持续发展是目标，人是纽带，生态文明建设则是基石。纽带作用发挥得当，则可构成良性循环，其结果是基石更稳、发展更快；反之，则是基石破碎，发展停止或倒退。

生态文明建设是可持续发展的重要内容，建设生态文明是促进可持续发展的必然路径，也是实现可持续发展的重要目标，目前，关于生态文明与可持续发展的关系，主要存在两个视角，一个是将生态文明作为可持续发展的基础或者目标，第二个是将生态文明作为实现可持续发展的手段与路径。生态文明建设是实施可持续发展战略的基础，可持续发展本质是生态文明的发展观和实现观，也就是把包括现代经济在内的整个现代发展建立在节约资源、增强环境支撑能力及生态环境良性循环的基础之上，实现经济社会的可持续发展。生态文明建设是可持续发展的重要标志，是生态建设所追求的目标，可持续发展不仅用整体、协调、循环、再生的生态文明来调节人与人、人与社会之间的关系，而且也用生态文明来调节人与自然之间的道德关系，调节人的行为规范和准则。生态文明建设是可持续发展的重要任务、精神支持：①树立生态文明观是可持续发展的重要任务；②生态文明是在可持续发展理论和实践基础上发展起来的，具有重要的指导作用；③生态文明是可持续发展的精神支柱；④要强化可持续发展的生态文明观。

三、生态资本与可持续发展

20 世纪 60 年代以来，生态危机引发了人类对自身发展危机的严重思考，认识到发展现代生产力必须走以生态生产力为基础，并使之与社会生产力相适应的协调发展之路，社会经济发展必须与自然生态发展状况相协调，必须考虑到生态环境改变对社会经济的决定作用。人类社会的存在和发展，离不开一定的自然环境和自然生态系统的支持和承载。人类可以不断地认识自然规律，并按照自然规律去利用和改造自然。但是，人类劳动并没有超自然的创造力。没有一个适宜于人类生存的自然环境和自然生态系统，人类的劳动就无法进行，人类社会也就不能存在。基于上述认识，一些经济学家和生态学家提出了"生态资本"的概念。

生态资本是存在于自然界、可用于人类社会活动的自然资产，包括四个方面：能够直接进入当前社会生产与再生产过程的环境资源、自然资源的总量；自然资源（及环境）的质量变化和再生量变化，即生态潜力；生态环境质量；生态系统作为一个整体的使用价值。

生态资本与物质资本、人力资本一起，可统称为可持续发展资本。可持续发展资本概念和理论的确立，将有助于克服传统经济学缺乏生态观念，将经济增长、社会进步与生态环境发展之间的关系割裂开来，甚至对立起来的根本缺陷，正确地、如实地反映现代经济运动的实际状况和社会再生产运动的全貌。它将对 21 世纪人类社会经济的可持续发展产生重大作用。

第四节 循环经济

一、循环经济的产生与发展

1962 年，美国经济学家鲍尔丁（K.E.Boulding）提出了"宇宙飞船经济理论"，这被看作循环经济思想的萌芽。鲍尔丁主要针对的是日益遭受破坏的自然生态环境和人类自身发展的可持续性问题，认为必须从经济过程角度来思考环境问题产生的根源。为了生存，飞船必须不断重复利用自身有限的资源，才能延长运转寿命。受这一思想的启发，他提出了分析地球经济的"宇宙飞船经济理论"。地球好比是宇宙中一个孤立无援的系统，与太空中的飞船一样，都是不断消耗其内部的有限资源，一旦资源消耗殆尽，就会毁灭。这就需要以新的"循环式经济"代替旧的"单程式经济"，合理开发资源、善待环境。因此，在这样的经济中，人必须在一个循环的生态系统中找到它的位置。鲍尔丁的"宇宙飞船经济理论"在今天看来有相当的超前性，它意味着人类社会的经济活动应该从效法以线性为特征的机械论规律转向服从以反馈为特征的生态学规律。只有循环利用资源，才能获得持续发展。

20 世纪 60 年代，发达国家开始进入后工业化时期。在全世界仅有不到五分之一人口进入现代化社会的情况下，资源的短缺和生态环境问题已经成为经济继续增长的重大约束，进一步引发了人们对经济增长方式的深刻反思。1972 年罗马俱乐部发表著名报告

《增长的极限》，该报告系统地考察了经济增长与人口、自然资源、生态环境和科学技术进步之间的关系，指出资源稀缺和环境污染对人类社会发出的警告："如果世界人口、工业化、污染、粮食生产和资源消耗按现在的趋势继续下去，这个行星上的增长极限有朝一日将在今后一百年中发生。"1983 年，联合国世界环境与发展委员会开始研究"没有极限"的可持续发展问题，并于 1987 年发表了《我们共同的未来》研究报告，该报告提出了按生态系统的自然规律，循环利用自然资源，解决可持续发展的问题。

一些发达国家在认识到发展循环经济的必然性和巨大意义后，进行了大量的理论和实践研究，极大地促进了循环经济的发展。例如，德国在 1972 年就制定了《废弃物处理法》，在 1987 年又重新制定了《循环经济与废弃物管理法》，在 2000 年又制定颁布了《可再生能源促进法》，这些法律成为德国发展循环经济总的"纲领"。日本政府在 2000 年通过实施了《推进形成循环型社会基本法》、《固体废弃物管理和公共清洁法》和《促进资源有效利用法》，制定了各种产品具体的标准，如《促进容器与包装分类回收法》、《家用电器回收法》、《建筑材料回收法》、《食品回收法》以及《绿色采购法》等。美国政府早在 1976 年就颁布实施了《资源保护回收法》，半数以上的州政府都制定了不同形式的再生循环法规。法国政府于 1975 年制定了第一部《垃圾处理法》，并于 1992 年进行了重新修订。丹麦政府在 1990 年实施了《废弃物处理和回收法》。英国、比利时、澳大利业等发达国家在 20 世纪 90 年代也相继颁布和实施了有关废弃物减量化、再利用和安全处置的法律。2003 年欧盟颁布了《废弃的电器电子产品管理指令》和《禁止在电器电子产品中使用有害物质的规定》等有关发展循环经济的法规。

20 世纪 90 年代，我国开始引入了循环经济的思想。1998 年从德国引入循环经济概念，确立 3R 原则[①]的中心地位；1999 年从可持续生产的角度对循环经济发展模式进行整合；2002 年从新型工业化的角度认识循环经济的发展意义；2003 年将从科学发展观的高度确立物质减量化的循环经济发展战略；2004 年，提出从城市、区域、国家不同层面的空间规模发展循环经济理论体系。同时，我国对循环经济的理论研究和实践也不断深入。循环经济具有鲜明的时代特征，已成为当今社会经济发展的主流方向，最终循环经济也必将对整个社会产生良好的推动作用。

二、循环经济的含义与特征

1. 循环经济的含义

英国环境经济学家皮尔斯（D. W. Pearce）和蒂默（R. K. Tumer）于 1990 年在《自然资源和环境经济学》一书中首次使用了"循环经济"（circular economy）这个名词，试图依据可持续发展原则来制定资源管理规则，并建立起物质流动模型。1972 年，德国颁布《循环经济与废弃物管理法》，循环经济的概念首次在国家法律文本中使用。有文献将循环经济称为 closed-cycle economy 或 cycle economy，主要是强调这个经济模式

[①] 3R 原则，即减量化（Reduce）、再利用（Reuse）、再循环（Recycle）。

的物质闭环流动（closing materials cycle）和资源循环（resources circulate）特征。

对循环经济的定义有十多种，下面是一些有代表性的表述。

（1）循环经济是一种生态经济。它要求遵循生态学规律，合理利用自然资源和环境容量，将清洁生产和废物利用融为一体，实现废物减量化、资源化和无害化，使经济系统被和谐地纳入自然生态系统的物质循环过程中。循环经济的根本目标是要在经济增长过程中系统地避免或减少废物，实现低排放或零排放，从而根本解决长期以来环境与发展之间的冲突。

（2）循环经济是对物质闭环流动型经济的简称，以物质能量梯次和闭路循环使用为特征，在环境方面表现为污染低排放，甚至污染零排放。循环经济把清洁生产、资源综合利用、生态设计和可持续消费等融为一体，运用生态学规律来指导人类社会的经济活动，因此其本质上是一种生态经济。随着20世纪60年代以来生态学的迅速发展，人们产生了模仿自然生态系统、按照生态系统物质循环和能量流动规律重构经济系统的想法，以使经济系统被和谐地纳入自然生态系统的物质循环过程中，建立一种新的经济形态。到20世纪90年代，随着可持续发展战略的普遍倡导、采纳，发达国家正在把发展循环经济、建立循环型社会作为实现环境与经济协调发展的重要途径。

（3）循环经济是以物质闭环流动为特征的生态经济。与传统的"资源—产品—污染排放"单向流动的线性经济不同，循环经济运用生态学规律把经济系统组织成一个"资源—产品—再生资源"的反馈式流程，使物质和能量在整个经济活动中得到合理和持久的利用，最大限度地提高资源和环境的配置效率，实现经济与社会的生态化转向。

（4）循环经济是一种建立在物质不断循环和高效利用基础上的经济发展模式，它要求把经济活动按照自然生态系统的模式，组织成一个"资源—产品—再生资源"的物质反复循环流动的过程，使整个经济系统或者说生产和消费的全过程基本上不产生或者只产生很少的废弃物。其特征是自然资源的低投入、高效利用和废弃物的低排放，从根本上消解长期以来环境与发展之间的尖锐矛盾冲突。与此不同，传统经济则是一种由"资源—产品—污染排放"构成的物质单向流动的经济。

（5）循环经济是对资源及其废弃物，乃至对"死亡"产品的"遗体"进行综合利用的一种生产过程。其目的是最大限度地实现保护和节约资源。循环经济理论反对一次性消费，提倡资源的重复使用或多次重复使用，提倡对已经达到生命终点的产品实现再生，使其变废为宝，达到变废弃物为再生资源和再生产品的目的。

总之，循环经济就是以资源的高效利用和循环利用为核心，将物质流动方式由传统的"资源—产品—废弃物"单向线型模式，转变为"资源—产品—废弃物—再生资源"闭合循环模式。通过在生产和服务过程中贯彻"减量化、再使用、资源化"的减物质化原则，实现资源利用的最大化和废弃物排放的最小化，从而达到节约资源、改善生态环境的目的。循环经济使人类步入可持续发展的轨道，使传统的高消耗、高污染、高投入、低效率的粗放型经济增长模式转变为低消耗、低排放、高效率的集约型经济增长模式。本质上，循环经济是一种生态经济，运用生态学规律来指导人类社会的经济活动，其目的是保护环境，实现社会、经济与环境的可持续发展。这是人类对人与自然关系深刻反思的结果，是人类社会发展的必然选择。

2. 循环经济的特征

循环经济是一种崭新的经济发展模式，与传统模式相比，循环经济具有三个重要的特征。表 13-3 将循环经济模式与传统经济模式从理念、物质流动、技术范式、生产特征、消费过程、废弃物处置等方面进行了全面的对比。

表 13-3 循环经济与传统经济的比较分析

对比指标	传统经济模式	循环经济模式
理念	政府自然、改造自然（人类中心主义）	创造性地适应自然（人与自然和谐）
物质流动	资源—产品—废弃物	资源—产品—再生资源
技术范式	线性式	反馈式
生产特征	①生产不受资源的限制；②追求最大利润；③不考虑节约资源的过度生产；④忽视废弃物对环境的破坏	①合理利用资源和环境负荷；②追求利润和环境保护相结合；③可持续性的资源利用；④完善维护制度，设计开发易循环使用的产品，延长产品生命周期
消费特征	①追求方便性产品的消费，造成废物的过剩化；②普及一次性使用的产品；③重视个人所有的价值；④缺乏环境保护意识	①在满足方便性的前提下，追求减少环境负荷的合理消费；②产品循环利用实现消费的合理化；③降低个人所有意识，重视产品功能利用的价值观
废弃物处置	①废物的大量排放造成资源的浪费和环境负荷；②缺乏对废物排放造成环境破坏的认识	①通过最合理化生产、消费和废物资源化，达到抑制废物的产生和对废物进行无害化处理的目的；②彻底实施废物排放责任制度
主要特征	"三高一低"（高开采、高消耗、高排放、低利用）	"三低一高"（低开采、低消耗、低排放、高利用）

第一，循环经济能够实现社会、经济和环境的协调发展。传统经济通过把资源持续不断地变成废物来实现经济增长，忽视了经济结构内部各产业之间的有机联系和共生关系，忽视了社会经济系统与自然生态系统间的物质、能量和信息的传递、迁移、循环等规律，形成高开采、高消耗、高排放、低利用"三高一低"的线性经济发展模式，导致许多自然资源的短缺与枯竭，产生大量和严重的环境污染，造成社会经济、人体健康重大损害。循环经济以协调人与自然关系为准则，模拟自然生态系统的运行方式和规律，实现资源的可持续利用，使社会生产从数量型的物质增长转变为质量型的物质增长；同时，循环经济还拉长生产链，推动环保产业和其他新型产业的发展，增加就业机会，促进社会发展。

第二，循环经济将生产和消费纳入一个有机的可持续发展系统中。传统的发展方式将物质生产和消费割裂开来，形成大量生产、大量消费和大量废弃的恶性循环。目前，发达国家的循环经济实践已在三个层面上将生产（包括资源消耗）和消费（包括废物排放）这两个最重要的环节有机地联系起来：一是企业内部的清洁生产和资源循环利用，如杜邦化学公司模式；二是共生企业间或产业间的生态工业网络，如著名的丹麦卡伦堡生态工业园；三是区域和整个社会的废物回收和再利用体系，如德国包装物双元回收体系（duales system deutschland，DSD）和日本的循环型社会体系。

第三，循环经济可以最大限度地提高资源利用效率，减少废物排放。传统经济是由

"资源—产品—污染排放"所构成的单向物质流动的经济。在这种经济中,人们以越来越高的强度把自然资源和能源开采出来,在生产加工和消费过程中又把污染和废物大量地排放到环境中去,对资源的利用常常是粗放的和一次性的。循环经济倡导建立在物质循环利用基础上的经济模式,根据资源输入减量化、延长产品和服务的使用寿命、使废物再生资源化等三个原则,把经济活动组织成一个"资源—产品—再生资源—再生产品"的循环流动过程,使整个经济系统从生产到消费的全过程基本上不产生或者少产生废弃物,最大限度地减少废物末端处理。发展循环经济,可以解决经济与环境之间长期存在的矛盾,实现经济与环境的双赢。

三、循环经济的 3R 原则

3R 原则,是循环经济遵循的操作原则或行为原则。3R 原则的主要内容见表 13-4。

表 13-4　循环经济的 3R 原则表

3R 原则	针对对象	目的
减量化	属于输入端方法	减少进入生产和消费过程的物质、能源流量,从源头节约资源使用和减少污染物排放
再利用	属于过程性方法	延长产品和服务的使用寿命,降低资源流动的速度,提高其利用效率,要求持久、集约使用
再循环	属于输出端方法	尽可能多地再生利用或资源化,减少最终处理量和垃圾的产生,制成使用能源较少的新产品

3R 原则是循环经济建立的基础依据,每一个原则对循环经济的成功实施都是必不可少的。其中,减量化或减物质化原则属于输入端方法,旨在减少进入生产和消费过程的物质量;再利用或反复利用原则属于过程性方法,目的是延长产品和服务的时间强度;再循环或资源化原则属于输出端方法,通过把废弃物再次变成资源以减少最终处理量。

3R 原则在循环经济中的重要性并不是并列的,人们常常简单地认为所谓循环经济仅仅是把废弃物资源化,实际上循环经济的根本目标是要求在经济流程中系统地避免和减少废物,而废物再生利用只是减少废物最终处理量的方式之一。3R 原则的优先顺序是:减量化、再利用、再循环。

循环经济 3R 原则的排列顺序,实际上反映了 20 世纪下半叶以来在环境与发展问题的冲突中,人类思想进步走过的两个历程:首先,以环境破坏为代价追求经济增长的理念终于被抛弃,人们的思想从排放废物提高到要求净化废物(通过末端治理范式);其次,由于环境污染的实质是资源浪费,因此要求进一步从净化废物升华到利用废物(通过再使用和再循环);最后,人们认识到利用废物仍然只是一种辅助性手段,环境与发展协调的最高目标应该是实现从"利用废物"到"减少废物"的质的飞跃。与此相应,在人类经济活动中,不同的思想认识可以形成三种不同的资源使用方式,一是线性经济与末端治理相结合的创新方式;二是仅仅让再利用和再循环原则起作用的资源恢复方式；三是包括整个 3R 原则且强调避免废物排放的低排放甚至零排放方式。只有第三种资源利用方式才是循环经济所推崇的经济方式。循环经济的目的，不仅要减少待处理的废弃物的体积和重量，延长其使用时间，而且要从根本上减少自然资源的耗竭，同时减少由线性经济引起的环境退化。

四、循环经济与可持续发展

1. 循环经济取代传统经济是历史发展的必然趋势

循环经济是人类社会发展的必然选择，它实质上是一种生态经济，与传统经济相比有较大的差异。

传统经济通过把资源持续不断地变成废物来实现经济的数量型增长，这样最终导致了许多自然资源的短缺与枯竭，并酿成了灾难性的环境污染后果。传统经济是由"资源—产品—污染排放"所构成的物质单向流动的经济。在这种经济中，人们以越来越高的强度把地球上的物质和能源开发出来，在生产加工和消费过程中又把污染和废物大量地排放到环境中去，对资源的利用常常是粗放的和一次性的。

循环经济倡导的是一种建立在物质不断循环利用基础上的经济发展模式，在保持生产扩大和经济增长的同时，要求把经济活动按照自然生态系统的模式，组织成一个"资源—生产—产品—消费—再生资源"的物质反复循环流动的过程，使得整个经济系统及生产和消费的过程中基本上不产生或者只产生很少的废弃物。循环经济能从根本上消解长期以来环境与发展之间的尖锐冲突，在可持续发展思想的指导下，对资源及其废弃物实行综合利用，它所推崇的是一种与环境配合的经济发展模式，低限度有计划开采、高效率使用、最低限度排放甚至"零排放"，使资源能在这个动态的经济循环链中得到合理、科学、持久及最大限度的使用，从根本上钝化社会发展与生态环境保护之间的尖锐冲突。

2. 循环经济是我国可持续发展的必然选择

实现人与环境、人与资源的和谐发展是可持续发展的重要组成部分。循环经济模式就是一种环境优化型的新发展模式，是实现可持续发展的基本途径。

（1）循环经济是转变我国传统经济发展方式的现实途径。

改革开放以来，我国在经济建设上取得了瞩目的成就，但我国的环境问题也不断突显，加速转变我国的经济发展方式刻不容缓。循环经济倡导的是一种建立在物质不断循环利用基础上的经济发展模式，其特征是自然资源的低投入、高利用和废弃物的低排放，从而从根本上解决长期以来困扰我们的环境与发展之间的尖锐矛盾。因此，发展循环经济能够减少经济增长对资源稀缺的压力，减少大量废弃物的排放，实现经济发展方式的根本转变。

（2）循环经济是解决我国人口、资源、环境问题的最佳选择。

就中国人口、资源与环境之间的关系来看，存在人口众多、资源短缺与环境恶化的态势，中国人均资源拥有量远远低于世界平均水平，矿产资源占有量不足世界平均水平的一半，人均占有能源水平更低，并且在开发利用过程中，又存在大量浪费现象。循环经济模式以实现资源利用最大化、废物排放最小化和经济活动生态化为根本目标，不仅可以最大限度地提高能源和资源的利用效率，而且能够通过废弃物的少排放甚至零排放，有效地减少或避免环境污染和生态破坏，实现经济与资源、环境的协调发展。

（3）循环经济是清洁生产和生态工业的进一步拓展。

循环经济成为清洁生产和生态工业的进一步拓展。通过清洁生产在企业生产过程的实施以及工业生态链上各企业间的良性循环，资源得以节约，生产中的污染物得以尽可能削减或消除。清洁生产从生产领域拓展到了消费领域，从企业内部走向企业群之间，再走向企业社会，循环经济应运而生。从整个过程来看，生态工业把清洁生产从企业内扩展到企业群，循环经济则把清洁生产从企业群拓展到企业社会。

（4）发展循环经济有利于全面建成小康社会战略目标的实现。

全面建成小康社会，就要统筹推进经济建设、政治建设、文化建设、社会建设、生态文明建设。循环经济作为一种与环境和谐共处的经济发展模式，能够满足新型生态工业化道路和可持续发展的要求，实现经济发展、社会进步和环境保护的"共赢"，是全面建成小康社会的重要保障。

参 考 文 献

冯之浚. 2004. 论循环经济[J]. 中国软科学，（10）：1-9.

弗里曼 K，苏特 R. 2004. 工业创新经济学[M]. 华宏勋译. 北京：北京大学出版社.

龚胜生，敖荣军. 2009. 可持续发展基础[M]. 北京：科学出版社.

韩宝平，孙晓菲，白向玉，等. 2003. 循环经济理论的国内外实践[J]. 中国矿业大学学报（社会科学版），2003，（1）：58-64.

马尔腾 G G. 2012. 人类生态学——可持续发展的基本概念[M]. 顾朝林，等译. 北京：商务印书馆.

解振华. 2004. 关于循环经济理论与政策的几点思考[J]. 环境保护，（1）：3-8.

雷仲敏. 2003. 技术经济分析评价[M]. 北京：中国标准出版社.

李伟. 2009. 我国循环经济的发展模式研究[D]. 西北大学博士学位论文.

廖才茂. 2004. 论生态文明的基本特征[J]. 当代财经，（9）：10-14.

刘学谦，杨多贵，周志田. 2010. 可持续发展前沿问题研究[M]. 北京：科学出版社.

曲向荣，李辉，王俭. 2012. 循环经济[M]. 北京：科学出版社.

王玉梅. 2008. 可持续发展评价[M]. 北京：中国标准出版社.

薛冰，张伟伟，陈兴鹏，等. 2012. 关于生态文明的若干基本问题研究[J]. 生态经济，（11）：24-29.

中国科学院可持续发展战略研究组. 2014. 2014 中国可持续发展战略报告[M]. 北京：科学出版社.

附　　录

复利系数表 1

年限 n/年	一次支付终值系数（$F/P,i,n$）	一次支付现值系数（$P/F,i,n$）	等额系列终值系数（$F/A,i,n$）	偿债基金系数（$A/F,i,n$）	资金回收系数（$A/P,i,n$）	等额系列现值系数（$P/A,i,n$）
1	1.010 0	0.990 1	1.000 0	1.000 0	1.010 0	0.990 1
2	1.020 1	0.980 3	2.010 0	0.497 5	0.507 5	1.970 4
3	1.030 3	0.970 6	3.030 1	0.330 0	0.340 0	2.941 0
4	1.040 6	0.961 0	4.060 4	0.246 3	0.256 3	3.902 0
5	1.051 0	0.951 5	5.101 0	0.196 0	0.206 0	4.853 4
6	1.061 5	0.942 0	6.152 0	0.162 5	0.172 5	5.795 5
7	1.071 2	0.932 7	7.213 5	0.138 6	0.148 6	6.728 2
8	1.082 9	0.923 5	8.285 7	0.120 7	0.130 7	7.651 7
9	1.093 7	0.914 3	9.368 5	0.106 7	0.116 7	8.566 0
10	1.104 6	0.905 3	10.462 2	0.095 6	0.105 6	9.471 3
11	1.115 7	0.896 3	11.566 8	0.086 5	0.096 5	10.367 6
12	1.126 8	0.887 4	12.682 5	0.078 8	0.088 8	11.255 1
13	1.138 1	0.878 7	13.809 3	0.072 4	0.082 4	12.133 7
14	1.149 5	0.870 0	14.947 4	0.066 9	0.076 9	13.003 7
15	1.161 0	0.861 3	16.096 9	0.062 1	0.072 1	13.865 1
16	1.172 6	0.852 8	17.257 9	0.057 9	0.067 9	14.717 9
17	1.184 3	0.844 4	18.430 4	0.054 3	0.064 3	15.562 3
18	1.196 1	0.836 0	19.614 7	0.051 0	0.061 0	16.398 3
19	1.208 1	0.827 7	20.810 9	0.048 1	0.058 1	17.226 0
20	1.220 2	0.819 5	22.019 0	0.045 4	0.055 4	18.045 6
21	1.232 4	0.811 4	23.239 2	0.043 0	0.053 0	18.857 0
22	1.244 7	0.803 4	24.471 6	0.040 9	0.050 9	19.660 4
23	1.257 2	0.795 4	25.716 3	0.038 9	0.048 9	20.455 8
24	1.269 7	0.787 6	26.973 5	0.037 1	0.047 1	21.243 4
25	1.282 4	0.779 8	28.243 2	0.035 4	0.045 4	22.023 2
26	1.295 3	0.772 0	29.525 6	0.033 9	0.043 9	22.795 2
27	1.308 2	0.7644	30.820 9	0.032 4	0.042 4	23.559 6
28	1.321 3	0.7568	32.129 1	0.031 1	0.041 1	24.316 4
29	1.334 5	0.7493	33.450 4	0.029 9	0.039 9	25.065 8
30	1.347 8	0.7419	34.784 9	0.028 7	0.038 7	25.807 7

复利系数表 2

$i=2\%$

年限 n/年	一次支付终值系数（$F/P,i,n$）	一次支付现值系数（$P/F,i,n$）	等额系列终值系数（$F/A,i,n$）	偿债基金系数（$A/F,i,n$）	资金回收系数（$A/P,i,n$）	等额系列现值系数（$P/A,i,n$）
1	1.020 0	0.980 4	1.000 0	1.000 0	1.020 0	0.980 4
2	1.040 4	0.961 2	2.020 0	0.495 0	0.515 0	1.941 6
3	1.061 2	0.942 3	3.060 4	0.326 8	0.346 8	2.883 9
4	1.082 4	0.923 8	4.121 6	0.242 6	0.262 6	3.807 7
5	1.104 1	0.905 7	5.204 0	0.192 2	0.212 2	4.713 5
6	1.126 2	0.888 0	6.308 1	0.158 5	0.178 5	5.601 4
7	1.148 7	0.870 6	7.434 3	0.134 5	0.154 5	6.472 0
8	1.171 7	0.853 5	8.583 0	0.116 5	0.136 5	7.325 5
9	1.195 1	0.836 8	9.754 6	0.102 5	0.122 5	8.162 2
10	1.219 0	0.820 3	10.949 7	0.091 3	0.111 3	8.982 6
11	1.243 4	0.804 3	12.168 7	0.082 2	0.102 2	9.786 8
12	1.268 2	0.788 5	13.412 1	0.074 6	0.094 6	10.575 3
13	1.293 6	0.773 0	14.680 3	0.068 1	0.088 1	11.348 4
14	1.319 5	0.757 9	15.973 9	0.062 6	0.082 6	12.106 2
15	1.345 9	0.743 0	17.293 4	0.058 7	0.077 8	12.849 3
16	1.372 8	0.728 4	18.639 3	0.053 7	0.073 7	13.577 7
17	1.400 2	0.714 2	20.012 1	0.050 0	0.070 0	14.291 9
18	1.428 2	0.700 2	21.412 3	0.046 7	0.066 7	14.992 0
19	1.456 8	0.686 4	22.840 6	0.043 8	0.063 8	15.678 5
20	1.485 9	0.673 0	24.297 4	0.041 2	0.061 2	16.351 4
21	1.515 7	0.659 8	25.783 3	0.038 8	0.058 8	17.011 2
22	1.546 0	0.646 8	27.299 0	0.036 6	0.056 6	17.658 0
23	1.576 9	0.634 2	28.845 0	0.034 7	0.054 7	18.292 2
24	1.608 4	0.621 7	30.421 9	0.032 9	0.052 9	18.913 9
25	1.640 6	0.609 5	32.030 3	0.031 2	0.051 2	19.523 5
26	1.673 4	0.597 6	33.670 9	0.029 7	0.049 7	20.121 0
27	1.706 9	0.585 9	35.344 3	0.028 3	0.048 3	20.706 9
28	1.741 0	0.574 4	37.051 2	0.027 0	0.047 0	21.281 3
29	1.775 8	0.563 1	38.792 2	0.025 8	0.045 8	21.844 4
30	1.811 4	0.552 1	40.568 1	0.024 6	0.044 6	22.396 5

复利系数表 3

i=3%

年限 *n*/年	一次支付终值系数（*F/P,i,n*）	一次支付现值系数（*P/F,i,n*）	等额系列终值系数（*F/A,i,n*）	偿债基金系数（*A/F,i,n*）	资金回收系数（*A/P,i,n*）	等额系列现值系数（*P/A,i,n*）
1	1.030 0	0.970 9	1.000 0	1.000 0	1.030 0	0.970 9
2	1.060 9	0.942 6	2.030 0	0.492 6	0.522 6	1.913 5
3	1.092 7	0.915 1	3.090 9	0.323 5	0.353 5	2.828 6
4	1.125 5	0.888 5	4.183 6	0.239 0	0.269 0	3.717 1
5	1.159 3	0.862 6	5.309 1	0.188 4	0.218 4	4.579 7
6	1.194 1	0.837 5	6.468 4	0.154 6	0.184 6	5.417 2
7	1.229 9	0.813 1	7.662 5	0.130 5	0.160 5	6.230 3
8	1.266 8	0.789 4	8.892 3	0.112 5	0.142 5	7.019 7
9	1.304 8	0.766 4	10.159 1	0.098 4	0.128 4	7.786 1
10	1.343 9	0.744 1	11.463 9	0.087 2	0.117 2	8.530 2
11	1.384 2	0.722 4	12.807 8	0.078 1	0.108 1	9.252 6
12	1.425 8	0.701 4	14.192 0	0.070 5	0.100 5	9.954 0
13	1.468 5	0.681 0	15.617 8	0.064 0	0.094 0	10.635 0
14	1.512 6	0.661 1	17.086 3	0.058 5	0.088 5	11.296 1
15	1.558 0	0.641 9	18.598 9	0.053 8	0.083 8	11.937 9
16	1.604 7	0.623 2	20.156 9	0.049 6	0.079 6	12.561 1
17	1.652 8	0.605 0	21.761 6	0.046 0	0.076 0	13.166 1
18	1.702 4	0.587 4	23.414 4	0.042 7	0.072 7	13.753 5
19	1.753 5	0.570 3	25.116 9	0.039 8	0.069 8	14.323 8
20	1.806 1	0.553 7	26.870 4	0.037 2	0.067 2	14.877 5
21	1.860 3	0.537 5	28.676 5	0.034 9	0.064 9	15.415 0
22	1.916 1	0.521 9	30.536 8	0.032 7	0.062 7	15.936 9
23	1.973 6	0.506 7	32.452 9	0.030 8	0.060 8	16.443 6
24	2.032 8	0.491 9	34.426 5	0.029 0	0.059 0	16.935 5
25	2.093 8	0.477 6	36.459 3	0.027 4	0.057 4	17.413 1
26	2.156 6	0.463 7	38.553 0	0.025 9	0.055 9	17.876 8
27	2.221 3	0.450 2	40.709 6	0.024 6	0.054 6	18.327 0
28	2.287 9	0.437 1	42.930 9	0.023 3	0.053 3	18.764 1
29	2.356 6	0.424 3	45.218 9	0.022 1	0.052 1	19.188 5
30	2.427 3	0.412 0	47.575 4	0.021 0	0.051 0	19.600 4

复利系数表 4

i=4%

年限 *n*/年	一次支付终值系数（*F/P,i,n*）	一次支付现值系数（*P/F,i,n*）	等额系列终值系数（*F/A,i,n*）	偿债基金系数（*A/F,i,n*）	资金回收系数（*A/P,i,n*）	等额系列现值系数（*P/A,i,n*）
1	1.040 0	0.961 5	1.000 0	1.000 0	1.040 0	0.961 5
2	1.081 6	0.924 6	2.040 0	0.490 2	0.530 2	1.886 1
3	1.124 9	0.889 0	3.121 6	0.320 3	0.360 3	2.775 1
4	1.169 9	0.854 8	4.246 5	0.235 5	0.275 5	3.629 9
5	1.216 7	0.821 9	5.416 3	0.184 6	0.224 6	4.451 8
6	1.265 3	0.790 3	6.633 0	0.150 8	0.190 8	5.242 1
7	1.315 9	0.759 9	7.898 3	0.126 6	0.166 6	6.002 1
8	1.368 6	0.730 7	9.214 2	0.108 5	0.148 5	6.732 7
9	1.423 3	0.702 6	10.582 8	0.094 5	0.134 5	7.435 3
10	1.480 2	0.675 6	12.006 1	0.083 3	0.123 3	8.110 9
11	1.539 5	0.649 6	13.486 4	0.074 1	0.114 1	8.760 5
12	1.601 0	0.624 6	15.025 8	0.066 6	0.106 6	9.385 1
13	1.665 1	0.600 6	16.626 8	0.060 1	0.100 1	9.985 6
14	1.731 7	0.577 5	18.291 9	0.054 7	0.094 7	10.563 1
15	1.800 9	0.555 3	20.023 6	0.049 9	0.089 9	11.118 4
16	1.873 0	0.533 9	21.824 5	0.045 8	0.085 8	11.652 3
17	1.947 9	0.513 4	23.697 5	0.042 2	0.082 2	12.165 7
18	2.025 8	0.493 6	25.645 4	0.039 0	0.079 0	12.659 3
19	2.106 8	0.474 6	27.671 2	0.036 1	0.076 1	13.133 9
20	2.191 1	0.456 4	29.778 1	0.033 6	0.073 6	13.590 3
21	2.278 8	0.438 8	31.969 2	0.031 3	0.071 3	14.029 2
22	2.369 9	0.422 0	34.248 0	0.029 2	0.069 2	14.451 1
23	2.464 7	0.405 7	36.617 9	0.027 3	0.067 3	14.856 8
24	2.563 3	0.390 1	39.082 6	0.025 6	0.065 6	15.247 0
25	2.665 8	0.375 1	41.645 9	0.024 0	0.064 0	15.622 1
26	2.772 5	0.360 7	44.311 7	0.022 6	0.062 6	15.982 8
27	2.883 4	0.346 8	47.084 2	0.021 2	0.061 2	16.329 6
28	2.998 7	0.333 5	49.967 6	0.020 0	0.060 0	16.663 1
29	3.118 7	0.320 7	52.966 3	0.018 9	0.058 9	16.983 7
30	3.243 4	0.308 3	56.084 9	0.017 8	0.057 8	17.292 0

复利系数表 5

i=5%

年限 *n*/年	一次支付终值系数（*F/P,i,n*）	一次支付现值系数（*P/F,i,n*）	等额系列终值系数（*F/A,i,n*）	偿债基金系数（*A/F,i,n*）	资金回收系数（*A/P,i,n*）	等额系列现值系数（*P/A,i,n*）
1	1.050 0	0.952 4	1.000 0	1.000 0	1.050 0	0.952 4
2	1.102 5	0.907 0	2.050 0	0.487 8	0.537 8	1.859 4
3	1.157 6	0.863 8	3.152 5	0.317 2	0.367 2	2.723 2
4	1.215 5	0.822 7	4.310 1	0.232 0	0.282 0	3.546 0
5	1.276 3	0.783 5	5.525 6	0.181 0	0.231 0	4.329 5
6	1.340 1	0.746 2	6.801 9	0.147 0	0.197 0	5.075 7
7	1.407 1	0.710 7	8.142 0	0.122 8	0.172 8	5.786 4
8	1.477 5	0.676 8	9.549 1	0.104 7	0.154 7	6.463 2
9	1.551 3	0.644 6	11.026 6	0.090 7	0.140 7	7.107 8
10	1.628 9	0.613 9	12.577 9	0.079 5	0.129 5	7.721 7
11	1.710 3	0.584 7	14.206 8	0.070 4	0.120 4	8.306 4
12	1.795 9	0.556 8	15.917 1	0.062 8	0.112 8	8.863 3
13	1.885 6	0.530 3	17.713 0	0.056 5	0.106 5	9.393 6
14	1.979 9	0.505 1	19.598 6	0.051 0	0.101 0	9.898 6
15	2.078 9	0.481 0	21.578 6	0.046 3	0.096 3	10.379 7
16	2.182 9	0.458 1	23.657 5	0.042 3	0.092 3	10.837 8
17	2.292 0	0.436 3	25.840 4	0.038 7	0.088 7	11.274 1
18	2.406 6	0.415 5	28.132 4	0.035 5	0.085 5	11.689 6
19	2.527 0	0.395 7	30.539 0	0.032 7	0.082 7	12.085 3
20	2.653 3	0.376 9	33.066 0	0.030 2	0.080 2	12.462 2
21	2.786 0	0.358 9	35.719 3	0.028 0	0.078 0	12.821 2
22	2.925 3	0.341 8	38.505 2	0.026 0	0.076 0	13.163 0
23	3.071 5	0.325 6	41.430 5	0.024 1	0.074 1	13.488 6
24	3.225 1	0.310 1	44.502 0	0.022 5	0.072 5	13.798 6
25	3.386 4	0.295 3	47.727 1	0.021 0	0.071 0	14.093 9
26	3.555 7	0.281 2	51.113 5	0.019 6	0.069 6	14.375 2
27	3.733 5	0.267 8	54.669 1	0.018 3	0.068 3	14.643 0
28	3.920 1	0.255 1	58.402 6	0.017 1	0.067 1	14.898 1
29	4.116 1	0.242 9	62.322 7	0.016 0	0.066 0	15.141 1
30	4.321 9	0.231 4	66.438 8	0.015 1	0.065 1	15.372 5

复利系数表 6

$i=6\%$

年限 n/年	一次支付终值系数（$F/P,i,n$）	一次支付现值系数（$P/F,i,n$）	等额系列终值系数（$F/A,i,n$）	偿债基金系数（$A/F,i,n$）	资金回收系数（$A/P,i,n$）	等额系列现值系数（$P/A,i,n$）
1	1.060 0	0.943 4	1.000 0	1.000 0	1.060 0	0.943 4
2	1.123 6	0.890 0	2.060 0	0.485 4	0.545 4	1.833 4
3	1.191 0	0.839 6	3.183 6	0.314 1	0.374 1	2.673 0
4	1.262 5	0.792 1	4.374 6	0.228 6	0.288 6	3.465 1
5	1.338 2	0.747 3	5.637 1	0.177 4	0.237 4	4.212 4
6	1.418 5	0.705 0	6.975 3	0.143 4	0.203 4	4.917 3
7	1.503 6	0.665 1	8.393 8	0.119 1	0.179 1	5.582 4
8	1.593 8	0.627 4	9.897 5	0.101 0	0.161 0	6.209 8
9	1.689 5	0.591 9	11.491 3	0.087 0	0.147 0	6.801 7
10	1.790 8	0.558 4	13.180 8	0.075 9	0.135 9	7.360 1
11	1.898 3	0.526 8	14.971 6	0.066 8	0.126 8	7.886 9
12	2.012 2	0.497 0	16.869 9	0.059 3	0.119 3	8.383 8
13	2.132 9	0.468 8	18.882 1	0.053 0	0.113 0	8.852 7
14	2.260 9	0.442 3	21.015 1	0.047 6	0.107 6	9.295 0
15	2.396 6	0.417 3	23.276 0	0.043 0	0.103 0	9.712 2
16	2.540 4	0.393 6	25.672 5	0.039 0	0.099 0	10.105 9
17	2.692 8	0.371 4	28.212 9	0.035 4	0.095 4	10.477 3
18	2.854 3	0.350 3	30.905 7	0.032 4	0.092 4	10.827 6
19	3.025 6	0.330 5	33.760 0	0.029 6	0.089 6	11.158 1
20	3.207 1	0.311 8	36.785 6	0.027 2	0.087 2	11.469 9
21	3.399 6	0.294 2	39.992 7	0.025 0	0.085 0	11.764 1
22	3.603 5	0.277 5	43.392 3	0.023 0	0.083 0	12.041 6
23	3.819 7	0.261 8	46.995 8	0.021 3	0.081 3	12.303 4
24	4.048 9	0.247 0	50.815 6	0.019 7	0.079 7	12.5504
25	4.291 9	0.233 0	54.864 5	0.018 2	0.078 2	12.783 4
26	4.549 4	0.219 8	59.156 4	0.016 9	0.076 9	13.003 2
27	4.822 3	0.207 4	63.705 8	0.015 7	0.075 7	13.210 5
28	5.111 7	0.195 6	68.528 1	0.014 6	0.074 6	13.406 2
29	5.418 4	0.184 6	73.639 8	0.013 6	0.073 6	13.590 7
30	5.743 5	0.174 1	79.058 2	0.012 6	0.072 6	13.764 8

复利系数表 7

$i=7\%$

年限 n/年	一次支付终值系数（$F/P,i,n$）	一次支付现值系数（$P/F,i,n$）	等额系列终值系数（$F/A,i,n$）	偿债基金系数（$A/F,i,n$）	资金回收系数（$A/P,i,n$）	等额系列现值系数（$P/A,i,n$）
1	1.070 0	0.934 6	1.000 0	1.000 0	1.070 0	0.934 6
2	1.144 9	0.873 4	2.070 0	0.483 1	0.553 1	1.808 0
3	1.225 0	0.816 3	3.214 9	0.311 1	0.381 1	2.624 3
4	1.310 8	0.762 9	4.439 9	0.225 2	0.295 2	3.3872
5	1.402 6	0.713 0	5.750 7	0.173 9	0.243 9	4.100 2
6	1.500 7	0.666 3	7.153 3	0.139 8	0.209 8	4.766 5
7	1.605 8	0.622 7	8.654 0	0.115 6	0.185 6	5.389 3
8	1.718 2	0.582 0	10.259 8	0.097 5	0.167 5	5.971 3
9	1.838 5	0.543 9	11.978 0	0.083 5	0.153 5	6.515 2
10	1.967 2	0.508 3	13.816 4	0.072 4	0.142 4	7.023 6
11	2.104 9	0.475 1	15.783 6	0.063 4	0.133 4	7.498 7
12	2.252 2	0.444 0	17.888 5	0.055 9	0.125 9	7.942 7
13	2.409 8	0.415 0	20.140 6	0.049 7	0.119 7	8.357 7
14	2.578 5	0.387 8	22.550 5	0.044 3	0.114 3	8.745 5
15	2.759 0	0.362 4	25.129 0	0.039 8	0.109 8	9.107 9
16	2.952 2	0.338 7	27.888 1	0.035 9	0.105 9	9.446 6
17	3.158 8	0.316 6	30.840 2	0.032 4	0.102 4	9.763 2
18	3.379 9	0.295 9	33.999 0	0.029 4	0.099 4	10.059 1
19	3.616 5	0.276 5	37.379 0	0.026 8	0.096 8	10.335 6
20	3.869 7	0.258 4	40.995 5	0.024 4	0.094 4	10.594 0
21	4.140 6	0.241 5	44.865 2	0.022 3	0.092 3	10.835 5
22	4.430 4	0.225 7	49.005 7	0.020 4	0.090 4	11.061 2
23	4.740 5	0.210 9	53.436 1	0.018 7	0.088 7	11.272 2
24	5.072 4	0.197 1	58.176 7	0.017 2	0.087 2	11.469 3
25	5.427 4	0.184 2	63.249 0	0.015 8	0.085 8	11.653 6
26	5.807 4	0.172 2	68.676 5	0.014 6	0.084 6	11.825 8
27	6.213 9	0.160 9	74.483 8	0.013 4	0.083 4	11.986 7
28	6.648 8	0.150 4	80.697 7	0.012 4	0.082 4	12.137 1
29	7.114 3	0.140 6	87.346 5	0.011 4	0.081 4	12.277 7
30	7.612 3	0.131 4	94.460 8	0.010 6	0.080 6	12.409 0

复利系数表 8

i=8%

年限 *n*/年	一次支付终值系数（*F/P,i,n*）	一次支付现值系数（*P/F,i,n*）	等额系列终值系数（*F/A,i,n*）	偿债基金系数（*A/F,i,n*）	资金回收系数（*A/P,i,n*）	等额系列现值系数（*P/A,i,n*）
1	1.080 0	0.925 9	1.000 0	1.000 0	1.080 0	0.925 9
2	1.166 4	0.857 3	2.080 0	0.480 8	0.560 8	1.783 3
3	1.259 7	0.793 8	3.246 4	0.308 0	0.388 0	2.577 1
4	1.360 5	0.735 0	4.506 1	0.221 9	0.301 9	3.312 1
5	1.469 3	0.680 6	5.866 6	0.170 5	0.250 5	3.992 7
6	1.586 9	0.630 2	7.335 9	0.136 3	0.216 3	4.622 9
7	1.713 8	0.583 5	8.922 8	0.112 1	0.192 1	5.206 4
8	1.850 9	0.540 3	10.636 6	0.094 0	0.174 0	5.746 6
9	1.999 0	0.500 2	12.487 6	0.080 1	0.160 1	6.246 9
10	2.158 9	0.463 2	14.486 6	0.069 0	0.149 0	6.710 1
11	2.331 6	0.428 9	16.645 5	0.060 1	0.140 1	7.139 0
12	2.518 2	0.397 1	18.977 1	0.052 7	0.132 7	7.536 1
13	2.719 6	0.367 7	21.495 3	0.046 5	0.126 5	7.903 8
14	2.937 2	0.340 5	24.214 9	0.041 3	0.121 3	8.244 2
15	3.172 2	0.315 2	27.152 1	0.036 8	0.116 8	8.559 5
16	3.425 9	0.291 9	30.324 3	0.033 0	0.113 0	8.851 4
17	3.700 0	0.270 3	33.750 2	0.029 6	0.109 6	9.121 6
18	3.996 0	0.250 2	37.450 2	0.026 7	0.106 7	9.371 9
19	4.315 7	0.231 7	41.446 3	0.024 1	0.104 1	9.603 6
20	4.661 0	0.214 5	45.762 0	0.021 9	0.101 9	9.818 1
21	5.033 8	0.198 7	50.422 9	0.019 8	0.099 8	10.016 8
22	5.436 5	0.183 9	55.456 8	0.018 0	0.098 0	10.200 7
23	5.871 5	0.170 3	60.893 3	0.016 4	0.096 4	10.371 1
24	6.341 2	0.157 7	66.764 8	0.015 0	0.095 0	10.528 8
25	6.848 5	0.146 0	73.105 9	0.013 7	0.093 7	10.674 8
26	7.396 4	0.135 2	79.954 4	0.012 5	0.092 5	10.810 0
27	7.988 1	0.125 2	87.350 8	0.011 4	0.091 4	10.935 2
28	8.627 1	0.115 9	95.338 8	0.010 5	0.090 5	11.051 1
29	9.317 3	0.107 3	103.965 9	0.009 6	0.089 6	11.158 4
30	10.062 7	0.099 4	113.283 2	0.008 8	0.088 8	11.257 8

复利系数表 9

$i=9\%$

年限 n/年	一次支付终值系数（$F/P,i,n$）	一次支付现值系数（$P/F,i,n$）	等额系列终值系数（$F/A,i,n$）	偿债基金系数（$A/F,i,n$）	资金回收系数（$A/P,i,n$）	等额系列现值系数（$P/A,i,n$）
1	1.090 0	0.917 4	1.000 0	1.000 0	1.090 0	0.917 4
2	1.188 1	0.841 7	2.090 0	0.478 5	0.568 5	1.759 1
3	1.295 0	0.772 2	3.278 1	0.305 1	0.395 1	2.531 3
4	1.411 6	0.708 4	4.573 1	0.218 7	0.308 7	3.239 7
5	1.538 6	0.649 9	5.984 7	0.167 1	0.257 1	3.889 7
6	1.677 1	0.596 3	7.523 3	0.132 9	0.222 9	4.485 9
7	1.828 0	0.547 0	9.200 4	0.108 7	0.198 7	5.033 0
8	1.992 6	0.501 9	11.028 5	0.090 7	0.180 7	5.534 8
9	2.171 9	0.460 4	13.021 0	0.076 8	0.166 8	5.995 2
10	2.367 4	0.422 4	15.192 9	0.065 8	0.155 8	6.417 7
11	2.580 4	0.387 5	17.560 3	0.056 9	0.146 9	6.805 2
12	2.812 7	0.355 5	20.140 7	0.049 7	0.139 7	7.160 7
13	3.065 8	0.326 2	22.953 4	0.043 6	0.133 6	7.486 9
14	3.341 7	0.299 2	26.019 2	0.038 4	0.128 4	7.786 2
15	3.642 5	0.274 5	29.360 9	0.034 1	0.124 1	8.060 7
16	3.970 3	0.251 9	33.003 4	0.030 3	0.120 3	8.312 6
17	4.327 6	0.231 1	36.973 7	0.027 0	0.117 0	8.543 6
18	4.717 1	0.212 0	41.301 3	0.024 2	0.114 2	8.755 6
19	5.141 7	0.194 5	46.018 5	0.021 7	0.111 7	8.950 1
20	5.604 4	0.178 4	51.161 0	0.019 5	0.109 5	9.128 5
21	6.108 8	0.163 7	56.764 5	0.017 6	0.107 6	9.292 2
22	6.658 6	0.150 2	62.873 3	0.015 9	0.105 9	9.442 4
23	7.257 9	0.137 8	69.531 9	0.014 4	0.104 4	9.580 2
24	7.911 1	0.126 4	76.789 8	0.013 0	0.103 0	9.706 6
25	8.623 1	0.116 0	84.700 9	0.011 8	0.101 8	9.822 6
26	9.399 2	0.106 4	93.324 0	0.010 7	0.100 7	9.929 0
27	10.245 1	0.097 6	102.723 1	0.009 7	0.099 7	10.026 6
28	11.167 1	0.089 5	112.968 2	0.008 9	0.098 9	10.116 1
29	12.172 2	0.082 2	124.135 4	0.008 1	0.098 1	10.198 3
30	13.267 7	0.075 4	136.307 5	0.007 3	0.097 3	10.273 7

复利系数表 10

i=10%

年限 *n*/年	一次支付终值系数（*F/P,i,n*）	一次支付现值系数（*P/F,i,n*）	等额系列终值系数（*F/A,i,n*）	偿债基金系数（*A/F,i,n*）	资金回收系数（*A/P,i,n*）	等额系列现值系数（*P/A,i,n*）
1	1.100 0	0.909 1	1.000 0	1.000 0	1.100 0	0.909 1
2	1.210 0	0.826 4	2.100 0	0.476 2	0.576 2	1.735 5
3	1.331 0	0.751 3	3.310 0	0.302 1	0.402 1	2.486 9
4	1.464 1	0.683 0	4.641 0	0.215 5	0.315 5	3.169 9
5	1.610 5	0.620 9	6.105 1	0.163 8	0.263 8	3.790 8
6	1.771 6	0.564 5	7.715 6	0.129 6	0.229 6	4.355 3
7	1.948 7	0.513 2	9.487 2	0.105 4	0.205 4	4.868 4
8	2.143 6	0.466 5	11.435 9	0.087 4	0.187 4	5.334 9
9	2.357 9	0.424 1	13.579 5	0.073 6	0.173 6	5.759 0
10	2.593 7	0.385 5	15.937 4	0.062 7	0.162 7	6.144 6
11	2.853 1	0.350 5	18.531 2	0.054 0	0.154 0	6.495 1
12	3.138 4	0.318 6	21.384 3	0.046 8	0.146 8	6.813 7
13	3.452 3	0.289 7	24.522 7	0.040 8	0.140 8	7.103 4
14	3.797 5	0.263 3	27.975 0	0.035 7	0.135 7	7.366 7
15	4.177 2	0.239 4	31.772 5	0.031 5	0.131 5	7.606 1
16	4.595 0	0.217 6	35.949 7	0.027 8	0.127 8	7.823 7
17	5.054 5	0.197 8	40.544 7	0.024 7	0.124 7	8.021 6
18	5.559 9	0.179 9	45.599 2	0.021 9	0.121 9	8.201 4
19	6.115 9	0.163 5	51.159 1	0.019 5	0.119 5	8.364 9
20	6.727 5	0.148 6	57.275 0	0.017 5	0.117 5	8.513 6
21	7.400 2	0.135 1	64.002 5	0.015 6	0.115 6	8.648 7
22	8.140 3	0.122 8	71.402 7	0.014 0	0.114 0	8.771 5
23	8.954 3	0.111 7	79.543 0	0.012 6	0.112 6	8.883 2
24	9.849 7	0.101 5	88.497 3	0.011 3	0.111 3	8.984 7
25	10.834 7	0.092 3	98.347 1	0.010 2	0.110 2	9.077 0
26	11.918 2	0.083 9	109.181 8	0.009 2	0.109 2	9.160 9
27	13.110 0	0.076 3	121.099 9	0.008 3	0.108 3	9.237 2
28	14.421 0	0.069 3	134.209 9	0.007 5	0.107 5	9.306 6
29	15.863 1	0.063 0	148.630 9	0.006 7	0.106 7	9.369 6
30	17.449 4	0.057 3	164.494 0	0.006 1	0.106 1	9.426 9

复利系数表 11

i=12%

年限 n/年	一次支付终值系数（$F/P,i,n$）	一次支付现值系数（$P/F,i,n$）	等额系列终值系数（$F/A,i,n$）	偿债基金系数（$A/F,i,n$）	资金回收系数（$A/P,i,n$）	等额系列现值系数（$P/A,i,n$）
1	1.120 0	0.892 9	1.000 0	1.000 0	1.120 0	0.892 9
2	1.254 4	0.797 2	2.120 0	0.471 7	0.591 7	1.690 1
3	1.404 9	0.711 8	3.374 4	0.296 3	0.416 3	2.401 8
4	1.573 5	0.635 5	4.779 3	0.209 2	0.329 2	3.037 3
5	1.762 3	0.567 4	6.352 8	0.157 4	0.277 4	3.604 8
6	1.973 8	0.506 6	8.115 2	0.123 2	0.243 2	4.111 4
7	2.210 7	0.452 3	10.089 0	0.099 1	0.219 1	4.563 8
8	2.476 0	0.403 9	12.299 7	0.081 3	0.201 3	4.967 6
9	2.773 1	0.360 6	14.775 7	0.067 7	0.187 7	5.328 2
10	3.105 8	0.322 0	17.548 7	0.057 0	0.177 0	5.650 2
11	3.478 5	0.287 5	20.654 6	0.048 4	0.168 4	5.937 7
12	3.896 0	0.256 7	24.133 1	0.041 4	0.161 4	6.194 4
13	4.363 5	0.229 2	28.029 1	0.035 7	0.155 7	6.423 5
14	4.887 1	0.204 6	32.392 6	0.030 9	0.150 9	6.628 2
15	5.473 6	0.182 7	37.279 7	0.026 8	0.146 8	6.810 9
16	6.130 4	0.163 1	42.753 3	0.023 4	0.143 4	6.974 0
17	6.866 0	0.145 6	48.883 7	0.020 5	0.140 5	7.119 6
18	7.690 0	0.130 0	55.749 7	0.017 9	0.137 9	7.249 7
19	8.612 8	0.116 1	63.439 7	0.015 8	0.135 8	7.365 8
20	9.646 3	0.103 7	72.052 4	0.013 9	0.133 9	7.469 4
21	10.803 8	0.092 6	81.698 7	0.012 2	0.132 2	7.562 0
22	12.100 3	0.082 6	92.502 6	0.010 8	0.130 8	7.644 6
23	13.552 3	0.073 8	104.602 9	0.009 6	0.129 6	7.718 4
24	15.178 6	0.065 9	118.155 2	0.008 5	0.128 5	7.784 3
25	17.000 1	0.058 8	133.333 9	0.007 5	0.127 5	7.843 1
26	19.040 1	0.052 5	150.333 9	0.006 7	0.126 7	7.895 7
27	21.324 9	0.046 9	169.374 0	0.005 9	0.125 9	7.942 6
28	23.883 9	0.041 9	190.698 9	0.005 2	0.125 2	7.984 4
29	26.749 9	0.037 4	214.582 8	0.004 7	0.124 7	8.021 8
30	29.959 9	0.033 4	241.332 7	0.004 1	0.124 1	8.055 2

复利系数表 12

i=15%

年限 *n*/年	一次支付终值系数（F/P,i,n）	一次支付现值系数（P/F,i,n）	等额系列终值系数（F/A,i,n）	偿债基金系数（A/F,i,n）	资金回收系数（A/P,i,n）	等额系列现值系数（P/A,i,n）
1	1.150 0	0.869 6	1.000 0	1.000 0	1.150 0	0.869 6
2	1.322 5	0.756 1	2.150 0	0.465 1	0.615 1	1.625 7
3	1.520 9	0.657 5	3.472 5	0.288 0	0.438 0	2.283 2
4	1.749 0	0.571 8	4.993 4	0.200 3	0.350 3	2.855 0
5	2.011 4	0.497 2	6.742 4	0.148 3	0.298 3	3.352 2
6	2.313 1	0.432 3	8.753 7	0.114 2	0.264 2	3.784 5
7	2.660 0	0.375 9	11.066 8	0.090 4	0.240 4	4.160 4
8	3.059 0	0.326 9	13.726 8	0.072 9	0.222 9	4.487 3
9	3.517 9	0.284 3	16.785 8	0.059 6	0.209 6	4.771 6
10	4.045 6	0.247 2	20.303 7	0.049 3	0.199 3	5.018 8
11	4.652 4	0.214 9	24.349 3	0.041 1	0.191 1	5.233 7
12	5.350 3	0.186 9	29.001 7	0.034 5	0.184 5	5.420 6
13	6.152 8	0.162 5	34.351 9	0.029 1	0.179 1	5.583 1
14	7.075 7	0.141 3	40.504 7	0.024 7	0.174 7	5.724 5
15	8.137 1	0.122 9	47.580 4	0.021 0	0.171 0	5.847 4
16	9.357 6	0.106 9	55.717 5	0.017 9	0.167 9	5.954 2
17	10.761 3	0.092 9	65.075 1	0.015 4	0.165 4	6.047 2
18	12.375 5	0.080 8	75.836 4	0.013 2	0.163 2	6.128 0
19	14.231 8	0.070 3	88.211 8	0.011 3	0.161 3	6.198 2
20	16.366 5	0.061 1	102.443 6	0.009 8	0.159 8	6.259 3
21	18.821 5	0.053 1	118.810 1	0.008 4	0.158 4	6.312 5
22	21.644 7	0.046 2	137.631 6	0.007 3	0.157 3	6.358 7
23	24.891 5	0.040 2	159.276 4	0.006 3	0.156 3	6.398 8
24	28.625 2	0.034 9	184.167 8	0.005 4	0.155 4	6.433 8
25	32.919 0	0.030 4	212.793 0	0.004 7	0.154 7	6.464 1
26	37.856 8	0.026 4	245.712 0	0.004 1	0.154 1	6.490 6
27	43.535 3	0.023 0	283.568 8	35.000 0	0.153 5	6.513 5
28	50.065 6	0.020 0	327.104 1	0.003 1	0.153 1	6.533 5
29	57.575 5	0.017 4	377.169 7	0.002 7	0.152 7	6.550 9
30	66.211 8	0.015 1	434.745 1	0.002 3	0.152 3	6.566 0

复利系数表 13

i=18%

年限 n/年	一次支付终值系数（$F/P,i,n$）	一次支付现值系数（$P/F,i,n$）	等额系列终值系数（$F/A,i,n$）	偿债基金系数（$A/F,i,n$）	资金回收系数（$A/P,i,n$）	等额系列现值系数（$P/A,i,n$）
1	1.180 0	0.847 5	1.000 0	1.000 0	1.180 0	0.847 5
2	1.392 4	0.718 2	2.180 0	0.458 7	0.638 7	1.565 6
3	1.643 0	0.608 6	3.572 4	0.279 9	0.459 9	2.174 3
4	1.938 8	0.515 8	5.215 4	0.191 7	0.371 7	2.690 1
5	2.287 8	0.437 1	7.154 2	0.139 8	0.319 8	3.127 2
6	2.699 6	0.370 4	9.442 0	0.105 9	0.285 9	3.497 6
7	3.185 5	0.313 9	12.141 5	0.082 4	0.262 4	3.811 5
8	3.758 9	0.266 0	15.327 0	0.065 2	0.245 2	4.077 6
9	4.435 5	0.225 5	19.085 9	0.052 4	0.232 4	4.303 0
10	5.233 8	0.191 1	23.521 3	0.042 5	0.222 5	4.494 1
11	6.175 9	0.161 9	28.755 1	0.034 8	0.214 8	4.656 0
12	7.287 6	0.137 2	34.931 1	0.028 6	0.208 6	4.793 2
13	8.599 4	0.116 3	42.218 7	0.023 7	0.203 7	4.909 5
14	10.147 2	0.098 5	50.818 0	0.019 7	0.199 7	5.008 1
15	11.973 7	0.083 5	60.965 3	0.016 4	0.196 4	5.091 6
16	14.129 0	0.070 8	72.939 0	0.013 7	0.193 7	5.162 4
17	16.672 2	0.060 0	87.068 0	0.011 5	0.191 5	5.222 3
18	19.673 3	0.050 8	103.740 3	0.009 6	0.189 6	5.273 2
19	23.214 4	0.043 1	123.413 5	0.008 1	0.188 1	5.316 2
20	27.393 0	0.036 5	146.628 0	0.006 8	0.186 8	5.352 7
21	32.323 8	0.030 9	174.021 0	0.005 7	0.185 7	5.383 7
22	38.142 1	0.026 2	206.344 8	0.004 8	0.184 8	5.409 9
23	45.007 6	0.022 2	244.486 8	0.004 1	0.184 1	5.432 1
24	53.109 0	0.018 8	289.494 5	0.003 5	0.183 5	5.450 9
25	62.668 6	0.016 0	342.603 5	0.002 9	0.182 9	5.466 9
26	73.949 0	0.013 5	405.272 1	0.002 5	0.182 5	5.480 4
27	87.259 8	0.011 5	479.221 1	0.002 1	0.182 1	5.491 9
28	102.966 6	0.009 7	566.480 9	0.001 8	0.181 8	5.501 6
29	121.500 5	0.008 2	669.447 5	0.001 5	0.181 5	5.509 8
30	143.370 6	0.007 0	790.948 0	0.001 3	0.181 3	5.516 8

复利系数表 14

i=20%

年限 *n*/年	一次支付终值系数（*F/P,i,n*）	一次支付现值系数（*P/F,i,n*）	等额系列终值系数（*F/A,i,n*）	偿债基金系数（*A/F,i,n*）	资金回收系数（*A/P,i,n*）	等额系列现值系数（*P/A,i,n*）
1	1.200 0	0.833 3	1.000 0	1.000 0	1.200 0	0.833 3
2	1.440 0	0.694 4	2.200 0	0.454 5	0.654 5	1.527 8
3	1.728 0	0.578 7	3.640 0	0.274 7	0.474 7	2.106 5
4	2.073 6	0.482 3	5.368 0	0.186 3	0.386 3	2.588 7
5	2.488 3	0.401 9	7.441 6	0.134 4	0.334 4	2.990 6
6	2.986 0	0.334 9	9.929 9	0.100 7	0.300 7	3.325 5
7	3.583 2	0.279 1	12.915 9	0.077 4	0.277 4	3.604 6
8	4.299 8	0.232 6	16.499 1	0.060 6	0.260 6	3.837 2
9	5.159 8	0.193 8	20.798 9	0.048 1	0.248 1	4.031 0
10	6.191 7	0.161 5	25.958 7	0.038 5	0.238 5	4.192 5
11	7.430 1	0.134 6	32.150 4	0.031 1	0.231 1	4.327 1
12	8.916 1	0.112 2	39.580 5	0.025 3	0.225 3	4.439 2
13	10.699 3	0.093 5	48.496 6	0.020 6	0.220 6	4.532 7
14	12.839 2	0.077 9	59.195 9	0.016 9	0.216 9	4.610 6
15	15.407 0	0.064 9	72.035 1	0.013 9	0.213 9	4.675 5
16	18.488 4	0.054 1	87.442 1	0.011 4	0.211 4	4.729 6
17	22.186 1	0.045 1	105.930 6	0.009 4	0.209 4	4.774 6
18	26.623 3	0.037 6	128.116 7	0.007 8	0.207 8	4.812 2
19	31.948 0	0.031 3	154.740 0	0.006 5	0.206 5	4.843 5
20	38.337 6	0.026 1	186.688 0	0.005 4	0.205 4	4.869 6
21	46.005 1	0.021 7	225.025 6	0.004 4	0.204 4	4.891 3
22	55.206 1	0.018 1	271.030 7	0.003 7	0.203 7	4.909 4
23	66.247 4	0.015 1	326.236 9	0.003 1	0.203 1	4.924 5
24	79.496 8	0.012 6	392.484 2	0.002 5	0.202 5	4.937 1
25	95.396 2	0.010 5	471.981 1	0.002 1	0.202 1	4.947 6
26	114.475 5	0.008 7	567.377 3	0.001 8	0.201 8	4.956 3
27	137.370 6	0.007 3	681.852 8	0.001 5	0.201 5	4.963 6
28	164.844 7	0.006 1	819.223 3	0.001 2	0.201 2	4.969 7
29	197.813 6	0.005 1	984.068 0	0.001 0	0.201 0	4.974 7
30	237.376 3	0.004 2	1 181.881 6	0.000 8	0.200 8	4.978 9

复利系数表 15

i=25%

年限 *n*/年	一次支付终值系数（*F/P,i,n*）	一次支付现值系数（*P/F,i,n*）	等额系列终值系数（*F/A,i,n*）	偿债基金系数（*A/F,i,n*）	资金回收系数（*A/P,i,n*）	等额系列现值系数（*P/A,i,n*）
1	1.250 0	0.800 0	1.000 0	1.000 0	1.250 0	0.800 0
2	1.562 5	0.640 0	2.250 0	0.444 4	0.694 4	1.440 0
3	1.953 1	0.512 0	3.812 5	0.262 3	0.512 3	1.952 0
4	2.441 4	0.409 6	5.765 6	0.173 4	0.423 4	2.361 6
5	3.051 8	0.327 7	8.207 0	0.121 8	0.371 8	2.689 3
6	3.814 7	0.262 1	11.258 8	0.088 8	0.338 8	2.951 4
7	4.768 4	0.209 7	15.073 5	0.066 3	0.316 3	3.161 1
8	5.960 5	0.167 8	19.841 9	0.050 4	0.300 4	3.328 9
9	7.450 6	0.134 2	25.802 3	0.038 8	0.288 8	3.463 1
10	9.313 2	0.107 4	33.252 9	0.030 1	0.280 1	3.570 5
11	11.641 5	0.085 9	42.566 1	0.023 5	0.273 5	3.656 4
12	14.551 9	0.068 7	54.207 7	0.018 4	0.268 4	3.725 1
13	18.189 9	0.055 0	68.759 6	0.014 5	0.264 5	3.780 1
14	22.737 4	0.044 0	86.949 5	0.011 5	0.261 5	3.824 1
15	28.421 7	0.035 2	109.686 8	0.009 1	0.259 1	3.859 3
16	35.527 1	0.028 1	138.108 5	0.007 2	0.257 2	3.887 4
17	44.408 9	0.022 5	173.635 7	0.005 8	0.255 8	3.909 9
18	55.511 2	0.018 0	218.044 6	0.004 6	0.254 6	3.927 9
19	69.388 9	0.014 4	273.555 8	0.003 7	0.253 7	3.942 4
20	86.736 2	0.011 5	342.944 7	0.002 9	0.252 9	3.953 9
21	108.420 2	0.009 2	429.680 9	0.002 3	0.252 3	3.963 1
22	135.525 3	0.007 4	538.101 1	0.001 9	0.251 9	3.970 5
23	169.406 6	0.005 9	673.626 4	0.001 5	0.251 5	3.976 4
24	211.758 2	0.004 7	843.032 9	0.001 2	0.251 2	3.981 1
25	264.697 8	0.003 8	1 054.791 2	0.000 9	0.250 9	3.984 9
26	330.872 2	0.003 0	1 319.489 0	0.000 8	0.250 8	3.987 9
27	413.590 3	0.002 4	1 650.361 2	0.000 6	0.250 6	3.990 3
28	516.987 9	0.001 9	2 063.951 5	0.000 5	0.250 5	3.992 3
29	646.234 9	0.001 5	2 580.939 4	0.000 4	0.250 4	3.993 8
30	807.793 6	0.001 2	3 227.174 3	0.000 3	0.250 3	3.995 0

复利系数表 16

i=30%

年限 *n*/年	一次支付终值系数（*F/P,i,n*）	一次支付现值系数（*P/F,i,n*）	等额系列终值系数（*F/A,i,n*）	偿债基金系数（*A/F,i,n*）	资金回收系数（*A/P,i,n*）	等额系列现值系数（*P/A,i,n*）
1	1.300 0	0.769 2	1.000 0	1.000 0	1.300 0	0.769 2
2	1.690 0	0.591 8	2.300 0	0.434 8	0.734 8	1.360 9
3	2.197 0	0.455 2	3.990 0	0.250 6	0.550 6	1.816 1
4	2.856 1	0.350 1	6.187 0	0.161 6	0.461 6	2.166 2
5	3.712 9	0.269 3	9.043 1	0.110 6	0.410 6	2.435 6
6	4.826 8	0.207 2	12.756 0	0.078 4	0.378 4	2.642 7
7	6.274 9	0.159 4	17.582 8	0.056 9	0.356 9	2.802 1
8	8.157 3	0.122 6	23.857 7	0.041 9	0.341 9	2.924 7
9	10.604 5	0.094 3	32.015 0	0.031 2	0.331 2	3.019 0
10	13.785 8	0.072 5	42.619 5	0.023 5	0.323 5	3.091 5
11	17.921 6	0.055 8	56.405 3	0.017 7	0.317 7	3.147 3
12	23.298 1	0.042 9	74.327 0	0.013 5	0.313 5	3.190 3
13	30.287 5	0.033 0	97.625 0	0.010 2	0.310 2	3.223 3
14	39.373 8	0.025 4	127.912 5	0.007 8	0.307 8	3.248 7
15	51.185 9	0.019 5	167.286 3	0.006 0	0.306 0	3.268 2
16	66.541 7	0.015 0	218.472 2	0.004 6	0.304 6	3.283 2
17	86.504 2	0.011 6	285.013 9	0.003 5	0.303 5	3.294 8
18	112.455 4	0.008 9	371.518 0	0.002 7	0.302 7	3.303 7
19	146.192 0	0.006 8	483.973 4	0.002 1	0.302 1	3.310 5
20	190.049 6	0.005 3	630.165 5	0.001 6	0.301 6	3.315 8
21	247.064 5	0.004 0	820.215 1	0.001 2	0.301 2	3.319 8
22	321.183 9	0.003 1	1 067.279 6	0.000 9	0.300 9	3.323 0
23	417.539 1	0.002 4	1 388.463 5	0.000 7	0.300 7	3.325 4
24	542.800 8	0.001 8	1 806.002 6	0.000 6	0.300 6	3.327 2
25	705.641 0	0.001 4	2 348.803 3	0.000 4	0.300 4	3.328 6
26	917.333 3	0.001 1	3 054.444 3	0.000 3	0.300 3	3.329 7
27	1 192.533 3	0.000 8	3 971.777 6	0.000 3	0.300 3	3.330 5
28	1 550.293 3	0.000 6	5 164.310 9	0.000 2	0.300 2	3.331 2
29	2 015.381 3	0.000 5	6 714.604 2	0.000 1	0.300 1	3.331 7
30	2 619.995 6	0.000 4	8 729.985 5	0.000 1	0.300 1	3.332 1

复利系数表 17

i=40%

年限 *n*/年	一次支付终值系数（*F/P,i,n*）	一次支付现值系数（*P/F,i,n*）	等额系列终值系数（*F/A,i,n*）	偿债基金系数（*A/F,i,n*）	资金回收系数（*A/P,i,n*）	等额系列现值系数（*P/A,i,n*）
1	1.400 0	0.714 3	1.000 0	1.000 0	1.400 0	0.714 3
2	1.960 0	0.510 2	2.400 0	0.416 7	0.816 7	1.224 5
3	2.744 0	0.364 4	4.360 0	0.229 4	0.629 4	1.588 9
4	3.841 6	0.260 3	7.104 0	0.140 8	0.540 8	1.849 2
5	5.378 2	0.185 9	10.945 6	0.091 4	0.491 4	2.035 2
6	7.529 5	0.132 8	16.323 8	0.061 3	0.461 3	2.168 0
7	10.541 4	0.094 9	23.853 4	0.041 9	0.441 9	2.262 8
8	14.757 9	0.067 8	34.394 7	0.029 1	0.429 1	2.330 6
9	20.661 0	0.048 4	49.152 6	0.020 3	0.420 3	2.379 0
10	28.925 5	0.034 6	69.813 7	0.014 3	0.414 3	2.413 6
11	40.495 7	0.024 7	98.739 1	0.010 1	0.410 1	2.438 3
12	56.693 9	0.017 6	139.234 8	0.007 2	0.407 2	2.455 9
13	79.371 5	0.012 6	195.928 7	0.005 1	0.405 1	2.468 5
14	111.120 1	0.009 0	275.300 2	0.003 6	0.403 6	2.477 5
15	155.568 1	0.006 4	386.420 2	0.002 6	0.402 6	2.483 9
16	217.795 3	0.004 6	541.988 3	0.001 8	0.401 8	2.488 5
17	304.913 5	0.003 3	759.783 7	0.001 3	0.401 3	2.491 8
18	426.878 9	0.002 3	1 064.697 1	0.000 9	0.400 9	2.494 1
19	597.630 4	0.001 7	1 491.576 0	0.000 7	0.400 7	2.495 8
20	836.682 6	0.001 2	2 089.206 4	0.000 5	0.400 5	2.497 0
21	1 171.355 6	0.000 9	2 925.888 9	0.000 3	0.400 3	2.497 9
22	1 639.897 8	0.000 6	4 097.244 5	0.000 2	0.400 2	2.498 5
23	2 295.856 9	0.000 4	5 737.142 3	0.000 2	0.400 2	2.498 9
24	3 214.199 7	0.000 3	8 032.999 3	0.000 1	0.400 1	2.499 2
25	4 499.879 6	0.000 2	11 247.199 0	0.000 1	0.400 1	2.499 4
26	6 299.831 4	0.000 2	15 747.078 5	0.000 1	0.400 1	2.499 6
27	8 819.764 0	0.000 1	22 046.909 9	0.000 0	0.400 0	2.499 7
28	12 347.669 6	0.000 1	30 866.673 9	0.000 0	0.400 0	2.499 8
29	17 286.737 4	0.000 1	43 214.343 5	0.000 0	0.400 0	2.499 9
30	24 201.432 4	0.000 0	60 501.080 9	0.000 0	0.400 0	2.499 9

后　记

技术经济学早期是以技术科学与经济科学为基础的交叉学科，现如今已经发展为一门多学科综合理论运用的系统性科学，它主要通过各种定性及定量方法解决国民经济建设中各个层次的技术经济问题。

国内外《技术经济学》教材大多基于理工类本科学生需要，教材内容侧重于加强经济管理基础知识，促进工科学生树立经济观念、市场观念、竞争观念、效益观念和可持续发展观念。本书针对管理类硕士研究生，力图从技术经济评价管理的角度，全面系统地阐述技术经济学基础理论方法及学科前沿，既有实践的指导意义，也有学科前沿理论的思考与探索。

全书共有十三章，主要内容包括绪论、技术经济研究中的基础资料及估算方法、资金的时间价值、确定性评价方法、不确定性评价方法、项目可行性研究、投资项目评价、技术改造与设备更新的技术经济分析、价值工程、技术创新、企业技术创新能力评价与审计、知识管理与技术创新能力、可持续发展等。本书结合我国经济社会的发展，在基础理论上，注重追踪介绍学科最新前沿。

本书是在借鉴吸收国内外相关著作和优秀教材的基础上，基于秦德智、赵德森、秦超 2014 年所编写的《技术经济学》改编而成。在此，感谢编写中所参考的诸多专家、学者的辛勤成果。

由于作者水平及资料有限，书中内容难免有不当之处，恳请各位读者批评指正。

秦德智　雷　森

2018 年 8 月